die 34 wichtigsten Fälle zum Strafrecht AT

Hemmer/Wüst/Hahn/Röhm

Juli 2010

Hemmer/Wüst Verlagsgesellschaft

Hemmer/Wüst/Hahn/Röhm, die 34 wichtigsten Fälle zum Strafrecht AT

ISBN 978-3-89634-993-4

6. Auflage, Juli 2010

gedruckt auf chlorfrei gebleichtem Papier
von Schleunungdruck GmbH, Marktheidenfeld

Vorwort

Die vorliegende Fallsammlung ist für **Studenten in den ersten Semestern** gedacht. Gerade in dieser Phase ist es wichtig, bei der Auswahl der Lernmaterialien den richtigen Weg einzuschlagen. **Auch in den späteren Semestern und im Referendariat** sollte man in den grundsätzlichen Problemfeldern sicher sein. Die essentials sollte jeder kennen.

Die Gefahr zu Beginn des Studiums liegt darin, den Stoff zu abstrakt zu erarbeiten. Nur ein **problemorientiertes Lernen**, d.h. ein Lernen am konkreten Fall, führt zum Erfolg. Das gilt für die kleinen Scheine / die Zwischenprüfung genauso wie für das Examen. In juristischen Klausuren wird nicht ein möglichst breites Wissen abgeprüft. In juristischen Klausuren steht der Umgang mit konkreten Problemen im Vordergrund. Nur wer gelernt hat, sich die Probleme des Falles aus dem Sachverhalt zu erschließen, schreibt die gute Klausur. Es geht darum, Probleme zu erkennen und zu lösen. Abstraktes anwendungsunspezifisches Wissen, sog. „Träges Wissen", täuscht Sicherheit vor, schadet aber letztlich.

Bei der Anwendung dieser Lernmethode sind wir Marktführer. Profitieren Sie von der fast 30-jährigen Erfahrung des Juristischen Repetitoriums hemmer im Umgang mit Examensklausuren. Diese Erfahrung fließt in sämtliche Skripten des Verlages ein. Das Repetitorium beschäftigt und beschäftigte **ausschließlich Spitzenjuristen**, teilweise Landesbeste ihres eigenen Examenstermins. Die so erreichte Qualität in Unterricht und Skripten werden Sie woanders vergeblich suchen. Lernen Sie mit den Profis!

Ihre Aufgabe als Jurist wird es einmal sein, konkrete Fälle zu lösen. Diese Fähigkeit zu erwerben ist das Ziel einer guten juristischen Ausbildung. Nutzen Sie die Chance, diese Fähigkeit bereits zu Beginn Ihres Studiums zu trainieren. Erarbeiten Sie sich das notwendige Handwerkszeug anhand unserer Fälle. Sie werden feststellen: Wer Jura richtig lernt, dem macht es auch Spaß. Je mehr Sie verstehen, desto mehr Freude werden Sie haben, sich neue Probleme durch eigenständiges Denken zu erarbeiten. Wir bieten Ihnen mit unserer **juristischen Kompetenz** die notwendige Hilfestellung.

Fallsammlungen gibt es viele. Die Auswahl des richtigen Lernmaterials ist jedoch der entscheidende Aspekt. Vertrauen Sie auf unsere Erfahrungen im Umgang mit Prüfungsklausuren. Unser Beruf ist es, **alle klausurrelevanten Inhalte** zusammenzutragen und verständlich aufzubereiten. Prüfungsinhalte wiederholen sich. Wir vermitteln Ihnen das, worauf es in der Prüfung ankommt – verständlich – knapp – präzise.

Achten Sie dabei insbesondere auf die richtige Formulierung. Jura ist eine Kunstsprache, die es zu beherrschen gilt. Abstrakte Floskeln, ausgedehnte Meinungsstreitigkeiten sollten vermieden werden. Wir haben die Fälle daher bewusst kurz gehalten. Der Blick für das Wesentlich darf bei der Bearbeitung von Fällen nie verloren gehen.

Wir hoffen, Ihnen den Einstieg in das juristische Denken mit der vorliegenden Fallsammlung zu erleichtern und würden uns freuen, Sie auf Ihrem Weg in der Ausbildung auch weiterhin begleiten zu dürfen.

hemmer wüst

Inhaltsverzeichnis:

Die Zahlen beziehen sich auf die Seiten des Skripts.

Kapitel I: Allgemeines zur Klausurentechnik

Kapitel II: Tatbestand

Kapitel III: Rechtswidrigkeit

Kapitel I: Allgemeines zur Klausurtechnik

A. Inhalt und Gegenstand der Zwischenprüfung im Strafrecht

An den meisten Universitäten sind die Übungen im Strafrecht in eine Übung für Anfänger und eine Übung für Fortgeschrittene aufgeteilt. Eine erfolgreiche Teilnahme an den Übungen setzt jeweils das Bestehen einer Hausarbeit und einer Klausur voraus. Die drei Übungen für Anfänger im Zivilrecht, im Strafrecht und im Öffentlichen Recht werden allgemein auch als die juristische Zwischenprüfung bezeichnet.

Inhalt und Gegenstand der Übung für Anfänger im Strafrecht ist der Allgemeine Teil des StGB, soweit es um die Voraussetzungen der Strafbarkeit geht, also Aufbau und Besonderheiten der unterschiedlichen Deliktstypen (Vorsatz-/ Fahrlässigkeitsdelikte, Begehungs-/ Unterlassungsdelikte, Erfolgs-/ Tätigkeitsdelikte, Verletzungs-/ Gefährdungsdelikte), Fragen der Kausalität und der objektiven Zurechung sowie des Vorsatzes, die Prüfung von Rechtfertigungs- und Entschuldigungsgründen, Irrtumskonstellationen, Probleme aus den Bereichen Täterschaft und Teilnahme, Versuch, Rücktritt, sowie der Konkurrenzen.

Eine „reine AT-Klausur" aber, also eine Klausur, die ausschließlich Fragen des Allgemeinen Teils zum Gegenstand hat, gibt es nicht. Fragen des Allgemeinen Teils des StGB werden in einer Klausur niemals abstrakt abgeprüft, sondern stets im Zusammenhang mit konkreten Tatbeständen des Besonderen Teils. Die Vorbereitung auf die Übung im Strafrecht für Anfänger setzt daher zwangsläufig auch die Beschäftigung mit einzelnen Tatbeständen des Besonderen Teils voraus. Welchen Umfang der Besondere Teil in der Anfängerübung einnimmt, lässt sich schwer sagen. Eine umfängliche Durchdringung dieser Materie jedenfalls wird erst i.R.d. Fortgeschrittenenübung und der Examina gefordert.

Einzelne Tatbestände bzw. Tatbestandsgruppen sind aber häufig Gegenstand von Klausuren bereits des „kleinen Scheins" und müssen daher in die Vorbereitung auf die Zwischenprüfung miteinbezogen werden. Dazu gehören vor allem die Tötungs- und Körperverletzungsdelikte der §§ 211 ff. StGB und §§ 223 ff. StGB sowie die Eigentumsdelikte der §§ 242 ff., 249 ff. StGB. Überblicksartig sollten auch die wichtigsten Vermögensdelikte (Erpressung, §§ 253, 255 StGB; Betrug, § 263 StGB; Hehlerei, § 259 StGB und Untreue, § 266 StGB) bekannt sein. Schließlich ist zu bedenken, dass z.B. Körperverletzungsdelikte nicht selten mit Beleidigungsdelikten (§§ 185 ff. StGB), oder Diebstahls- und Raubdelikten mit einem Hausfriedensbruch (§ 123 StGB) oder einer Sachbeschädigung (§ 303 StGB) einhergehen. Im Übrigen werden Einzelprobleme aus dem Besonderen Teil in aller Regel nicht abgeprüft. Was aber stets verlangt wird, ist das Suchen und Auffinden einer bis dato unbekannten Vorschrift, deren sorgfältige Lektüre und eine ordnungsgemäße Subsumtion des Klausursachverhalts unter den Wortlaut.

hemmer-Methode: Bis hin zu den Klausuren des Zweiten Staatsexamens machen viele Bearbeiter den Fehler, nicht ordnungsgemäß zu subsumieren. Der Begriff „Subsumtion" kommt aus dem Lateinischen und bedeutet wörtlich „ein-, unterordnen". Im juristischen Sinne ist damit die rechtliche Würdigung eines Sachverhaltes gemeint, also die Prüfung, ob ein bestimmter Sachverhalt die Tatbestandsmerkmale einer bestimmten Rechtsnorm erfüllt.

I.R.d. Anfängerübung können regelmäßig Fragen der Rechtsfolgen und der Strafzumessung (§§ 38 ff. StGB), sowie Fragen des vor allem in der Strafprozessordnung (StPO) und im Gerichtsverfassungsgesetz (GVG) geregelten Strafprozessrechts ausgeblendet werden.

hemmer-Methode: Machen Sie sich frühzeitig klar, was Gegenstand und Inhalt der jeweiligen Übung ist. Richten Sie danach Ihre Vorbereitung aus. Nicht nur die Bearbeitungszeit Ihrer Klausur ist mit zwei Stunden zumeist ausgesprochen knapp bemessen und sollte daher sinnvoll und professionell genutzt werden. Auch ihre Vorbereitungszeit ist kostbar. Das Angebot an Lehrbüchern, Kommentaren, Fachzeitschriften und Monographien ist nahezu unbegrenzt. Lassen Sie sich dadurch nicht verwirren. Behalten Sie von Anfang an die Klausur und deren Anforderungen im Auge. Viele Studenten schreiben trotz hervorragender theoretischer Kenntnisse der einzelnen Probleme keine gute Klausur, weil es ihnen nicht gelingt, diese Probleme im Fall zu erkennen bzw. diese Probleme nicht abstrakt, sondern in einer Falllösung darzustellen. Erforderlich ist daher von Anfang an ein Lernen am Fall. Wählen Sie danach Ihre Lernmaterialien aus. Ordnen Sie unbedingt frühzeitig Ihre theoretischen Kenntnisse in den Aufbau einer Klausur ein.

Und noch ein Hinweis: Machen Sie sich rechtzeitig vertraut, welche Hilfsmittel im Rahmen ihrer Zwischenprüfung zugelassen sind. Es empfiehlt sich, frühzeitig mit der Gesetzessammlung Schönfelder zu arbeiten, da Sie hier die wichtigsten Vorschriften für das Zivil- und Strafrecht zusammengefasst finden. Was die Examensklausuren anbelangt, so sehen die Prüfungsordnungen der einzelnen Bundesländer unterschiedliche Regelungen hinsichtlich gemachter Eintragungen in den Gesetzestext vor. So heißt es etwa in der entsprechenden Verwaltungsvorschrift des Landes Baden-Württemberg: *„Die zugelassenen Hilfsmittel dürfen keine Beilagen (eingefügte Blätter, Aufbauschemata, Formulare o.Ä.) enthalten. Desgleichen sind Kommentierungen des Gesetzestextes und Eintragungen in die Gesetzessammlungen unzulässig. Nicht beanstandet werden Paragraphenhinweise, die in sachlichem Zusammenhang mit der jeweiligen Gesetzesstelle stehen, und Unterstreichungen und Hervorhebungen durch Farb- oder Leuchtstifte, die kein System zur Kommentierung des Gesetzes beinhalten.“* (Vgl. Ziff. V der VwV des Justizministeriums Baden-Württemberg, abgedruckt in Dürig, Gesetze des Landes Baden-Württemberg, Nr. 39 f.). Entsprechende oder ähnliche Regelungen gelten vielfach auch bereits für die Zwischenprüfungen. Nützen Sie die Ihnen insofern eingeräumten Möglichkeiten aus.

B. Die Vorbereitung auf die Klausur

Die Vorbereitung auf strafrechtliche Übungsarbeiten zur Zwischenprüfung sowie die strafrechtliche Klausurtechnik weisen viele Gemeinsamkeiten mit dem Vorgehen in den übrigen Rechtsgebieten auf. Es existieren aber auch einige Besonderheiten, die man sich für eine erfolgreiche Vorbereitung und Klausurbearbeitung frühzeitig vergegenwärtigen sollte.

hemmer-Methode: Natürlich sollen die nachfolgenden Anleitungen nicht „gelernt“ werden. Lesen Sie sie durch, versuchen Sie sie zu verstehen und vor allem: Üben Sie in jedem Ausbildungsabschnitt so früh wie möglich die Fallbearbeitung auf dem für Ihre nächste Prüfung einschlägigen Niveau. Ist das der kleine Strafrechtsschein, üben Sie mit entsprechenden Klausuren, ist es das Examen, trainieren Sie am großen Fall. Lernen Sie auch frühzeitig, die richtigen Schwerpunkte zu setzen.

Ferner: Eine Anleitung zum Klausuraufbau kann ohne juristische Fachbegriffe nicht sinnvoll gegeben werden. Zu einer professionellen Vorbereitung gehört auch eine professionelle Sprache.

Einem Anfänger sei deshalb empfohlen, dieses erste Kapitel ein weiteres Mal zu lesen, wenn er das Skript durchgearbeitet hat oder wenn die ersten Übungsklausuren anstehen und er einen gewissen Überblick über den Stoff hat.

C. Der Sachverhalt

Bei einer Scheinklausur ist anders als in der Praxis oder auch bei Klausuren des Zweiten Staatsexamens von einem vorgegebenen und lückenlosen Sachverhalt auszugehen. Gerade Anfänger machen vielfach den Fehler, dass sie den Sachverhalt unzulässigerweise uminterpretieren. So werden dem Täter bisweilen Gedankengänge, Absichten und Motive unterstellt, für die sich im Sachverhalt keinerlei Stütze finden lässt.

Der Sachverhalt einer Scheinklausur muss immer – so wie er vom Ersteller der Klausur vorgegeben ist – als feststehend und abschließend erachtet werden.

An ihm darf durch den Bearbeiter nicht manipuliert werden. Sollte einmal davon die Rede sein, dass der genaue Tathergang nicht mehr festgestellt werden kann, also verschiedene (im Sachverhalt näher bezeichnete!) Alternativen als möglich erscheinen, so soll der Bearbeiter keinesfalls eigene Wahrscheinlichkeitserwägungen anstellen. Vielmehr ist eine derartige Fallgestaltung Hinweis darauf, dass der Bearbeiter eine Prüfung und Abgrenzung der Rechtsinstitute der Wahlfeststellung und der Post- bzw. Präpendenzfeststellung, sowie des Grundsatzes „in dubio pro reo" vornehmen soll (vgl. dazu ausführlich HEMMER/WÜST, Strafrecht AT II, Rn. 408 ff.).

D. Definitionen

Definitionen spielen im Strafrecht eine große Rolle. Zu einer guten Klausurbearbeitung gehört die Kenntnis bzw. das Entwickeln von Definitionen der einzelnen Tatbestandsmerkmale.

hemmer-Methode: Bis hin zu den Examensklausuren wird das Strafrecht unterschätzt. Strafrechtliche Klausuren fallen im Durchschnitt vielfach schlecht aus. Dabei ist der Kreis derjenigen Vorschriften, die im Strafrecht klausurrelevant sind, bei weitem nicht so groß wie im Zivilrecht oder im Öffentlichen Recht.

Auf der einen Seite handelt es sich daher beim Strafrecht aus Prüfungssicht um ein verhältnismäßig überschaubares und übersichtliches Rechtsgebiet. Auf der anderen Seite zwingt diese Begrenztheit des Stoffes dazu, sich mit einzelnen Auslegungsfragen und Meinungsstreitigkeiten detaillierter auseinander zu setzen als in den anderen Rechtsgebieten. Nehmen Sie also die Strafrechtsklausuren von Anfang an genau so ernst wie die Klausuren in den anderen Fächern!

I. Definitionen von Merkmalen in „exotischen“ Normen

Hinsichtlich der Kenntnis von Definitionen einzelner Tatbestandsmerkmale sind allerdings sowohl aus vorbereitungs- als auch aus klausurtechnischer Sicht Einschränkungen zu machen. Sich die Definitionen sämtlicher Merkmale einzuprägen, hieße, seinen Kopf sinnlos als Festplatte zu missbrauchen. Gerade bei „exotischeren“ Vorschriften genügt in der Regel eine unvoreingenommene Subsumtion unter die gesetzlichen Begrifflichkeiten den Anforderungen des Klausurerstellers.

***Beispiel**: Drei Strafgefangene überwältigen gewaltsam ihren Wärter und brechen anschließend aus dem Gefängnis aus. Neben den je nach Sachverhalt einschlägigen §§ 223, 224, 240 StGB ist u.a. auch § 121 StGB (Gefangenenmeuterei) zu prüfen. Hier wird eine höchstrichterliche Definition des Tatbestandsmerkmals „Zusammenrotten“ nicht erwartet (- Nach der Rspr. des BGH ist unter dem Begriff des Zusammenrottens ein räumliches Zusammentreten von mindestens zwei Gefangenen zu einem gemeinschaftlichen gewaltsamen Zweck zu verstehen, vgl. BGHSt 20, 305; BGH, NJW 1954, 1694). Vielmehr kann das Tatbestandsmerkmal – nach dem Versuch einer kurzen eigenen Definition – problemlos bejaht werden.*

II. Legaldefinitionen

Nicht vernachlässigen sollte man die im StGB zwar nicht allzu zahlreichen, aber durchaus vorhandenen Legaldefinitionen. Dabei handelt es sich um Vorschriften, in denen das Gesetz selbst Begriffe erklärt.

***Beispiele**: § 202a II StGB (Datenbegriff), § 330d StGB (Begriffe aus dem Umweltstrafrecht in §§ 324 ff. StGB), § 11 StGB (Personen- und Sachbegriffe im gesamten StGB) und § 12 StGB (Vergehen und Verbrechen).*

hemmer-Methode: Lesen Sie die Vorschrift des § 11 StGB einmal in Ruhe durch. Besonders die Legaldefinitionen zu den Begriffen des Angehörigen (§ 11 I Nr. 1 StGB) und des Amtsträgers (§ 11 I Nr. 2 StGB) können in der Klausur durchaus von Bedeutung sein. Auch die Definitionen der rechtswidrigen Tat und des Unternehmens einer Tat (§ 11 I Nr. 5 und Nr. 6 StGB) sollten Sie kennen. Entlasten Sie Ihr Gedächtnis und beweisen Sie außerdem sauberes juristisches Vorgehen, indem Sie Legaldefinitionen verwenden!

III. Das Standardrepertoire

Allerdings gibt es auch zahlreiche Standarddefinitionen im Strafrecht, die sich im Gesetzestext selbst nicht finden, die aber dennoch von jedem Klausurbearbeiter erwartet werden.

Ohne Anspruch auf Vollständigkeit sind hier einige der wichtigsten Definitionen aus dem Allgemeinen und aus dem Besonderen Teil des StGB beispielhaft zusammengefasst:

hemmer-Methode: Grundsätzlich erzielen Sie in Ihrer juristischen Ausbildung in allen Rechtsgebieten und also auch im Strafrecht nur dann Erfolge, wenn sie auf Verständnis lernen und sich Aufbau, Zusammenhänge und Strukturen klarmachen. Im Strafrecht allerdings ist die Kenntnis von Definitionen einzelner Begriffe unumgänglich. Klausurersteller und Korrektoren setzen solche Definitionen voraus. Fehlen sie in der Klausur oder können sie nicht exakt wiedergegeben werden, so führt dies zu Punktabzügen. Lesen Sie also die nachfolgende Auflistung einmal durch und versuchen Sie dabei bereits, sich einzelne Punkte zu merken. Bedenken Sie dabei, dass diese Definitionen oftmals umstritten sind. Es gibt insofern – wie so oft in der Rechtswissenschaft – kein „richtig“ oder „falsch“. Schärfen Sie Ihr Problembewusstsein. Genau die Stellen, an denen in Rechtsprechung und Literatur keine Einigkeit besteht, reizen den Klausurersteller. Hier kann Ihre Fähigkeit zur Argumentation abgeprüft werden. Wenn Sie dann als Ergebnis die höchstrichterliche Definition oder die Definition der herrschenden Meinung im Schrifttum im Kopf haben, können Sie die Klausur gleichermaßen differenziert und zielgerichtet schreiben.

Allgemeiner Teil

§ 22 StGB: Unmittelbares Ansetzen

Verhalten des Täters, mit dem dieser subjektiv die Schwelle zum „Jetzt geht's los“ überschreitet und das gleichzeitig nach dem Gesamtplan des Täters objektiv so eng mit der Ausführungshandlung verknüpft ist, dass es in unmittelbarem räumlichen und zeitlichen Zusammenhang ohne weitere wesentliche Zwischenakte zur Tatbestandsverwirklichung kommt.[1]

§ 24 StGB: Fehlgeschlagener Versuch

Fehlgeschlagen ist der Versuch dann, wenn die zu seiner Ausführung vorgenommenen Handlungen ihr Ziel nicht erreicht haben und der Täter erkannt hat, dass er mit den ihm zur Verfügung stehenden Mitteln den tatbestandlichen Erfolg nicht mehr oder zumindest nicht ohne zeitlich relevante Zäsur herbeiführen kann.

§ 24 StGB: Unbeendeter Versuch

Unbeendet ist der Versuch dann, wenn der Täter nach Abschluss der letzten Ausführungshandlung noch nicht alles getan zu haben glaubt, was nach seiner Vorstellung von der Tat zu ihrer Vollendung notwendig ist.[2]

§ 24 StGB: Beendeter Versuch

Beendet ist der Versuch, wenn der Täter nach Abschluss der letzten Ausführungshandlung alles getan zu haben glaubt, was nach seiner Vorstellung von der Tat zur Herbeiführung des tatbestandlichen Erfolges notwendig oder möglicherweise ausreichend ist.[3]

§ 24 StGB: Freiwilligkeit

Freiwillig ist der Rücktritt, wenn er der selbstbestimmten, autonomen Entscheidung des Täters entspringt.

§ 26 StGB: Bestimmen

Hervorrufen des Tatentschlusses durch geistige Willensbeeinflussung, die wenigstens den Anreiz zur Begehung der Haupttat in sich birgt und dem Anzustiftenden die Möglichkeit eröffnet, den ihm vermittelten Impuls zur Grundlage seines Tatplans zu machen.[4]

---

1 So die herrschende gemischt subjektiv-objektive Theorie.

2 So die herrschende Lehre vom Rücktrittshorizont.

3 So die herrschende Lehre vom Rücktrittshorizont.

4 So die herrschende Theorie des geistigen Kontakts.

§ 32 StGB: Angriff

Jede durch menschliches Verhalten drohende Verletzung rechtlich geschützter Güter oder Interessen.

§ 32 StGB: Gegenwärtig

Gegenwärtig ist ein Angriff, der unmittelbar bevorsteht, bereits begonnen hat oder noch andauert.

§ 32 StGB: Erforderlichkeit

Erforderlich ist das mildeste zur Verfügung stehende Gegenmittel, das zu einer sofortigen und wirksamen Angriffsabwehr geeignet ist.

§ 32 StGB: Gebotenheit

Die Notwehrhandlung ist geboten, wenn sie unter Beachtung normativer und sozialethischer Erwägungen als nicht rechtsmissbräuchlich erscheint.

§§ 34, 35 StGB: Gegenwärtige Gefahr

Zustand, dessen Weiterentwicklung den Eintritt oder die Intensivierung eines Schadens ernstlich befürchten lässt, sofern nicht alsbald Abwehrmaßnahmen getroffen werden.

Besonderer Teil

§ 211 StGB: Heimtücke

Heimtückisch tötet, wer die objektiv gegebene Arg- und Wehrlosigkeit des Opfers bewusst zur Tötung ausnutzt. Arglos ist, wer bei vorhandener Fähigkeit zum Argwohn einen Angriff auf sein Leben oder einen erheblichen Angriff auf seine körperliche Unversehrtheit nicht erwartet. Wehrlos ist, wer infolge der Arglosigkeit in seiner Abwehrfähigkeit zumindest erheblich eingeschränkt ist.

§ 211 StGB: Habgier

Ein noch über die Gewinnsucht hinaus gesteigertes, abstoßendes und rücksichtsloses Gewinnstreben um jeden Preis.

§ 211 StGB: Niedrige Beweggründe

Ein Handeln, das auf Motiven beruht, die nach allgemeiner sittlicher Anschauung verachtenswert sind und sittlich auf tiefster Stufe stehen.

§ 223 StGB: Körperlich misshandeln

Jedes üble, unangemessene Behandeln, das entweder das körperliche Wohlbefinden oder die körperliche Unversehrtheit nicht nur unerheblich beeinträchtigt.

§ 223 StGB: Schädigung an der Gesundheit

Hervorrufen oder Steigern eines, wenn auch nur vorübergehenden, pathologischen Zustandes.

§ 224 StGB: Gefährliches Werkzeug

Ein gefährliches Werkzeug ist ein solches, das nach seiner objektiven Beschaffenheit und der Art seiner Benutzung im Einzelfall geeignet ist, erhebliche Verletzungen herbeizuführen.

§ 242 StGB: Wegnahme

Bruch fremden und Begründung neuen, nicht notwendig tätereigenen Gewahrsams.

§ 242 StGB: Zueignungsabsicht

Anmaßung einer eigentümerähnlichen Verfügungsgewalt über die Sache in der Weise, dass der Täter entweder die Sache als stoffliche Substanz oder ihren Sachwert dem Eigentümer auf Dauer ganz oder teilweise entzieht (Enteignung) und zugleich dem eigenen Vermögen – zumindest vorrübergehend – einverleibt (Aneignung).

§§ 244, 250 StGB: Bande

Zusammenschluss von mindestens drei Personen, die sich mit dem Willen verbunden haben, künftig für eine gewisse Dauer mehrere selbstständige, im Einzelnen noch ungewisse Straftaten i.S.d. §§ 242, 249 StGB zu begehen. Ein „gefestigter Bandenwille" oder ein „Tätigwerden in einem übergeordneten Bandeninteresse" ist nicht erforderlich.[5]

§ 249 StGB: Gewalt gegen eine Person

Gewalt gegen eine Person ist nur der körperlich wirkende Zwang durch eine unmittelbare oder mittelbare Einwirkung auf einen anderen, die nach der Vorstellung des Täters dazu bestimmt und geeignet ist, einen tatsächlich geleisteten oder erwarteten Widerstand zu überwinden oder unmöglich zu machen.

§ 259 StGB: Sich verschaffen

Übernahme der eigentümerähnlichen Verfügungsgewalt im Wege des abgeleiteten Erwerbs im einvernehmlichen Zusammenwirken mit dem Vortäter oder dem sonstigen Vorbesitzer.

§ 259 StGB: Absetzen

Selbstständige, weisungsabhängig geleistete Unterstützung des Vortäters oder sonstigen Vorbesitzers bei der Verwertung der Sache in dessen Fremdinteresse.

§ 259 StGB: Absetzen helfen

Unselbstständige, weisungsunabhängig geleistete Unterstützung des Vortäters oder sonstigen Vorbesitzers bei der Verwertung der Sache in dessen Fremdinteresse.

§ 263 StGB: Vermögensverfügung

Jedes tatsächliche Handeln, Dulden oder Unterlassen des Getäuschten, das sich bei diesem selbst oder bei einem Dritten unmittelbar vermögensmindernd auswirkt.

§ 263 StGB: Vermögen

Alle wirtschaftlich wertvollen Positionen, die unter dem Schutz der Rechtsordnung stehen (sog. juristisch-ökonomischer Vermögensbegriff).

§ 266 StGB: Vermögensbetreuungspflicht

Besonders qualifizierte Pflichtenstellung, die den typischen und wesentlichen Inhalt der Beziehung des Täters der Untreue zum Vermögensinhaber kennzeichnet. Notwendig ist insofern die Geschäftsbesorgung für einen anderen in einer nicht ganz unbedeutenden Angelegenheit mit einem Aufgabenkreis von einigem Gewicht.

§ 267 StGB: Urkunde

Jede verkörperte Gedankenerklärung, die zum Beweis im Rechtsverkehr bestimmt und geeignet ist und die ihren Aussteller erkennen lässt.

§ 306 StGB: Inbrandsetzen

Ein Inbrandsetzen liegt vor, wenn ein wesentlicher Gebäudebestandteil derartig vom Feuer erfasst ist, dass er auch nach Entfernen des Zündstoffs selbstständig weiterbrennt.

---

[5] So BGH (GrS), NJW 2001, 2266 ff. = Life&Law 2001, 634 ff.

E. Meinungsstreitigkeiten und Problemstellungen

Neben einigen zentralen Definitionen müssen auch die wichtigsten Meinungsstreitigkeiten bekannt sein. Dabei müssen in der Klausur grundsätzlich weniger Meinungen dargestellt werden als in einer Hausarbeit. Oftmals beziehen sich im übrigen Meinungsstreite gerade auf die Definition eines Tatbestandsmerkmales.

hemmer-Methode: Vielen Anfängern bereitet der Begriff „Meinungsstreit“ Unbehagen. Legen Sie frühzeitig Ängste und Scheu vor differenzierten Auseinandersetzungen ab. Ihr Erfolg in der Klausur hängt nicht vom stumpfen Auswendiglernen einzelner Argumentationsketten unterschiedlicher Autoren ab. Meinungsstreite müssen und können nicht auswendig gelernt werden. Entwickeln Sie vielmehr durch konsequentes Üben am Fall im Laufe der Zeit ein geschärftes Problembewusstsein. Prägen Sie sich nach und nach i.R.d. prüfungsrelevanten Vorschriften ein, wo Meinungsstreitigkeiten bestehen. Wenn Sie das wissen und zudem über eine solide Argumentationstechnik verfügen, wird es Ihnen leicht fallen, unterschiedliche Positionen in einer Klausur differenziert auf hohem Niveau darzustellen. Mehr wird auch von einer sehr guten Klausur nicht verlangt.

I. Problemstellungen in „exotischen“ Normen

Meinungsstreitigkeiten zu seltener auftauchenden Tatbeständen werden in der Anfängerübung nicht vorausgesetzt. Entscheidend ist hier die Fähigkeit des Bearbeiters, überhaupt sämtliche nicht ganz fern liegenden Vorschriften aufzufinden und anzuprüfen. Oftmals lässt sich dann bei solchen Tatbeständen bereits nach kurzer Lektüre des Gesetzestextes erkennen, ob die fragliche Norm im Fall einschlägig ist, oder ob der vorgelegte Sachverhalt nicht „hundertprozentig“ unter die Norm passt.

***Beispiel**: F parkt seinen PKW häufig im eingeschränkten Halteverbot. Um nicht zu oft mit Verwarnungsgeldern bedacht zu werden, behält er einen seiner früheren Verwarnungszettel und klemmt diesen an seine Windschutzscheibe, damit kontrollierende Polizeibeamte davon ausgehen, er sei schon verwarnt worden, und so von einer weiteren Verwarnung absehen.*

Hier ist es erforderlich, neben § 263 StGB (Betrug) auch § 132 StGB (Amtsanmaßung) zu erkennen und zu prüfen.

Auf den ersten Blick hat F i.S.d. § 132, 2.Var. StGB eine Handlung vorgenommen, die nur kraft öffentlichen Amtes vorgenommen werden durfte. Der gewiefte Klausurbearbeiter sollte jedoch an dieser Stelle die Besonderheit erkennen: § 132, 2.Var. StGB wird nämlich nach allgemeiner Auffassung restriktiv dahingehend ausgelegt, dass auch die 2.Var. den äußeren Anschein einer hoheitlichen Handlung erfordert.[6] Hier jedoch war F selbst Adressat der vermeintlich hoheitlichen Maßnahme, so dass eine „Außenwirkung“ gegenüber einem unbeteiligten Bürger nicht entstanden ist. F hat sich damit nicht gem. § 132, 2.Var. StGB strafbar gemacht.

6 Vgl. BGHSt 40, 8, 12f.; TRÖNDLE/ FISCHER, § 132 Rn. 10.

hemmer-Methode: Diese gerade beschriebenen Fähigkeiten sind nicht ausschließlich irgendwelchen Genies vorbehalten, sondern sind durch konsequente und regelmäßige Übung am praktischen Fall erlernbar.
Hilfreich ist es auf alle Fälle, sich einen Überblick über die einzelnen Straftatbestände zu verschaffen. Dazu ist es durchaus sinnvoll, das StGB einmal komplett durchzublättern und die verschiedenen Tatbestände überblicksartig durchzulesen.
Auch in der Klausursituation empfiehlt es sich, trotz der nur beschränkt zur Verfügung stehenden Zeit nach der sorgfältigen Lektüre des Sachverhaltes kurz das Inhaltsverzeichnis des StGB durchzugehen, um so sicher zu sein, dass keine Tatbestände übersehen werden.
Unterschiedliche Meinungen bei Streitfragen kommen häufig durch unterschiedliche Argumentationsmuster zustande. Behalten Sie daher immer die klassischen Auslegungsregeln im Hinterkopf.
So kann man sich bei der Auslegung einer Norm am Wortlaut, am entstehungsgeschichtlichen Hintergrund (der allerdings in der Klausur häufig unbekannt sein wird), am Sinn und Zweck oder an der systematischen Stellung der Norm im Gesetz orientieren. Aus diesem Grund sollte man in Lehrbüchern und Skripten auch die Ausführungen zum Sinn und Zweck einzelner Normen nicht als nutzlose Zusatzinformation abtun, sondern als nützliche Argumentationshilfe ansehen.
Lernen Sie, eine organisierte und strukturierte Klausur zu schreiben. Vielfach werden Sie in Klausursituationen mit Ihnen unbekannten Problemkonstellationen konfrontiert werden. Wenn Sie aber auf Grund Ihrer Übung in der Vorbereitung über ausreichend Problembewusstsein und Routine verfügen und zudem methodisch sauber vorgehen, kann Ihnen auch dann nichts passieren.

II. Grundlegende Problemstellungen bei zentralen Vorschriften

Selbstverständlich gibt es neben „exotischen" Meinungsstreiten auch Standardprobleme, deren Kenntnis in der Klausur erwartet wird.

***Beispiele**: Aus dem Allgemeinen Teil: die Abgrenzung von dolus eventualis und bewusster Fahrlässigkeit*[7]*, die Abgrenzung der einzelnen Versuchskonstellationen i.R.d. § 24 StGB oder die Behandlung des fehlenden subjektiven Rechtfertigungselements.*[8] *Aus dem Besonderen Teil: die Abgrenzung von Raub und Erpressung*[9]*, die Abgrenzung von Betrug und Diebstahl.*[10]

Soweit solche „klassischen" Meinungsstreitigkeiten auftauchen, müssen in der Klausur die wichtigsten, in Rechtsprechung und Schrifttum vertretenen Positionen genannt werden. Aber auch hier ist nicht so sehr die Kenntnis aller Untermeinungen von Bedeutung, als vielmehr eine begründete und nachvollziehbare Entscheidung für eine der Ansichten. Insbesondere der bloße Verweis auf eine (angeblich) herrschende Meinung ersetzt nie die eigene Argumentation. Zwar gibt es Fälle, in denen Ansichten so einhellig abgelehnt werden, dass ihre Verwerfung keiner näheren Begründung bedarf. Doch sollte man sich dann fragen, ob Meinungen, die praktisch nicht mehr vertreten werden und eher von historischem Interesse sind, in der Klausur überhaupt noch erwähnt werden müssen.

---

[7] Vgl. dazu HEMMER/WÜST, Strafrecht AT I, Rn. 158 ff.

[8] Vgl. dazu HEMMER/WÜST, Strafrecht AT I, Rn. 188 ff.

[9] Vgl. dazu HEMMER/WÜST, Strafrecht BT I, Rn. 200 ff.

[10] Vgl. dazu HEMMER/WÜST, Strafrecht BT I, Rn. 134 ff.

Eine weitere Frage ist, ob Meinungsstreitigkeiten stets entschieden werden müssen. Hierbei ist zu differenzieren: Soweit sich beim konkreten Problem[11] nach den verschiedenen Ansichten verschiedene Ergebnisse ergeben, muss der Streit auf jeden Fall entschieden werden. Soweit sich kein Unterschied ergibt, wird teilweise für zulässig erachtet, den Streit offen zu lassen. Anders als aber z.B. im Zivilrecht ist im Strafrecht mit dem „Offenlassen“ eines Streits größte Vorsicht geboten. Was im Zivilrecht elegant und problembewusst erscheinen mag, kann im Strafrecht tunlichst zu unterlassen sein. Z. B. darf auf keinen Fall dahingestellt bleiben, ob ein Verhalten rechtswidrig ist (weil etwa möglicherweise ein Rechtfertigungsgrund eingreift), wenn jedenfalls § 35 StGB einschlägig und der Täter also entschuldigt ist. Abgesehen davon, dass nach dem Prinzip der limitierten Akzessorietät die Teilnahme an einer vorsätzlichen gerechtfertigten Haupttat nicht, sehr wohl aber an einer vorsätzlichen, rechtwidrigen, entschuldigten Haupttat möglich ist, will der Korrektor im Strafrecht regelmäßig auch sehen, ob Sie den strafrechtlichen Klausuraufbau beherrschen, ob Sie also in der Lage sind, ein Problem an der richtigen Stelle einzuordnen.

hemmer-Methode: Nach dem Prinzip der limitierten Akzessorietät, das in den §§ 26, 27 StGB kodifiziert ist, setzt die Strafbarkeit des Teilnehmers eine vorsätzliche und rechtswidrige Haupttat voraus. Die Teilnahme am Fahrlässigkeitsdelikt oder an einer gerechtfertigten Tat ist also nicht möglich. Ein schuldhaftes Handeln des Haupttäters ist dagegen keine Voraussetzung für die Teilnahmestrafbarkeit.

Und nochmals: Keine Angst vor Meinungsstreiten! In der Klausur müssen nicht immer alle existierenden Meinungen mit den dazugehörigen Theorien und Argumenten wortlautgetreu aufgezählt werden. Normalerweise ist es ausreichend, wenn man die Ansicht der Rechtsprechung und die der herrschenden Lehre zum Problem kennt. Nicht jede Mindermeinung muss erwähnt werden. Bei der Bewertung spielt insbesondere die Qualität Ihrer Argumentation eine wichtige Rolle. Insofern verbessern Sie Ihre Fähigkeiten nicht durch stures Auswendig-Pauken, sondern durch konsequentes Üben am Fall und Einstudieren genereller Argumentationstechniken und -prinzipien. Im Übrigen werden Sie rasch feststellen: Selbstständiges Denken und der Aufbau einer eigenen Argumentation machen bei weitem mehr Spaß als eintöniges Pauken. Nehmen Sie sich Immanuel Kant zum Vorbild: „Sapere aude!“, Habe Mut, Dich Deines eigenen Verstandes ohne Leitung eines anderen zu bedienen.
Setzen Sie im Übrigen in der Klausur die richtigen Schwerpunkte: Entscheidend ist immer der Einzelfall: Enthält eine Klausur viele verschiedene Problemfelder, die bewältigt werden müssen, so reicht es, wenn im (direkten) Gutachtenstil der „Sound“ getroffen wird. In einer solchen sog. Rennfahrerklausur kann schon aus Zeitgründen nicht jeder Problempunkt in aller Tiefe erörtert werden. Eröffnet eine Klausur hingegen nur wenige Problemfelder, so sollten Theorienstreitigkeiten nach Möglichkeit ausführlicher, ggf. sogar im Stil einer Hausarbeit gelöst werden. Trainieren Sie am Fall. Lernen Sie frühzeitig die unterschiedlichen Klausurtypen kennen.

---

11 D.h. z.B., dass ein Meinungsstreit entscheidungserheblich ist, wenn es um die Erfüllung eines Tatbestandsmerkmals geht, selbst wenn die Strafbarkeit ohnehin am Eingreifen eines Rechtfertigungsgrundes scheitert. Klausurtaktisch spricht dann freilich viel dafür, hier der Ansicht zu folgen, die zu einem möglicherweise interessanten Problem auf der Rechtfertigungsebene kommt. Umgekehrt macht es wenig Sinn, z.B. nach einer wegen Notwehr gerechtfertigten Tötung anschließend noch eine Körperverletzung wieder bis zur Rechtfertigung durchzuprüfen.

F. Die Abgrenzung von Gutachten- und Urteilsstil

Aus Zeitgründen stellt sich in einer Klausur häufig die Frage, wie streng im Gutachtenstil gearbeitet werden muss und wann man den kürzeren Urteilsstil verwenden darf.

I. In der Klausur für die Zwischenprüfung wird ein Gutachten erwartet, sodass Ausgangspunkt auch der Gutachten- oder Erwägungsstil ist: Bei diesem wird eine Frage bzw. eine Möglichkeit aufgeworfen und dann Schritt für Schritt für den Leser möglichst nachvollziehbar eine Antwort entwickelt. Typische Konjunktionen sind demnach „also“, „folglich“, „daher“, „deshalb“ usw.

Beispiel: *W ärgert sich über den allnächtlich bellenden Hund Hasso seines Nachbarn N so sehr, dass er ihm eines Tages ein Messer in den Leib sticht. Hasso stirbt an der Stichverletzung.*

Prüfung des objektiven Tatbestandes im Gutachtenstil:

W könnte sich dadurch, dass er den Hund des N getötet hat, wegen Sachbeschädigung nach § 303 I, 2.Var. StGB strafbar gemacht haben.

hemmer-Methode: Insbesondere im Strafrecht gilt: Normen immer genau zitieren! Ungenau ist der in vielen Klausuren anzutreffende Obersatz: *„Zu prüfen ist eine Strafbarkeit gem. § 303 StGB.“* § 303 StGB unterscheidet in seinem Absatz 1 mit dem Beschädigen und dem Zerstören zwei Tathandlungen. Daneben stellt § 303 II StGB auch das unbefugte Verändern des Erscheinungsbildes einer fremden Sache unter Strafe. Schließlich ist in § 303 III StGB die Versuchsstrafbarkeit geregelt. Machen Sie daher dem Korrektor von vorneherein klar, was sie gerade prüfen. Auch das Strafurteil muss gem. §§ 267 III 1, 260 V 1 StPO das zur Anwendung gebrachte Strafgesetz exakt bezeichnen. Lesen Sie diese Vorschriften. Orientieren Sie sich insofern an der Praxis und gewöhnen Sie sich bei der Falllösung von Anfang an ein exaktes Umgehen mit dem Gesetz an.

Weiter müsste es sich bei dem Hund Hasso um eine für W fremde Sache handeln.

Fraglich ist bereits, ob es sich bei dem Hund um eine Sache handelt: Nach § 90a S.1 BGB sind Tiere nämlich keine Sachen, und eine entsprechende Anwendung des § 90 BGB nach § 90a S.3 BGB könnte angesichts des Analogieverbots im Strafrecht (vgl. § 1 StGB, Art. 103 II GG) problematisch sein. Allerdings ist nach h.M. der strafrechtliche Sachbegriff unabhängig von dem des BGB und umfasst auch Tiere. Also handelt es sich bei dem Hund des N um eine Sache.

Diese ist fremd i.S.d. § 303 I StGB, wenn sie nicht im Alleineigentum des Täters steht. Hier steht der Hund nicht im Eigentum des W, folglich ist er eine für W fremde Sache.

W müsste ferner den Hund Hasso i.S.d. § 303 I, 2.Var. StGB zerstört haben. Unter Zerstörung versteht man eine unmittelbare körperliche Einwirkung auf die Substanz einer Sache, die die Sache der Substanz nach vernichtet oder die bestimmungsgemäße Brauchbarkeit völlig aufhebt. W hat das Messer in den Leib des Hasso geführt. Hasso ist an den Folgen dieses Stiches verstorben, also i.S.d. § 303 I, 2.Var. StGB zerstört worden.

Der objektive Tatbestand einer Sachbeschädigung ist damit erfüllt.

Dagegen geht der Urteils- oder Begründungsstil von einem Ergebnis aus und begründet dieses. Dafür typische Konjunktionen sind „denn“, „nämlich“, usw.

Prüfung des objektiven Tatbestandes im Urteilsstil:

W hat sich wegen Sachbeschädigung nach § 303 I, 2.Var. StGB strafbar gemacht. Bei dem Hund Hasso handelt es sich nämlich unabhängig von § 90a S.1 BGB um eine Sache im strafrechtlichen Sinne.

Diese war für W auch fremd, denn sie stand im Eigentum des N.

W hat schließlich die Sache zerstört, denn er hat den Hund Hasso seiner Substanz nach vernichtet.

hemmer-Methode: Genau genommen beschreibt also die Unterscheidung zwischen Gutachtens- und Urteilstechnik nur, ob mit dem Ergebnis begonnen und dieses dann begründet wird oder ob mit den Voraussetzungen eines hypothetischen Ergebnisses begonnen wird und diese dann der Reihe nach geprüft werden. Ob die Begründung bzw. die Prüfung jeweils ausführlich oder nur mit wenigen kurzen Sätzen erfolgt, hat damit nichts zu tun. Auch der BGH, der zweifelsohne Urteile erlässt, schreibt an problematischen Stellen ausführlichste Begründungen! In vielen Büchern hat sich aber mittlerweile eine Begrifflichkeit durchgesetzt, die den Urteilsstil stets mit kurzen knappen Sätzen ohne nähere Begründung und den Gutachtenstil mit einer ausführlichen Prüfung beschreibt.[12]

Im Beispielsfall wären nun der subjektive Tatbestand, die Rechtswidrigkeit und die Schuld zu prüfen. Da diese Prüfungsstufen hier unproblematisch zu bejahen sind, könnte kurz (s. dazu sogleich im Text) formuliert werden: *„W handelte mit Wissen und Wollen, also vorsätzlich. Rechtfertigungsgründe sind nicht ersichtlich. Die Tat war daher rechtswidrig. Schließlich liegen keine Entschuldigungsgründe zu Gunsten des W vor. W handelte damit auch schuldhaft. Er hat sich gem. § 303 I, 2.Var. StGB strafbar gemacht."*

II. Je nach Schwierigkeit der jeweils durchzuführenden Subsumtion kann im Stil „gemischt" werden: Zum Beispiel ist bei völlig unproblematischen Merkmalen eine begründungslose Kurzsubsumtion möglich und aus Zeitgründen geboten.

***Beispiel**: D müsste die Geldbörse des A, eine für ihn fremde bewegliche Sache, weggenommen haben.*

Oder aber es werden die Feststellungen im Urteilsstil mit Kurzbegründung getroffen:

D handelte dabei auch vorsätzlich, denn er wusste und wollte, was er tat.

hemmer-Methode: Achten Sie aber darauf, dass ein solches Vorgehen nur möglich ist, wenn wegen des offensichtlichen und eindeutigen Sachverhalts jede Begründung entbehrlich ist. In einem schwierigen Fall kann dagegen eine Begründung nicht durch eine Behauptung bzw. eine „Scheinsubsumtion" ersetzt werden! Steckt z.B. ein Kunde im Supermarkt eine Tafel Schokolade in seine Manteltasche, so kann eine Strafbarkeit nach § 242 StGB nicht mit der „Scheinsubsumtion" begründet werden, der K habe die Schokolade „weggenommen". Vielmehr erfordert der Sachverhalt hier eine präzise Definition des Begriffs der Wegnahme und ein Eingehen auf die Problematik der „Gewahrsamsenklave".[13]
Behalten Sie in diesem Zusammenhang den folgenden, wichtigen sprachlichen Hinweis im Hinterkopf: Auch wenn einzelne Tatbestandsmerkmale unschwer zu bejahen sind, sollten Sie nicht hochtrabend, sondern nüchtern und sachlich formulieren. Begriffe wie „ohne jeden Zweifel", „eindeutig", „natürlich", „gewiss", „sicherlich", „fraglos", „einwandfrei", „offensichtlich", „augenscheinlich", „völlig", „selbstverständlich", „ganz und gar" u.ä. sollten Sie in Ihrer Klausur nicht verwenden. In juristischen Klausuren ist nahezu nichts eindeutig, fast immer kann auch eine andere Ansicht vertreten werden. Und: Beobachten Sie sich selbst. Vielfach werden Formulierungen im genannten Sinne als Ersatz für fehlende eigene oder als Bekräftigung für an sich schwache Argumente eingesetzt. Ein solches Vorgehen kann in der Klausur schnell zu großen Punktabzügen führen.

---

[12] Vgl. zum Gutachtenstil auch FAHL, JuS 1996, 280 und WOLF, JuS 1996, 30 ff.

[13] Vgl. dazu HEMMER/WÜST, Strafrecht BT I, Rn. 8 ff.

Das *Kurzgutachten* (siehe II.) ist der normale Klausurstil, ihm entspricht das letztgenannte Beispiel, während im *großen Gutachten* Theorienstreite (z.B. über die Behandlung des Erlaubnistatbestandsirrtums) oder problematische Subsumtionen (z.B. ob das Überschütten mit Salzsäure ein Beibringen i.S.d. § 224 I Nr.1 StGB ist) behandelt werden:

Das Kurzgutachten geht von der Problemfrage aus und versucht, sie (zwar immer mit Bezug auf den Fall, aber doch) in etwas abstrakterer Form zu lösen, wobei verschiedene Argumente gegeneinander abgewogen werden können.

hemmer-Methode: Natürlich geht es nicht darum, sich abstrakt die Bezeichnungen verschiedener Stilarten zu merken, sondern sich klarzumachen, dass je nach Schwierigkeit des einzelnen Problems eine unterschiedlich intensive Bearbeitung erforderlich ist. Die Arbeitsstile entsprechen den unterschiedlichen Anforderungen an folgende juristische Fähigkeiten, die insbesondere in der Strafrechtsklausur geprüft werden sollen: Bewältigung einer großen Stofffülle in der vorgeschriebenen Zeit (Urteilsstil und Kurzgutachten) und sorgfältige Behandlung etwaiger Probleme (großes Gutachten). Die richtige Stilmischung verrät schließlich auch, ob Sie in der Lage sind, Wichtiges von Unwichtigem zu trennen und Schwerpunkte richtig zu setzen. Gerade dieses mehrdimensionale Arbeiten in der Klausur kann sinnvoll nur unter Zuhilfenahme des entsprechenden Fallmaterials eingeübt werden.

III. Als Faustregeln für die Verwendung der Stilarten lässt sich Folgendes sagen:

1. Ausgangspunkt in der Scheinklausur ist der Gutachtenstil, wobei außerhalb der Problembereiche das Kurzgutachten genügt. Je nach Schwierigkeit der jeweils behandelten Frage sind aber Stilmischungen wünschenswert, wobei zwei Stilarten unmittelbar miteinander kombiniert werden können, z.B. die begründungslose Kurzsubsumtion eines Tatbestandsmerkmals innerhalb des Obersatzes eines Kurzgutachtens.

***Beispiel**: D müsste die Geldbörse des A, eine für ihn fremde bewegliche Sache, weggenommen haben.*

2. Natürlich steht die richtige Zeiteinteilung – für die man freilich keine Faustregel ausgeben kann – im Vordergrund. Sollte diese einmal nicht gelungen bzw. die Klausur zu umfangreich sein, ist ein verstärktes Zurückgreifen auf den Urteilsstil einer nur halb bearbeiteten Klausur vorzuziehen.

Streuen Sie aber hier wenigstens ab und zu Passagen im Kurzgutachtenstil ein, die nicht wesentlich länger sein müssen und dem Vorwurf entgegenwirken, sich völlig im Stil vergriffen zu haben.

3. Für Gutachten- und Urteilsstil gleichermaßen stellt sich die Frage, inwieweit man bei der Prüfung eines Tatbestandes Aufbauschemata[14] stets vollständig einhalten sowie Untergliederungen oder sogar Zwischenüberschriften (z.B. „Objektiver Tatbestand“, „Subjektiver Tatbestand“, „Rechtswidrigkeit“, „Schuld“) verwenden soll. Hier lassen sich folgende Hinweise geben:

a) Eine saubere und sinngerechte Untergliederung, die sich durch die Verwendung neuer Absätze nachvollziehen lässt, ist dringend zu empfehlen. Sie gestaltet zum einen die Klausur übersichtlicher. Zum anderen macht der Korrektor seinen Haken eben gerne an das Ende eines kurzen Absatzes, in dem sich alles Wesentliche zu einem Prüfungspunkt findet.

***Beispiel**: Bei einem vorsätzlichen Begehungsdelikt sollte zumindest für den objektiven und den subjektiven Tatbestand, grundsätzlich aber auch für die Rechtswidrigkeit, die Schuld und ein Zwischenergebnis jeweils ein eigener Absatz begonnen werden.*

Soweit mehrere Tatbestandsmerkmale einer kurzen Prüfung unterzogen (und nicht nur begründungslos bejaht) werden, z.B. beim Diebstahl die Fremdheit der beweglichen Sache und die Wegnahme, sollten auch diese besser in eigenen Absätzen bearbeitet werden.

14 Vgl. zu einzelnen Aufbauschemata später die Lösungen der Fälle.

Ebenfalls mehrere Absätze bieten sich bei einer längeren Diskussion jeweils für die verschiedenen vertretenen Meinungen und die eigene begründete Stellungnahme an.

hemmer-Methode: Unterschätzen Sie die Bedeutung der hier gegebenen Ratschläge nicht. Halten Sie zudem die vorgegebenen Seitenränder ein. Versuchen Sie, sich auch unter Zeitdruck eine möglichst leserliche Handschrift anzueignen.
Geben Sie Ihrer Klausur bereits durch die Art und Weise der Darstellung ein positives Image.

b) Überschriften für einzelne Prüfungspunkte eines Aufbauschemas sind, wenn es die zur Verfügung stehende Bearbeitungszeit zulässt, ebenfalls eine Hilfe zur Orientierung für den Korrektor. Eine saubere Gliederung (vgl. oben), Überschriften und eine richtige Obersatzbildung erleichtern dem Korrektor erheblich die Arbeit herauszufinden, was gerade geprüft wird.

hemmer-Methode: In diesem Bereich hängt sicherlich einiges vom Geschmack des jeweiligen Korrektors ab. Die hier gegebenen Hinweise sind daher nicht als Dogma zu verstehen. Denken Sie aber an den großen Stapel von Klausuren auf dem Tisch des Korrektors. Dieser hat vielfach nur wenig Zeit zur Korrektur der einzelnen Klausur. Bedenken Sie also das psychologische Moment: Eine auf den ersten Blick gut gegliederte, übersichtliche und mit Zwischenüberschriften versehene Klausur stellt zumindest ein Indiz für eine ebenso geordnete Gedankenführung und Argumentation dar.
Eine strukturierte Klausur hat daher von vorneherein weitaus größere Chancen, besser bewertet zu werden. Diesem Ziel sollten Sie die Organisation und Darstellung ihrer Klausur stets unterordnen.
Versuchen Sie von Anfang an, mit Ihrer Arbeit einen angenehmen Eindruck beim Korrektor zu erzielen.

c) Kaum einen allgemeingültigen Ratschlag kann man auf die Frage geben, ob man einzelne unproblematische Prüfungsschritte auch einmal auslassen darf (vgl. zum Springen im strafrechtlichen Gutachten HARDTUNG, JuS 1996, 610, 706, 807). Aber selbst ein wenig wohlwollender Korrektor wird dies zumindest weniger negativ in die Bewertung einfließen lassen als etwa eine nur halbfertige Bearbeitung.

Gerade Rechtswidrigkeit und Schuld müssen theoretisch in vielen Strafrechtsklausuren unzählige Male angesprochen werden. In solchen Fällen ist es zumindest innerhalb eines Tatkomplexes, in dem sich für diese Beurteilung (z.B. bei ideal miteinander konkurrierenden Delikten) nichts ändern wird, zulässig, beide Prüfungspunkte in einem Satz („*Rechtswidrigkeit und Schuld sind auch hier gegeben.*") zusammen abzuhaken. Teilweise wird sogar empfohlen, diese (zugegebenermaßen relativ wenig aussagekräftige) Formel ganz wegzulassen. Diese Empfehlung scheint jedoch gefährlich. Es besteht nämlich das Risiko, dass mancher Korrektor dies (zumindest am Anfang Ihrer juristischen Ausbildung) übel nimmt, sodass ein etwas holprig wirkendes Gutachten einem unvollständigen vorzuziehen ist.

G. Vorgehen in der Klausurbearbeitung

Jede Klausur weist ihre ganz spezifischen Eigenheiten und Besonderheiten auf. Es ist daher schwierig, allgemeingültige Hinweise für die Klausurbearbeitung zu geben.

Dennoch sind die folgenden Faustregeln für die Strafrechtsklausur zu beachten:

Schon beim ersten Lesen des Sachverhaltes ist (wie auch in anderen Rechtsgebieten) zu versuchen, die Dramaturgie des Falles sowie die wichtigsten Tatbestände und Probleme zu erfassen.

Dabei muss man aber noch in ausreichendem Maß unvoreingenommen bleiben und darf nicht sofort denken, auf einen aus der Vorbereitung oder aus der Vorlesung bekannten Fall gestoßen zu sein, weil dies zur Folge haben könnte, die speziellen Probleme dieses Falls zu übersehen oder falsch zu gewichten.
Hilfreich ist es, sich bereits beim ersten Lesen einen Zettel neben den Klausursachverhalt zu legen und einzelne Stichworte, Probleme und Tatbestände, die einem spontan durch den Kopf gehen, zu notieren, um so sicher zu sein, dass man beim späteren Ausformulieren der Klausur nichts vergisst.

In weniger bekannten Teilen des StGB sind die Abschnitts- und Tatbestandsüberschriften zu überfliegen. Ratsam ist es auch, kurz das Inhaltsverzeichnis des StGB durchzugehen. Bei allen Tatbeständen gilt: Lesen Sie eine Vorschrift im Gesetz immer ganz zu Ende. Sehr empfehlenswert ist es darüber hinaus, das Umfeld einer Norm im Blick zu behalten. So müssen sie z.B. bei einem Diebstahl gem. § 242 StGB immer auch an die Regelbeispiele des § 243 StGB und an die Qualifikationstatbestände der §§ 244, 244a StGB denken. Auch die Regelungen der §§ 247, 248a StGB sind gedanklich in jede Diebstahlsprüfung einzubeziehen. Gleiches gilt etwa für die Prüfung eins Raubes gem. § 249 StGB. Hier sind regelmäßig zumindest im Kopf die §§ 250, 251 StGB kurz anzuprüfen.

Trotz des enormen Zeitdrucks ist in der Klausursituation eine Gliederung zu erstellen, in der zumindest die geprüften Tatbestände und ihr Vorliegen (z.B. mit + oder –) und die wichtigsten Probleme zu vermerken sind.

Eine solche Tatbestandsliste vermeidet vielfach, dass Sie während des Ausformulierens noch auf einschlägige und bislang übersehene Tatbestände stoßen, die Ihren gesamten Aufbau nachträglich in Frage stellen.

Zudem hilft eine Gliederung auch bei einer schnellen Bearbeitung der Konkurrenzen.

hemmer-Methode: Die Bearbeitung der Konkurrenzen wird gerade in einer umfangreichen Klausur unter Zeitdruck dadurch erleichtert, dass Sie in Ihrer Plus-Minus-Skizze diejenigen Tatbestände, wegen derer im Ergebnis zu bestrafen ist, z.B. mit einem bunten Marker anstreichen. So sehen Sie mit einem Blick, welche Vorschriften Sie bei der Prüfung der Konkurrenzen zu berücksichtigen haben.

Die Gliederung muss aber zwingend Gliederung bleiben. Sie darf keinesfalls zu einer Art Klausur in Kurzform ausgearbeitet werden. Dazu reicht die Bearbeitungszeit nicht. Im übrigen wird Ihre Gliederung in aller Regel nicht zusammen mit der Klausur abgegeben und also nicht bewertet. Wie lange Sie sich in der Klausursituation für das sorgfältige (!) Lesen und Erfassen des Sachverhaltes sowie für die Erstellung einer Gliederung Zeit lassen sollten, kann nicht allgemein gesagt werden, sondern hängt von der Ausgestaltung der einzelnen Klausur ab. In der Regel aber sollten Sie nach etwa 1/3 der Bearbeitungszeit mit dem Ausformulieren beginnen.

Orientieren Sie sich insofern an den nachfolgenden Fällen dieses Skriptes, denen jeweils eine Gliederung in der Art und Weise und in dem Umfang vorangestellt wurde, wie dies von Ihnen auch in der Klausursituation gehandhabt werden sollte.

H. Allgemeine Aufbauhinweise

Abgesehen von den Prüfungs- und Aufbauschemata für die einzelnen Deliktsformen (z.B. vorsätzliches Begehungsdelikt, Versuch, Fahrlässigkeitsdelikt, Unterlassungsdelikt) gibt es nur wenige zwingende Aufbauregeln für die Strafrechtsklausur.

Allerdings ergeben sich zum einen aus dem Prinzip, die Klausurbearbeitung ökonomisch, übersichtlich und leicht nachvollziehbar vorzunehmen, und zum anderen aus materiellrechtlichen Gegebenheiten bestimmte Vorgaben, die beachtet werden müssen.

I. Aufteilung in Tatkomplexe

Gerade in Examens-, aber auch bereits in Übungsklausuren sind häufig mehrere Handlungsabschnitte zu unterscheiden, die der Klausurensteller gewählt hat, um verschiedene Problembereiche in die Klausur einbauen zu können.

Erster Gliederungsschritt ist dann die Aufteilung des Sachverhalts in Tatkomplexe. Dabei ist es im Einzelfall nicht entscheidend, wie weit man untergliedert, allerdings sollte man Geschehen, die unmittelbar zusammengehören, nicht künstlich voneinander trennen. Es ist durchaus unschädlich, wenn z.B. in einem Tatkomplex mehrere Taten gegen mehrere Opfer geprüft werden.

Dagegen sollten die Komplexe voneinander getrennt werden, zwischen denen denknotwendig eine Zäsur besteht oder die außer der Zusammenfassung zu einem Klausursachverhalt gar nichts miteinander zu tun haben.

***Beispiel**: A stiehlt im Supermarkt Zigaretten, zwei Tage später tötet er seine Frau, im nachfolgenden Strafverfahren bedrängt er einen Freund, ihm doch ein falsches Alibi zu verschaffen: Hier könnten die drei Abschnitte jeweils für sich getrennt kleine Fälle ergeben und sind nur zu einer großen Klausur kombiniert. Hier wären in der Klausur drei Tatkomplexe zu bilden.*

hemmer-Methode: Beispiele wie dieses finden sich gar nicht so selten, da auf diese Art viele verschiedene Problembereiche aus nicht miteinander verwandten Tatbeständen geprüft werden können.
Allerdings kann man auch umgekehrt sagen, dass es in Scheinklausuren für die Zwischenprüfung kein beunruhigendes Zeichen sein muss, wenn Sie nur einen Tatkomplex erkennen: Oft kann nämlich (gerade bei problematischen Konstellationen aus dem AT oder der Beteiligung mehrerer) in der kurzen Zeit nicht mehr als die Bewältigung eines Komplexes verlangt werden.

II. Prüfungsreihenfolge der Delikte

Wenn innerhalb eines Tatkomplexes mehrere Delikte in Betracht kommen, stellt sich die Frage, in welcher Reihenfolge diese zu prüfen sind, insbesondere wenn einzelne Delikte hinter anderen zurücktreten. Folgendes Vorgehen ist für den Regelfall zu empfehlen:

1. Was die Schwere der Delikte angeht, gilt „Nicht kleckern, sondern klotzen“, d.h. Sie sollten praxisnah mit den schwereren Delikten vor den leichteren beginnen. Insbesondere Tötungsdelikte, die möglicherweise verwirklicht wurden, sind innerhalb eines Tatkomplexes zuerst zu prüfen.

Wenn allerdings i.R.e. Tatkomplexes zeitlich hintereinandergeschaltete Vorgänge zu prüfen sind, kann es auch sinnvoll sein, eine chronologische Reihenfolge einzuhalten.

2. In Fällen der Gesetzeskonkurrenz ist zu differenzieren: Bei Subsidiarität und Konsumtion ist es i.d.R. empfehlenswert, das vorgehende Delikt zuerst zu prüfen und das verdrängte ggf. nur kurz zu erwähnen.

***Beispiel**: § 221 StGB kann kurz abgehakt werden, wenn man zuvor die Strafbarkeit wegen eines Tötungsdeliktes gem. §§ 211, 212 StGB bejaht hat. Gleiches gilt bei Fällen sog. formeller Subsidiarität, wenn sich also bereits im Wortlaut eines Tatbestandes eine Subsidiaritätsklausel findet, vgl. §§ 246, 248b, 316 StGB.*

Als typisches Begleitdelikt wird etwa § 239 StGB von § 239b StGB konsumiert.[15]

Für Fälle der Spezialität ist das gleiche Vorgehen empfehlenswert, wenn es sich um einen verselbständigten Sondertatbestand handelt.

***Beispiel**: Kommt ein Raub ernsthaft in Betracht, ist § 249 StGB vor den §§ 240, 242 StGB zu prüfen, welche – falls ein Raub bejaht wird – allenfalls noch erwähnt, aber keinesfalls mehr komplett durchgeprüft werden müssen.*

Handelt es sich dagegen um eine Qualifikation zum Grundtatbestand (z.B. §§ 244, 244a StGB zu § 242 StGB oder §§ 250, 251 StGB zu § 249 StGB oder §§ 255, 250, 251 zu § 253 StGB), wird teilweise empfohlen, den Grundtatbestand zuerst und danach gesondert den Qualifikationstatbestand zu prüfen. Dies gilt jedenfalls dann, wenn bereits die Prüfung des Grundtatbestandes in der Klausur besondere Schwierigkeiten aufweist und daher eine breit angelegte Argumentation erfordert. Kann dagegen der Grundtatbestand bereits auf den ersten Blick bejaht werden, so kann die Prüfung der Qualifikation auch in die Prüfung des Grunddeliktes integriert werden.

***Beispiel**: T betritt mit seiner geladenen Schusswaffe in der Hand das Haus seines Nachbarn N, reißt dort eine Schrankschublade auf und entnimmt dieser das darin befindliche Bargeld.*

***Lösung**: Hier weist die Prüfung des Grunddeliktes (§ 242 StGB) keine Probleme auf.*

Im Beispiel könnte also im objektiven Tatbestand im Anschluss an die Prüfung der Wegnahme der fremden beweglichen Sache das Beisichführen einer Schusswaffe (§ 244 I Nr.1a StGB) angesprochen werden; anschließend im subjektiven Tatbestand der Vorsatz hinsichtlich der Wegnahme der fremden beweglichen Sache und des Mitführens der Schusswaffe sowie die Zueignungsabsicht.

Anderes gilt dagegen für Regelbeispiele: Auf Grund ihrer besonderen Rechtsnatur als Strafzumessungsregeln ist hier zunächst das Grunddelikt (z.B. § 242 StGB) zu prüfen. Nach Bejahung der Schuld ist sodann die Frage aufzuwerfen, ob der Täter aus dem höheren Strafrahmen des § 243 StGB zu bestrafen ist.

3. Bei zwei Delikten, die nicht in einem Verhältnis der Gesetzeskonkurrenz stehen, sich aber gegenseitig ausschließen (so nach h.M. z.B. § 242 StGB und § 263 StGB[16]), ist es ebenfalls eine Frage des Einzelfalls oder der leichteren Darstellbarkeit, ob man zuerst mit dem erfüllten Tatbestand beginnt, um anschließend das Scheitern des anderen kurz festzustellen, oder ob man mit dem nicht erfüllten beginnt („Prinzip der negativen Evidenz"), um wirklich berechtigterweise beide ansprechen zu können. Von der Sache her ergibt sich kein Unterschied, da die wesentliche Abgrenzung ohnehin einmal getroffen werden muss.

So kann z.B. die Abgrenzung zwischen Diebstahl und Betrug entweder beim Merkmal der Vermögensverfügung i.R.d. § 263 StGB oder beim Merkmal der Wegnahme i.R.d. § 242 StGB vorgenommen werden.

4. Geht es um die Strafbarkeit mehrerer Beteiligter, ergeben sich aus Gründen der Übersichtlichkeit bzw. aus dem materiellrechtlichen Prinzip der limitierten Akzessorietät der Teilnahme die beiden Grundregeln:

- Der tatnähere Beteiligte wird zuerst geprüft.
- Täterschaft vor Teilnahme.

Beispiele:

A stiftet T zur Tötung des O an. Hier muss aus Akzessorietätsgründen zuerst die Strafbarkeit des T aus §§ 212, 211 StGB, und erst anschließend die des A aus §§ 212, 211, 26 StGB geprüft werden.

M bringt den schuldunfähig geisteskranken W dazu, den O zu töten. Hier sollte zuerst die Strafbarkeit des tatnäheren W geprüft und seine Straflosigkeit wegen § 20 StGB festgestellt werden.

---

15 So WESSELS/ BEULKE, Rn. 791. LACKNER/ KÜHL, § 239b Rn. 4 gehen dagegen von Subsidiarität der Freiheitsberaubung aus.

16 Vgl. HEMMER/WÜST, Strafrecht BT I, Rn. 134 ff.

Anschließend ist die Strafbarkeit des M als mittelbarer Täter zu untersuchen. Innerhalb dieser Prüfung kann man dann hinsichtlich des Strafbarkeitsdefizits des Werkzeugs nach oben verweisen.

Dabei sind Durchbrechungen unter Umständen dann denkbar, wenn sich aus dem Bearbeitervermerk eine Beschränkung der Prüfung auf bestimmte Beteiligte ergibt. Ist etwa nur nach der Strafbarkeit eines Teilnehmers gefragt, muss dort inzident die Tat des „dazugehörigen" Täters mitgeprüft werden.

Auch bei Mittätern ist es in der Klausur denkbar, dass lediglich nach der Strafbarkeit eines Beteiligten gefragt ist. Dann müssen Sie in Ihrer Lösung dennoch feststellen, ob bzw. dass Mittäterschaft mit den anderen Beteiligten vorliegt.

Deren Strafbarkeit ist dann zwar nicht zu prüfen, unter Umständen müssen Sie aber deren Tatbeiträge im objektiven Tatbestand dem zu prüfenden Mittäter zurechnen.

hemmer-Methode: Ein letzter Tipp an dieser Stelle: Beginnen Sie Ihre Klausur mit der Lektüre des Bearbeitervermerks. Machen Sie sich gleich am Anfang bewusst, was in der Klausur von Ihnen verlangt wird. Lesen Sie dann den Sachverhalt mit größtmöglicher Gründlichkeit. Die Folgen sind fatal, wenn Sie in der Klausur nicht verlangte Prüfungen durchführen, einzelne Teile des Sachverhaltes übersehen oder diesen uminterpretieren. Nehmen Sie sich für diese Anfangsphase der Klausur ausreichend Zeit. Haben Sie einmal den Sachverhalt richtig und vollständig erfasst, fällt Ihnen später das Ausformulieren der Klausur erheblich leichter.

Nun geht es los!

Der nachfolgende Hauptteil dieses Skriptes stellt Ihnen 34 Übungsfälle zur Verfügung. Naturgemäß können hier nicht alle denkbaren Problemkonstellationen dargestellt werden, die in einer Klausur auftauchen können. Für die Fälle wurden aber typische Gestaltungen und Schwierigkeiten ausgewählt, an Hand derer Sie die strafrechtliche Fallbearbeitungs- und Klausurtechnik einüben können.

Gehen Sie beim Durcharbeiten des Skriptes am besten so vor, dass Sie nach der Lektüre des Bearbeitervermerkes und des Sachverhaltes zumindest gedanklich eine Gliederung erstellen. Noch besser ist es, wenn Sie sich für den einen oder anderen Fall wie in der Klausur zwei Stunden Zeit nehmen und selbst eine Lösung ausformulieren. Lesen Sie auf keinen Fall sofort den hier gemachten Lösungsvorschlag. Achten Sie bei Ihren Überlegungen neben der Auseinandersetzung mit den einzelnen Problemen und Meinungsstreiten insbesondere auch auf Aufbaufragen.

Viel Spaß!

Kapitel II: Tatbestand

Fall 1: Der spätere Tod

Sachverhalt:

Um in den Genuss einer Erbschaft zu kommen, griff Theo (T) den Oskar (O) mit bedingtem Tötungsvorsatz an und würgte ihn so, dass er bewusstlos zusammenbrach. T hielt O irrigerweise bereits für tot und wollte die Leiche durch Versenken in einer Jauchegrube beseitigen. In Wirklichkeit aber war O zu diesem Zeitpunkt noch am Leben. T warf O in die Jauchegrube. Dadurch bekam O keine Luft mehr und starb den Erstickungstod.

Bearbeitervermerk:

Prüfen Sie die Strafbarkeit des T.

A. Einordnung

Zum objektiven Unrechtstatbestand als dem Bezugspunkt des Vorsatzes gehört auch der ursächliche Zusammenhang zwischen Handlung und Erfolg. Der subjektive Tatbestand setzt Vorsatz hinsichtlich aller Merkmale des objektiven Tatbestandes voraus. Daher darf der Tatbestandsvorsatz nicht lediglich auf den Tod des Opfers, also auf den Erfolg, gerichtet sein, sondern muss grundsätzlich auch den Kausalverlauf umfassen. Fehlt es hieran, so kann der Täter gem. § 16 I 1 StGB nicht aus dem Vorsatzdelikt (§ 211 StGB oder § 212 StGB) bestraft werden. Vielmehr verbliebe dann allein der Rückgriff auf den Tatbestand der fahrlässigen Tötung (§ 222 StGB i.V.m. § 16 I 2 StGB). Da jedoch alle Einzelheiten eines Geschehensablaufes nie exakt voraussehbar sind, schließen unwesentliche Abweichungen vom Kausalverlauf gegenüber dem vorgestellten Verlauf den Vorsatz nicht ohne weiteres aus. Im Fall stellt sich daher die Frage, ob die Fehlvorstellung des Täters, der sein Opfer bereits nach dem Würgen tot wähnte, obwohl dieses erst später in der Jauchegrube erstickte, als wesentliche oder als unwesentliche Abweichung anzusehen ist.

B. Gliederung

Strafbarkeit des T

I. Totschlag, § 212 I StGB

1. Objektiver Tatbestand

a) Eintritt des tatbestandlichen Erfolges (+)

b) Kausalität (+)

c) Objektive Zurechenbarkeit (+)

2. Subjektiver Tatbestand

(P): Irrtum des T:

e.A.: Lehre vom **dolus generalis**
⇨ vollendetes Vorsatzdelikt

a.A.: Auftrennen des Gesamtgeschehens in zwei vollkommen selbstständige Handlungen ⇨ versuchtes Vorsatzdelikt und
Fahrlässigkeitsdelikt, § 53 StGB

BGH: Lösung nach den Regeln über **den Irrtum über den Kausalverlauf**
⇨ unbeachtlicher Irrtum, wenn Abweichung des tatsächlichen Kausalverlaufs vom vorgestellten unwesentlich
hier: vollendetes Vorsatzdelikt

3. Rechtswidrigkeit

4. Schuld

5. Ergebnis: § 212 I StGB (+)

II. Mord, §§ 212 I, 211 I, II StGB

Habgier, § 211 II, Gruppe 1, 3.Var. StGB (+)

III. Konkurrenzen

IV. Ergebnis

C. Lösung

Strafbarkeit des T

I. Totschlag, § 212 I StGB

T könnte sich durch das Würgen und das anschließende Versenken des O in der Jauchegrube wegen Totschlages gem. § 212 I StGB strafbar gemacht haben.

hemmer-Methode: Falls Sie der h.L. folgen und § 211 StGB als Qualifikation zu § 212 I StGB auffassen, können sie die §§ 212 I, 211 StGB auch gleich zusammen prüfen, sog. „Kombinationsaufbau“.

1. Objektiver Tatbestand

a) Eintritt des tatbestandlichen Erfolges

Der tatbestandliche Erfolg ist eingetreten. O ist verstorben.

b) Kausalität

Der Erfolg müsste ferner kausal durch T verursacht worden sein. Das Würgen des O durch T kann nicht hinweggedacht werden, ohne dass der Erfolg in seiner konkreten Gestalt entfiele. Das Handeln des T war damit kausal i.S.d. „conditio sine qua non“-Formel.

c) Objektive Zurechenbarkeit

T hat mit seinem Handeln eine rechtlich relevante Gefahr geschaffen, die sich sodann im tatbestandlichen Erfolg, nämlich im Tod des O, realisiert hat. Der Erfolg ist damit dem T auch objektiv zurechenbar.

Der objektive Tatbestand ist erfüllt.

hemmer-Methode: Kausalität und objektive Zurechenbarkeit sind hier unschwer zu bejahen. Verschwenden Sie keine Zeit mit unnötigen Ausführungen. In der Klausur wären in einem solchen Fall lange Ausführungen zu diesen Prüfungspunkten fehl am Platz.

2. Subjektiver Tatbestand

Fraglich ist, ob T auch mit Tötungsvorsatz gehandelt hat, da nicht die zunächst mit Tötungsvorsatz vorgenommene Handlung des Täters, also das Würgen des O, sondern erst eine Folgehandlung, nämlich das Versenken des O in der Jauchegrube - bei der kein Tötungsvorsatz mehr vorlag -, unmittelbar zum Tod des Opfers geführt hat.

Nach einer Ansicht (sog. **Lehre vom dolus generalis**) sind die beiden Teilakte des Würgens und des Versenkens als ein einheitliches Geschehen anzusehen. Hiernach umfasst der ursprünglich fraglos vorhandene Tötungsvorsatz auch noch den zweiten Teil des Versenkens. Es läge also eine vollendete Vorsatztat vor.

Gegen diese Lehre spricht jedoch, dass sie letztlich auf einer unzutreffenden Unterstellung beruht. Der zunächst vorhandene Vorsatz des T wirkt eben gerade nicht bis zum Versenken des O in der Jauchegrube fort. Die Figur des dolus generalis stellt daher eine unzulässige Fiktion zu Lasten des Täters dar (Verstoß gegen das Analogieverbot, Art. 103 II GG).

hemmer-Methode: Gemäß § 16 I 1 StGB muss der Täter „bei Begehung der Tat“ vorsätzlich handeln. Kern der vorliegenden Problematik ist, was genau die „Tat“ ist, denn genau zu diesem Zeitpunkt müsste der Täter vorsätzlich gehandelt haben. Die Lehre vom dolus generalis ist letztlich deshalb abzulehnen, weil sie einerseits auf das Versenken der vermeintlichen Leiche als Anknüpfungspunkt abstellt, andererseits den – offensichtlich nicht mehr gegebenen - Tötungsvorsatz auf diesen Zeitpunkt erstreckt.

Eine andere Ansicht trennt das Gesamtgeschehen in zwei vollkommen selbstständige Handlungen mit zwei unterschiedlichen subjektiven Tatseiten auf.

Sie sieht in dem ersten Teilakt des Würgens eine vorsätzliche Tötungshandlung, bei der allerdings der tatbestandliche Erfolg ausbleibt. Bei der Vornahme der zum Erfolg führenden Zweithandlung hält sie den Tötungsvorsatz für erloschen. Konsequenterweise wäre T hiernach wegen versuchten Totschlages (§§ 212 I, 22, 23 I StGB) in Tatmehrheit (§ 53 StGB) mit fahrlässiger Tötung (§ 222 StGB) zu bestrafen.

Gegen diese Ansicht spricht allerdings, dass sie nicht berücksichtigt, dass die beiden Teilakte hier nicht beziehungslos nebeneinander stehen und somit ein einheitlicher Lebensvorgang willkürlich zerrissen wird.

Vorzugswürdig erscheint vielmehr die Ansicht des BGH, der an die mit Tötungsvorsatz begangene Ersthandlung des Täters anknüpft und insoweit danach fragt, ob eine wesentliche oder unwesentliche Abweichung vom Kausalverlauf vorliegt.

hemmer-Methode: Merken Sie sich für den berühmten „Jauchegruben-Fall“, dass der BGH nicht an die eigentliche Tathandlung des Versenkens anknüpft, sondern an das vorangegangene Würgen! Damit „umgeht“ der BGH das Problem, dass der Täter beim späteren Versenken keinen Tötungsvorsatz hatte.

Ungeschriebenes Merkmal des objektiven Tatbestands eines Erfolgsdelikts ist die Kausalität zwischen Tathandlung und Erfolg.

Deshalb muss sich auch der Tatbestandsvorsatz auf den Kausalverlauf erstrecken. Da aber alle Einzelheiten des Geschehensablaufs nie genau voraussehbar sind, schließen unwesentliche Abweichungen gegenüber dem vorgestellten Verlauf den Vorsatz nicht ohne weiteres aus.

Ein Irrtum über den Kausalverlauf ist als unwesentlich anzusehen und folglich für den Tatbestandsvorsatz irrelevant, wenn sich die Abweichungen des wirklichen vom vorgestellten Kausalverlauf noch in den Grenzen des nach allgemeiner Lebenserfahrung Voraussehbaren halten, keine andere Bewertung der Tat rechtfertigen und auch im Hinblick auf den Verwirklichungswillen des Täters nicht zu einem inadäquaten Ergebnis führen.[1]

Man könne zwar – so der BGH – nicht davon ausgehen, dass ein die ganze Tat durchziehender Generalvorsatz (dolus generalis) vorliege. Dazu müsste der bedingte Tötungsvorsatz des T sich vom ersten Angriff bis zum Versenken des Opfers erstrecken. Davon kann aber aufgrund der Vorstellung des T, der O sei zum Zeitpunkt des Versenkens bereits tot gewesen, nicht ausgegangen werden. *„Daran kann der unklare und rechtsgeschichtlich überholte Begriff eines Generalvorsatzes nichts ändern. Es geht nicht an, mit seiner Hilfe den ursprünglichen Tötungsvorsatz auf spätere Handlungen auszudehnen, bei denen er tatsächlich nicht mehr bestand.“*

Auf einen solchen Generalvorsatz kommt es nach Ansicht des BGH vorliegend aber auch gar nicht an, da die vorsätzlich vorgenommene Handlung den Tod zumindest mittelbar verursacht hat. Ohne das Würgen wäre das Opfer nicht bewusstlos geworden, ohne die Bewusstlosigkeit hätte der Täter das Opfer nicht in der Jauchegrube versenkt. Der Tod des Opfers ist demnach durch eine vorsätzliche Handlung des Täters verursacht worden. Er ist zwar auf eine andere Weise eingetreten, als der Täter es für möglich gehalten hatte. Diese Abweichung des wirklichen vom vorgestellten Ursachenablauf ist aber nur gering und rechtlich ohne Bedeutung.

hemmer-Methode: Umstritten ist, ob die Abweichung vom vorgestellten Kausalverlauf nicht bereits auf der Ebene des objektiven Tatbestands i.R.d. objektiven Zurechnung zu prüfen ist, wie dies von der h.L. gefordert wird. Erörtern Sie allerdings in Ihrer Klausur niemals Aufbaufragen, sondern entscheiden Sie sich durch Ihre Gliederung des Gutachtens für einen Prüfungsort im Deliktsaufbau.

Auch der subjektive Tatbestand ist gegeben.

3. Rechtswidrigkeit

Rechtfertigungsgründe sind nicht ersichtlich. Die Tat war rechtswidrig.

[1] Vgl. BGHSt 7, 325; BGHSt 14, 193.

4. Schuld

Entschuldigungsgründe sind nicht ersichtlich. T handelte schuldhaft.

hemmer-Methode: Wenn auf der Ebene der Rechtswidrigkeit und der Schuld keine Probleme ersichtlich sind, kann man sich kurz fassen. Eventuell ist es auch vertretbar, in einem Satz zu formulieren: „T handelte rechtswidrig und schuldhaft." Insbesondere unter Zeitdruck sollte man sich auf derart kurze Formulierungen beschränken, da hierfür in der Klausur keine Punkte vergeben werden, und man auf diese Weise den Vorwurf der Unvollständigkeit entkräften kann.

5. Ergebnis

T hat sich damit wegen Totschlages gem. § 212 I StGB strafbar gemacht.

II. Mord, §§ 212 I, 211 I, II StGB

Fraglich ist, ob sich T durch sein Verhalten sogar eines Mordes schuldig gemacht hat.

hemmer-Methode: Das Verhältnis der §§ 212, 211 StGB zueinander ist umstritten: Während die Rechtslehre mehrheitlich[2] § 211 StGB als Qualifikation zu § 212 StGB ansieht, geht der BGH[3] vom Mord als einem gegenüber dem Totschlag selbstständigen Straftatbestand mit strafbegründenden Merkmalen und arteigenem Unrechtsgehalt aus.[4]

In Betracht kommt hier das Mordmerkmal der Habgier (§ 211 II, 1. Gruppe, 3. Variante StGB). Unter Habgier versteht man ein rücksichtsloses und abstoßendes Gewinnstreben um jeden Preis. Der Täter muss um materieller Vorteile willen im wahrsten Sinne des Wortes bereit sein, über Leichen zu gehen.

T hat vorliegend den O umgebracht, um in den Genuss seiner Erbschaft zu kommen. Sein Gewinnstreben war tatbeherrschend und bewusstseinsdominant. Ferner war das Handeln des T von der Vorstellung getragen, dass sein Vermögen durch den Tod des O unmittelbar vermehrt wird. Das Mordmerkmal der Habgier ist damit zu bejahen.

hemmer-Methode: Unterscheiden Sie bei § 211 II StGB nach tat- und täterbezogenen Mordmerkmalen. Während die erste und dritte Gruppe des § 211 II StGB täterbezogen sind, ist die 2. Gruppe tatbezogen. Nur bei letzterer müssen Sie zusätzlich – neben der objektiven Verwirklichung des Merkmales – auch den Vorsatz des Täters diesbezüglich prüfen. Bei rein täterbezogenen Mordmerkmalen erübrigt sich eine solche Prüfung angesichts deren subjektiven Charakteren.

III. Konkurrenzen

Von Spezialität spricht man, wenn eine Strafvorschrift begriffsnotwendig alle Merkmale einer anderen enthält.

Im Verhältnis zwischen qualifizierendem Tatbestand und Grunddelikt geht daher stets die Qualifikation als das speziellere Strafgesetz vor.

IV. Ergebnis

T hat sich wegen eines vollendeten, vorsätzlichen Mordes gem. § 212 I, 211 I, II, Gruppe 1, 3.Var. StGB strafbar gemacht.

D. Zusammenfassung

Sound: Irrtum über den Kausalverlauf. Habgier.

Tatbestandsvorsatz meint als psychische Innenseite der Tat den Willen zur Verwirklichung eines Straftatbestandes in Kenntnis aller objektiven Tatumstände.

---

2 Vgl. nur WESSELS/ HETTINGER, Rn. 69.
3 Vgl. grundlegend BGHSt 1, 368.
4 Vgl. zusammenfassend zu diesem Streit HEMMER/WÜST, Strafrecht für die Zwischenprüfung, Rn. 280 und HILLENKAMP BT, 1. Problem.

Der Vorsatz muss sich auf sämtliche Merkmale des objektiven Tatbestandes, einschließlich der Kausalität beziehen. Liegt ein **Irrtum über den Kausalverlauf** vor, so entfällt nach **§ 16 I 1 StGB** der Vorsatz, wenn die Abweichung des tatsächlichen vom vorgestellten Kausalverlauf wesentlich ist. Dann kann nach **§ 16 I 2 StGB** nur aus dem Fahrlässigkeitsdelikt bestraft werden, wenn ein solches existiert (vgl. § 15 StGB).

Unwesentlich dagegen und somit für den Tatbestandsvorsatz irrelevant ist die Abweichung, wenn sie sich noch in den Grenzen des nach allgemeiner Lebenserfahrung Voraussehbaren hält und keine andere Bewertung der Tat rechtfertigt.

Habgier ist rücksichtsloses und abstoßendes Gewinnstreben um jeden Preis.

hemmer-Methode: Prägen Sie sich unabhängig vom Einzelproblem des Irrtums vom Kausalverlauf anhand des Falles vor allem den Aufbau des vollendeten, vorsätzlichen Erfolgsdeliktes ein. Strukturieren und gliedern Sie Ihre Klausur nach diesem Aufbauschema.

E. Zur Vertiefung

Zu den Mordmerkmalen

- HEMMER/WÜST, Strafrecht BT II, Rn. 41 ff.
- Zum Fall: BGHSt 14, 193.

Aktuelle Rechtsprechung

- Zum Irrtum über den Kausalverlauf BGH, NStZ 2002, 475 = Life&Law 2002, 750; BGH, NJW 2002, 1057 = Life&Law 2002, 461.

Fall 2: Die folgenschwere Feier

Sachverhalt:

Wolfgang (W) hatte infolge des Genusses alkoholischer Getränke auf einer Feier eine Blutalkoholkonzentration (BAK) in Höhe von 1,2 Promille. Dennoch fühlte er sich nach wie vor in der Lage, den Heimweg mit dem Auto anzutreten. In der Tat verlief die Fahrt zunächst einwandfrei. Auf der Autobahn fuhr W mit einer Geschwindigkeit von 160 km/h auf der mittleren Spur, wobei er, dem Verkehrsfluss angepasst, zum vorausfahrenden Fahrzeug einen Abstand von 100 m einhielt. Plötzlich nahm der Führer eines etwa auf gleicher Höhe mit annähernd gleicher Geschwindigkeit auf der rechten Spur fahrenden Fahrzeugs einen abrupten Fahrspurwechsel auf die mittlere Fahrspur vor, was zu einer punktartigen Berührung der beiden Fahrzeuge und zu einer nicht mehr kontrollierbaren Driftbewegung des Fahrzeugs des W führte mit der Folge, dass dieser mit einer Geschwindigkeit von ca. 110 km/h an die Leitplanke schleuderte und von da aus auf die mittlere Fahrspur, wo der Pkw schräg zum Stehen kam. Ein anderer Pkw prallte im Bereich der Beifahrertür in das stehende Fahrzeug, wodurch Tina, die Freundin des W, die bereits bei der Kollision mit der Leitplanke lebensgefährliche Hirnverletzungen erlitten hatte, getötet wurde.

Ein nach dem Unfall eingeholtes Sachverständigengutachten ergab Folgendes: Bei Eintritt der kritischen Verkehrslage hätte W den Unfall mit seinen tödlichen Folgen auch dann nicht vermeiden können, wenn er nüchtern gewesen wäre. Hätte W dagegen bei Eintritt der kritischen Verkehrssituation eine Geschwindigkeit von höchstens 130 km/h statt 160 km/h eingehalten, wäre es – bei gleichem Geschehensablauf – zwar noch zu einem Unfall, nicht jedoch zur Tötung der Tina gekommen; dann hätte die Geschwindigkeit, mit welcher der Pkw auf die Leitplanke geprallt wäre, nur ca. 20 km/h betragen, so dass es weder zu nennenswerten Verletzungen der Insassen gekommen noch der Pkw auf die mittlere Fahrspur gelangt wäre.

Bearbeitervermerk:

Prüfen Sie die Strafbarkeit des W nach § 222 StGB.

A. Einordnung

Der Fall zwingt zunächst dazu, sich mit Aufbau und Struktur des Fahrlässigkeitsdeliktes auseinander zu setzen. Oftmals ist in der Klausur und auch hier der Prüfungspunkt „Objektive Zurechnung" problematisch. Insofern gilt es zunächst den Schutzzweckzusammenhang zu beachten. Nur wenn die verletzte Sorgfaltsnorm gerade dazu dient, Erfolge wie den eingetretenen zu verhindern, kann von der Schaffung eines rechtlich relevanten Risikos als Zurechungsgrundlage ausgegangen werden. Ferner ergeben sich Einschränkungen der Erfolgszurechnung auch aus dem Eigenverantwortlichkeitsprinzip bei Selbstschädigungen und Selbstgefährdungen.

Schließlich erfordert die objektive Zurechnung das Vorliegen eines spezifischen Pflichtwidrigkeitszusammenhanges. Im konkreten Erfolg muss sich gerade diejenige Gefahr verwirklichen, die durch die Sorgfaltspflichtverletzung des Täters geschaffen wurde. Das Vorliegen dieses Pflichtwidrigkeitszusammenhanges erscheint hier problematisch, weil der Sachverständige in seinem Gutachten unter anderem festgestellt hat, dass der Unfall für W bei Eintritt der kritischen Verkehrslage auch bei unterstellter Nüchternheit nicht zu vermeiden gewesen wäre.

B. Gliederung

Strafbarkeit des W
I. Fahrlässige Tötung, § 222 StGB
1. Unrechtstatbestand des Fahrlässigkeitsdeliktes
a) Erfolgsverursachung
aa) Erfolgseintritt (+)
bb) Kausalität (+)
b) Verletzung der objektiven Sorgfaltspflicht (objektiver Verhaltensfehler)
aa) Außerachtlassung der im Verkehr erforderlichen Sorgfalt (+)
bb) Objektive Voraussehbarkeit (+)
c) Objektive Zurechnung
aa) Schutzzweckzusammenhang
bb) Pflichtwidrigkeitszusammenhang nach Rechtsprechung (+) nach hL (-)
II. Ergebnis

C. Lösung

Strafbarkeit des W

hemmer-Methode: Lesen Sie den Bearbeitervermerk genau. Neben § 222 StGB stehen hier auch andere Straftaten (vgl. etwa die §§ 315c, 316 StGB) im Raum. Nach dem Bearbeitervermerk soll aber die Falllösung hier auf die Prüfung der fahrlässigen Tötung beschränkt werden.

I. Fahrlässige Tötung, § 222 StGB

W könnte sich wegen fahrlässiger Tötung gem. § 222 StGB strafbar gemacht haben, indem er trotz Alkoholisierung den Heimweg mit dem Auto antrat.

1. Unrechtstatbestand des Fahrlässigkeitsdeliktes

Zu prüfen ist zunächst der Unrechtstatbestand des Fahrlässigkeitsdeliktes.

a) Erfolgsverursachung

aa) Erfolgseintritt

T ist zu Tode gekommen. Der tatbestandliche Erfolg des § 222 StGB ist also eingetreten.

bb) Kausalität

Die Handlung des W – das Steuern des Fahrzeugs trotz Alkoholisierung – kann vorliegend nicht hinweggedacht werden, ohne dass der Erfolg in seiner konkreten Gestalt entfiele. Die von W mit dem Zusammenprall gesetzte Bedingung war damit **conditio sine qua non** für den Erfolgseintritt.

hemmer-Methode: Häufig werden die Fragen nach der Kausalität und dem Pflichtwidrigkeitszusammenhang miteinander verwechselt. Während man bei der Kausalitätsprüfung das Täterverhalten und damit den Täter selbst „eliminieren" bzw. „hinwegdenken" muss, bleibt der Täter bei der Prüfung des Pflichtwidrigkeitszusammenhangs am Ort des Geschehens und verhält sich dort hypothetisch rechtmäßig.

b) Verletzung der objektiven Sorgfaltspflicht (objektiver Verhaltensfehler)

aa) Außerachtlassung der im Verkehr erforderlichen Sorgfalt

W müsste die objektiv im Verkehr erforderliche Sorgfalt außer acht gelassen haben.

hemmer-Methode: Beachten Sie: § 222 StGB stellt nicht pauschal die Verursachung des Todes eines anderen Menschen unter Strafe. Ein solcher Tatbestand wäre auf Grund seiner Weite verfassungsrechtlich bedenklich (Art. 103 II GG) und zudem sinnlos. Vielmehr lautet der Normbefehl, der hinter der Vorschrift steht: „Wende die im konkreten Fall erforderliche Sorgfalt an, um die Tötung eines anderen Menschen zu vermeiden."

Für die zu prüfenden Sorgfaltsanforderungen gilt Folgendes:

Inhalt der Sorgfaltspflicht ist es, die sich aus dem konkreten Verhalten ergebenden Gefahren für das geschützte Rechtsgut zu erkennen und sein Verhalten darauf richtig einzustellen, also die gefährliche Handlung nur unter ausreichenden Sicherheitsvorkehrungen vorzunehmen oder sie ganz zu unterlassen.[5] Art und Maß der anzuwendenden Sorgfalt ergeben sich aus den Anforderungen, die bei einer Betrachtung der Gefahrenlage ex ante an einen besonnenen und gewissenhaften Menschen in der konkreten Lage und der sozialen Rolle des Handelnden zu stellen sind.[6]

Vorliegend ist W in absolut fahruntüchtigem Zustand mit mehr als 1,1 Promille gefahren. Sein Verhalten bleibt damit hinter den Anforderungen der Rechtsordnung zurück (vgl. § 24a StVG, § 316 StGB). Es ist verkehrswidrig und sachlich fehlerhaft. Eine objektive Sorgfaltspflichtverletzung liegt vor.

hemmer-Methode: Hinsichtlich alkoholbedingter Fahruntüchtigkeit unterscheidet die Praxis wie folgt: Ab einer Blutalkoholkonzentration von 1,1 Promille liegt bei allen Kraftfahrern unwiderleglich absolute Fahruntüchtigkeit vor. Relative Fahruntüchtigkeit kommt demgegenüber bereits ab 0,3 Promille in Betracht, wenn der Grenzwert von 1,1 Promille nicht erreicht oder nicht nachweisbar ist und zusätzlich bestimmte Ausfallerscheinungen im Rahmen einer Gesamtwürdigung unter Einbeziehung aller Umstände des Einzelfalles den Schluss auf eine alkoholbedingte Fahrunsicherheit zulassen.

bb) Objektive Voraussehbarkeit

Objektiv voraussehbar ist, was ein umsichtig handelnder Mensch unter den jeweils gegebenen Umständen auf Grund der allgemeinen Lebenserfahrung bedenken würde. Ein umsichtig handelnder Mensch würde nicht in absolut fahruntüchtigem Zustand einen Pkw im Straßenverkehr führen.

Dass es bei betrunkenen Autofahrern zu Personen- und Sachschäden kommen kann, erscheint von vornherein nahe liegend. Die objektive Vorhersehbarkeit ist damit zu bejahen.

hemmer-Methode: Bei unproblematischen Voraussetzungen ist es nicht nötig, den Gutachtenstil anzuwenden. Hier genügt eine kurze Feststellung, dass die Voraussetzungen als solche erfüllt sind.

c) Objektive Zurechnung

Der tatbestandliche Erfolg müsste dem W überdies objektiv zurechenbar sein.

aa) Schutzzweckzusammenhang

Die Vermeidung tödlicher Verletzungen anderer Straßenverkehrsteilnehmer bei Unfällen entspricht gerade dem Sinn und Zweck der §§ 24a StVG, 316 StGB, gegen die der W sorgfaltspflichtwidrig verstoßen hat. Der Schutzzweckzusammenhang ist damit zu bejahen.

bb) Pflichtwidrigkeitszusammenhang

Die strafrechtliche Zurechenbarkeit setzt zudem voraus, dass sich im konkreten Todeserfolg gerade das pflichtwidrige und vorwerfbare Verhalten des Täters realisiert, dass sich also gerade diejenige rechtlich missbilligte Gefahr verwirklicht, die durch die Sorgfaltspflichtverletzung des Täters geschaffen wurde (sog. **Pflichtwidrigkeitszusammenhang**).

Dieser Pflichtwidrigkeitszusammenhang entfällt zum einen, wenn der Eintritt des Erfolges **objektiv unvermeidbar** war, und zum anderen, wenn der Erfolg **auch bei pflichtgemäßem, also sorgfalts- und verkehrsgerechtem Verhalten des Täters eingetreten** wäre.

Zu prüfen ist also, ob es auch bei verkehrsgerechtem Verhalten des W zum Tod der T gekommen wäre (sog. Prüfung des „pflichtgemäßen Alternativverhaltens").

---

[5] Vgl. BGHSt 20, 315, 320.

[6] Vgl. BGHSt 20, 315, 321; BGHSt 37, 184.

Diese Prüfung hat grundsätzlich erst mit dem Eintritt der konkreten kritischen Verkehrslage einzusetzen, die unmittelbar zu dem schädlichen Ereignis geführt hat. Die Frage, welches Verhalten des Fahrers verkehrsgerecht gewesen wäre, ist demnach lediglich mit Blick auf genau diejenige Verkehrswidrigkeit zu beantworten, die als unmittelbare Unfallursache in Betracht kommt, während im Übrigen von dem tatsächlichen Geschehensablauf auszugehen ist, also keine hypothetischen Überlegungen angestellt werden dürfen.

Legt man an dieser Stelle das Gutachten des Sachverständigen zugrunde, so muss man den Pflichtwidrigkeitszusammenhang an sich verneinen, denn W hat nicht gegen eine Höchstgeschwindigkeitsvorschrift verstoßen und auch ein nüchterner Fahrer hätte den Unfall in der konkreten Situation nicht vermeiden können.

Diese Argumentation wird von der Rechtsprechung allerdings nicht geteilt. Vielmehr geht sie davon aus, dass ein alkoholisierter Autofahrer, der entgegen §§ 24a StVG, 316 StGB am Straßenverkehr teilnimmt, den alkoholbedingten Beeinträchtigungen (Einschränkungen der Konzentration, der Aufmerksamkeit, der Reaktionsfähigkeit etc.) auch dadurch Rechnung tragen muss, dass er seine Geschwindigkeit so herabsetzt, dass er in der konkreten Verkehrslage keinen längeren Anhalteweg braucht als der mit höherer, aber noch zulässiger Geschwindigkeit fahrende nüchterne Fahrer, um vor einem unvorhersehbaren Hindernis zum Stehen zu kommen.[7] Dieses Gebot soll sich aus § 3 I 1 StVO und § 2 StVO ergeben, wonach der Fahrzeugführer nur so schnell fahren darf, dass er sein Fahrzeug ständig beherrscht, wobei er seine Geschwindigkeit auch seinen persönlichen Verhältnissen anzupassen hat.[8]

Nach diesen Grundsätzen käme es also nicht nur darauf an, ob der Unfall auch von einem nüchternen Fahrer an Stelle des W vermieden worden wäre, sondern auch darauf, ob der Tod der Beifahrerin nicht eingetreten wäre, wenn W bei im Übrigen gleichem Sachverhalt mit angepasster Geschwindigkeit gefahren wäre.

In die Prüfung ist also nach der Rechtsprechung auch jede andere Verkehrswidrigkeit einzustellen, hier also auch eine der Trunkenheit entgegen § 3 I 1 StVO und § 2 StVO nicht angepasste Geschwindigkeit, selbst wenn dem Täter kein gerade durch den Alkoholeinfluss hervorgerufener Fahrfehler nachgewiesen werden kann.

Da nach dem Sachverständigengutachten der Tod der T bei einer Geschwindigkeit von 130 km/h nicht eingetreten wäre, wäre der W nach den Grundsätzen der Rechtsprechung wegen fahrlässiger Tötung gem. § 222 StGB zu bestrafen, wobei die Rechtsprechung als zusätzliches Argument anführt, dass eine wegen persönlicher Mängel unzulässige Teilnahme am Verkehr nicht anders beurteilt werden könne als die unzulässige Teilnahme daran mit einem wegen mangelhafter Bremsen oder abgefahrener Reifen verkehrsuntüchtigen Fahrzeug.

Diese Ansicht der Rechtsprechung ist in der Literatur auf Kritik gestoßen.[9] Der Rechtsprechung wird insbesondere vorgeworfen, dass sie nicht nach dem pflichtgemäßen, rechtmäßigen Alternativverhalten frage, sondern eine Sorgfaltspflichtverletzung (Fahren im fahruntüchtigen Zustand) durch eine andere (Fahren mit einer diesem Zustand nicht angepassten Geschwindigkeit) ersetze.[10]

Diese Kritik der Literatur erscheint zutreffend. Schon die Begründung der Sorgfaltspflicht aus § 3 StVO, die Geschwindigkeit der eigenen Leistungsfähigkeit anzupassen, steht in klarem Widerspruch zu dem nach §§ 24a StVG, 316 StGB bestehenden Verbot für den angetrunkenen Fahrer überhaupt zu fahren. Steht fest, dass ein bestimmtes Verhalten überhaupt verboten ist, so ist die Frage widersinnig, wie dieses Verhalten, abgesehen davon, dass es überhaupt verboten ist, ausgestaltet sein müsste, um erlaubt zu sein.

---

7 Vgl. BGHSt 24, 31.

8 Vgl. BayObLG, NStZ 1997, 388, 389.

9 Vgl. die Nachweise bei TRÖNDLE/ FISCHER, vor § 13 StGB, Rn. 18d; PUPPE, NStZ 1997, 389 ff.

10 Instruktiv hierzu PUPPE, NStZ 1997, 389 ff. in der Anmerkung zu BayObLG, NStZ 1997, 388 f.

Stellt man aber für den fahruntüchtigen Autofahrer eine Sorgfaltsnorm des Inhalts auf, seine Geschwindigkeit seiner herabgesetzten Reaktionsfähigkeit anzupassen, dürfte man ihn für einen Zusammenstoß nicht verantwortlich machen, den er bei solchermaßen herabgesetzter Geschwindigkeit aufgrund seiner verlangsamten Reaktion verursacht hat. Kein Gericht würde aber einen angetrunkenen Fahrer mit der Verteidigung hören, er habe diese Pflicht doch erfüllt.

Im Übrigen erscheint es abwegig, Sorgfaltsregeln für fahruntüchtige Fahrer aufzustellen, und es besteht augenscheinlich die Möglichkeit, das Ergebnis dadurch zu manipulieren, dass man von mehreren denkbaren Alternativverhaltensweisen eine für maßgeblich erklärt.

hemmer-Methode: Die Rechtsprechung prüft letztlich zweimal einen Pflichtwidrigkeitszusammenhang, da zwei unterschiedliche Pflichtverletzungen (fahruntüchtiger Zustand und eine diesem Zustand nicht angepasste Geschwindigkeit) vorliegen. Kann in nur einem der Fälle die Frage nach dem Pflichtwidrigkeitszusammenhang bejaht werden, so ist der Erfolg dem Täter nach dieser Ansicht zurechenbar. Die in der Literatur vertretene Gegenansicht will einen Pflichtwidrigkeitszusammenhang dagegen nur insoweit prüfen, als sie fragt, ob es auch bei einem nüchternen Fahrer in der konkreten Situation zum Unfall gekommen wäre.

Zusammengefasst ist für den vorliegenden Fall festzustellen: Nach dem Gutachten des Sachverständigen hätte W den Unfall mit seinen tödlichen Folgen auch dann nicht vermeiden können, wenn er nüchtern gewesen wäre. Nach der Ansicht der Literatur entfällt damit der Pflichtwidrigkeitszusammenhang, da es bei pflichtgemäßem Alternativverhalten („nüchtern fahren“) in gleicher Weise zum Eintritt des tatbestandlichen Erfolges gekommen wäre. Der Sorgfaltspflichtverstoß „betrunken gefahren“ hat sich also im Ergebnis nicht realisiert.

Insofern erscheint es nur konsequent, auf diesen letztlich für den Erfolg irrelevanten Pflichtenverstoß („betrunken gefahren“) nicht mit der Rechtsprechung einen weiteren Pflichtenverstoß aufzubauen („in betrunkenem Zustand mit nicht angepasster Geschwindigkeit fahren“) und aus dieser zusätzlich aufgebauten und verletzten Sorgfaltspflicht dann eine Strafbarkeit zu konstruieren. Der Alkohol darf für den Fall keine Rolle spielen, da sich der Unfall bei unterstellter Nüchternheit des W ebenso ereignet hätte. Damit darf der Alkohol aber auch nicht quasi durch die Hintertür als Ausgangspunkt für die Begründung einer weiteren Sorgfaltspflicht („in betrunkenem Zustand mit angepasster Geschwindigkeit fahren“) herangezogen werden.

II. Ergebnis

W hat sich nicht wegen fahrlässiger Tötung nach § 222 StGB strafbar gemacht.

hemmer-Methode: Nach der Rechtsprechung wäre dagegen die objektive Zurechnung zu bejahen. Anschließend wären damit nach dieser Ansicht Rechtswidrigkeit und Schuld zu prüfen. Schuld bedeutet hier i.R.d. Prüfung einer Fahrlässigkeitsstrafbarkeit Vorwerfbarkeit der Tat. Begründet wird der Fahrlässigkeitsschuldvorwurf durch die Feststellung, dass der Täter nach seinen persönlichen Fähigkeiten und dem Maß seines individuellen Könnens imstande war, die objektive Sorgfaltspflicht zu erkennen und die sich daraus ergebenden Sorgfaltsanforderungen zu erfüllen. Weiter muss der tatbestandliche Erfolg und der wesentliche Kausalverlauf in seinen Grundzügen subjektiv voraussehbar gewesen sein. Anders als bei der zunächst durchzuführenden Prüfung, ob ein objektiver Verhaltensfehler vorliegt, ist also i.R.d. Schuld ein subjektiver Maßstab anzulegen.

D. Zusammenfassung

Sound: Pflichtwidrigkeitszusammenhang bei Fahrlässigkeitsdelikt.

Neben der kausalen Erfolgsverursachung, einer objektiven Sorgfaltspflichtverletzung und der objektiven Voraussehbarkeit des tatbestandlichen Erfolgseintritts setzt der Unrechtstatbestand der fahrlässigen Erfolgsdelikte die objektive Zurechenbarkeit des Erfolges voraus.

Insofern ist neben der Beachtung des Schutzzweckzusammenhanges und des Eigenverantwortlichkeitsprinzips das Vorliegen eines spezifischen Pflichtwidrigkeitszusammenhanges erforderlich, der entfällt, wenn der Erfolgseintritt objektiv unvermeidbar war oder wenn es auch bei pflichtgemäßem Alternativverhalten des Täters zum Eintritt des tatbestandlichen Erfolges gekommen wäre.

hemmer-Methode: Nach dem Bearbeitervermerk war eine Strafbarkeit des W gem. §§ 315c, 316 StGB nicht zu prüfen. Regelmäßig werden diese Delikte in einer Anfängerklausur allenfalls eine untergeordnete Rolle spielen. Dennoch sollten Sie diese Vorschriften einmal lesen. Im Rahmen einer klausurmäßigen Prüfung könnte im vorliegenden Fall wie folgt vorgegangen werden:
Was den Vorwurf der vorsätzlichen Gefährdung des Straßenverkehrs gem. § 315c I Nr. 1a, III Nr. 1 StGB anbelangt, hat sich zwar durch den Tod der T eine konkrete Gefährdung für Leib und Leben in einer Verletzung dieser Rechtsgüter niedergeschlagen. Für die Strafbarkeit nach § 315c StGB ist jedoch darüber hinaus erforderlich, dass die Tötung des Opfers gerade auf das Fahren im fahruntüchtigen Zustand zurückzuführen ist. Dies folgt aus dem Wort „durch" in § 315c I HS.2 StGB. Zwischen dem Führen eines Fahrzeuges im Zustand der Fahruntüchtigkeit und der Gefahr muss ein ursächlicher Zusammenhang bestehen. Das ist dann der Fall, wenn sich die alkoholbedingte Fahruntüchtigkeit auf den konkreten Verkehrsvorgang ausgewirkt hat und zu einer Gefährdung führte. In der Klausur wäre also hier wiederum die Frage aufzuwerfen gewesen, ob ein nüchterner Fahrer bei sonst gleichbleibenden Umständen die konkrete Gefährdung bzw. die Verletzung hätte vermeiden können, was nach den Ausführungen des Sachverständigen zu verneinen ist. W hat sich damit im vorliegenden Fall nicht nach § 315c StGB, sondern lediglich gem. § 316 StGB strafbar gemacht. Er hat nämlich im Straßenverkehr ein Fahrzeug geführt, obwohl er mit einer Blutalkoholkonzentration von 1,2 Promille absolut fahruntüchtig (Grenzwert 1,1 Promille) war. Ob ein Fall einer vorsätzlichen (§ 316 I StGB) oder einer fahrlässigen (§§ 15, 316 II StGB) Trunkenheit im Verkehr vorliegt, ist Tatfrage. Der Sachverhalt enthält insofern zu wenige Angaben. Jedenfalls kann nicht allein aus der konkreten Alkoholisierung von 1,2 Promille ein Vorsatz abgeleitet werden. Allenfalls bei einer weit über 1,1 Promille liegenden Blutalkoholkonzentration ist ein Schluss auf eine zumindest billigende Inkaufnahme möglich.
Der dargestellte Fall liegt sicherlich im oberen Schwierigkeitsgrad, was von einem Studenten argumentativ in der Klausursituation erwartet werden kann. Lassen Sie sich jedoch nicht verunsichern. Entwickeln Sie im Laufe der Zeit ein Gespür für Wertungsgesichtspunkte im Rahmen von Zurechnungsfragen. Wie so oft, ist auch hier das Ergebnis nicht entscheidend. Ganz primär ausschlaggebend für die Bewertung Ihrer Klausur ist letztlich immer die Qualität der Argumentation.
Gerade der Allgemeine Teil des StGB stellt den Prüfling oft vor abstrakte und schwierige Auslegungs-, Aufbau- und Wertungsfragen. Vielfach unterscheidet sich die Klausur im kleinen Schein von der Fortgeschrittenenübung und den Examensklausuren lediglich, was die Breite der Stofffülle anbelangt, nicht aber hinsichtlich der Tiefe der Argumentation. Der Stoff im Strafrecht und auch in den anderen Fächern wird nicht schwieriger, sondern nur umfangreicher.

E. Zur Vertiefung

Zu Aufbau und Struktur des Fahrlässigkeitsdeliktes

- HEMMER/WÜST, Strafrecht AT I, Rn. 616 ff., insbesondere das Aufbauschema Rn. 631

Zum Pflichtwidrigkeitszusammenhang

- HEMMER/WÜST, Strafrecht AT I, Rn. 648, 651 ff.
- Zum Fall: BGHSt 24, 31; BayObLG, NStZ 1997, 388f. mit Anmerkung PUPPE, NStZ 1997, 389 ff.

Aktuelle Rechtsprechung

- DUTTGE, Rechtsprechungsübersicht zur (strafrechtlichen) Fahrlässigkeit (aus den Jahren 2000-2005), NStZ 2006, 267 ff.
- Strafrechtliche Verantwortlichkeit des Frachtunternehmers für Lenkzeitüberschreitung, LG Nürnberg-Fürth, NJW 2006, 1824 ff. = Life&Law 2006, 544 ff.
- Sicherung einer Baustelle, strafrechtliche Verantwortlichkeit des Bauherrn: Der Bauherr ist für Schäden der am Bau beschäftigten Arbeiter verantwortlich, wenn der beauftragte Bauunternehmer erkennbar die Sicherheitserfordernisse, die auch einem Laien einsichtig sind, nicht einhält. OLG Stuttgart, NJW 2005, 2567 f. = Life&Law 2005, 765 ff.
- Fahrlässige Körperverletzung im Amt durch Herbeiführung eines „künstlichen" Staus, NJW 2005, 3014 ff. = Life&Law 2006, 48 ff.
- Tödlicher Unfall auf der Autobahn – „Karlsruher Raser-Fall", NJW 2005, 915 ff. = Life&Law 2005, 390 ff.
- Auswirkungen von Willensmängeln von Täter und Opfer bei einer Selbstgefährdung (Verwechslung von Drogenpäckchen durch den Dealer) sowie zum Begriff der „Eigenverantwortlichkeit". BGH vom 08.01.2009, 1 StR 518/08 = Life&Law 2009, 534 ff.

Fall 3: Der Bombenleger

Sachverhalt:

Bernhard (B) will den Christoph (C) töten. Dies soll dadurch geschehen, dass er eine Sprengbombe an dessen PKW anbringt. Aufgrund eines Versehens bringt er jedoch die Sprengbombe an den PKW von Xaver (X), einem Freund des C, an. X wird durch die Explosion getötet.

Bearbeitervermerk:

Prüfen Sie die Strafbarkeit des B nach den §§ 211 ff. StGB.

A. Einordnung

Gegenstand dieses Falles ist die Abgrenzung des Irrtums über das Handlungsobjekt (error in persona vel objecto) vom Fehlgehen der Tat (aberratio ictus). Zudem sind die Mordmerkmale der Heimtücke und des gemeingefährlichen Mittels zu prüfen.

B. Gliederung

Strafbarkeit des B

I. Totschlag, § 212 I StGB

1. Objektiver Tatbestand

a) Eintritt des tatbestandlichen Erfolges (+)

b) Kausalität (+)

c) Objektive Zurechenbarkeit (+)

d) Zwischenergebnis

2. Subjektiver Tatbestand

(P): Irrtum des B

a) aberratio ictus? ⇨ (-)

b) error in persona vel objecto? ⇨ (+)

3. Rechtswidrigkeit und Schuld

4. Ergebnis

II. Mord, §§ 212 I, 211 I, II StGB

1. Heimtücke gem. § 211 II, Gruppe 2, 1.Var. StGB (+)

2. Gemeingefährliches Mittel gem. § 211 II, Gruppe 2, 3.Var. StGB ⇨ (-)

III. Konkurrenzen und Ergebnis

C. Lösung

Strafbarkeit des B

B könnte sich durch das Anbringen der Bombe am Wagen des X wegen Mordes gem. §§ 212 I, 211 I, II StGB strafbar gemacht haben.

I. Totschlag, § 212 I StGB

Zunächst müsste B den Tatbestand des § 212 I StGB verwirklicht haben.

1. Objektiver Tatbestand

a) Eintritt des tatbestandlichen Erfolges

Der tatbestandliche Erfolg ist eingetreten. Mit dem X wurde ein Mensch getötet.

b) Kausalität

Der Erfolg müsste kausal durch B verursacht worden sein. Das Anbringen der Bombe am Wagen des X durch B kann nicht hinweggedacht werden, ohne dass der Erfolg in seiner konkreten Gestalt entfiele. Das Handeln des B war damit kausal i.S.d. „conditio sine qua non"-Formel.

c) Objektive Zurechenbarkeit

B hat mit seinem Handeln eine rechtlich relevante Gefahr geschaffen, die sich sodann im Tod des X realisiert hat. Der Erfolg ist damit B objektiv zurechenbar.

d) Zwischenergebnis

Der objektive Tatbestand ist erfüllt.

2. Subjektiver Tatbestand

B müsste hinsichtlich der Merkmale des objektiven Tatbestandes zumindest mit bedingtem Vorsatz (Eventualvorsatz) gehandelt haben.

Dies ist fraglich, da der Tatplan des B darauf gerichtet war, den C und nicht den X zu töten. Fraglich ist in diesem Zusammenhang, ob der Umstand, dass B die Sprengbombe an das falsche Auto angebracht hat, als Fehlgehen der Tat (aberratio ictus) oder als Irrtum über das Handlungsobjekt (error in persona vel objecto) zu werten ist.

Unter dem Begriff der aberratio ictus werden Sachverhalte zusammengefasst, bei denen der Täter seinen Angriff auf ein bestimmtes, von ihm individualisiertes Tatobjekt lenkt, dieser Angriff sein Ziel jedoch verfehlt und ein anderes Opfer trifft, das der Täter nicht anvisiert hatte und gar nicht treffen wollte. Der Verletzungserfolg tritt also an einem anderen Objekt als demjenigen ein, welches im maßgeblichen Zeitpunkt der Vornahme der tatbestandlichen Handlung das Ziel der Ausführungshandlung bildete. Die gewollte Verletzung am Zielobjekt bleibt aus, während der tatsächlich eintretende Verletzungserfolg am Zweitobjekt nicht gewollt war.

Die rechtliche Behandlung einer solchen aberratio ictus ist umstritten. Während eine Mindermeinung hier wegen vollendeter vorsätzlicher Tötung am Zweitobjekt bestraft, kommt nach h.M. bei Gleichwertigkeit wie bei Ungleichwertigkeit der beiden Objekte hinsichtlich der beabsichtigten Tat am Zielobjekt nur ein Versuch und hinsichtlich der ungewollt versehentlichen Verletzung des Zweitobjekts nur eine Fahrlässigkeitstat (§ 15 StGB) in Betracht.

Bei einem Irrtum über das Handlungsobjekt dagegen bezieht sich die Fehlvorstellung auf die Identität oder sonstige Eigenschaften des Tatobjektes oder der betreffenden Person. Hier trifft also der Täter genau dasjenige Zielobjekt, das er bei der Vornahme der tatbestandlichen Handlung auch anvisiert hatte. Angriffs- und Verletzungsobjekt sind identisch.

Der Täter irrt sich lediglich insofern, als er das Handlungsobjekt, auf das er angelegt und geschossen hat, mit einem anderen Handlungsobjekt verwechselt hat.

Rechtlich wirkt sich ein solcher error in persona vel objecto nur dann aus, wenn es aus der Sicht des Täters an der tatbestandlichen Gleichwertigkeit zwischen dem vorgestellten und dem tatsächlich angegriffenen Objekt fehlt. Dann entfällt nach § 16 I 1 StGB der Vorsatz und es ist ggf. nach §§ 16 I 2, 15 StGB aus dem Fahrlässigkeitsdelikt zu bestrafen. Sind die beiden Handlungsobjekte dagegen rechtlich gleichwertig, so ist der Irrtum des Täters unbeachtlich und stellt die Existenz des Tatbestandsvorsatzes nicht in Frage. Der Vorsatz des Täters muss sich nämlich nur auf die, in § 16 I 1 StGB angesprochenen, objektiven Merkmale des Tatbestandes beziehen, darüber hinausgehende, mit der Tat möglicherweise verbundene Beweggründe oder Fernziele bleiben außer Betracht.

B hat vorliegend sein Opfer nicht sinnlich wahrgenommen. In solchen Fällen bezieht sich der Vorsatz auf jedes Objekt, das den „Programmvorgaben“ entspricht. B wollte die Person töten, die in den Wagen einsteigt, an dem die Sprengbombe angebracht wurde.[11] Damit liegt für ihn ein Irrtum über das Handlungsobjekt vor. Wegen der Gleichwertigkeit der Objekte C und X – jeweils Menschen – ist sein error in persona daher unbeachtlich. Es liegt kein Fall des § 16 I 1 StGB vor.

Der subjektive Tatbestand ist erfüllt.

3. Rechtswidrigkeit und Schuld

Die Tat war rechtswidrig und B handelte schuldhaft.

4. Ergebnis

B hat sich damit wegen Totschlages gem. § 212 I StGB strafbar gemacht.

II. Mord, §§ 212 I, 211 I, II StGB

Fraglich ist, ob sich T sogar eines Mordes schuldig gemacht hat.

[11] Vgl. auch BGH, NStZ 1998, 294 mit Besprechung HERZBERG, JuS 1999, 224.

In Betracht kommt das Mordmerkmal der heimtückischen Begehungsweise, § 211 II, Gruppe 2, 1.Var. StGB.

Heimtückisch tötet nach der Definition der Rechtsprechung, wer die objektiv gegebene Arg- und Wehrlosigkeit des Opfers bewusst und in feindlicher Willensrichtung zur Tötung ausnutzt. Arglos ist, wer bei vorhandener Fähigkeit zum Argwohn einen Angriff auf sein Leben oder einen erheblichen Angriff auf seine körperliche Unversehrtheit nicht erwartet. Wehrlos ist, wer infolge der Arglosigkeit in seiner Abwehrfähigkeit zumindest erheblich eingeschränkt ist.[12]

X rechnete nicht mit einem Angriff auf sein Leben und traf daher keinerlei Maßnahmen zu seiner Verteidigung. Diesen Umstand nützte B bewusst und in feindlicher Willensrichtung aus. Nach der Rechtsprechung liegt damit hier Heimtücke vor.

In Anbetracht der hohen Strafandrohung des § 211 StGB (lebenslange Freiheitsstrafe) sprechen sich Teile der Literatur hinsichtlich des Merkmales der Heimtücke für eine noch restriktivere Auslegung aus und fordern über das Erfordernis des bewussten Ausnutzens der Arg- und Wehrlosigkeit hinaus einen verwerflichen Vertrauensbruch,[13] an welchem es vorliegend fehlt. Dieser Begriff des „verwerflichen Vertrauensbruchs“ weist jedoch keine festen Konturen auf. Angesichts der Bedenken gegen diese Literaturansicht in Hinblick auf das Bestimmtheitsgebot des Art. 103 II GG ist daher der Ansicht der Rechtsprechung zu folgen.

Das Mordmerkmal der Heimtücke ist daher zu bejahen.

Ferner könnte beim Einsatz einer Sprengbombe ein gemeingefährliches Mittel eingesetzt worden sein, § 211 II, Gruppe 2, 3.Var. StGB. Dies ist dann zu bejahen, wenn das eingesetzte Mittel im konkreten Fall nicht mehr beherrschbar und damit geeignet ist, eine größere Anzahl von Menschen zu gefährden.

Vorliegend schweigt der Sachverhalt dazu, ob in der konkreten Situation der Explosion weitere Menschen anwesend waren, welche konkret gefährdet wurden.

Deshalb kann eine Strafbarkeit gemäß § 211 II, Gruppe 2, 3.Var. StGB nicht bejaht werden.

hemmer-Methode: Beachten Sie bei der Auslegung, dass eine Strafbarkeit nur dann bejaht werden kann, wenn ein Gericht sich auf Grund des vorliegenden Sachverhalts von einer Strafbarkeit „überzeugen“ könnte, § 261 StPO. Ein „Für-wahrscheinlich-halten“ genügt für eine Strafbarkeit nicht, vielmehr ist der „in dubio pro reo“-Grundsatz anzuwenden.

Der Vorsatz des B bezog sich auch auf das heimtückische Vorgehen.

III. Konkurrenzen und Ergebnis

§ 211 StGB verdrängt § 212 I StGB. B ist des Mordes gem. §§ 212, 211 II, Gruppe 2, 1. Var. StGB schuldig.

D. Zusammenfassung

Sound: Error in persona vel objecto. Heimtücke. Gemeingefährliche Mittel.

Bei tatbestandlicher Gleichwertigkeit der Handlungsobjekte ist ein error in persona vel objecto unbeachtlich. Vorsätzliches Handeln ist also zu bejahen, wenn das, was objektiv geschehen ist, in seinen wesentlichen Grundzügen mit dem übereinstimmt, was im Augenblick der Tatausführung nach der Vorstellung des Täters in tatbestandlicher Hinsicht geschehen sollte oder von ihm in Kauf genommen wurde. Fehlt es an der Gleichwertigkeit der Handlungsobjekte, so entfällt der Vorsatz des Täters gem. § 16 I 1 StGB.

Abzugrenzen ist die Figur des error in persona vel objecto von einem Fehlgehen der Tat (aberratio ictus).

---

12 Vgl. BGH, NStZ 1985, 216.

13 Vgl. ESER, in: Schönke/ Schröder, § 211 Rn. 26; OTTO, JR 1991, 382.

Abgrenzungskriterium ist dabei, ob der Täter dasjenige Objekt trifft, das er zum Zeitpunkt der Vornahme der tatbestandlichen Handlung auch anvisiert hatte, und sich lediglich hinsichtlich dessen Identität oder sonstiger Eigenschaften täuscht (⇨ dann error in persona vel objecto) oder ob er sein zu diesem Zeitpunkt anvisiertes Ziel verfehlt und ein nicht gewünschtes, anderes Ziel trifft (⇨ dann aberratio ictus).

Heimtückisch tötet nach Ansicht der Rechtsprechung, wer die objektiv gegebene Arg- und Wehrlosigkeit des Opfers bewusst und in feindlicher Willensrichtung zur Tötung ausnutzt.

Eine einschränkende Auslegung des Mordmerkmales der Heimtücke mit Hilfe des Erfordernisses eines verwerflichen Vertrauensbruchs ist mit Blick auf das Bestimmtheitsgebot des Art. 103 II GG abzulehnen.

Gemeingefährlich sind solche Mittel, deren Wirkungsweise der Täter im konkreten Fall nicht sicher zu beherrschen vermag und deren Einsatz geeignet ist, eine größere Zahl von Menschen an Leib und Leben zu gefährden.

hemmer-Methode: Denkbar ist auch die Konstellation eines Doppelirrtums, in dem error in persona vel objecto und aberratio ictus zusammentreffen. Beispiel: Max ist verliebt in die schöne Claudia. Er will daher seinen Nebenbuhler Fridolin töten und legt sich im Wald mit seinem Gewehr auf die Lauer. Als Klaus des Weges kommt, hält Max im Halbdunkel den Klaus für Fridolin und schießt. Der Schuss verfehlt den Klaus und prallt an einem Baum ab. Zufällig kommt kurz hinter Klaus auch Fridolin den Waldweg entlang. Die abgelenkte Kugel trifft diesen. Fridolin findet den Tod.
Dieser Fall ist nach den Regeln über das Fehlgehen der Tat (aberratio ictus) zu lösen. Denn bei Abgabe des Schusses war der Tatbestandsvorsatz des Max auf die Person gerichtet, die er im Halbdunkel herankommen sah, also auf Klaus. Dass er letztlich diesen verfehlte und zufällig doch seinen Nebenbuhler Fridolin traf, ändert daran nichts. Aus dem Wortlaut des § 16 I 1 StGB folgt, dass der Vorsatz des Täters in dem Zeitpunkt vorliegen muss, in dem die tatbestandliche Ausführungshandlung, hier die Abgabe des Schusses, vorgenommen wird (vgl. Wortlaut des § 16 I 1 StGB: „bei Begehung der Tat“). Zu diesem Zeitpunkt aber hat Max den herankommenden Klaus und nicht Fridolin anvisiert. Max ist daher je nach den Umständen des Einzelfalles wegen versuchten Totschlages oder Mordes (§§ 212, 211 StGB) an Klaus und wegen fahrlässiger Tötung (§ 222 StGB) bezüglich Fridolin zu bestrafen.

E. Zur Vertiefung

Zu den Mordmerkmalen

- Hemmer/Wüst, Strafrecht BT II, Rn. 41 ff.
- Zum Fall: BGH NStZ 1998, 294 mit Besprechung Herzberg JuS 1999, 224.

Aktuelle Rechtsprechung

- Zum Irrtum über die Rechtswidrigkeit der Bereichung (= Abgrenzung § 16 StGB von § 17 StGB) BGH NJW 2003, 3283 ff. = Life&Law 2004, 37 ff.

Fall 4: Hohes Fieber

Sachverhalt:

Martina (M) kommt stark alkoholisiert (BAK 1,4 Promille) von einer Feier nach Hause. Ihre fünfjährige Tochter Tanja (T) klagt über hohes Fieber. Eine Fiebermessung ergibt eine Temperatur von 41,8 Grad Celsius. M erkennt, dass dies für ihre Tochter lebensgefährlich werden könnte. Dennoch beschränkt sie sich darauf, ihrer Tochter Wadenwickel anzulegen, da diese auch in der Vergangenheit häufiger an hohem Fieber gelitten hatte, ohne dass es zu gravierenden Folgen kam.

Als M am nächsten Morgen aufwacht, ist T an den Folgen eines Fieberkrampfs gestorben. Sie hätte noch gerettet werden können, wenn sie rechtzeitig ins Krankenhaus gebracht worden wäre.

Bearbeitervermerk:

Prüfen Sie die Strafbarkeit der M wegen eines Tötungsdeliktes.

A. Einordnung

Der Fall soll Sie zum einen mit Aufbau und Struktur des unechten Unterlassungsdeliktes vertraut machen. Zum anderen stellt sich im subjektiven Tatbestand das Problem, ob die M hier vorsätzlich gehandelt hat.

B. Gliederung

Strafbarkeit der M

I. Totschlag durch Unterlassen, §§ 212 I, 13 StGB

1. Objektiver Tatbestand

a) Eintritt des tatbestandlichen Erfolges (+)

b) Abgrenzung Tun/ Unterlassen, hier: Unterlassen

c) Physisch-reale Abwendungsmöglichkeit (+)

d) Kausalität (+)

e) Objektive Zurechnung (+)

f) Garantenstellung (+)

g) Entsprechungsklausel

h) Zwischenergebnis

2. Subjektiver Tatbestand

Absicht (dolus directus 1. Grades) (-)

Wissentlichkeit (dolus directus 2. Grades) (-)

(P): Abgrenzung Eventualvorsatz (dolus eventualis) ⇔ **bewusste Fahrlässigkeit**

- unstreitig: Wissenselement erforderlich
- streitig: zusätzlich Willenselement erforderlich?

e.A.: Möglichkeitstheorie (-)
a.A.: Wahrscheinlichkeitstheorie (-)
Rspr. und h.M.: Einwilligungstheorie (+)
hier: dolus eventualis (-)

3. Zwischenergebnis: §§ 212, 13 StGB (-)

II. Fahrlässige Tötung durch Unterlassen, §§ 222, 13 StGB

1. Unrechtstatbestand (+)

2. Rechtswidrigkeit (+)

3. Schuld (+)

III. Ergebnis: §§ 222, 13 StGB (+)

C. Lösung

Strafbarkeit der M

I. Totschlag durch Unterlassen, §§ 212 I, 13 StGB

M könnte sich dadurch, dass sie ihrer Tochter lediglich Wadenwickel anlegte, sie aber nicht in ein Krankenhaus verbracht hat, wegen Totschlages durch Unterlassen gem. §§ 212 I, 13 StGB strafbar gemacht haben.

1. Objektiver Tatbestand

a) Eintritt des tatbestandlichen Erfolges

T ist an den Folgen des hohen Fiebers verstorben. Der Tod eines Menschen als tatbestandlicher Erfolg des § 212 I StGB ist eingetreten.

b) Abgrenzung Tun/ Unterlassen

Abzugrenzen ist, ob sich der gegen die M gerichtete strafrechtliche Vorwurf auf ein positives Tun oder auf ein Unterlassen bezieht. Zumeist lassen sich Tun und Unterlassen bereits von ihrem äußeren Erscheinungsbild her leicht unterscheiden. Wer ein Geschehen durch den Einsatz von Energie in Gang setzt oder in eine bestimmte Richtung lenkt, tut etwas, wer demgegenüber den Dingen ihren Lauf lässt und von der Möglichkeit des Eingreifens keinen Gebrauch macht, unterlässt etwas. Bei mehrdeutigen Verhaltensweisen muss die Abgrenzung mittels einer Wertung getroffen werden. Entscheidend ist, wo bei normativer – d.h. wertender – Betrachtung unter Berücksichtigung des sozialen Sinngehaltes der Schwerpunkt des strafrechtlich relevanten Verhaltens liegt.[14]

hemmer-Methode: Schwierigkeiten bereitet die Abgrenzung Tun/ Unterlassen vor allem in den Fällen des Abbrechens bzw. Vereitelns von Rettungsbemühungen und im medizinischen Bereich.
Was das Problemfeld „Rettungsbemühungen“ anbelangt, so gilt Folgendes: Die Vereitelung effektiver Rettungsmöglichkeiten durch aktives Eingreifen in die *fremden* Rettungsbemühungen eines anderen, ist stets als Tun zu qualifizieren. Ein Unterlassen kommt in dieser Konstellation allenfalls dann in Betracht, wenn die erforderliche Hilfe durch bloßes Untätigbleiben verweigert wird. Bei Abbruch *eigener* Rettungsbemühungen differenziert die h.M. wie folgt:
Wenn durch die vorgenommenen Rettungsbemühungen bereits eine realisierbare Rettungsmöglichkeit für das Opfer geschaffen wurde, die dann durch den Abbruch der weiteren Vornahme der Rettungshandlung wieder vereitelt wird, ist von einem Tun auszugehen. Haben dagegen die bislang vorgenommenen Aktivitäten das Opfer noch nicht erreicht und ist also bislang noch keine realisierbare Rettungsmöglichkeit entstanden, so ist eine Strafbarkeit wegen Unterlassens zu prüfen.
Im medizinischen Bereich muss das oben herangezogene Abgrenzungskriterium des Energieeinsatzes ebenfalls durch normative Wertungen ergänzt werden. So kann im Einzelfall die Beendigung einer medizinischen Behandlung bei völliger Aussichtslosigkeit für den bewusstlosen Patienten durch den behandelnden Arzt auch dann als Unterlassen zu qualifizieren sein, wenn der Arzt etwa durch das Abschalten eines medizinischen Geräts (Beatmungsgerät, Herz-/Lungenmaschine) Energie einsetzt, weil der normative Schwerpunkt seines Handelns hier auf dem Unterlassen weiterer Rettungsbemühungen liegt. Umgekehrt liegt aktives Tun vor, wenn ein Dritter ein solches Gerät ausschaltet, da dieser insoweit in die Rettungsbemühung des behandelnden Arztes eingreift.[15]

M hat zwar ihrer Tochter Wadenwickel angelegt (Tun). Dadurch kam es aber nicht zum Tod der T. Vielmehr ist dieser eingetreten, weil es die M unterlassen hat, ihr Kind rechtzeitig ins Krankenhaus zu bringen. Hier liegt bei einer normativen Betrachtungsweise der Schwerpunkt des gegen M gerichteten Vorwurfes. Es liegt damit ein Unterlassen vor.

c) Physisch-reale Abwendungsmöglichkeit

Unterlassen im strafrechtlichen Sinn meint nicht bloßes passives Untätigbleiben, sondern die Nichtvornahme einer bestimmten, rechtlich geforderten Tätigkeit.

---

14 Vgl. HEMMER/WÜST, Strafrecht Strafrecht AT I, Rn. 536 ff.

15 Vgl. Sie hierzu die Entscheidungen BGHSt 40, 257; BGHSt 42, 301.

Rechtlich gefordert werden kann aber nur das, was dem jeweiligen Normadressaten in der Gefahrensituation physisch-real möglich ist. Was unmöglich ist, kann nicht abverlangt, kann nicht in strafbarer Weise unterlassen werden (nemo ultra posse obligatur).[16]

Hier hätte das Verbringen der T in ein Krankenhaus den Erfolg (Tod der T) verhindert. Ein solches Verhalten wäre der M physisch-real möglich gewesen.

d) Kausalität

Bei einem Unterlassungsdelikt lässt sich die Kausalität nicht mit Hilfe der „conditio sine qua non"-Formel ermitteln. Die h.M. modifiziert daher im Bereich der Unterlassungsdelikte diese Formel und fragt, ob die rechtlich vom Täter erwartete Handlung nicht hinzugedacht werden kann, ohne dass der tatbestandsmäßige Erfolg entfiele. Denkt man hier die unterlassene Handlung der M, also das Verbringen der T in ein Krankhaus, hinzu, so hätte die T noch gerettet werden können. Der tatbestandliche Erfolg wäre ausgeblieben. Das Unterlassen der M war damit kausal für den Erfolgseintritt.

e) Objektive Zurechnung

I.R.d. objektiven Zurechnung ist nach dem Vorliegen des spezifischen Pflichtwidrigkeitszusammenhanges zu fragen. Zu prüfen ist also, ob der Erfolgseintritt gerade auf der Pflichtwidrigkeit des Unterlassens beruht. Zu bejahen ist das nach h.M. nur, wenn die Vornahme der gebotenen Rettungshandlung in der konkreten Gefahrensituation mit an Sicherheit grenzender Wahrscheinlichkeit zum Erhalt des gefährdeten Rechtsgutes geführt hätte.[17]

Die von einer Mindermeinung vertretene Risikoerhöhungslehre bejaht dagegen eine Erfolgszurechnung schon dann, wenn eine bloße Möglichkeit zur Gefahrverminderung nicht genutzt wird.

Dies gilt auch, wenn im Einzelfall nicht sicher ist, dass das Nutzen dieser Möglichkeit zur Rettung des Opfers geführt hätte.

Eine Auseinandersetzung mit dieser Ansicht kann hier allerdings entfallen, da die T bei rechtzeitigem Abtransport in ein Krankenhaus mit Sicherheit gerettet worden wäre. Damit ist auch nach der dem Täter günstigeren h.M. die objektive Zurechnung zu bejahen.

f) Garantenstellung

Beim Totschlag durch Unterlassen als unechtem Unterlassungsdelikt ist gem. § 13 HS.1 StGB erforderlich, dass der Täter rechtlich dafür einzustehen hat, dass der Erfolg nicht eintritt. Hier ergibt sich eine solche Stellung der M als Obhut- oder Beschützergarant aus enger natürlicher Verbundenheit und aus dem Gesetz. Die M ist als Mutter der T gem. §§ 1626, 1629 BGB zur elterlichen Sorge berechtigt und verpflichtet.

g) Entsprechungsklausel

Nach § 13 HS.2 StGB hängt die strafrechtliche Haftung des Garanten weiter davon ab, dass sein Unterlassen der Verwirklichung des gesetzlichen Tatbestandes durch ein Tun entspricht. Eine eigenständige Bedeutung kommt dieser Entsprechungsklausel nach h.M. allerdings nur bei sog. verhaltensgebundenen Delikten zu.[18] Bei Erfolgsdelikten wie § 212 I StGB ist ein solches Entsprechen regelmäßig zu bejahen.

hemmer-Methode: Die Entsprechungsklausel besagt, dass ein Unterlassen im konkreten Einzelfall hinsichtlich des Unrechtsgehalts einer aktiven Tatbestandsverwirklichung nahe kommen muss. Insbesondere wenn eine bestimmte Verhaltensweise tatbestandlich vorausgesetzt wird, sollten Sie die Entsprechungsklausel kurz problematisieren. So ist beispielsweise fraglich, ob ein bloßes Unterlassen ein „grausames" Verhalten darstellen kann.

---

16 Vgl. BGH, NJW 2002, 1122; STREE, in: SCHÖNKE/ SCHRÖDER, vor § 13 Rn. 139; WESSELS/ BEULKE, Rn. 696, 708; LACKNER/ KÜHL, § 13 Rn. 5.

17 Vgl. BGH, NStZ 1987, 505.

18 Vgl. WESSELS/ BEULKE, Rn. 730; LACKNER/ KÜHL, § 13 Rn. 16.

Beachten Sie aber, dass regelmäßig bei der Prüfung der Entsprechungsklausel kein Schwerpunkt der Klausur liegt.

h) Zwischenergebnis

Der objektive Tatbestand ist verwirklicht.

2. Subjektiver Tatbestand

Problematisch erscheint der Vorsatz der M. Dabei kann es sich allenfalls um bedingten Vorsatz (dolus eventualis) handeln, da eine absichtliche Begehungsweise (dolus directus 1. Grades) oder Wissentlichkeit (dolus directus 2. Grades) nicht vorliegen.

Abzugrenzen ist insoweit der bedingte Tötungsvorsatz von bewusster Fahrlässigkeit. Wie diese Abgrenzung vorzunehmen ist, ist äußerst strittig.[19]

a) Einigkeit besteht insoweit, als nach allen Ansichten zur Bejahung des bedingten Vorsatzes das Wissen des Täters bezogen auf die mögliche Tatbestandsverwirklichung, also die Kenntnis des Täters hiervon, vorhanden sein muss. Dieses Erfordernis ergibt sich aus § 16 I 1 StGB.

b) Streit besteht hingegen, ob darüber hinaus noch ein Willenselement zu fordern ist.[20]

aa) Die Vertreter der **Möglichkeitstheorie**, die Eventualvorsatz bereits dann bejahen, wenn der Täter die reale Möglichkeit der Rechtsgutsverletzung erkannt und trotzdem gehandelt hat[21] und die Vertreter der **Wahrscheinlichkeitstheorie**, die auf ein Für-wahrscheinlich-Halten des Erfolgseintrittes durch den Täter abstellen,[22] verzichten auf ein voluntatives Element und erachten allein den Grad des Erkennens der Tatbestandsverwirklichung als entscheidend. Nach der **Gleichgültigkeitstheorie** liegt dolus eventualis vor, wenn der Täter die Tatbestandsverwirklichung aus Gleichgültigkeit gegenüber dem geschützten Rechtsgut in Kauf genommen hat.

Zumindest nach der Möglichkeitstheorie wäre danach der Vorsatz der M ohne weiteres zu bejahen.

Gegen diese Theorie spricht jedoch, dass das Erkennen der Möglichkeit des Erfolgseintritts schon Grundvoraussetzung für die bewusste Fahrlässigkeit in Abgrenzung zur unbewussten Fahrlässigkeit darstellt. Weiterhin kann gegen die Wahrscheinlichkeitstheorie angeführt werden, dass die Wahrscheinlichkeit des Erfolgseintritts eben nur ein Indiz für die innere Tatseite darstellen kann. Auch die Gleichgültigkeitstheorie erweist sich als zu einseitig und zu eng, da sie unter dem Blickwinkel des Gesinnungsunwertes nur einen Teilaspekt des Problemkomplexes erfasst.

bb) Die daher vorzugswürdige Gegenauffassung – ebenfalls in verschiedenen Schattierungen unter dem Oberbegriff **Einwilligungs- oder Billigungstheorie** vertreten – verlangt hingegen, dass der Täter mit dem erkannten und ernst genommenen Erfolgseintritt in dem Sinne einverstanden sein muss, dass er ihn **billigend in Kauf nimmt**.[23] Dabei genügt für die Annahme des bedingten Vorsatzes ein Billigen im Rechtssinne, d.h. der Täter muss den Erfolg nicht innerlich gutheißen, sondern es genügt, dass er sich um der Erreichung anderer Ziele willen mit dem Erfolgseintritt abfindet – dass ihm der Erfolgseintritt an sich ggf. unerwünscht ist, hindert die Bejahung eines bedingten Vorsatzes nicht.[24]

cc) Fraglich ist**,** wie für ein solches Billigen der Beweis zu erbringen ist. Die Rechtsprechung orientiert sich hierbei an zahlreichen Indizien, von denen die vom Täter erkannte Wahrscheinlichkeit des Erfolgseintritts natürlich eine ganz entscheidende Rolle spielt. Weitere Indizien sind die Wahrnehmungsfähigkeit, Vorerfahrungen hinsichtlich eines guten bzw. schlechten Ausgangs sowie ein gezeigter Vermeidungswille.

Nach alledem ist hier ein bedingter Tötungsvorsatz abzulehnen, da M aufgrund ihrer Alkoholisierung die wirkliche Gefahr nicht richtig wahrgenommen hat.

---

19 Vgl. HILLENKAMP AT, 1. Problem.

20 Vgl. HEMMER/WÜST, Strafrecht AT I, Rn. 158 ff., 169 ff.

21 Vgl. Nachweise bei TRÖNDLE/ FISCHER, § 15 Rn. 11c.

22 Vgl. Nachweise bei TRÖNDLE/ FISCHER, § 15 Rn. 11a.

23 Vgl. TRÖNDLE/ FISCHER, § 15 Rn. 9 ff.

24 Vgl. BGH, StV 1998, 128.

Zudem sind die früheren Fieberanfälle immer glimpflich verlaufen. Schließlich hat M ihren Vermeidungswillen auch durch das Anbringen von Wadenwickeln zum Ausdruck gebracht.

Der subjektive Tatbestand ist nicht erfüllt.

hemmer-Methode: Wenn es um die Abgrenzung von bedingtem Vorsatz und bewusster Fahrlässigkeit geht, scheitern in der Klausur zahlreiche Bearbeiter schon daran, dass sie das Problem überhaupt nicht erkennen. Achten Sie deshalb auf Angaben im Sachverhalt, welche die innere Einstellung und die Kenntnisse des Täters näher beschreiben. In der Klausur sollten Sie außerdem nicht unbedingt jede der unzähligen Theorien zu dieser Abgrenzungsfrage erörtern. Entscheidend wird vielmehr die Subsumtion bewertet, d.h. das Erkennen der für die Lösung relevanten Sachverhaltsangaben wie hier die Alkoholisierung der M und ihren gezeigten Vermeidungswillen. Bleiben Sie mit Ihrer Argumentation immer unmittelbar am Fall.

3. Zwischenergebnis

M ist nicht wegen Totschlags durch Unterlassen strafbar.

II. Fahrlässige Tötung durch Unterlassen, §§ 222, 13 StGB

1. Unrechtstatbestand

Eine Strafbarkeit wegen fahrlässiger Tötung durch Unterlassen setzt voraus, dass die M als Garantin durch ihr Untätigbleiben objektiv sorgfaltspflichtwidrig, vorhersehbar und zurechenbar den Tod der T verursacht hat. Was den Erfolgseintritt und die Garantenstellung der M betrifft, kann auf die Ausführungen zum Totschlag durch Unterlassen verwiesen werden.

Der Todeseintritt infolge des Untätigbleibens war objektiv vorhersehbar. Schließlich ist die objektive Zurechenbarkeit zu bejahen, denn der Tod der T war vermeidbar.

Ein umsichtig handelnder Mensch in der sozialen Rolle der M als Mutter hätte sofort für ärztliche Behandlung gesorgt. Bei pflichtgemäßem Alternativverhalten der M wäre es also nicht zum Tod der T gekommen.

2. Rechtswidrigkeit

Rechtfertigungsgründe sind nicht ersichtlich. Die Tat war rechtswidrig.

3. Schuld

Trotz der Alkoholisierung der M (1,4 Promille) war der Erfolgseintritt für sie subjektiv vorhersehbar und vermeidbar. Der Sachverhalt gibt keinen Anlass, an der Schuldfähigkeit der M (vgl. § 20 StGB) zu zweifeln. M handelte schuldhaft.

hemmer-Methode: Verwechseln Sie nicht die subjektive Vorhersehbarkeit mit dem Vorsatz. Wenn die objektive Vorhersehbarkeit bejaht werden kann, ist in der Regel auch die subjektive Vorhersehbarkeit anzunehmen, es sei denn beim Täter liegen starke Defekte vor. Allein die starke Alkoholisierung genügt nicht, um den Schuldvorwurf entfallen zu lassen. Nach der Rechtsprechung ist bei BAK-Werten ab 3,0 Promille regelmäßig eine Aufhebung der Steuerungsfähigkeit zu prüfen. Auch bei solch hohen Blutalkoholkonzentrationen ist also nicht per se von Schuldunfähigkeit i.S.d. § 20 StGB auszugehen; die Rechtsprechung zwingt hier lediglich zu einer Prüfung dieser Vorschrift. BAK-Werte ab 2,0 Promille bzw. bei Tötungsdelikten ab 2,2 Promille deuten, ohne dass insoweit ein medizinisch-statistischer Erfahrungssatz besteht, auf eine erhebliche Verminderung der Steuerungsfähigkeit hin, mit der Folge, dass in der Klausur an § 21 StGB zu denken ist.[25]

III. Ergebnis

M ist wegen fahrlässiger Tötung durch Unterlassen (§§ 222, 13 StGB) strafbar.

---

25 Vgl. BGH, NStZ 2000, 136; BGHSt 43, 66.

D. Zusammenfassung

Sound: Abgrenzung Tun / Unterlassen. Abgrenzung Eventualvorsatz / bewusste Fahrlässigkeit.

Die Abgrenzung Tun / Unterlassen hat jeweils vom äußeren Erscheinungsbild auszugehen.

Maßgebliches Abgrenzungskriterium ist der Einsatz von Energie. Bei mehrdeutigen Verhaltensweisen ist im Rahmen einer normativ-wertenden Betrachtung danach zu entscheiden, wo der Schwerpunkt des strafrechtlich relevanten Verhaltens liegt.

Vorsatz ist nach der Rspr. und der h.M. im Schrifttum Wissen und Wollen der Tat. Eventualvorsatz liegt vor, wenn der Täter sich durch die als solche erkannte nahe liegende Möglichkeit des Erfolgseintritts nicht von der Tatausführung hat abhalten lassen (Wissenselement) und sein Verhalten den Schluss rechtfertigt, dass er sich mit dem Risiko der Tatbestandsverwirklichung abgefunden, also den Eintritt des Erfolges billigend in Kauf genommen hat (Willenselement). Im Gegensatz dazu ist von bewusster Fahrlässigkeit auszugehen, wenn der Täter fest darauf vertraut hat, dass alles gut gehen und dass es ihm gelingen wird, den als drohend erkannten Erfolg zu vermeiden.

hemmer-Methode: Im vorliegenden Fall hätte die Prüfung des objektiven Tatbestandes des Totschlages durch Unterlassen gem. §§ 212 I, 13 StGB auch kürzer ausfallen können. Machen Sie sich aber nochmals die einzelnen Prüfungspunkte klar. Die denkbaren Konstellationen für eine Strafrechtsklausur sind begrenzt. Lernen Sie dabei nicht isoliert, sondern kombinieren Sie bereits in Ihrer Vorbereitung verschiedene Rechtsinstitute miteinander. So beherrscht nahezu jeder Klausurteilnehmer den Aufbau eines Versuches. Schwierig wird es dagegen schon, wenn es um den Rücktritt des Teilnehmers vom versuchten Unterlassungsdelikt geht. Im vorstehenden Fall war es neben dem vielfach in Klausuren abgeprüften Problem der Abgrenzung Eventualvorsatz / bewusste Fahrlässigkeit entscheidend, das vorsätzliche, unechte Unterlassungsdelikt und das fahrlässige, unechte Unterlassungsdelikt sauber aufzubauen.

E. Zur Vertiefung

Zu Aufbau und Struktur des Unterlassungsdeliktes

- HEMMER/WÜST, Strafrecht AT I, Rn. 530 ff.

Zur Abgrenzung dolus eventualis ⇔ bewusste Fahrlässigkeit

- HEMMER/WÜST, Strafrecht AT I, Rn. 158 ff., 169 ff.

Zur Garantenstellung bei Unterlassungsdelikt

- BGH NJW 2006, 1824 ff. = Life&Law 2006, 544 ff.
- BGH NJW 2002, 1887 = Life&Law 2002, 605 (Wuppertaler Schwebebahn).

Aktuelle Rechtsprechung

- Zur zeitlichen Grenze einer Garantenstellung unter Eheleuten: Jedenfalls der bloße Auszug aus der gemeinsamen Wohnung beendet die wechselseitige Verantwortlichkeit nicht. Dagegen endet die strafrechtliche Garantenstellung, wenn sich ein Ehegatte vom anderen in der ernstlichen Absicht getrennt hat, die eheliche Lebensgemeinschaft nicht mehr herzustellen. Vgl. BGH NJW 2003, 3212 ff. = Life&Law 2004, 32 ff.
- Zur Aufklärungspflicht aufgrund vertraglicher Beziehung: Ein bloßer Vertragsschluss genügt grundsätzlich nicht für die Bejahung einer Garantenstellung. Etwas anderes gilt dann, wenn besondere Umstände wie zum Beispiel ein besonderes Vertrauensverhältnis vorliegen (hier: Aufklärungspflichten eines Gebrauchtwarenhändlers). Vgl. OLG Stuttgart NStZ 2003, 554 ff. = Life&Law 2003, 854 ff.

Kapitel III: Rechtswidrigkeit

Fall 5: Der ahnungslose Retter

Sachverhalt:

Hans (H) lauert Balduin (B) an einer einsamen Waldstrasse auf. Als sich dieser mit seinem Wagen nähert, gibt er einen tödlichen Schuss auf ihn ab. Hierbei bemerkt er nicht, dass B seinerseits gerade den vor ihm laufenden Spaziergänger Franz (F) mit seinem PKW tödlich verletzen wollte. H rettet damit unvorhergesehen das Leben von F.

Bearbeitervermerk:

Prüfen Sie die Strafbarkeit des H nach den §§ 211 ff. StGB.

A. Einordnung

Fall 5 beschäftigt sich mit einem lebhaft umstrittenen Problem aus dem Bereich der Rechtfertigungsgründe. H hat nämlich nicht bemerkt, dass sein Opfer B gerade den F töten wollte. Es stellt sich daher die Frage, ob eine Rechtfertigung die Existenz eines subjektiven Rechtfertigungselementes voraussetzt und falls ja, wie der Täter bei dessen Fehlen zu bestrafen ist.

B. Gliederung

Strafbarkeit des H

Mord, §§ 212 I, 211 I, II StGB

1. Objektiver Tatbestand

a) Eintritt des tatbestandlichen Erfolges (+)

b) Kausalität/ Objektive Zurechung (+)

c) Mordmerkmal gem. § 211 II, Gruppe 2, 1.Var. StGB (Heimtücke) (+)

d) Zwischenergebnis: objektiver Tatbestand (+)

2. Subjektiver Tatbestand

a) Vorsatz bzgl. der Tötung eines Menschen (+)

b) Vorsatz bzgl. des Mordmerkmals der Heimtücke (+)

3. Rechtswidrigkeit – **Prüfung des Rechtfertigungsgrundes des § 32 StGB**

a) Nothilfelage (+)

b) Nothilfehandlung

aa) Erforderlichkeit (+)

bb) Gebotenheit (+)

c) Subjektives Rechtfertigungselement

(P): **Subjektives Rechtfertigungselement notwendig**?

- Mindermeinung (-)
- h.M. (+)

§ 32 StGB damit (-)

4. Schuld

5. Strafzumessung

(P): **Folgen des Fehlens des subjektiven Rechtfertigungselementes**

- Mindermeinung: Strafbarkeit wegen vollendetem Delikt
- h.M.: **Strafbarkeit nach den Regeln des Versuchs** (§§ 22, 23 StGB)

6. Ergebnis

C. Lösung

Strafbarkeit des H

I. Mord, §§ 212 I, 211 I, II StGB

H könnte sich durch die Abgabe des gezielten Schusses auf den B wegen Mordes gem. §§ 212 I, 211 I, II StGB strafbar gemacht haben.

hemmer-Methode: In der Klausur kann es sich schon aus Zeitgründen, aber auch um der Übersichtlichkeit willen, als sinnvoll erweisen, Grundtatbestand und Qualifikation zusammenzuprüfen. Dies gilt insbesondere dann, wenn im Qualifikationstatbestand keine größeren Probleme ersichtlich sind. Hinzuweisen ist jedoch nochmals darauf, dass für den BGH Mord und Totschlag zwei selbstständige Delikte sind und daher nicht zusammengeprüft werden dürfen. Geht man dagegen mit der insbesondere im Teilnahmebereich vorzugswürdigen Literaturmeinung davon aus, dass die beiden genannten Delikte zueinander im Verhältnis Grundtatbestand zu Qualifikation stehen, ist ein „Zusammenprüfen" ohne weiteres möglich. Auch hier müssen Sie Ihren Aufbau wiederum nicht begründen. Führen Sie in Ihrer Klausur nicht an, weswegen Sie der Literaturansicht folgen, sondern tun Sie dies einfach.

1. Objektiver Tatbestand

a) Eintritt des tatbestandlichen Erfolges

Der tatbestandliche Erfolg ist eingetreten. B ist an den erlittenen Schussverletzungen verstorben.

b) Kausalität/ Objektive Zurechnung

Der Tod des B wurde kausal durch den Schuss verursacht und ist dem H objektiv zurechenbar.

c) Mord gem. § 211 II, Gruppe 2, 1.Var. StGB (Heimtücke)

Fraglich ist das Mordmerkmal der Heimtücke, das nach der Ansicht der Rechtsprechung vorliegt, wenn ein bewusstes Ausnutzen der Arg- und Wehrlosigkeit des Opfers in feindlicher Willensrichtung gegeben ist.[26]

B setzte gerade dazu an, mit seinem PKW den Spaziergänger F zu überfahren.

Er rechnete dabei nicht mit einem Angriff auf sein Leben oder seine körperliche Unversehrtheit durch H und war insofern auch wehrlos.

Zudem handelte H in feindlicher Willensrichtung und damit nach dem Verständnis der Rechtsprechung heimtückisch.

Nach anderer Auffassung setzt das Mordmerkmal der Heimtücke darüber hinaus einen verwerflichen Vertrauensbruch voraus.[27] Diese Auffassung ist jedoch abzulehnen, da das Merkmal des verwerflichen Vertrauensbruches nur schwierig näher konkretisiert werden kann und daher Probleme mit dem Bestimmtheitserfordernis des Art. 103 II GG entstehen. Zudem legt der Wortlaut des § 211 II Gr. 2, Var.1 StGB keine entsprechende Verbindung zwischen Täter und Opfer nahe.

Somit ist dem Ansatz der Rechtsprechung zu folgen und die Heimtücke zu bejahen.

hemmer-Methode: Prüft man wie hier Grundtatbestand und Qualifikation zusammen, sollte man besonderen Wert auf die Übersichtlichkeit der Ausführungen legen und deutlich zwischen Merkmalen des Grundtatbestands und der Qualifikation trennen.

d) Zwischenergebnis

Der objektive Tatbestand des Mordes ist erfüllt.

2. Subjektiver Tatbestand

a) Vorsatz bzgl. der Tötung eines Menschen

H hat hinsichtlich der objektiven Tatbestandsmerkmale des § 212 I StGB vorsätzlich mit Wissen und Wollen gehandelt.

---

[26] Vgl. zum Mordmerkmal der Heimtücke nochmals oben Fall 3.

[27] Vgl. ESER, in: Schönke/ Schröder, § 211 Rn. 26; OTTO, JR 1991, 382.

b) Vorsatz bzgl. des Mordmerkmals der Heimtücke

Zudem hat H eine heimtückische Tötung billigend in Kauf genommen. Auch der subjektive Tatbestand des Mordes ist damit erfüllt.

hemmer-Methode: Bis zu dieser Stelle ergeben sich im Fall keinerlei Schwierigkeiten. Verschenken Sie daher nicht unnötig Zeit und handeln Sie Unproblematisches kurz ab.

3. Rechtswidrigkeit

Zu prüfen ist, ob die Tat des H rechtswidrig war. Zu seinen Gunsten könnte hier der Rechtfertigungsgrund des § 32 StGB (Nothilfe zugunsten eines Dritten, hier des F) eingreifen.

a) Nothilfelage

Erforderlich ist zunächst das Vorliegen einer objektiven Nothilfelage. § 32 StGB verlangt einen gegenwärtigen, rechtswidrigen Angriff. Unter einem Angriff versteht man jede durch menschliches Verhalten drohende Verletzung rechtlich geschützter Güter oder Interessen. Dieser ist rechtswidrig, wenn er den Bewertungsnormen des Rechts objektiv zuwiderläuft und nicht durch einen Erlaubnissatz gedeckt ist. Gegenwärtigkeit liegt vor, wenn der Angriff unmittelbar bevorsteht, bereits begonnen hat oder noch andauert.

Als H den tödlichen Schuss auf den B abgab, war dieser gerade dabei, den F zu überfahren, und so dessen Leib und Leben zu verletzen. Dieser Angriff des B auf F hatte bereits begonnen und war nicht durch einen Erlaubnissatz gedeckt. Eine Nothilfelage lag somit vor.

b) Nothilfehandlung

aa) Erforderlichkeit

Die Nothilfehandlung muss zunächst objektiv erforderlich sein.

Das setzt voraus, dass die Verteidigungshandlung geeignet ist, den Angriff sofort, auf Dauer und mit Sicherheit abzuwenden und bei mehreren gleich geeigneten Mitteln das relativ mildeste verwendet wird.

Hier war die Tötung des B aus der Sicht des H die einzige Möglichkeit, den Angriff auf F sofort, auf Dauer und mit Sicherheit zu beenden.

Mangels anderweitiger Anhaltspunkte im Sachverhalt ist auch vom Einsatz des mildesten Mittels auszugehen. Die Tötung des B war damit erforderlich.

bb) Gebotenheit

Schließlich müsste der Schuss des H geboten gewesen sein. Da bei § 32 StGB anders als i.R.d. rechtfertigenden Notstandes (§ 34 StGB) grundsätzlich keine Güterabwägung zwischen dem Rechtsgut des Angreifers und dem des Angegriffenen stattfindet, ist die Verteidigungshandlung in der Regel geboten, wenn sie erforderlich ist. Etwas anderes gilt nur dann, wenn dem Angegriffenen bzw. dem Nothelfer ein anderes Verhalten zuzumuten ist. Die Gebotenheit ist zu verneinen, wenn die Nothilfehandlung unter Beachtung normativer und sozialethischer Erwägung rechtsmissbräuchlich erscheint. Solche sozialethischen Einschränkungen des Notwehr- bzw. des Nothilferechts kommen in Betracht, wenn dem Täter aus individueller Sicht ein Verzicht auf das Niederschlagen des Angriffs ohne Preisgabe berechtigter Interessen zuzumuten ist und wenn zusätzlich aus überindividueller Sicht die Rechtsordnung keiner Bewährung durch ein solches Niederschlagen des Angriffes bedarf.[28]

hemmer-Methode: Nützen Sie den Sinn und Zweck einer Vorschrift als Argumentationsgrundlage. § 32 StGB dient auf der einen Seite dem Selbstschutz der individuellen Rechtsgüter und Interessen des Angegriffenen (Individualschutzprinzip). Daneben weist die Norm eine zweite, nach h.M. gleichrangige Schutzrichtung auf, als sie auch der Wahrung der Rechtsordnung im Allgemeininteresse dient (Rechtsbewährungsprinzip).

---

28 Vgl. BGHSt 42, 97.

Angesichts dieser zweifachen Schutzrichtung spricht man auch von einer „dualistischen Notwehrkonzeption".

B war im Begriff, den F zu töten. Er hatte sich diesem mit seinem Pkw bereits unmittelbar angenähert.

Die Preisgabe des Lebens des F war dem H in dieser Situation nicht zuzumuten. Zudem ergeben sich auch aus überindividuellen Überlegungen heraus keine Gründe für eine Beschränkung des Nothilferechts des H unter sozialethischen Gesichtspunkten. Die Tötung des B war daher geboten.

c) Subjektives Rechtfertigungselement

Notwendigkeit eines subjektiven Rechtfertigungselements

H wusste nicht, dass eine Nothilfesituation vorlag. Problematisch und umstritten ist, ob dies seiner Rechtfertigung gem. § 32 StGB entgegensteht.[29]

Eine Mindermeinung lehnt das Erfordernis subjektiver Rechtfertigungselemente generell ab. Nach ihr genügt das objektive Vorliegen einer Notwehr- bzw. Nothilfelage, da die Rechtsordnung die Verletzung des Angreifers unabhängig von der Vorstellung des Täters erlaube. Eine objektiv erlaubte Handlung könne nämlich nicht rechtswidrig sein.[30] Nach dieser Ansicht wäre H gem. § 32 StGB gerechtfertigt.

Nach der h.M. ist dagegen die Tat bei Vorsatzdelikten nur dann gerechtfertigt, wenn als subjektives Rechtfertigungselement beim Täter ein Verteidigungswille bzw. hier Nothilfewille vorliegt.[31]

Für diese Auffassung spricht bereits die tatbestandliche Fassung des § 32 StGB (*„um [...] abzuwenden"*).

Geht man davon aus, dass sich das Unrecht einer Tat aus Handlungs- und Erfolgsunwert zusammensetzt, so kann das objektive Vorliegen eines Rechtfertigungsgrundes nur den Erfolgsunwert beseitigen, während ihr Handlungsunwert bleibt. Eine Tat kann aber insgesamt nur dann rechtmäßig sein, wenn auch ihr Handlungsunwert entfällt.

Straflos bleibt daher nur, wer objektiv etwas nicht Strafbares tut und sich dessen auch bewusst ist. Das Gleiche muss auch für die Rechtswidrigkeit gelten.

Wer objektiv und subjektiv eine tatbestandsmäßige, aber objektiv gerechtfertigte Handlung in Unkenntnis des Rechtfertigungsgrundes vornimmt, bestätigt eine rechtsfeindliche Gesinnung. Er kann daher nicht gerechtfertigt sein.

So liegt der Fall hier: H hatte keine Kenntnis davon, dass er durch den Schuss auf B das Leben des Spaziergängers F rettete. Eine Rechtfertigung gemäß § 32 StGB (Nothilfe) scheidet damit aus.

4. Schuld

Entschuldigungsgründe sind nicht ersichtlich. H handelte schuldhaft.

5. Folgen des Fehlens des subjektiven Rechtfertigungselementes

I.R.d. Strafzumessung stellt sich die Frage, ob der Täter bei Fehlen dieses subjektiven Rechtfertigungselements wegen vollendeter oder nur wegen versuchter Tat zu bestrafen ist.

Nach einer Meinung[32] soll eine vollendete Tat vorliegen, weil ein Versuch nach §§ 22, 23 StGB nur dann gegeben sei, wenn es an einem objektiven Tatbestandsmerkmal fehle. Als Argument wird zudem der Wortlaut des § 16 I 1 StGB herangezogen, der sich nur auf den gesetzlichen Tatbestand beziehe.

29 Vgl. hierzu HILLENKAMP AT, 4. Problem.

30 SPENDEL, in: Festschrift für Bockelmann, S.245 ff.; SPENDEL, in: Leipziger Kommentar, § 32 Rn. 138 ff.

31 LACKNER/ KÜHL, § 32 Rn. 7; TRÖNDLE/ FISCHER, § 32 Rn. 14 ff.

32 BGHSt 2, 111; BGHSt 3, 194; HIRSCH, in: Leipziger Kommentar, vor § 32 Rn. 59 ff.

Demgegenüber bestraft die h.M.[33] nur wegen Versuchs – soweit dieser strafbar ist[34] – und zwar entweder unter direkter oder aber analoger Anwendung der Versuchsregeln, wobei letzteres nicht gegen das aus Art. 103 II GG resultierende Analogieverbot verstößt, da es sich um eine Analogie zugunsten des Täters handelt.

Dieser Ansicht ist zuzustimmen, da den Täter die Strafe wegen des vollendeten Delikts nur dann treffen kann, wenn er sämtliche objektiven und subjektiven Strafbarkeitsvoraussetzungen erfüllt hat. Hier fehlt es aber an einer objektiv rechtswidrigen Handlung.

Der Erfolg wird wegen der objektiv gegebenen Rechtfertigungslage nicht missbilligt, sodass damit eine dem Versuch entsprechende Rechtslage gegeben ist.

Es kann keinen Unterschied machen, ob der tatbestandsmäßige Erfolg als solcher ausbleibt oder ob er zwar eintritt, aber nicht als Unrecht bewertet wird.

Der Versuch des Mordes ist nach §§ 23 I, 12 I StGB strafbar, so dass die Rechtsfolgen der Strafbarkeit denen eines Versuchs entsprechen.

hemmer-Methode: Eine komplette Versuchsprüfung ist an dieser Stelle nicht erforderlich, da die Versuchsregeln allein aus Gründen einer gerechten Strafzumessung angewandt werden. Denken Sie an die knappe Bearbeitungszeit in der Klausur.

6. Ergebnis

A hat sich eines Mordes schuldig gemacht.

Er ist auf Grund des fehlenden subjektiven Rechtfertigungselementes nach den §§ 212 I, 211 I, II, Gruppe 2, 1.Var., 22, 23 StGB zu bestrafen.

D. Zusammenfassung

Sound: Subjektives Rechtfertigungselement.

So wie ein Tatbestand objektive und subjektive Unrechtselemente aufweist, setzten sich auch die Rechtfertigungsgründe aus objektiven und subjektiven Rechtfertigungselementen zusammen. Um in den Genuss der Rechtfertigung zu gelangen, muss der Täter also in Kenntnis der rechtfertigenden Sachlage und auf Grund der ihm dadurch verliehenen Befugnis handeln. Fehlt es an diesem subjektiven Rechtfertigungselement, so kann der Täter nach h.M. nur wegen Versuchs bestraft werden, wenn der Versuch beim konkreten Delikt unter Strafe steht.

hemmer-Methode: Arbeiten Sie den Fall 5 nochmals gründlich durch. Das Problemfeld „subjektives Rechtfertigungselement“ war schon häufig Gegenstand von Klausuren. Bedenken Sie vor allem, dass sich in diesem Zusammenhang gleich zwei Streitfragen stellen. Zum einen wird unterschiedlich beurteilt, ob ein subjektives Rechtfertigungselement überhaupt notwendig ist, zum anderen werden die Folgen bei dessen Fehlen uneinheitlich gesehen.

---

[33] LACKNER/ KÜHL, § 22 Rn. 16; LENCKNER, in: Schönke/ Schröder, vor § 32 Rn. 15; TRÖNDLE/ FISCHER, § 32 Rn. 14; WESSELS/ BEULKE, Rn. 275 ff.

[34] Soweit es um Tatbestände geht, welche keine Versuchsstrafbarkeit aufweisen, bleibt es bei der Strafbarkeit wegen Vollendung.

E. Zur Vertiefung

Zur Notwehr gem. § 32 StGB

- HEMMER/WÜST, Strafrecht AT I, Rn. 198 ff.

Zu den Mordmerkmalen

- HEMMER/WÜST, Strafrecht BT II, Rn. 41 ff.

Aktuelle Rechtsprechung

- Polizeilicher Schusswaffengebrauch als Notwehrhandlung, BGH NStZ 2005, 31 f. = Life&Law 2005, 234 ff.
- ERB, Notwehr als Menschrecht, NStZ 2005, 593 ff. (zugleich kritische Anmerkung zum Fall „Daschner").
- Zu den Anforderungen an das subjektive Rechtfertigungselement beim Fahrlässigkeitsdelikt BGH, NStZ 2001, 591 = Life&Law 2002, 32 (sehr lesenswert!).

Fall 6: Sieben Stiche

Sachverhalt:

Zwischen Franz (F), Boris (B) und Paul (P) entbrannte in einer Kneipe ein Streit. P holte ein großes Brotmesser und lauerte B auf. Als F und B das Lokal verließen und sich gerade trennen wollten, sprang P hervor und brachte dem überraschten B mit dem Messer am Kopf eine lange Schnittverletzung bei. B, der unbewaffnet war, schrie um Hilfe und rannte in Todesangst davon. P verfolgte ihn. F folgte den beiden, um B zu Hilfe zu kommen. Daraufhin unterbrach P die Verfolgung des B und wandte sich, das Messer in der Hand haltend, nunmehr angriffsbereit F zu. Dieser prallte in vollem Lauf auf P und riss ihn zu Boden, wobei diesem das Messer aus der Hand fiel. Es kam zu einem Kampf am Boden, wobei es F gelang, in den Besitz des Messers zu kommen, mit dem er dann auf seinen Gegner einstach.

Da F während dieser Phase des Kampfes damit rechnen musste, das P ihm das Messer wieder entwinden und dann gegen ihn richten würde, fügte er ihm zunächst neben Abwehrverletzungen an Arm und Hand drei tiefe Schnittverletzungen an der Rückseite des rechten Oberschenkels zu. Infolge der schweren Verletzung schwand die Angriffskraft des P und es gelang F, seinen Gegner mit dem Rücken auf dem Boden zu fixieren und sich – das Gesicht in Richtung der Füße des P, den Rücken dem Kopf des P zugewandt – auf seinen Brustkorb zu setzen. Obwohl F nun erkannte, dass er seinen Angreifer überwältigt hatte und von diesem keine Gefahr mehr befürchten musste, stach er wuchtig weitere viermal mit dem Messer auf P ein, und zwar gezielt in den Bereich der Beine. Dabei wollte er diesen nicht töten, sondern nur verletzen. Er nahm bewusst davon Abstand, P in den Oberkörper- und Bauchbereich zu stechen, obwohl ihm dies möglich gewesen wäre.

Als P sich nicht mehr regte, ließ F von ihm ab. Sofort darauf rief er einen Krankenwagen. Von diesem wurde P ins Krankenhaus eingeliefert. Dort verstarb er am nächsten Morgen auf der Intensivstation an den erlittenen Verletzungen.

Das Gutachten der Rechtsmedizin ergab, dass bereits die ersten drei Stiche für den Tod des P ursächlich waren, weil sie zu einer Durchtrennung der rechten Oberschenkelschlagader geführt hatten. Die vier später beigebrachten Stiche waren demgegenüber für den Tod noch nicht einmal mitursächlich.

Bearbeitervermerk:

Prüfen Sie die Strafbarkeit des F.

A. Einordnung

Im vorliegenden Fall ist es aufbautechnisch und gedanklich von entscheidender Bedeutung, zwischen den ersten drei und letzten vier gegen den Körper des P geführten Stichen zu differenzieren. Die Notwendigkeit folgt aus dem Umstand, dass die Beurteilung der Rechtswidrigkeit sämtlicher sieben Stiche des F hier nicht einheitlich beurteilt werden kann, da P nach den ersten drei Stichen bereits kampfunfähig gemacht worden war.

B. Gliederung

Strafbarkeit des F

Erster Tatkomplex – Die ersten drei Stiche

I. Totschlag, § 212 I StGB

1. Objektiver Tatbestand (+)

2. Subjektiver Tatbestand (-)

arg. hohe Anforderungen an Vorsatz bei Tötungsdelikten, hier kein dolus eventualis

II. Körperverletzung mit Todesfolge, § 227 I StGB

1. Tatbestand des Grunddelikts, § 223 StGB

Inzidentprüfung:

aa) Objektiver Tatbestand (+)

bb) Subjektiver Tatbestand (+)

cc) Rechtswidrigkeit

(1) Notwehrlage

- gegenwärtiger (+)
- rechtswidriger (+)
- Angriff (+)

(2) Notwehrhandlung

- erforderlich (+)
- geboten (+)

(3) Verteidigungswille (+)

dd) Ergebnis § 32 StGB (+)
⇨ § 227 I StGB (-)

Zweiter Tatkomplex – Die letzten vier Stiche

I. Totschlag, § 212 I StGB

1. Objektiver Tatbestand

Erfolg (+)

Kausalität (-)

2. ⇨ objektiver Tatbestand (-)

II. Gefährliche Körperverletzung, §§ 223 I, 224 I Nr. 2 StGB

1. Tatbestand

a) objektiver Tatbestand

- Grunddelikt nach § 223 I StGB (+)
- Qualifikation nach § 224 I Nr. 2 StGB ⇨ Brotmesser (+)
- Qualifikation nach § 224 I Nr. 5 StGB (-)

b) subjektiver Tatbestand

- bezogen auf Grunddelikt (+)
- bezogen auf § 224 I Nr. 2 StGB (+)

2. Rechtswidrigkeit – **§ 32 StGB**

Notwehrlage

- Angriff (+)
- Rechtswidrigkeit des Angriffs (+)
- Gegenwärtigkeit des Angriffs
  ⇨ P bereits kampfunfähig (-)

Ergebnis ⇨Notwehrlage (-), § 32 StGB (-)

3. Schuld

(P): Entschuldigung nach § 33 StGB?

<u>hier</u>: intensiver Notwehrexzess (-)

Anwendbarkeit des § 33 StGB bei **extensivem Notwehrexzess**? str.

- h.M.: (-)
- Gegenauffassung: (-) bei vorzeitigem, (+) bei nachzeitigem extensiven Notwehrexzesses

<u>hier</u>: jedenfalls Handeln aus asthenischem Affekt (-)
⇨ daher § 33 StGB (-)

4. Zwischenergebnis: §§ 223 I, 224 I Nr. 2 StGB (+)

III. Körperverletzung mit Todesfolge, § 227 StGB

(-) wegen fehlender Kausalität der letzten vier Stiche für den Eintritt des Todeserfolges

IV. Ergebnis

C. Lösung

Strafbarkeit des F

Erster Tatkomplex – Die ersten drei Stiche

hemmer-Methode: Großen Einfluss auf die Benotung hat die Übersichtlichkeit Ihrer Ausführungen. Zeigen Sie, dass Sie differenziert denken können. Da die Rechtfertigung bezogen auf die ersten drei Stiche anders zu beurteilen ist als hinsichtlich der letzten vier Stiche, sollten Sie diese Akte in der Klausur getrennt prüfen, auch wenn Sie zeitlich eng zusammenhängen. Zeigen Sie so dem Korrektor deutlich, welches Täterverhalten Sie gerade prüfen.

I. Totschlag, § 212 I StGB

1. Objektiver Tatbestand

Durch die ersten drei Stiche hat F den P kausal und objektiv zurechenbar getötet. Der objektive Tatbestand ist erfüllt.

2. Subjektiver Tatbestand

In subjektiver Hinsicht ist i.R.d. § 212 StGB bedingter Vorsatz ausreichend, aber auch erforderlich. Gerade bei den Delikten der §§ 211 ff. StGB stellt die Rechtsprechung zutreffend auf die hohe Hemmschwelle vor Tötungshandlungen ab. Aus diesem Grund muss immer geprüft werden, ob der Täter nicht den Tötungserfolg zwar als möglich vorhergesehen, dennoch aber ernsthaft und nicht nur vage darauf vertraut hat, er werde nicht eintreten.[35] So liegt der Fall hier: F hat sich mit der Tötung des P zum Zeitpunkt der Vornahme der ersten drei Stiche nicht abgefunden, er nahm dessen Tötung nicht billigend in Kauf. Eine Strafbarkeit nach § 212 I StGB scheitert damit am fehlenden Tötungsvorsatz des F.

hemmer-Methode: Achten Sie darauf, einen Vorsatz nur dann zu bejahen, wenn der Sachverhalt ausreichend ist, um sich vom Vorliegen des Vorsatzes beim konkreten Täter zu überzeugen, § 261 StPO. Hier ist die Rede von Stichen in die Rückseite des Oberschenkels. Das führt nicht typischerweise zum Tod, so dass ein entsprechender Tötungsvorsatz nicht unterstellt werden darf.

II. Körperverletzung mit Todesfolge, § 227 I StGB

Weiterhin kommt eine Strafbarkeit wegen Körperverletzung mit Todesfolge in Betracht. Bei § 227 StGB handelt es sich um ein erfolgsqualifiziertes Delikt, bei dem zunächst eine vorsätzliche, rechtswidrige und schuldhafte Verwirklichung des Grunddelikts (§ 223 StGB) zu prüfen ist.

[35] Vgl. BGHSt 36, 1, 15 f. und LACKNER/ KÜHL, § 212 Rn. 3; TRÖNDLE/ FISCHER, § 212 Rn. 6 ff.

hemmer-Methode: Selbstverständlich hätten Sie in der Klausur auch zunächst § 223 StGB – evtl. in Verbindung mit § 224 StGB – isoliert prüfen können. Dann hätten Sie allerdings nach der festgestellten Rechtfertigung zumindest noch klarstellen müssen, dass aufgrund der Rechtfertigung nicht nur eine Bestrafung aus diesen Delikten, sondern auch aus § 227 StGB ausscheidet.
Hier steht Ihnen beim Klausuraufbau ein gewisser Ermessensspielraum zu.
Machen Sie sich bei dieser Gelegenheit den **Aufbau und die Struktur des erfolgsqualifizierten Deliktes nach § 227 StGB** klar:

Prüfungsschema § 227 StGB

1. Vorliegen eines **strafbaren Grunddelikts** nach §§ 223 bis 226 StGB
2. Eintritt des **Todeserfolges**
3. **Spezifischer Gefahrverwirklichungszusammenhang** zwischen Grunddelikt nach §§ 223 bis 226 StGB und Todeserfolg
4. **Objektive Voraussehbarkeit**; die Sorgfaltspflichtverletzung und die objektive Vermeidbarkeit sind im Falle des § 227 StGB nicht mehr gesondert zu prüfen, sie folgt bereits aus der Verwirklichung des Grunddelikts
5. **Subjektive Fahrlässigkeit** gem. § 18 StGB hinsichtlich des Todeserfolges und des spezifischen Gefahrverwirklichungszusammenhanges

Besondere Klausurrelevanz kommt i.R.d. § 227 StGB dem Erfordernis eines spezifischen Gefahrverwirklichungszusammenhanges zwischen dem Grunddelikt nach §§ 223 bis 226 StGB und dem Todeserfolg zu. Arbeiten Sie insofern die aktuelle Entscheidung des BGH NJW 2003, 150 ff. = Life&Law 2003, 185 ff. durch.
Generell gilt: Gerade im Strafrecht werden vielfach aktuelle Entscheidungen des BGH oder anderer Obergerichte als Aufhänger für Klausuren genommen. Sie sollten daher bei der Auswahl Ihrer Lernmittel unbedingt auf Aktualität achten.

1. Tatbestand des Grunddelikts

F hat den P durch Zufügung der tiefen Stichverletzungen an der Rückseite des rechten Oberschenkels körperlich misshandelt und an der Gesundheit geschädigt. Dies geschah auch vorsätzlich.

hemmer-Methode: Wenn die objektiven und subjektiven Voraussetzungen des Tatbestands unproblematisch verwirklicht sind, kann man diese Voraussetzungen durchaus zusammenfassen und nur kurz deren Vorliegen feststellen.

2. Rechtswidrigkeit

Zu Gunsten des F könnte Notwehr (§ 32 StGB) als Rechtfertigungsgrund in Frage kommen.

a) Notwehrlage

Es müsste zunächst eine Notwehrlage, also ein gegenwärtiger, rechtswidriger Angriff des P vorliegen. Hierunter ist jede der Rechtsordnung zuwiderlaufende, durch menschliches Verhalten drohende Verletzung rechtlich geschützter Güter oder Interessen zu verstehen, die unmittelbar bevorsteht, bereits begonnen hat oder noch andauert.

P hatte zu Beginn des Geschehens dem B mit einem großen Brotmesser eine lange Schnittverletzung beigebracht und ihn sodann verfolgt. Beim Dazwischentreten des F wandte sich P angriffsbereit diesem zu und verstrickte ihn in einen Kampf. Sein rechtswidriger Angriff auf den F dauerte damit zum Zeitpunkt der ersten drei Stiche des F noch an. Eine Notwehrlage war gegeben.

b) Notwehrhandlung

Die Notwehrhandlung des F bestand zunächst in den drei gegen den Körper des P geführten und letztlich tödlich wirkenden Messerstichen.

Fraglich ist, ob diese erforderlich waren.

Es ist allgemein anerkannt, dass i.R.d. § 32 StGB auch der Einsatz lebensgefährdender Verteidigungsmittel zulässig ist.[36] Nur wenn der Täter mehrere gleich effiziente Abwehrmittel zur Hand hat und ihm trotz des Angriffs genügend Zeit bleibt, den Einsatz verschiedener Mittel abzuwägen, hat er das für den Angreifer schonendste zu wählen.

Im vorliegenden Fall muss davon ausgegangen werden, dass für F in der konkreten Kampfsituation die einzige effektive Verteidigungsmöglichkeit darin bestand, von dem Messer, in dessen Besitz er gekommen war, Gebrauch zu machen.

Ferner bestehen keine Anhaltspunkte dafür, dass das Notwehrrecht des F unter dem sozialethischen Gesichtspunkt der Gebotenheit in irgendeiner Weise eingeschränkt gewesen wäre. Der bewaffnete Angriff zunächst auf B und dann auf F ging eindeutig von P aus.

c) Subjektives Rechtfertigungselement (Verteidigungswille)

Schließlich handelte F bei Zufügung der ersten drei Stiche gegen P mit dem erforderlichen Verteidigungswillen als subjektives Rechtfertigungselement.[37]

3. Ergebnis

Hinsichtlich der ersten drei Stiche ist F daher nach § 32 StGB gerechtfertigt. Er hat sich insofern nicht gem. den §§ 223 I, 224 I StGB und damit auch nicht gemäß § 227 StGB strafbar gemacht.

hemmer-Methode: Machen Sie sich den Unterschied zwischen einer Qualifikation (z.B. § 224 StGB) und einer Erfolgsqualifikation (z.B. § 227 StGB) klar: Bei Erfolgsqualifikationen genügt regelmäßig die Fahrlässigkeit des Beteiligten bezüglich des Eintritts der schweren Folge, § 18 StGB. Bei „normalen" Qualifikationstatbeständen greift dagegen die Regel des § 15 StGB, so dass Vorsatz des Täters erforderlich ist.

---

36 TRÖNDLE/ FISCHER, § 32 Rn. 16d.

37 Vgl. insofern nochmals oben Fall 5.

Zweiter Tatkomplex – Die letzten vier Stiche

I. Totschlag, § 212 I StGB

Zu prüfen ist zunächst wieder eine Strafbarkeit gem. § 212 I StGB. Zwar ist P verstorben, der tatbestandliche Erfolg des § 212 I StGB ist also eingetreten. Nach den gutachterlichen Feststellungen der Rechtsmedizin waren allerdings die letzten vier Stiche für den Tod nicht einmal mitursächlich. Sie können also hinweggedacht werden, ohne dass der Erfolg entfiele. Eine Bestrafung aus § 212 I StGB scheitert damit bereits an der fehlenden Kausalität i.S.d. „conditio sine qua non"-Formel.

II. Gefährliche Körperverletzung, §§ 223 I, 224 I Nr. 2 StGB

1. Tatbestand

Durch die Zufügung der vier weiteren gezielten Stiche in den Bereich der Beine hat B den P körperlich misshandelt und an der Gesundheit geschädigt. Damit ist der objektive Tatbestand des § 223 I StGB gegeben.

Zudem kommt die Qualifikation des § 224 I Nr. 2 StGB in Betracht. Unter Waffen sind nur solche im technischen Sinne zu verstehen. Im Verhältnis dazu ist der Begriff des gefährlichen Werkzeuges als Oberbegriff anzusehen. Gefährlich ist ein Werkzeug, das nach seiner objektiven Beschaffenheit und der Art seiner Verwendung im Einzelfall geeignet ist, erhebliche Körperverletzungen zuzufügen.[38]

Soweit keine Besonderheiten ersichtlich sind, fällt ein Messer nicht unter das WaffenG und stellt demzufolge keine Waffe i.S.d. § 224 I Nr. 1. 1.Var. StGB dar. Jedoch war der Einsatz des Messers im konkreten Fall dazu geeignet, erhebliche Verletzungen hervorzurufen. F setzte somit ein gefährliches Werkzeug ein, § 224 I Nr. 1, 2.Var. StGB ist damit verwirklicht.

In Betracht kommt ferner die Qualifikation des § 224 I Nr. 5 StGB. Eine Körperverletzung ist mittels einer das Leben gefährdenden Behandlung begangen, wenn die Körperverletzung nach den Umständen geeignet war, das Leben des Opfers zu gefährden. Umstritten ist, ob insofern eine abstrakt-generelle Gefährlichkeit der Behandlung als ausreichend anzusehen ist[39] oder ob § 224 I Nr. 5 StGB den Eintritt einer konkreten Lebensgefährlichkeit erfordert.[40]

Vorliegend braucht auf diesen Streit nicht näher eingegangen zu werden, da für den zu diesem Zeitpunkt durch die ersten drei Stiche bereits tödlich verletzten P noch nicht einmal mehr eine abstrakte Lebensgefahr für das Leben bestand.[41]

Der Qualifikationstatbestand des § 224 I Nr. 5 StGB ist damit nicht erfüllt.

hemmer-Methode: Wenn Sie Grundtatbestand und Qualifikation zusammenprüfen, sollten Sie die Grundtatbestandsmerkmale optisch deutlich von den Qualifikationsmerkmalen trennen.

In subjektiver Hinsicht handelte der F mit Wissen und Wollen, also vorsätzlich. Sein Vorsatz umfasste auch die Verwendung des Brotmessers (§ 224 I Nr. 2 StGB).

2. Rechtswidrigkeit

Zu prüfen ist, ob F gem. § 32 StGB gerechtfertigt ist. Insofern müsste zunächst eine Notwehrlage, also ein gegenwärtiger und rechtswidriger Angriff des P auf F vorliegen. Am Vorliegen eines rechtswidrigen Angriffs ist nicht zu zweifeln. Problematisch ist aber das Merkmal der Gegenwärtigkeit.

Gegenwärtig ist nur ein Angriff, der unmittelbar bevorsteht, bereits begonnen hat oder noch andauert. Als nicht mehr gegenwärtig ist demgegenüber ein beendeter Angriff anzusehen.

---

38 LACKNER/ KÜHL, § 224 Rn. 2 ff.; TRÖNDLE/ FISCHER, § 224 Rn. 7 ff.

39 So die h.M., vgl. BGHSt 36, 1, 9; WESSELS/ HETTINGER, Rn. 282. LACKNER/ KÜHL, § 224 Rn. 8.

40 So STREE, Jura 1980, 281; PAEFFGEN, in: Nomos Kommentar, § 224 Rn. 27.

41 Vgl. BGH NStZ 2000, 414, 415.

Von einem beendeten Angriff ist auszugehen, wenn dieser fehlgeschlagen, endgültig aufgegeben oder vollständig durchgeführt ist, so dass die durch den Angreifer intendierte Rechtsgutsverletzung durch Gegenwehr nicht mehr abgewendet werden kann.

Vorliegend war P zu dem Zeitpunkt, als F ihm die letzten vier Stiche zufügte, bereits kampfunfähig. Von ihm konnte daher kein rechtswidriger Angriff mehr ausgehen. Vielmehr war der Angriff des P auf F durch die Gegenwehr des letzteren bereits niedergeschlagen und also fehlgeschlagen. Das Merkmal der Gegenwärtigkeit ist daher zu verneinen.

Eine Notwehrlage war nicht mehr gegeben. Die letzten vier Stiche des F sind nicht durch Notwehr gem. § 32 StGB gerechtfertigt.

3. Schuld

Abschließend ist zu prüfen, ob F schuldhaft gehandelt hat. Fraglich ist, ob er sich auf den Entschuldigungsgrund des § 33 StGB berufen kann. Hierzu müsste er die Grenzen der Notwehr überschritten haben.

Unstreitig findet die Vorschrift des § 33 StGB Anwendung beim sog. **intensiven Notwehrexzess**, wenn bei einer tatsächlich existierenden Notwehrlage die Grenzen der Erforderlichkeit oder der Gebotenheit überschritten werden.[42]

Hier dagegen liegt ein sog. **extensiver Notwehrexzess** vor, bei dem die Grenzen der Notwehr in zeitlicher Hinsicht überschritten wurden, da eine Notwehrlage mangels Gegenwärtigkeit des Angriffs nicht mehr vorlag.

Die Frage, ob auch dieser von § 33 StGB erfasst wird, ist umstritten.[43] Die h.M.[44] verneint dies, während eine Gegenauffassung differenziert: Nach ihr greift § 33 StGB nicht ein, wenn der Angriff noch gar nicht begonnen hat (Konstellation des sog. vorzeitigen extensiven Notwehrexzesses).

Wenn dagegen – wie hier – die zunächst gerechtfertigte Gegenwehr später rechtswidrig geworden ist, da der Angriff bereits beendet, d.h. abgeschlossen, aufgegeben oder fehlgeschlagen war (Konstellation des sog. nachzeitigen extensiven Notwehrexzesses), so entspreche die psychische Situation derjenigen des intensiven Notwehrexzesses und auch der Wortlaut des § 33 StGB stehe einer Anwendbarkeit auf diese Fälle nicht entgegen.[45]

Im vorliegenden Fall kann dieser Streit dahingestellt bleiben. § 33 StGB greift nämlich unstreitig und nach allen Ansichten nur dann ein, wenn der Täter die Grenzen der Notwehr aus Verwirrung, Furcht oder Schrecken unbewusst oder bewusst überschritten hat.

Solche sog. asthenischen Affekte haben jedoch hier bei F nicht zur Notwehrüberschreitung geführt.

F ist damit nicht gem. § 33 StGB entschuldigt.

4. Zwischenergebnis

F hat sich gemäß §§ 223 I, 224 I Nr. 2 StGB strafbar gemacht.

III. Körperverletzung mit Todesfolge, § 227 StGB

Was die Beibringung der vier weiteren Stiche betrifft, so ist zwar der Grundtatbestand verwirklicht (s.o.). Allerdings scheitert eine Strafbarkeit des F wegen Körperverletzung mit Todesfolge bereits an der **fehlenden Kausalität** zwischen den letzten vier Stichen und dem tödlichen Ausgang. Diese vier Stiche können nämlich hinweggedacht werden, ohne dass der tödliche Erfolg entfiele. Sie sind damit nicht conditio sine qua non für den Tod des P.

F hat sich damit nicht gem. § 227 StGB strafbar gemacht. Auch eine Strafbarkeit gemäß § 222 StGB entfällt damit von vornherein.

Im ersten Tatkomplex ist F straflos. Im zweiten Tatkomplex hat F sich wegen gefährlicher Körperverletzung gem. §§ 223 I, 224 I Nr. 2 StGB strafbar gemacht.

---

42 Vgl. TRÖNDLE/ FISCHER, § 32 Rn. 2; LACKNER/ KÜHL, § 33 Rn. 2.

43 Vgl. hierzu HILLENKAMP AT, 12. Problem.

44 BGH NStZ 1987, 20; LACKNER/ KÜHL, § 33 Rn. 2; RUDOLPHI, in: Systematischer Kommentar, § 33 Rn. 2.

45 WESSELS/ BEULKE, Rn. 447.

D. Zusammenfassung

Sound: Vorsatz bei Tötungsdelikten. Gegenwärtigkeit i.S.d. § 32 StGB. Notwehrexzess nach § 33 StGB.

Auf Grund der hohen Hemmschwelle vor Tötungshandlungen ist bei der Prüfung des subjektiven Tatbestandes der §§ 211 ff. StGB besonders sorgfältig vorzugehen.

Gegenwärtig i.S.d. § 32 StGB ist nur ein Angriff, der unmittelbar bevorsteht, bereits begonnen hat oder noch andauert.

Abzugrenzen vom gegenwärtigen Angriff ist neben dem erst künftig bevorstehenden der beendete Angriff, der fehlgeschlagen, endgültig aufgegeben oder vollständig durchgeführt ist.

Bei einem beendeten Angriff ist eine Notwehrlage und damit eine Rechtfertigung gem. § 32 StGB zu verneinen.

§ 33 StGB findet jedenfalls auf die Fälle des intensiven Notwehrexzesses (Überschreitung der Grenzen des Erforderlichen oder des Gebotenen) Anwendung.

Im Falle des extensiven Notwehrexzesses (Überschreitung der Gegenwärtigkeitsgrenze) ist die Anwendbarkeit umstritten und wird von der h.M. abgelehnt. Ferner greift der Entschuldigungsgrund nur ein, wenn der Täter aus asthenischem Affekt heraus gehandelt hat.

hemmer-Methode: Fall 6 ist der Entscheidung BGH NStZ 2000, 414 ff. = Life&Law 2000, 810 ff. nachgebildet. Lesen Sie an dieser Stelle einmal die Fundstelle nach. Im Originalfall ließ der Täter das blutende Opfer am Boden liegen und entfernte sich. Währenddessen wurde ihm bewusst, dass er etwas Schlimmes getan hatte. Der Täter glaubte in diesem Augenblick nicht, dass sein Opfer bereits im Sterben lag. Er war sich jedoch im Klaren darüber, dass er das Opfer durch die heftigen Stiche so schwer verletzt hatte, dass dieses ohne ärztliche Behandlung verbluten würde. Obwohl er nicht damit rechnete - was in Anbetracht der tiefen Nachtzeit, der menschenleeren Örtlichkeit und des Regenwetters auch nicht anzunehmen war -, dass dem Verletzten rechtzeitig Hilfe zuteil werden würde, fuhr er davon. Er tat dies, weil er wegen seiner Vorstrafen befürchtete, dass die Polizei ihm nicht glauben würde, und nahm dabei den Tod des P durch Verbluten billigend in Kauf.
Bei diesem Sachverhalt wäre auch eine Strafbarkeit des F wegen Totschlags durch Unterlassen nach §§ 212 I, 13 StGB zu prüfen gewesen. Problematisch ist insofern das Vorliegen einer Garantenstellung.
Da die ersten drei Stiche in Notwehr erfolgten, haben sie hier nach Ansicht des BGH zu keiner Garantenstellung geführt.[46] Denn das Bestehen einer Garantenstellung aus vorangegangenem Verhalten (Ingerenz) setzt jedenfalls eine Pflichtwidrigkeit voraus.[47] Die Verletzung eines Angreifers in Notwehr macht daher in der Regel den Angegriffenen nicht zum Garanten für das Leben des Angreifers, es sei denn, dass dieser zurechnungsunfähig oder sonst schuldlos ist, was hier nicht vorliegt.[48]
Die weiteren – pflichtwidrigen und zur Verurteilung wegen gefährlicher Körperverletzung führenden – letzten vier Stiche haben hier ebenfalls keine Garantenstellung begründet. Pflichtwidriges Vorverhalten begründet nämlich nur dann eine Garantenstellung, wenn es die nahe Gefahr des Eintritts des konkret untersuchten tatbestandsmäßigen Erfolges verursacht.[49] Die gefährliche Körperverletzung hat hier nicht die nahe Gefahr des Todes verursacht.

[46] Vgl. auch BGH, NJW 1987, 850.
[47] Vgl. insofern auch HILLENKAMP AT, 29. Problem.
[48] Vgl. auch BGH, MDR 1971, 59; BGHSt 23, 327, 328.
[49] Vgl. BGH, NStZ 1998, 83; BGH, StV 1998, 127, 128.

Eine Körperverletzung löst nur dann eine Garantenstellung aus, wenn sie einen gefahrerhöhenden Zustand bewirkt hat. Das ist hier nicht der Fall. Bei einem unrettbar tödlich Verletzten kann ein die Todesgefahr erhöhendes Tun nur dann bejaht werden, wenn hierdurch der Tod beschleunigt wurde. Diese Gefahr ist im vorliegenden Fall ausgeräumt, da die letzten vier Stiche für den Tod nicht einmal mitursächlich waren, d.h. diesen auch nicht beschleunigt haben.
Im Originalfall war schließlich eine Strafbarkeit wegen unterlassener Hilfeleistung gem. § 323c StGB zu prüfen. Dem steht nicht entgegen, dass der Tod des Opfers letztlich nicht abgewendet werden konnte. Denn auf die Erfolgsaussichten der Hilfeleistung kommt es grundsätzlich nicht an.[50] Regelmäßig schließt nur der sofortige Tod des Opfers die Erforderlichkeit der Hilfeleistung aus. Der Tod des Opfers ist hier nicht sofort eingetreten. Eine Strafbarkeit nach § 323c StGB wäre daher bei unterstelltem Vorsatz des F zu bejahen.

E. Zur Vertiefung

Zur Gegenwärtigkeit i.S.d. § 32 StGB

- HEMMER/WÜST, Strafrecht AT I, Rn. 204 ff.

Zu § 33 StGB

- HEMMER/WÜST, Strafrecht AT I, Rn. 475 ff.
- Zum Fall: BGH, NStZ 2000, 414 = Life&Law 2000, 810.

[50] Vgl. BGH, NStZ 1985, 409, 410.

Fall 7: Dicke Luft im Abendzug

Sachverhalt:

Chris (C), der in einem Vorort etwas außerhalb von Hamburg wohnt, ist auf die Benutzung eines Eilzugs angewiesen, der - wie beinahe immer - auch am Abend des Tattages so überfüllt war, dass C in der zweiten Wagenklasse keinen Sitzplatz mehr fand. Etliche Fahrgäste standen bereits auf den Gängen. C begab sich daher in die erste Wagenklasse und nahm in einem Abteil Platz, in dem am Fenster nur der Geschäftsreisende Emil (E) saß, der ebenfalls nur noch eine Fahrtstrecke von 20 Minuten vor sich hatte. C, der bereits nach Alkohol roch, öffnete eine mitgebrachte Dose Bier und machte es sich auf einem Platz an der Tür zum Gang bequem. E, der das Abteil für sich behalten wollte und sich durch die Anwesenheit des alkoholisierten C gestört fühlte, beschloss, den nur leicht bekleideten C hinauszuekeln. Er öffnete zu diesem Zweck das Fenster. C, der fror, stand sofort auf und schloss das Fenster wieder. Dieser Vorgang wiederholte sich etliche Male, bis C für den Fall, dass das Fenster erneut geöffnet würde, dem E Schläge androhte. E zog daraufhin ein Fahrtenmesser aus der Tasche und legte es geöffnet neben sich, in der Annahme, dies werde den C von Tätlichkeiten abhalten. Dann öffnete er erneut das Fenster und nahm wieder eine halbliegende Position ein, wobei er die Füße auf den gegenüberliegenden Sitz legte. C sprang erbost auf, um seine Drohung wahr zu machen, und beugte sich mit ausgestreckten Armen über den E, der dadurch keine Möglichkeit mehr hatte, aufzustehen. E griff daraufhin zu seinem Messer und stach C ungezielt in einer Aufwärtsbewegung acht bis zehn Zentimeter tief in den Oberbauch. In dem darauffolgenden Kampf kam es zu weiteren Verletzungen des C, der wiederholt um Hilfe rief. Schließlich griff ein Mitreisender ein und trennte die Kämpfenden. C verstarb kurze Zeit darauf an den Folgen der Bauchverletzung.

Bearbeitervermerk:

Prüfen Sie die Strafbarkeit des E.

A. Einordnung

Neben der bereits aus Fall 4 bekannten Abgrenzung dolus eventualis / bewusste Fahrlässigkeit wirft dieser Fall mehrere Probleme aus dem Bereich der Rechtfertigung auf. So ist zum einen zu untersuchen, ob das Notwehrrecht des § 32 StGB im Einzelfall auch die Tötung eines Menschen als letztes Verteidigungsmittel deckt. Weiter stellt sich die Frage, ob hier das Notwehrrecht des E unter dem Gesichtspunkt der Gebotenheit der Verteidigungshandlung auf Grund seines provozierenden Vorverhaltens Beschränkungen erfahren muss.

B. Gliederung

Strafbarkeit des E

I. Totschlag, § 212 I StGB

1. Objektiver Tatbestand (+)

2. Subjektiver Tatbestand

(P): **Abgrenzung dolus eventualis – bewusste Fahrlässigkeit**, <u>hier</u> nach allen Theorien: dolus eventualis (+)

3. Rechtswidrigkeit

a) Notwehrlage = gegenwärtiger und rechtswidriger Angriff (+)

b) Notwehrhandlung

aa) Erforderlichkeit

(P): Einsatz lebensgefährlicher und tödlicher Mittel, dennoch Notwehrrecht nicht per se ausgeschlossen

bb) Gebotenheit

(P): **Einschränkung des Notwehrrechts** des E unter sozialethischen Gesichtspunkten, <u>hier</u> wegen **provozierenden Vorverhaltens** (mehrfaches Öffnen des Fensters)

- Absichtsprovokation? (-)

- rechtswidriges Vorverhalten? (-)
- sozialethisch zu missbilligendes Vorverhalten? (+)

Folge: Beschränkung des § 32 StGB

⇨ **gestuftes Notwehrrecht Ausweichen – Schutzwehr – Trutzwehr**
hier: Tötung des C nicht geboten, da andere Möglichkeiten (Schutz mit den Händen, alarmierende Rufe in Richtung Mitreisender) nicht genutzt ⇨ § 32 StGB (-)

4. Schuld
§ 33 StGB? (-)
⇨ keine asthenischen Affekte

5. Zwischenergebnis: § 212 I StGB (+)

II. Beteiligung an einer Schlägerei, § 231 I StGB

1. Objektiver Tatbestand
(P): Schlägerei? i. Erg. (-)

2. Zwischenergebnis: § 231 I StGB (-)

III. Gesamtergebnis

C. Lösung

Strafbarkeit des E

I. Totschlag, § 212 I StGB

E könnte sich eines Totschlages gem. § 212 I StGB schuldig gemacht haben, indem er mit seinem Fahrtenmesser auf den C einstach.

1. Objektiver Tatbestand

Durch die Stiche mit dem Fahrtenmesser in den Oberbauch hat E kausal und objektiv zurechenbar den Tod des C herbeigeführt. Der objektive Tatbestand des Totschlages gem. § 212 I StGB ist erfüllt.

2. Subjektiver Tatbestand

Fraglich ist, ob E wenigstens mit bedingtem Tötungsvorsatz (dolus eventualis) gehandelt hat oder ob ein Fall bewusster Fahrlässigkeit vorliegt.[51]

Nach einer Ansicht setzt vorsätzliches Handeln des Täters lediglich ein Wissens-, nicht aber auch ein Willenselement voraus. Hiernach ist folglich die Abgrenzung zwischen bewusster Fahrlässigkeit und bedingtem Vorsatz einzig anhand dieses Wissenselementes vorzunehmen. Es ist darauf abzustellen, ob der Täter in der konkreten Situation die Möglichkeit des Erfolgseintritts erkannt hat (so die sog. **Möglichkeitstheorie**), bzw. ob der Täter den Erfolgseintritt für wahrscheinlich erachtet hat (so die sog. **Wahrscheinlichkeitstheorie**).

Ausgehend von der beengten Lage, in der sich der E befand, könnte angenommen werden, dass dieser sich lediglich von der Bedrohung durch den C befreien wollte, ohne sich konkrete Gedanken über die möglichen Folgen des Messerstiches zu machen. Auf der anderen Seite war der ungezielte, 8-10 cm tiefe Stich mit dem Fahrtenmesser in den Oberbauch des C von extremer Gefährlichkeit, so dass einiges dafür spricht, dass E die Möglichkeit des Erfolgseintritts erkannt und für wahrscheinlich erachtet hat. Nach dieser Ansicht wäre also von einem Vorsatz auszugehen.

Nach der von der h.M. und der Rechtsprechung vertretenen **Einwilligungs- oder Billigungslehre** weist der bedingte Vorsatz neben dem Wissens- auch ein Willenselement auf. Vorsatz ist hiernach Wissen und Wollen der Tatbestandsverwirklichung. Der Täter muss den Eintritt des Erfolges für möglich gehalten und sich mit ihm abgefunden haben, er muss den Erfolg billigend in Kauf genommen haben, wobei der BGH bei Tötungsdelikten in ständiger Rechtsprechung von einer besonders hohen Hemmschwelle ausgeht. Bewusste Fahrlässigkeit ist dagegen anzunehmen, wenn der Täter darauf vertraut hat, dass alles gut gehen wird und dass er den Erfolgseintritt vermeiden kann.

Dieser Ansicht ist zu folgen, da nur auf ihrer Grundlage eine überzeugende Abgrenzung des Eventualvorsatzes von der bewussten Fahrlässigkeit vorgenommen werden kann.

Wichtigstes Indiz für die Rechtsprechung im Hinblick auf die Frage, ob der Täter sich mit dem Erfolgseintritt abgefunden hat, ob also ein Billigen im Rechtssinne vorliegt, ist die objektive Gefährlichkeit der Handlung.

---

[51] Vgl. zu dieser Abgrenzung auch nochmals oben Fall 4 und HILLENKAMP AT, 1. Problem.

Je gefährlicher die vorgenommene Handlung ist, desto näher liegt der Schluss auf einen bedingten Tötungsvorsatz, sofern keine besonderen Umstände vorliegen, die eine abweichende Beurteilung des Geschehens rechtfertigten. Das Zufügen eines 8-10 cm tiefen Stiches im Rahmen einer Aufwärtsbewegung in den Oberbauch des Opfers weist eine extrem hohe Gefährlichkeit auf. Auf Grund der Tiefe des Stiches ist von einem enorm wuchtigen Vorgehen des Täters auszugehen, bei dem die schwerwiegende Verletzung innerer Organe und ein großer Blutverlust nahe liegen. Mangels anderweitiger Anhaltspunkte ist daher davon auszugehen, dass E sich hier mit einer tödlichen Verletzung des C abgefunden hat. Auch nach dieser Ansicht ist somit ein bedingter Vorsatz des E zu bejahen.

Auch der subjektive Tatbestand des § 212 I StGB ist erfüllt.

hemmer-Methode: Mit guter Argumentation ließe sich hier auch bewusste Fahrlässigkeit vertreten. Anders als in der Praxis gilt i.R.d. Klausur: entscheidend ist nicht so sehr das Ergebnis, sondern vielmehr Ihr Aufbau, Ihre Struktur und die Qualität Ihrer Argumentation.

3. Rechtswidrigkeit

Fraglich ist, ob die Tötung des C rechtswidrig war. Das Verhalten könnte durch Notwehr gem. § 32 StGB gerechtfertigt sein.

a) Notwehrlage

Zunächst müsste eine Notwehrlage vorliegen. Hierunter versteht das Gesetz einen gegenwärtigen und rechtswidrigen Angriff.

Zu dem Zeitpunkt, als E dem C mit dem Fahrtenmesser die tiefe Stichverletzung im Bereich des Oberbauchs zufügte, hatte C sich gerade angeschickt, dem E die angedrohten Schläge zu verabreichen. In diesem Verhalten ist eine der Rechtsordnung zuwiderlaufende, durch menschliches Verhalten drohende Verletzung der rechtlich geschützten Individualrechtsgüter des E zu sehen, die bereits begonnen hatte und noch andauerte, mithin also gegenwärtig war.

Eine Notwehrlage war somit gegeben.

b) Notwehrhandlung

Zu prüfen ist weiter, ob die Notwehrhandlung des E, der 8-10 cm tiefe Stich in den Bereich des Oberbauchs des C, auch erforderlich und geboten war.

aa) Erforderlichkeit

Fraglich ist zunächst, ob die Verteidigungshandlung des E **erforderlich** war. Die Erforderlichkeit wird maßgeblich durch Art und Maß des Angriffs bestimmt. Grundsätzlich darf sich der Angegriffene sämtlicher Mittel zur Abwehr bedienen, die er zur Hand hat und die zur sofortigen und endgültigen Beseitigung des Angriffs geeignet sind. Stehen dem Verteidigenden allerdings in der konkreten Situation nach einem objektiven Urteil aus ex ante Sicht mehrere gleich geeignete und gleich effektive Mittel zur Verfügung und hat er Zeit zur Auswahl und zur Einschätzung der unterschiedlichen Gefährlichkeit der einzelnen Mittel, so muss er dasjenige auswählen, das für den Angreifer am wenigsten gefährlich ist, also dessen Rechtsgüter am meisten schont.[52]

Damit ist aber auch der **Einsatz lebensgefährlicher und tödlicher Mittel nicht per se ausgeschlossen**. Zwar kann die Tötung des Angreifers nach den eben dargestellten Grundsätzen nur in Ausnahmefällen in Betracht kommen und darf nur das letzte Mittel (ultima ratio Prinzip) der Verteidigung sein.

Doch zwingt das Notwehrrecht des § 32 StGB den Angegriffenen nicht dazu, auf die Anwendung eines für den Angreifer weniger gefährlichen Verteidigungsmittels zurückzugreifen, wenn deren Wirkung für das Gelingen der Abwehr zweifelhaft ist. Auf einen Kampf mit ungewissem Ausgang muss er sich nicht einlassen.[53]

Zusätzlich ist zu beachten, dass § 32 StGB anders als § 34 StGB **keine Güterabwägung** voraussetzt. Insofern kann also auch die Tötung eines anderen Menschen im Einzelfall gerechtfertigt sein.

---

52 Vgl. LACKNER/ KÜHL, § 32 Rn. 9 ff.; TRÖNDLE/ FISCHER, § 32 Rn. 16 ff.

53 Vgl. BGH, NStZ 1998, 508.

Schließlich scheitert die Erforderlichkeit jedenfalls nicht daran, dass der Angegriffene die Möglichkeit hat, sich dem Angriff durch Flucht zu entziehen. § 32 StGB liegt neben dem Individualschutz der überindividuelle Grundgedanke zu Grunde, dass **das Recht dem Unrecht nicht zu weichen braucht**. Eine schimpfliche Flucht ist dem Verteidigenden nicht zuzumuten.[54]

hemmer-Methode: Machen Sie sich nochmals die beiden Schutzgedanken – Individualgüterschutz und Rechtsbewährungsprinzip – bewusst, die nach der dualistischen Notwehrkonzeption hinter § 32 StGB stehen. Nützen Sie den Sinn und Zweck einer Vorschrift als Argumentationsmaterial bei Ihrer Auslegung.

Nach alledem ist der Einsatz des Fahrtenmessers durch den E noch als erforderliche Verteidigung anzusehen. Zwar wird teilweise gefordert, dass der Einsatz einer lebensgefährlichen Waffe zuvor angekündigt werden muss, insbesondere wenn der Angreifer von deren Vorhandensein nichts weiß und selbst unbewaffnet ist. Um dem Notwehrrecht die ihm eigene Effektivität und Schärfe nicht zu nehmen, kann dies aber nur dann gelten, wenn es nach der konkreten Kampflage im Einzelfall möglich ist.[55] Im vorliegenden Fall hatte E auf Grund seiner ungünstigen Position unterhalb des C keine Möglichkeit, sich anderweitig, etwa mit Faustschlägen, angemessen zu verteidigen.

Auch bargen weniger einschneidende Stiche (z.B. in Arme und Beine) bei dem sichtlich gewaltbereiten C die Gefahr eines weitergehenden Kampfes. Die Notwehrhandlung des E war also erforderlich.

bb) Gebotenheit

Die Notwehrhandlung des E müsste weiter auch **geboten** gewesen sein. In der Regel wird die Gebotenheit durch die Erforderlichkeit der Notwehrhandlung indiziert.

An der Gebotenheit fehlt es nur, wenn von dem Angegriffenen **unter sozialethischen oder übergeordneten rechtlichen Gesichtspunkten** ein anderes Verhalten zu fordern und ihm zuzumuten ist, insbesondere wenn die Verteidigung **rechtsmissbräuchlich** wäre.[56] Eine der Fallgruppen, in denen Rechtsprechung und h.L. eine solche Einschränkung des Notwehrrechts über das Merkmal der Gebotenheit diskutieren, ist die der Notwehrprovokation.

hemmer-Methode: Prägen Sie sich die Fallgruppen ein, in denen Sie die **Gebotenheit der Notwehrhandlung** besonders ansprechen müssen:

1. Fälle, in denen die Folgen der Verteidigung in ganz **krassem Missverhältnis** zum durch den Angriff drohenden Schaden stehen.
2. **Ungezielte Angriffe von Kindern** oder sonst ersichtlich schuldlos Handelnden.
3. Angriffe von Personen mit **enger familiärer Beziehung.**
4. **Provokationsfälle.**

An dieser Stelle ist zu differenzieren: Hat der Angegriffene die Notwehrlage herbeigeführt, um den Angreifer unter dem Deckmantel der Notwehr zu verletzen (sog. **Absichtsprovokation**), so muss er dem Angriff ausweichen, eine weitere Verteidigung ist hier nach allgemeiner Ansicht nicht zulässig.[57]

hemmer-Methode: Zum Teil wird bei der Absichtsprovokation schon das Vorliegen des Verteidigungswillens verneint. Aber das ist sehr fraglich, denn auch derjenige, der einen anderen absichtlich provoziert, will zumindest auch „die eigene Haut retten". Nach dem Ansatz der actio illicita in causa ist deshalb auf die Provokationshandlung als wesentlicher Teil abzustellen: Zu diesem Zeitpunkt fehlte jedenfalls ein Verteidigungswille, so dass eine Rechtfertigung gemäß § 32 StGB bei der Absichtsprovokation ausscheiden muss.[58]

---

54 WESSELS/ BEULKE, Rn. 339.

55 BGH, NStZ 2002, 140; TRÖNDLE/ FISCHER, § 32 Rn. 16d.

56 Vgl. LACKNER/ KÜHL, § 32 Rn. 13 ff.; TRÖNDLE/ FISCHER, § 32 Rn. 18 ff.

57 Vgl. hierzu HILLENKAMP AT, 2. Problem.

58 Ausführlich und sehr lesenswert zu den sozialethischen Einschränkungen des Notwehr-

Nach h.M. bedarf es einer solchen Konstruktion nicht. I.R.d. Gebotenheit (als „normativer Filter") kann die Notwehrprovokation als Sonderkonstellation sachgerecht „verortet" werden.

Hat der Angegriffene die **Notwehrlage dagegen nicht absichtlich, aber sonst rechtswidrig oder vorwerfbar verursacht**, so muss er sich besondere Zurückhaltung bei der Verteidigung auferlegen. Es ist ihm zuzumuten, dem Angriff nach Möglichkeit auszuweichen oder auf fremde Hilfe zurückzugreifen. Bei besonders gewichtigem, provozierendem Verhalten kann er verpflichtet sein, Risiken, die mit einem weniger gefährlichen Abwehrmittel verbunden sind, auf sich zu nehmen. In dieser Konstellation aber ist der Rechtfertigungsgrund des § 32 StGB nicht gänzlich ausgeschlossen; vielmehr bleibt ein **gestuftes Notwehrrecht** bestehen. Gestuft in diesem Sinne bedeutet, dass sich der Verteidigende strikt an die Reihenfolge Ausweichen – Schutzwehr – Trutzwehr zu halten hat und zur nächsten Stufe jeweils nur dann übergehen darf, wenn die Stufe zuvor offensichtlich nicht ausreicht, um den Angriff niederzuschlagen.

hemmer-Methode: Als Faustregel sollte man sich merken, dass eine Einschränkung des Notwehrrechts vor allem dann zu diskutieren ist, wenn das angewandte Gegenmittel von einer anderen Qualität ist als das Angriffsmittel.[59] Das gerade ist vorliegend der Fall: Der Angriff von Seiten des C mit den Händen wird von E mit einem Fahrtenmesser abgewehrt.

Im vorliegenden Fall ist eine Absichtsprovokation des E zu verneinen. Auch kann sein Vorverhalten hier nicht als rechtswidrig eingestuft werden.[60] Gleichwohl ist es **sozialethisch zu beanstanden**.

E hatte kein Recht und mit Rücksicht auf die verbleibende Reisezeit von wenigen Minuten keinen verständlichen Anlass, seinen Mitreisenden durch die Zufuhr kalter Luft aus dem Abteil hinauszuekeln. Unter diesen Umständen drückte das wiederholte Öffnen des Fensters eine Missachtung des C aus, die ihrem Gewicht nach einer schweren Beleidigung gleichkam, auch wenn der alkoholisierte C durch sein Verhalten seinerseits Anlass für den Ärger des E gegeben hatte.[61] Zwar durfte C als Reaktion auf das Öffnen des Fensters keinesfalls Gewalt anwenden, was aber nicht besagt, dass das Vorverhalten des E bei der Beurteilung, ob seine Verteidigungshandlung als geboten anzusehen ist, nicht zu berücksichtigen wäre.

Welches Maß der Beschränkung der Verteidigung von dem Provokateur zu verlangen ist, hängt von den Umständen des Einzelfalls ab. Dabei sind die Beschränkungen um so geringer, je schwerer das Übel ist, das von dem Angriff droht. Nach dem Sachverhalt drohten dem E Gewalttätigkeiten in Form von Faustschlägen, für eine tödliche Bedrohung des E durch den Angriff des C enthält der Sachverhalt keine Anhaltspunkte. Zwar war E aufgrund seiner liegenden Haltung unter dem C in seiner Verteidigung behindert, da er so nicht in der Lage war, seinerseits mit Faustschlägen zu erwidern. Es war ihm jedoch nicht unmöglich, sich mit den Händen zu schützen.

Auch hätte er zumindest versuchen müssen, den durch den Alkohol ohnehin beeinträchtigten C durch Fußtritte aus dem Gleichgewicht zu bringen. Auch Hilferufe wären geeignet gewesen, die im Zug zahlreich anwesenden Mitreisenden zu alarmieren und auf diese Weise mäßigend auf C einzuwirken. Nach alledem war der lebensgefährliche und im Ergebnis tödliche Einsatz des Fahrtenmessers nicht mehr von dem Notwehrrecht des E gedeckt, so dass die Tat auch rechtswidrig war.

hemmer-Methode: Auf das Vorliegen eines Verteidigungswillens kommt es hier also nicht mehr an.

---

rechts, insbesondere zur Behandlung der Notwehrprovokation: KÜHL, Jura 1990, 244 ff., Jura 1991, 57 ff. und 175 ff.

59 Lesenswert in diesem Zusammenhang BayObLG, NStZ-RR 1999, 9.

60 Vgl. insofern krit. KÜHL, StV 1997, 298f.

61 Vgl. BGH, StV 1997, 297f.

4. Schuld

E hat schuldhaft gehandelt. Für einen entschuldigenden Notwehrexzess nach § 33 StGB, dessen generelle Anwendung nach h.M. nicht schon durch ein rechtlich zu missbilligendes, provozierendes Vorverhalten ausgeschlossen wird[62], gibt der Sachverhalt nichts her. Das Handeln des E wurde durch asthenische Affekte im Sinne dieser Vorschrift nicht bestimmt.

5. Zwischenergebnis

E hat sich wegen Totschlages nach § 212 I StGB strafbar gemacht.

II. Beteiligung an einer Schlägerei, § 231 I StGB

Zu prüfen ist ferner eine Strafbarkeit nach § 231 I StGB wegen Beteiligung an einer Schlägerei

1. Objektiver Tatbestand

Zunächst müsste eine Schlägerei i.S.d. § 231 I StGB vorliegen. Schlägerei ist ein mit gegenseitigen Körperverletzungen verbundener Streit, an dem mindestens drei Personen aktiv mitwirken.[63]

Aus einem Kampf zwischen zwei Personen wie hier kann zwar im Einzelfall eine Schlägerei werden, wenn die beiden Streitenden bei Eingreifen eines Dritten die Kampfhandlungen fortsetzen, obwohl sie davon absehen könnten. Vorliegend hat jedoch das Eingreifen des Mitreisenden gerade zur Beendigung des Kampfes geführt, so dass eine Schlägerei i.S.d. § 231 I StGB zu keinem Zeitpunkt vorlag.

Damit ist bereits der objektive Tatbestand des § 231 I StGB nicht erfüllt.

hemmer-Methode: Wenn man in der Klausur denkbare „Exoten“-Tatbestände kurz anprüft, wird dies in aller Regel positiv honoriert.

Man sollte sich allerdings davor hüten, zu viele offensichtlich nicht einschlägige Delikte in der Klausur anzusprechen, da der Korrektor dies dann häufig als abwegig einstufen wird.

Eine Körperverletzung (§ 223 StGB) sollte hier nicht extra geprüft werden, da sie nach mittlerweile wohl allgemeiner Auffassung im Totschlag als notwendiges Durchgangsstadium enthalten ist.

2. Zwischenergebnis

E hat sich nicht gem. § 231 I StGB strafbar gemacht.

III. Gesamtergebnis

E ist des Totschlages gem. § 212 I StGB schuldig.

D. Zusammenfassung

Sound: Erforderlichkeit i.S.d. § 32 StGB. Sozialethische Beschränkung des Notwehrrechts bei provozierendem Vorverhalten. Schlägerei (§ 231 I StGB).

Die Notwehrhandlung des Angegriffenen i.S.d. § 32 StGB muss erforderlich sein, d.h. sie muss zur schnellstmöglichen, effektiven und nachhaltigen Abwehr des Angriffs geeignet sein. Kommen insofern aus objektiver ex ante Sicht mehrere Verteidigungsmittel in Betracht, so ist nur diejenige Verteidigungshandlung erforderlich, die sich des mildesten, zur Verfügung stehenden Gegenmittels bedient. Nach diesen Grundsätzen kann im Einzelfall auch die Tötung des Angreifers als ultima ratio gerechtfertigt sein.

Das Tatbestandsmerkmal der Gebotenheit in § 32 StGB zwingt zu einer sozialethischen Beschränkung des Notwehrrechts in Fällen der Notwehrprovokation.

---

62 Vgl. WESSELS/ BEULKE, Rn. 446; KÜHL AT, § 12 Rn. 151ff.

63 Vgl. BGHSt 31, 124.

Während bei einer Absichtsprovokation des später Angegriffenen die Berufung auf den Rechtfertigungsgrund des § 32 StGB gänzlich ausgeschlossen ist, besteht bei nicht absichtlich, aber sonst vorwerfbarem Vorverhalten ein gestuftes Notwehrrecht (Ausweichen – Schutzwehr – Trutzwehr).

Schlägerei i.S.d. § 231 I StGB ist ein mit gegenseitigen Körperverletzungen verbundener Streit, an dem mindestens drei Personen aktiv mitwirken.

E. Zur Vertiefung

Zur Erforderlichkeit i.S.d. § 32 StGB

- HEMMER/WÜST, Strafrecht AT I, Rn. 216 ff.

Zur Notwehrprovokation

- HEMMER/WÜST, Strafrecht AT I, Rn. 230 ff.
- Zum Fall: BGH StV 1997, 296 mit Anmerkungen KÜHL StV 1997, 228 f. (sehr lesenswert!); LESCH JA 1996, 833; KRACK JR 1996, 468.

Aktuelle Rechtsprechung

- Hat eine notwehrausübende Person den Angriff in vorwerfbarer Weise verursacht, kann sein Notwehrrecht eingeschränkt sein. Im Rahmen dieser Einschränkung sind allerdings in unmittelbar zeitlichem Zusammenhang stehende Vorprovokationen des Angreifers und sonstige Umstände des Einzelfalles in einer umfassenden Gesamtschau zu berücksichtigen. BGH vom 03.06.2009, 2 StR 163/09 = Life&Law 2009, 834 ff.
- Erforderlichkeit der Verteidigungshandlung i.R.d. Notwehr: Der Angegriffene darf sich grundsätzlich des Abwehrmittels bedienen, das er zur Hand hat und dessen Einsatz eine sofortige Beseitigung der Gefahr erwarten lässt. Allerdings muss regelmäßig die Verwendung einer Waffe vorher angedroht werden, wenn dies nach der Kampflage möglich ist. BGH NStZ 2004, 615 f. = Life&Law 2005, 103 ff.
- Zur Gebotenheit i.S.d. Notwehrrechts BGH, NStZ-RR 2002, 203 = Life&Law 2003, 29.

Fall 8: Der Teleskoptotschläger im Wald

Sachverhalt:

Gustav (G) erlitt bei einer Schlägerei erhebliche Verletzungen am linken Bein, an deren Folgen er noch im Zeitpunkt der späteren Tat in Form von Schmerzen und Bewegungseinschränkungen litt. Für diese Verletzungen hielt er das spätere Tatopfer Martin (M) für verantwortlich, an dem er sich dadurch rächen wollte, dass dieser ebenfalls verletzt werden sollte, und zwar mit denselben Folgen, wie er sie auch erlitten hatte. Dabei verfolgte er den Plan, dem M die beabsichtigten Verletzungen an den Beinen durch einen Schrotschuss beibringen zu lassen.

Zur Durchführung des Anschlages konnte er seinen Freund Christoph (C) gewinnen. Als dem C das spätere Opfer gezeigt wurde, erkannte dieser, dass M bei dem geplanten Angriff ein standfester und gefährlicher Gegner sein würde. G hatte zur Durchführung der Tat eine Schrot-Doppelflinte mit abgesägten Läufen erworben. Am Tattag holte G den C von dessen Wohnung ab. Dieser steckte die Waffe, die er zuvor mit zwei Schrotpatronen geladen hatte, mit den Läufen nach unten und mit zusätzlichen Schrotpatronen in seine Jacke. Entsprechend dem gefassten Tatplan lockte C den M unter dem Vorwand eines illegalen Zigarettengeschäftes zu einem Treffpunkt in der Nähe eines Waldrandes. Beide begaben sich ohne Begleiter zu dem Treffpunkt. C hielt die geladene Schrotflinte unter der Jacke verborgen, M hatte einen Teleskoptotschläger bei sich. C führte M in den Wald, M befand sich etwas hinter dem C. C entschloss sich nun, zum Zweck der Durchführung seines Tatplans dem M zunächst einen unerwarteten, schweren Faustschlag zu versetzen und ihn so zu Fall zu bringen. Danach wollte er ihm mit der Schrotflinte in das Knie schießen.

Er setzte deshalb mit geballter Faust zu einer schnellen, schlagartigen Drehung an. Um den gegen ihn gerichteten Angriff zu stoppen, versetzte M dem C mit dem Teleskoptotschläger einen wuchtigen, schweren Schlag auf den Kopf, der diesen auf den Schädel traf und eine sofort stark blutende Wunde verursachte. C wurde von diesem Schlag völlig überrascht, kam zu Fall und blieb auf dem Rücken liegen. Unmittelbar danach sah er M mit dem Teleskoptotschläger in der Hand erneut zum Schlag ausholen. Dieser sagte zu C: „Du Schwein, dich bring ich um". In Todesangst zog C nun die Schrotflinte aus seiner Jacke. M versuchte vergeblich, diese wegzutreten, was ihm nicht gelang. C nahm die Waffe in beide Hände, drückte ab und traf M aus einer Entfernung von ca. 30 cm in die Brust. M verstarb noch am Tatort.

Bearbeitervermerk:

Prüfen Sie die Strafbarkeit des C.

A. Einordnung

Der vorstehende Fall ist einer aktuellen Entscheidung des BGH nachgebildet. Er wirft viele Fragen aus dem Allgemeinen Teil des StGB auf, so unter anderem die Einschränkung des Notwehrrechts im Falle der Notwehrprovokation, Probleme aus dem Bereich des Fahrlässigkeitsdeliktes und Fragen zur Unterbrechung des Ursachen- und Zurechnungszusammenhanges.

B. Gliederung

Erster Tatkomplex –
Der Schuss mit der Schrotflinte

I. Totschlag gem. § 212 I StGB (durch den Schuss)

1. Objektiver Tatbestand

2. Subjektiver Tatbestand

(P): hohe Hemmschwelle bei Tötungsdelikten, dennoch hier im Ergebnis (+)

3. Rechtswidrigkeit, § 32 StGB?

a) Notwehrlage
gegenwärtiger und rechtswidriger Angriff (+)

b) Notwehrhandlung

aa) Erforderlichkeit

(P): Tödlicher Schusswaffeneinsatz erforderlich, i. Erg. hier (+)

bb) Gebotenheit

(P): Sozialethische Beschränkung des Notwehrrechts auf Grund schuldhaft provozierter Notwehrlage, i. Erg. Gebotenheit dennoch (+)

c) Subjektives Rechtfertigungselement (Verteidigungswille) (+)

d) Ergebnis: § 32 StGB (+)
⇨ § 212 I StGB (-)

II. Körperverletzung, § 223 I StGB (durch den Schuss)

(-), wegen § 32 StGB

Zweiter Tatkomplex – Der Überfall auf M

I. Versuchter Totschlag, §§ 212 I, 22, 23 I StGB

(-), zur Zeit des Faustschlages kein Tötungsvorsatz des C

II. Versuchte, schwere Körperverletzung, §§ 223 I, 226 I Nr. 2, 22, 23 I StGB

1. Vorprüfung
keine Vollendung, Strafbarkeit des Versuchs

2. Tatentschluss (+)

3. Unmittelbares Ansetzen (+)

4. Rechtswidrigkeit und Schuld

5. Rücktritt, § 24 StGB (-)

6. Ergebnis: §§ 223 I, 226 I Nr. 2, 22, 23 I StGB (+)

III. Fahrlässige Tötung, § 222 StGB

1. Unrechtstatbestand

(P): Möglichkeit einer Bestrafung nach § 222 StGB, obwohl der letztlich zum Tode führende Schuss des C durch Notwehr gem. § 32 StGB gerechtfertigt war ⇨ nach BGH (+)

(P): Unterbrechung des Zurechnungszusammenhangs durch Schlag des M mit dem Teleskoptotschläger?
i. Erg. hier (-)

2. Rechtswidrigkeit

3. Schuld

4. Ergebnis: § 222 StGB (+)

IV. Konkurrenzen: § 52 StGB

C. Lösung

Strafbarkeit des C

Erster Tatkomplex – Der Schuss mit der Schrotflinte

I. Totschlag gem. § 212 I StGB (durch den Schuss)

C könnte sich zunächst wegen Totschlages gem. § 212 I StGB strafbar gemacht haben, indem er mit der Schrotflinte auf den M schoss.

1. Objektiver Tatbestand

C hat den M durch den Schuss mit der Schrotflinte kausal und in objektiv zurechenbarer Weise getötet.

hemmer-Methode: In einer Klausur wäre es denkbar, hier auch einen Mord des C anzuprüfen. Allerdings enthält der Sachverhalt keine Hinweise auf eine mögliche Entlohnung des C, so dass Habgier (§ 211 II, Gruppe 1, 3.Var. StGB) nicht angenommen werden kann. Schließlich wäre auch eine heimtückische Tötung des C gem. § 211 II, Gruppe 2, 1.Var. StGB zu verneinen, da M anlässlich des Grundes und der Umstände des Treffens im Wald wohl schon nicht als arglos, jedenfalls aber nicht als wehrlos angesehen werden kann.

2. Subjektiver Tatbestand

Fraglich ist, ob C mit dem erforderlichen zumindest bedingten Tötungsvorsatz gehandelt hat. Dies könnte insofern zweifelhaft sein, als er ursprünglich den M nur verletzen, nicht aber töten wollte. Auch ist zu berücksichtigen, dass nach der Rechtsprechung von einer besonders hohen Hemmschwelle auszugehen ist, die der Täter bei der Tötung eines Menschen überwinden muss.

Allerdings muss vorliegend angenommen werden, dass C, als er aus einer Entfernung von 30 cm mit einer Schrotflinte auf den Oberkörper des M schoss, es erkannte und auch billigte, den M – mag ihm das auch unerwünscht gewesen sein – zu töten.

Eventualvorsatz ist damit zu bejahen. Der subjektive Tatbestand ist erfüllt.

3. Rechtswidrigkeit

Fraglich ist, ob die Tötung des M durch den Schuss des C rechtswidrig war. C könnte insofern durch Notwehr gem. § 32 StGB gerechtfertigt sein.

a) Notwehrlage

Zunächst müsste aus der Sicht des C eine Notwehrlage, also ein gegenwärtiger und rechtswidriger Angriff vorgelegen haben.

Abzustellen ist hierbei auf den Zeitpunkt, in dem M mit dem erhobenen Teleskoptotschläger und den Worten „Du Schwein, Dich bring ich um“ auf den unmittelbar vor ihm am Boden auf dem Rücken liegenden C zustürzte. In diesem Vorgehen des M ist ein gegenwärtiger Angriff zu sehen. Dieser war auch rechtswidrig, denn er erfolgte erst, nachdem M seine rechtmäßige Notwehrhandlung gegen den Faustschlag des C abgeschlossen hatte und nun seinerseits auf Grund eines neuen Tatentschlusses nicht mehr in Verteidigungs-, sondern ausschließlich in Angriffsabsicht gegen C vorging.

Eine Notwehrlage ist damit zu bejahen.

hemmer-Methode: Lassen Sie sich nicht verwirren. Unter dem Prüfungspunkt Rechtswidrigkeit des Angriffs ist vielfach in der Klausur eine sog. Schachtel- oder Inzidentprüfung vorzunehmen. So musste hier kurz der Frage nachgegangen werden, ob nicht M gerechtfertigt gehandelt hat, was dann zur Folge gehabt hätte, dass aus Sicht des C keine Notwehrlage bestanden hätte.

b) Notwehrhandlung

aa) Erforderlichkeit

Die Notwehrhandlung des C, der tödliche Schuss mit der Schrotflinte, müsste zur sicheren Abwendung des Angriffs geeignet und erforderlich gewesen sein. An der Geeignetheit bestehen vorliegend keine Zweifel. Ob eine Verteidigungshandlung i.S.d. § 32 StGB erforderlich ist, hängt im Wesentlichen von Art und Maß des Angriffs ab. Grundsätzlich darf der Angegriffene das für ihn erreichbare Abwehrmittel wählen, das eine sofortige und endgültige Beseitigung der Gefahr erwarten lässt.[64] Demgemäss ist auch der Einsatz einer Schusswaffe nicht von vorneherein unzulässig. Er kann aber nur das letzte Mittel sein. In der Regel ist der Angegriffene gehalten, den Gebrauch der Waffe zunächst verbal anzudrohen oder, sofern dies nicht ausreicht, wenn möglich, vor dem tödlichen Schuss einen weniger gefährlichen Waffeneinsatz (Warnschuss, Beinschuss) zu versuchen. Vorliegend hatte M bereits zu einem neuerlichen Schlag mit dem Teleskoptotschläger ausgeholt und somit seinen Willen, C umzubringen zum Ausdruck gebracht. C blieb daher keine Zeit mehr, den Einsatz der Schusswaffe nur anzudrohen oder einen Warnschuss abzugeben. Der tödliche Schuss war mithin erforderlich.

bb) Gebotenheit

Ferner müsste die Notwehrhandlung des C geboten gewesen sein. Eine sozialethische Beschränkung des Notwehrrechts könnte sich hier unter dem Gesichtspunkt des provozierten Angriffs ergeben.

---

64 Vgl. BGH, NStZ 1996, 29.

Im Fall einer Absichtsprovokation[65] wäre das Notwehrrecht des C nach h.M. in vollem Umfang ausgeschlossen. Eine Absichtsprovokation begeht, wer zielstrebig einen Angriff herausfordert, um den Gegner unter dem Deckmantel der äußerlich gegebenen Notwehrlage an seinen Rechtsgütern zu verletzen. Ein solchermaßen vorgehender Täter handelt rechtsmissbräuchlich, da er einen Verteidigungswillen vortäuscht, obwohl er in Wirklichkeit angreifen will. Der Sachverhalt enthält hier allerdings keine Hinweise, dass sich C bewusst in eine Notwehrlage hineinbegeben wollte, um dann mit seiner Waffe anzugreifen. Dass angesichts der körperlichen Überlegenheit des M eine solche Situation entstehen könnte und für C auch nicht unvorhersehbar war, reicht für eine Absichtsprovokation nicht aus.

Es liegt damit die Konstellation einer nur fahrlässig oder leichtfertig provozierten Notwehrlage vor. In solchen Fällen darf ein Täter nach h.M. von seinem Notwehrrecht zwar nicht schrankenlos Gebrauch machen und sofort ein lebensgefährliches Mittel einsetzen. Vielmehr muss er hier zunächst dem Angriff nach Möglichkeit ausweichen und darf zur Trutzwehr mit einer lebensgefährlichen Waffe erst dann greifen, nachdem er alle Möglichkeiten der defensiven Schutzwehr ausgenutzt hat. Kann der Täter aber im Einzelfall dem Angriff nicht ausweichen oder auch nicht über ein Ausweichen zum Einsatz eines weniger gefährlichen Verteidigungsmittels gelangen, so liegt auch im Fall einer zwar nicht absichtlichen, aber doch verschuldeten Provokation eine rechtsmissbräuchliche Verteidigung nicht vor.

Dabei werden an den Täter, der sich auf Notwehr berufen will, umso höhere Anforderungen in Hinblick auf die Vermeidung gefährlicher Konstellationen gestellt, je schwerer die rechtswidrige und vorwerfbare Provokation der Notwehrlage wiegt. Wer unter erschwerenden Umständen eine Notwehrlage provoziert hat, muss unter Umständen auf eine sichere und erfolgversprechende Verteidigung verzichten und das Risiko hinnehmen, dass ein minder gefährliches Abwehrmittel keine gleichwertigen Erfolgschancen hat.

Diese Grundsätze zur Einschränkung des Notwehrrechts kommen jedoch dann nicht zur Anwendung, wenn die Notwehrhandlung das einzige Mittel ist, um einen möglicherweise oder sogar wahrscheinlich tödlichen Angriff abzuwenden, weil kein milderes Mittel zur Verfügung steht.

Nachdem C bereits am Kopf verletzt und blutend am Boden lag, M sich mit einer Todesdrohung und mit dem zum Schlag erhobenen Teleskoptotschläger auf ihn stürzte und sich nur noch in geringem Abstand zu C befand, war ein Weglaufen nicht mehr möglich. Auch wäre eine Drohung mit Worten oder das Vorhalten der Schrotflinte mit Sicherheit wirkungslos gewesen. Als einzige Abwehrmaßnahme blieb C somit nur noch die schnelle Abgabe eines notwendigerweise unkontrollierten Schusses, weil der Oberkörper des Angreifers zu diesem Zeitpunkt nur noch 30 cm von der Schusswaffe des C entfernt war.

Der tödliche Schuss des C war damit geboten.

hemmer-Methode: Eine andere Ansicht war hier bei entsprechend gründlicher Auseinandersetzung mit dem Sachverhalt gut vertretbar.

c) Subjektives Rechtfertigungselement

C müsste ferner mit Verteidigungswillen gehandelt haben. Dass er seinerseits unmittelbar vor dem Schlag des M selbst zu einem Faustschlag angesetzt hatte, ist unbeachtlich, weil er sich nach einer zeitlichen Zäsur dem auf Grund eines neuen Entschlusses gefassten Angriff des M unvermittelt gegenüber sah. Als C daraufhin den tödlichen Schuss abgab, handelte er zur Abwehr dieses, sein eigenes Leben bedrohenden Angriffs.

d) Ergebnis

C ist nicht wegen Totschlages gem. § 212 I StGB strafbar. Sein Handeln ist durch Notwehr gem. § 32 StGB gerechtfertigt.

---

[65] Vgl. hierzu HILLENKAMP AT, 2. Problem.

II. Körperverletzung, § 223 I StGB (durch den Schuss)

In Hinblick auf die Abgabe des Schusses scheidet damit auch die Strafbarkeit des C wegen eines Körperverletzungsdeliktes nach §§ 223 ff. StGB aus, da C sich auch insofern auf den Rechtfertigungsgrund des § 32 StGB berufen kann.

Zweiter Tatkomplex – Der Überfall auf M

Nachdem C hinsichtlich der Abgabe des tödlichen Schusses nach § 32 StGB gerechtfertigt ist, kann sich eine Strafbarkeit nur aus den, dem tödlichen Schuss vorangehenden Handlungen ergeben.

I. Versuchter Totschlag, §§ 212 I, 22, 23 I StGB

Insofern kommt zunächst ein versuchter Totschlag gem. §§ 212 I, 22, 23 I StGB in Betracht.

Allerdings handelte C, als er M mittels eines Faustschlages versuchte niederzuschlagen, um anschließend auf ihn zu schießen, ohne Tötungsvorsatz, so dass es zu diesem Zeitpunkt bereits an einem Tatentschluss zur Begehung eines Totschlages fehlt.

II. Versuchte schwere Körperverletzung, §§ 223 I, 226 I Nr. 2, 22, 23 I StGB

C könnte sich wegen versuchter schwerer Körperverletzung in der Form der dauernden Gebrauchsunfähigkeit eines wichtigen Körpergliedes strafbar gemacht haben.

1. Vorprüfung

Zum Eintritt der schweren Folge ist es nicht gekommen. Der Versuch ist gem. §§ 12 I, 23 I StGB strafbar.

2. Tatentschluss

C hatte den Entschluss gefasst, M gezielt ins Knie zu schießen. Dadurch sollte dieser Verletzungen solcher Art, wie sie auch der G erlitten hatte, davontragen. Da G in der Bewegungsfreiheit seines Beines eingeschränkt ist, ist davon auszugehen – zumal dies bei einem Schuss mit einer abgesägten Schrotflinte auch nicht fern liegt –, dass C Tatentschluss auch bezüglich der Verwirklichung der Qualifikation des § 226 I Nr. 2 StGB gefasst hat.

3. Unmittelbares Ansetzen

Für den Versuch der Tatbestandsverwirklichung reicht es aus, dass der mit Vorsatz hinsichtlich der schweren Folge Handelnde die Ausführung der Körperverletzung begonnen hat. Der Grundtatbestand braucht nicht vollendet zu sein. C hat unmittelbar zur Verwirklichung der Körperverletzung angesetzt, indem er zum Schlag mit der geballten Faust auf den Kopf des M ausholte. Dieser Schlag sollte nach der Vorstellung des C unmittelbar dazu führen, dass M niederstürzte. In ungestörtem Fortgang wollte C dann dem M ins Knie schießen, so dass sein Vorsatz im Zeitpunkt des Faustschlages bereits auf die Herbeiführung der schweren Folge gerichtet war.[66]

4. Rechtswidrigkeit und Schuld

Die Tat war rechtswidrig und C handelte schuldhaft.

5. Rücktritt, § 24 StGB

Für einen strafbefreienden Rücktritt gem. § 24 StGB fehlen Anhaltspunkte im Sachverhalt.

6. Ergebnis

C hat sich wegen versuchter schwerer Körperverletzung gem. §§ 223 I, 226 I Nr. 2, 22, 23 I StGB strafbar gemacht.

---

[66] Vgl. BGH, NStZ 2000, 422.

III. Fahrlässige Tötung, § 222 StGB

C hat, indem er versuchte den M niederzuschlagen, eine Kausalkette in Gang gesetzt, an deren Ende letztlich der tödliche Schuss auf den M stand. Fraglich ist, ob ihm diesbezüglich ein Fahrlässigkeitsvorwurf gemacht werden kann.

hemmer-Methode: Hintergrund für die Prüfung des § 222 StGB ist, dass eine Verurteilung wegen versuchter schwerer Körperverletzung nicht zum Ausdruck bringt, dass M zu Tode kam. Jedoch kann insoweit jedenfalls nicht an die eigentliche Handlung angeknüpft werden, welche den Tod verursachte, da diese gerechtfertigt war (s.o.). Damit bleibt nur die Möglichkeit, an eine vorangegangene Handlung (hier der Versuch, M niederzuschlagen) anzuknüpfen. Beachten Sie insoweit die dogmatische Ähnlichkeit mit der Behandlung des Irrtums über den Kausalverlauf, siehe vorne Fall 1, „Der spätere Tod".

1. Unrechtstatbestand

Eine objektive Sorgfaltspflichtverletzung des C liegt darin, dass er M in den Wald lockte, um ihm dort mit der Schrotflinte eine schwere Körperverletzung beizubringen und so die Gefahr einer u.U. auch tödlichen Auseinandersetzung schuf. Dadurch hat C kausal den Tod des M verursacht.

Dieser Erfolg war auch objektiv vorhersehbar. Zwar könnte eine vernunftswidrige Handlungsweise des später Getöteten die Vorhersehbarkeit des Erfolges entfallen lassen. Hier war aber für C angesichts der vorher von ihm erkannten Standfestigkeit des M die Annahme nahliegend, dass dieser sich zur Wehr setzen würde, sobald und soweit ihm das möglich sein würde und sich daraus eine Notwehrlage für C ergeben könnte.

Schließlich ist die objektive Zurechenbarkeit zu bejahen, denn der Tod des M war vermeidbar und es hat sich im konkreten Todeserfolg gerade auch das pflichtwidrige und vorwerfbare Verhalten des B realisiert.

Es hat sich gerade diejenige rechtlich missbilligte Gefahr verwirklicht, die durch die Sorgfaltspflichtverletzung des Täters geschaffen wurde (sog. **Pflichtwidrigkeitszusammenhang**).

Einer Bestrafung wegen fahrlässiger Tötung könnte allerdings entgegenstehen, dass der letztlich zum Tode führende Schuss durch Notwehr gem. § 32 StGB gerechtfertigt war. Insofern gilt, dass grundsätzlich die in rechtlich zulässiger Weise eingesetzten Verteidigungsmittel keinen Fahrlässigkeitsvorwurf begründen können. Denn ein und dieselbe Handlung kann nicht sowohl rechtmäßig als auch rechtswidrig sein.

Etwas anderes gilt aber dann, wenn für den Fahrlässigkeitsvorwurf auf ein, vor dieser Handlung liegendes, rechtswidriges Verhalten abzustellen ist.

Wer durch ein rechtswidriges Vorverhalten die Gefahr einer tätlichen Auseinandersetzung mit tödlichem Ausgang herbeigeführt hat, kann nach Ansicht des BGH auch dann wegen fahrlässiger Tötung bestraft werden, wenn er den letztlich zum Tode führenden Schuss in Notwehr abgibt.[67] Eine derartige Gefahr lag hier vor, weil M an eine einsam gelegene Stelle unter dem Vorwand eines illegalen Zigarettenverkaufs gelockt und ihm durch den Schuss mit der Schrotflinte eine schwere Körperverletzung zugefügt werden sollte.

C hat damit auch die Ursache dafür gesetzt, dass am Ende der Kausalkette der Tod des M stand. Daran ändert im Ergebnis nichts, dass M, nach der erfolgreichen Abwehr des Angriffs des C, auf Grund eines neuen Entschlusses rechtswidrig angriff und die tödliche Folge dann als unmittelbare Folge der Notwehrlage eintrat. Denn durch diese neu eintretenden Umstände wird der Ursachenzusammenhang zwischen dem Locken in die einsame Gegend sowie dem Beginn der Körperverletzung und dem späteren Tod nicht unterbrochen.

Es ist anerkannt, dass eine Ursache ihre Bedeutung nicht verliert, wenn außer ihr noch andere Ursachen zur Herbeiführung des Erfolges beitragen.

[67] Vgl. BGH, NStZ 2001, 143 ff.

Ein Ursachenzusammenhang ist nur zu verneinen, wenn – anders als hier – ein späteres Ereignis die Fortwirkung der ursprünglichen Bedingung beseitigt und seinerseits allein unter Eröffnung einer neuen Ursachenreihe den Erfolg herbeigeführt hat (vgl. BGHSt 39, 322, 324).

hemmer-Methode: Eine andere Ansicht ist mit folgender Argumentation gut vertretbar: Wenn der Tod als solcher kein Unrecht darstellt, weil der Täter diesbezüglich gerechtfertigt handelte, kann nicht mittels einer Anknüpfung an eine andere Handlung als die unmittelbare Tötungshandlung eine Strafbarkeit begründet werden. Denn dann würde der Todeserfolg als solcher einerseits als Unrecht, andererseits aber als gerechtfertigt beurteilt. Angesichts des Bestimmtheitsgebots erscheint dieses Ergebnis der Rechtsprechung zumindest fragwürdig.

2. Rechtswidrigkeit

Die Tat war rechtswidrig.

3. Schuld

Schließlich war der Tod des M für C nach seinen subjektiven Kenntnissen und Fähigkeiten vorhersehbar und vermeidbar. Erforderlich ist hierbei nicht, dass der Täter bereits die Einzelheiten des durch sein pflichtwidriges Verhalten in Gang gesetzten Kausalverlaufs erkennt.

4. Ergebnis

C hat sich wegen fahrlässiger Tötung gem. § 222 StGB strafbar gemacht.

IV. Konkurrenzen

Die versuchte schwere Körperverletzung und die fahrlässige Tötung stehen zueinander im Verhältnis der Tateinheit, § 52 StGB.

D. Zusammenfassung

Sound: Unterbrechung des Ursachenzusammenhanges. Fahrlässige Tötung bei rechtswidriger Herbeiführung einer tätlichen Auseinandersetzung trotz Rechtfertigung hinsichtlich der konkret zum Tod führenden Handlung.

Der ursächliche Zusammenhang wird durch ein mitwirkendes Verschulden des Verletzten oder durch das Dazwischentreten eines Dritten nicht unterbrochen, wenn die früher gesetzte Bedingung bis zum Eintritt des Erfolges fortwirkt.

Wer durch ein rechtswidriges Vorverhalten die Gefahr einer tätlichen Auseinandersetzung mit tödlichem Ausgang herbeigeführt hat, kann auch dann wegen fahrlässiger Tötung bestraft werden, wenn er den zum Tode führenden Schuss in Notwehr abgibt.

hemmer-Methode: Der vorstehende Fall liegt im Bereich des oberen Schwierigkeitsgrades. Bereits hinsichtlich des Aufbaus stellt er den Bearbeiter vor Probleme. Um auf die Problematik im Bereich der fahrlässigen Tötung in vollem Umfang eingehen zu können, erscheint es hier sinnvoll, nicht chronologisch zu prüfen, sondern zunächst eine Strafbarkeit des C hinsichtlich des tödlichen Schusses zu untersuchen und sodann auf den zeitlich früheren Überfall auf den M einzugehen. Hinsichtlich der Rechtfertigung des C gem. § 32 StGB hätte in der Klausur gut auch die Gebotenheit der Notwehrhandlung verneint werden können. Dies hätte dann zur Prüfung einer Entschuldigung des C gem. § 33 StGB (Notwehrexzess) geführt.

E. Zur Vertiefung

Zu Problemen im Bereich der Kausalität und der objektiven Zurechnung

- HEMMER/WÜST, Strafrecht AT I, Rn. 102 ff.; 116 ff.
- Zum Fall: BGH, NStZ 2001, 143 = Life&Law 2001, 409.

Fall 9: Der Jäger in Unterzahl

Sachverhalt:

Adalbert (A) interessiert sich für den Jagdsport. Er lieh sich daher von seinem Onkel ein Jagdgewehr. Als er erfolglos aus dem Wald nach Hause ging, sah er sich plötzlich einer ganzen Gruppe von Angreifern ausgesetzt, die sich grölend und lärmend aus allen Richtungen auf ihn zubewegte. Die Mitglieder dieser Gruppe waren mit Baseballschlägern und Schreckschusspistolen, aber auch mit einem scharfen Revolver bewaffnet und nahmen deren Einsatz zumindest billigend in Kauf.

A schoss zunächst mit dem Jagdgewehr, für das nur sein Onkel, nicht aber er einen Waffenschein hatte, gezielt auf die Beine des mit dem Revolver bewaffneten Manfred (M) und machte so diesen kampfunfähig. Die anderen Angreifer ließen sich davon jedoch nicht abschrecken. Daraufhin schoss A auch auf den sich ihm nähernden Yves (Y). Zwar hatte er dabei wiederum auf die Füße gezielt, aufgrund des Rückschlages der Waffe wurde Y aber versehentlich tödlich im Rumpf getroffen.

Bearbeitervermerk:

Prüfen Sie die Strafbarkeit des A nach dem 16. und 17. Abschnitt des StGB.

A. Einordnung

Aus dem Allgemeinen Teil des StGB wirft der Fall wiederum Probleme aus dem Bereich der Rechtfertigung auf. Hier ist sorgfältig zu prüfen, ob auch ein verletzender und tödlicher Schuss mit einer Schusswaffe im Einzelfall durch Notwehr gem. § 32 StGB gerechtfertigt sein kann. Ferner ist hinsichtlich des Schusses auf den Y aus dem Besonderen Teil des StGB der Tatbestand der Körperverletzung mit Todesfolge (§ 227 StGB) zu erkennen. In der Fallbearbeitung empfiehlt es sich, zunächst mit der Prüfung der §§ 211 ff. StGB zu beginnen, die in solchen Konstellationen zumeist am fehlenden Tötungsvorsatz des Täters scheitern. Sodann stellt sich die Frage, ob man die Prüfung des § 222 StGB vor §§ 223, 227 StGB oder erst im Anschluss daran vornimmt. Vertretbar sind hier beide Varianten. Klausurtaktisch geschickter dürfte es allerdings sein, mit dem schweren Delikt (Körperverletzung mit Todesfolge) zu beginnen, da daran anschließend zu § 222 StGB vielfach eine knappe Prüfung genügt.

Fängt man umgekehrt zunächst mit der Prüfung der fahrlässigen Tötung gem. § 222 StGB an, so besteht die Gefahr, dass man die Erörterung von Zurechnungsfragen, die in diesem Zusammenhang häufig eine große Rolle spielen und eigentlich zu §§ 223, 227 StGB gehören, in den § 222 StGB verlagert.

Insgesamt erlangt der Tatbestand des § 222 StGB dagegen vor allem dann eigenständige Bedeutung, wenn eine Strafbarkeit nach §§ 223, 227 StGB am fehlenden spezifischen Gefahrverwirklichungszusammenhang zwischen dem Grunddelikt nach §§ 223 bis 226 StGB und dem Todeserfolg scheitert.

B. Gliederung

Strafbarkeit des A

Erster Tatkomplex – Der Schuss auf M

I. Versuchter Totschlag, §§ 212 I, 22, 23 I StGB

1. Vorprüfung
2. Tatentschluss ⇨ Vorsatz des A (-)

II. Gefährliche Körperverletzung, §§ 223 I, 224 I StGB

1. Objektiver Tatbestand
   - Grunddelikt (+)
   - § 224 Nr. 2 StGB (+)
   - § 224 Nr. 5 StGB (+)
2. Subjektiver Tatbestand (+)
3. Rechtswidrigkeit – § 32 StGB?

a) Notwehrlage
b) Notwehrhandlung
aa) Erforderlichkeit
(P): Einsatz des Jagdgewehrs als Schusswaffe **erforderlich**?, i. Erg. hier (+)
bb) Gebotenheit
cc) Subjektives Rechtfertigungselement
4. Zwischenergebnis: § 32 StGB (+)
⇨ §§ 223 I, 224 I StGB (-)

Zweiter Tatkomplex – Der Schuss auf Y

I. Totschlag, § 212 I StGB
1. Objektiver Tatbestand
2. Subjektiver Tatbestand
⇨ Vorsatz des A? (-)

II. Körperverletzung mit Todesfolge, § 227 StGB i.V.m. §§ 223 I, 224 I Nr. 2 und 5 StGB
1. Tatbestand
a) Tatbestand des Grunddelikts
b) Eintritt des Todeserfolges
c) Spezifischer Gefahrverwirklichungszusammenhang zwischen Grunddelikt und Todeserfolg
d) Objektive Voraussehbarkeit
e) Zwischenergebnis
2. Rechtswidrigkeit ⇨ § 32 StGB?
a) Notwehrlage
b) Notwehrhandlung
aa) Erforderlichkeit
(P): ex ante Sicht ⇔ ex post Sicht
bb) Gebotenheit
cc) Subjektives Rechtfertigungselement
3. Zwischenergebnis: § 32 StGB (+)
⇨ §§ 223 I, 224 I Nr. 2 und 5, 227 I StGB (-)

III. Fahrlässige Tötung, § 222 StGB (-)
IV. Ergebnis

C. Lösung

Strafbarkeit des A

Erster Tatkomplex – Der Schuss auf M

I. Versuchter Totschlag, §§ 212 I, 22, 23 I StGB

Durch den Schuss auf M könnte A sich wegen versuchten Totschlages gem. §§ 212, 22, 23 I StGB strafbar gemacht haben.

1. Vorprüfung

M hat den Schuss überlebt, der tatbestandliche Erfolg des § 212 I StGB ist also ausgeblieben. Der Totschlag ist ein Verbrechen, so dass der Versuch nach §§ 12, 23 I StGB strafbar ist.

2. Tatentschluss

Es fehlt allerdings an einem entsprechenden Tatentschluss des A. Dieser hatte keinen Vorsatz, den M zu töten. Dies zeigt sich insbesondere daran, dass A gezielt auf die Beine des M schoss. Ihm ging es lediglich darum, seinen Angreifer kampfunfähig zu machen. Dessen Tod aber nahm er nicht billigend in Kauf.

Eine Strafbarkeit nach §§ 212, 22, 23 I StGB entfällt daher.

I. Gefährliche Körperverletzung, §§ 223 I, 224 I StGB

Zu prüfen ist ferner eine gefährliche Körperverletzung des A gem. §§ 223 I, 224 I StGB.

1. Objektiver Tatbestand

A hat den M körperlich misshandelt und an der Gesundheit geschädigt und daher den Grundtatbestand des § 223 I StGB verwirklicht.

Dies geschah mittels eines Jagdgewehrs, einer Waffe i.S.d. § 224 Nr. 2 StGB.

Ferner kann lebensnah bei einem Schuss mit einem Jagdgewehr aus einiger Distanz von einer das Leben gefährdenden Behandlung i.S.d. § 224 Nr. 5 StGB ausgegangen werden. Insofern genügt es nach h.M. nämlich, wenn die Verletzungshandlung nach den konkreten Umständen objektiv geeignet war, das Leben des Opfers in Gefahr zu bringen. Die tatsächlich erlittenen Verletzungen müssen demgegenüber nicht lebensgefährlich sein.[68] Der Gegenauffassung[69], die auf den Eintritt einer konkreten Lebensgefährdung durch die Behandlung abstellt, ist durch die Ausführungen des Gesetzgebers bei der Neufassung der Körperverletzungsdelikte i.R.d. 6. Strafrechtsreformgesetzes 1998 der Boden entzogen worden.[70]

2. Subjektiver Tatbestand

A handelte vorsätzlich sowohl hinsichtlich des Grundtatbestands als auch hinsichtlich der Qualifikationsmerkmale.

3. Rechtswidrigkeit

A könnte jedoch durch Notwehr gem. § 32 StGB gerechtfertigt sein.

a) Notwehrlage

Zum Zeitpunkt des Schusses auf M lag ein gegenwärtiger und rechtswidriger Angriff auf Leben und Gesundheit des A vor. Dieser ging von allen auf A einstürmenden Personen gemeinsam aus, so dass A sich gegen jeden einzelnen von ihnen verteidigen durfte.

b) Notwehrhandlung

aa) Erforderlichkeit

Fraglich ist, ob der Schuss des A erforderlich war, um die Gefahr sofort und endgültig ohne Risiko zu beseitigen.

Grundsätzlich darf sich der Angegriffene eines jeden Abwehrmittels bedienen, das er gerade zur Hand hat, wenn es geeignet ist, den Angriff sofort und endgültig niederzuschlagen. Der Einsatz einer Schusswaffe stellt nicht schon deshalb eine rechtswidrige Abwehrhandlung dar, weil die Waffe – wie hier – aus waffenrechtlicher Sicht unerlaubt geführt wird. Allerdings darf eine Schusswaffe gegen einen Menschen nur im äußersten Notfall eingesetzt werden.

Unter mehreren gleich geeigneten und effektiven Verteidigungsmöglichkeiten hat der Angegriffene stets die mildeste Handlungsalternative zu wählen. Der Einsatz einer Schusswaffe in lebensgefährlicher Weise (Schuss in den Kopf- oder Herzbereich) kommt dabei stets nur als ultima ratio in Betracht.

Mildeste und damit primäre Einsatzmöglichkeit einer Schusswaffe ist zunächst die Drohung mit derselben. Wenn eine bloß verbale Androhung aber von vornherein als nicht erfolgsversprechend erscheint, muss der Angegriffene versuchen, vor dem tödlichen Schuss einen weniger gefährlichen Waffeneinsatz vorzunehmen, wie beispielsweise einen ungezielten Warnschuss.

Erst wenn auch diese Alternative ausscheidet, kann ein gezielter Schuss auf die Arme oder Beine und wenn auch ein solcher eine sofortige Beendigung des Angriffs nicht erwarten lässt, als letztes Mittel auch ein tödlicher Schuss, erforderlich und damit nach § 32 StGB gerechtfertigt sein.

Auf mildere Mittel oder minder einschneidende Verwendungen eines Mittels kann der Angegriffene allerdings nur verwiesen werden, wenn ihm aus objektiver ex ante Sicht Zeit zur Auswahl sowie zur Abschätzung der Gefährlichkeit zur Verfügung steht. Ferner gilt der Verweis auf mildere Mittel nur unter der Prämisse, dass diese weniger gefährliche Abwehr in gleicher Weise geeignet ist, die Gefahr sofort und ohne Risiko zu beseitigen.

Auf unsichere Möglichkeiten braucht sich der sich Verteidigende nicht einzulassen.

---

[68] BGHSt 36, 1; WESSELS/ BEULKE, Rn. 282; TRÖNDLE/ FISCHER, § 224 Rn. 12 f.

[69] STREE, Jura 1980, 281, 291

[70] Vgl. BT DrS.13/ 8587, S 83.

Daraus folgt, dass der Angegriffene gerade nicht auf das für den Angreifer mildere Abwehrmittel zurückgreifen muss, wenn ein *nicht bloß geringes Risiko* besteht, dass dessen Einsatz fehlgeht und dem Verteidiger sodann keine Möglichkeit mehr bleibt, doch noch das gravierendere Verteidigungsmittel einzusetzen.

Hinsichtlich des ersten, auf M abgegebenen Schusses kann nach diesen Grundsätzen von einer erforderlichen Notwehrhandlung ausgegangen werden. Dass ein vorheriges Androhen des Waffeneinsatzes ohne Aussicht auf Erfolg gewesen wäre, lässt sich schon daraus schließen, dass die Angreifer zum einen zahlreich, zum anderen ebenfalls massiv bewaffnet waren. Von ihnen ging eine erhebliche Gewaltbereitschaft aus. Letztendlich wird die Annahme der Aussichtslosigkeit dadurch bestätigt, dass selbst der spätere Schuss in die Beine des M, die Angreifer nicht von ihrem Plan zurückschrecken ließ.

A war nach obigen Grundsätzen mithin weder auf die mildeste Einsatzmöglichkeit der Schusswaffe – die Drohung mit derselben – noch auf die Abgabe eines Warnschusses in die Luft beschränkt. Sein erster Schuss war somit erforderlich.

bb) Gebotenheit

Der Schuss des A war auch geboten. Anhaltspunkte für eine sozialethische Beschränkung des Notwehrrechts auf Grund eines rechtsmissbräuchlichen Verhaltens des A finden sich im Sachverhalt nicht.

cc) Subjektives Rechtfertigungselement

A handelte, um seine Angreifer niederzuschlagen, also mit Verteidigungswillen.

4. Zwischenergebnis

A ist gem. § 32 StGB gerechtfertigt. Er hat sich nicht wegen gefährlicher Körperverletzung strafbar gemacht.

Zweiter Tatkomplex – Der Schuss auf Y

I. Totschlag, § 212 I StGB

Hinsichtlich des zweiten Schusses auf Y könnte sich A zunächst wegen Totschlages gem. § 212 I StGB strafbar gemacht haben.

1. Objektiver Tatbestand

Durch den Schuss des A in den Rumpf des Y wurde dieser getötet. Der tatbestandliche Erfolg ist A objektiv zurechenbar. Der objektive Tatbestand des § 212 I StGB ist erfüllt.

2. Subjektiver Tatbestand

A müsste Vorsatz hinsichtlich der Tötung des Y gehabt haben. Daran fehlt es hier. Dies zeigt sich daran, dass A – wie schon bei seinem ersten Schuss – wiederum auf die Füße seines Angreifers gezielt hat. Mit dem Tod des Y hat er sich daher innerlich nicht abgefunden. Ein Billigen des tödlichen Erfolges durch den A muss verneint werden.

Eine Strafbarkeit nach § 212 I StGB ist nicht gegeben.

II. Körperverletzung mit Todesfolge, §§ 223 I, 224 I Nr. 2 und 5, 227 I StGB

Zu prüfen ist ferner eine Körperverletzung mit Todesfolge, §§ 223 I, 224 I Nr. 2 und 5, 227 I StGB.

hemmer-Methode: Möglich ist selbstverständlich auch der „getrennte" Aufbau, d.h. zunächst die §§ 223 I, 224 I StGB vollständig zu prüfen und erst im Anschluss § 227 StGB zu diskutieren. Der gewählte Aufbau ist insoweit Geschmackssache.

1. Tatbestand

a) Tatbestand des Grunddelikts

A hat Y durch den Schuss mit dem Jagdgewehr in dessen Rumpf körperlich misshandelt und an der Gesundheit geschädigt und daher den Grundtatbestand des § 223 I StGB objektiv verwirklicht. Ferner liegen die Qualifikationstatbestände der § 224 I Nr. 2 und 5 StGB vor (s. oben).

A handelte sowohl hinsichtlich des Grunddelikts wie auch hinsichtlich der Qualifikationen mit Wissen und Wollen, also vorsätzlich.

b) Eintritt des Todeserfolges

Der erfolgsqualifizierende Umstand, der Tod des Y, ist eingetreten.

c) Spezifischer Gefahrverwirklichungszusammenhang zwischen Grunddelikt und Todeserfolg

Der bloße Eintritt des Todeserfolgs genügt allerdings für sich allein betrachtet noch nicht, um eine Strafbarkeit gem. § 227 I StGB zu begründen. Vielmehr setzt der Tatbestand voraus, dass der Tod der verletzten Person gerade **durch** die Körperverletzung verursacht worden ist.

Dabei reicht es nicht aus, dass zwischen der Körperverletzungshandlung und dem Todeserfolg überhaupt ein ursächlicher Zusammenhang i.S.d. conditio-sine-qua-non-Formel besteht, die Körperverletzung also nicht hinweggedacht werden kann, ohne dass damit zugleich der Tod des Verletzten entfiele. Vielmehr soll § 227 I StGB allein der spezifisch mit der Körperverletzung verbundenen Gefahr des Eintritts der qualifizierenden Todesfolge entgegenwirken. Erfasst sind damit **nur solche Körperverletzungen, denen die spezifische Gefahr anhaftet, zum Tode des Opfers zu führen**. Gerade diese Gefahr muss sich im Tod des Opfers niedergeschlagen haben.

Umstritten ist, was dieses Erfordernis im Einzelnen bedeutet.

Eine im Schrifttum verbreitete Ansicht (sog. Letalitätstheorie) verlangt, dass der tödliche Erfolg aus der vorsätzlich zugefügten Körperschädigung als solcher, also aus dem Körperverletzungs**erfolg** hervorgehen muss.[71] Demgegenüber kann nach der insbesondere vom BGH vertretenen Gegenansicht[72] die erforderliche deliktsspezifische Gefahr auch schon von der bloßen Körperverletzungs**handlung** ausgehen.[73]

Vorliegend ist der Tod des Y aus dem Erfolg der Körperverletzung, nämlich der Schusswunde in den Rumpf, hervorgegangen. Damit kommen die beiden dargestellten Ansichten hier zum gleichen Ergebnis. Der spezifische Gefahrverwirklichungszusammenhang zwischen dem Grunddelikt nach §§ 223 I, 224 I Nr. 2 und 5 StGB und dem Todeserfolg ist gegeben.

d) Objektive Zurechnung des Todeserfolges

A hat durch den Schuss mit dem Jagdgewehr auf den Körper des Y eine rechtlich relevante Gefahr geschaffen, die sich dann im tatbestandsmäßigen Erfolg realisiert hat. Die objektive Zurechnung des Handlungserfolges ist zu bejahen.

e) Objektive Voraussehbarkeit

Der Eintritt des Todeserfolges muss ferner objektiv voraussehbar gewesen sein. Objektiv voraussehbar ist, was ein umsichtig handelnder Mensch unter den jeweils gegebenen Umständen auf Grund der allgemeinen Lebenserfahrung bedenken würde. Der Tod des Y war hier situationsbedingt keineswegs völlig fernliegend oder außerhalb aller Lebenserfahrung und Wahrscheinlichkeit.

---

71 Vgl. LACKNER/ KÜHL, § 227, Rn. 2; KREY BT 1, Rn. 266 ff.

72 Vgl. BGH, NJW 2003, 150 ff. = Life&Law 2003, 185 ff.

73 Vgl. hierzu auch HILLENKAMP AT, 16. Problem.

Vielmehr liegt es durchaus im Bereich des Möglichen und nahe, dass es bei einem Schuss mit einem Jagdgewehr zu einem Rückschlageffekt kommt, der Schütze aus einiger Distanz so den Schuss verwackelt und sein Ziel nicht oder nicht an der anvisierten Stelle trifft.

Der Tod des Y war damit objektiv voraussehbar.

hemmer-Methode: Bei § 227 StGB handelt es sich um ein erfolgsqualifiziertes Delikt, das zwischen § 212 StGB und § 222 StGB angesiedelt ist und sich aus einem Grunddelikt nach §§ 223 bis 226 StGB und § 222 StGB zusammensetzt (sog. Vorsatz-Fahrlässigkeitskombination). Die Prüfung des § 227 StGB hat sich daher nach der zunächst zu treffenden Feststellung, dass ein Grunddelikt verwirklicht wurde, im Wesentlichen am Aufbau des Fahrlässigkeitsdeliktes zu orientieren.
Eine objektive Sorgfaltspflichtverletzung und die objektive Vermeidbarkeit sind allerdings im Falle des § 227 StGB nicht mehr gesondert zu prüfen, sie folgen bereits aus der Verwirklichung des Grunddelikts.

g) Zwischenergebnis

Der Tatbestand des §§ 223 I, 224 I Nr. 2 und 5, 227 I StGB ist erfüllt.

2. Rechtswidrigkeit

A könnte jedoch durch § 32 StGB (Notwehr) gerechtfertigt sein.

a) Notwehrlage

Zum Zeitpunkt des Schusses des A auf Y sah sich dieser eines gegenwärtigen und rechtswidrigen Angriffs auf sein Leben und seine Gesundheit gegenüber. Sämtliche Angreifer, unter ihnen auch der Y, waren gerade dabei, sich dem A kampfesbereit zu nähern. Eine Notwehrlage war folglich gegeben.

b) Notwehrhandlung

aa) Erforderlichkeit

I.R.d. Notwehrhandlung ist zunächst die **Erforderlichkeit** der Verteidigung des A zu prüfen. Hier stellt sich die Frage, ob nicht ein vorheriger Warnschuss schon ausgereicht hätte, um den Angriff endgültig zu beenden.

Maßgeblich ist hierbei, wie sich die Lage aus der Sicht eines objektiven und umfassend über den Sachverhalt orientierten Dritten in der Tatsituation des A darstellte. Es kommt auf eine **objektive ex ante-Sicht** an.

Dabei muss berücksichtigt werden, dass der gerechtfertigte Schuss auf M auch für die weiteren Angreifer als Warnschuss gelten musste. Fraglich ist also lediglich, ob von A nach dem Schuss auf M noch die Abgabe eines weiteren Warnschusses zu verlangen war. Um diese Frage im Einzelfall beantworten zu können, ist primär auf die konkrete Kampf- und Gefährdungslage abzustellen.

Zugunsten des A ist davon auszugehen, dass ihm aufgrund der besonderen Situation nicht mehr genügend Zeit zur Abschätzung der Gefährlichkeit und Mittelauswahl blieb. Dafür spricht schon, dass er sich in einer Rundumverteidigung befand, er also aus allen Richtungen mit Angriffen zu rechnen hatte. Es war deshalb ein außergewöhnlich schnelles Handeln nötig. Auch hatte der erste Schuss erkennbar keinerlei Wirkung auf die Angreifer gezeigt. Ein objektiver Dritter wäre in der Lage des Angegriffenen ebenfalls von einer erhöhten Gefährlichkeit und besonderer Aggressivität der Angreifer ausgegangen. Ein weiterer Warnschuss hätte den Angriff damit aus der ex ante-Perspektive nicht mit Sicherheit beendet.

Damit durfte A den zweiten Schuss auf die Beine des Y abgeben.

Fraglich ist weiterhin, welche Auswirkungen der Umstand hat, dass A den Y bei seinem Schuss versehentlich tötete. Bei § 32 StGB ist allein ausschlaggebend, ob die Verteidigungs**handlung** als solche erforderlich war. Hinsichtlich der Erforderlichkeit ist gerade nicht auf den durch die Notwehrhandlung eingetretenen Erfolg abzustellen.

War somit die Handlung erforderlich, so sind nach § 32 StGB auch ungewollte, weitergehende Auswirkungen gerechtfertigt. An dieser Bewertung ändert sich selbst dann nichts, wenn sich nachträglich herausstellt, dass diese Auswirkungen zur Abwehr des Angriffs nicht notwendig gewesen wären.

Im vorliegenden Fall war es zur Rechtfertigung des A damit ausreichend, dass der zweite Schuss, der auf die Beine des Y zielte, erforderlich war.

Keine Auswirkungen hat es, dass der Schuss ungewollt nicht die Beine des Y traf, sondern in tödlicher Weise dessen Rumpf.

bb) Gebotenheit

Der Schuss des A war auch geboten. Es bestehen keine Hinweise auf ein rechtsmissbräuchliches Verhalten des A, das zu einer sozialethischen Beschränkung des Notwehrrechts Anlass geben könnte.

cc) Subjektives Rechtfertigungselement

A handelte mit Verteidigungswillen, um die gegen ihn vorgetragenen Angriffe niederzuschlagen.

3. Zwischenergebnis

A ist gem. § 32 StGB gerechtfertigt. Er hat sich nicht wegen Körperverletzung mit Todesfolge gem. §§ 223 I, 224 I Nr. 2 und 5, 227 I StGB strafbar gemacht.

III. Fahrlässige Tötung, § 222 StGB

Damit scheidet auch eine Strafbarkeit gem. § 222 StGB aus (vgl. RENGIER BT II, § 16 Rn. 8).

IV. Ergebnis

A ist auch im zweiten Tatkomplex gem. § 32 StGB gerechtfertigt und damit insgesamt straflos.

D. Zusammenfassung

Sound. Erforderlichkeit i.S.d. § 32 StGB beim Einsatz von Schusswaffen. Spezifischer Gefahrzusammenhang zwischen Körperverletzungshandlung und Todeserfolg i.R.d. § 227 StGB.

Auch der Einsatz einer Schusswaffe kann i.S.d. Notwehrrechts erforderlich und damit letztlich gerechtfertigt sein, da sich der Angegriffene eines jeden Abwehrmittels bedienen darf, das er gerade zur Hand hat, wenn es geeignet ist, den Angriff sofort und endgültig niederzuschlagen.

Allerdings ist bei der Prüfung der Erforderlichkeit äußerste Vorsicht geboten, wenn Schusswaffen verwendet werden. Unter mehreren gleich geeigneten und effektiven Verteidigungsmöglichkeiten hat der Angegriffene stets die mildeste Handlungsalternative zu wählen. Wenn es die konkrete Kampfsituation zulässt, ist die Schusswaffe daher abgestuft einzusetzen: Drohen – Warnschuss in die Luft – Schuss in Arme oder Beine – tödlicher Schuss als ultima ratio.

Die Körperverletzung mit Todesfolge gem. § 227 StGB setzt einen spezifischen Gefahrverwirklichungszusammenhang zwischen dem Grunddelikt nach §§ 223 bis 226 StGB und dem Todeserfolg voraus (arg. Wortlaut: „durch"). Erfasst sind nur solche Körperverletzungen, denen die spezifische Gefahr anhaftet, zum Tode des Opfers zu führen. Gerade diese Gefahr muss sich im Tod des Opfers niedergeschlagen haben.

Umstritten ist dabei, ob der tödliche Erfolg aus dem Körperverletzungs*erfolg* hervorgehen muss oder ob er auch an die Gefährlichkeit der Körperverletzungshandlung anknüpfen kann.

hemmer-Methode: Dieser zuletzt genannte Streit spielt vor allem dann eine Rolle, wenn das Grunddelikt im Versuchsstadium stecken bleibt, ein Körperverletzungserfolg also nicht eintritt, es aber dabei schon zum Tod des Opfers kommt. Nach der Letalitätstheorie wäre in einem solchen Fall die Möglichkeit eines sog. erfolgsqualifizierten Versuchs von vorneherein zu verneinen, da nach ihr der erfolgsqualifizierende Umstand, also der Tod des Opfers aus dem Erfolg des Grunddelikts hervorgehen muss, an dem es gerade fehlt.
Demgegenüber bejaht der BGH die Möglichkeit einer Strafbarkeit wegen versuchter Körperverletzung mit Todesfolge auch in der Konstellation des erfolgsqualifizierten Versuchs gem. §§ 223 ff., 227, 22, 23 I StGB.
Zu den Begriffen: Von einem erfolgsqualifizierten Versuch spricht man in Fällen, in denen der Täter eine qualifizierte Folge schon durch den strafbaren Versuch des Grunddeliktes herbeiführt und hinsichtlich der besonderen Folge wenigstens fahrlässig (§ 18 StGB) handelt.
Ein strafrechtlich relevanter erfolgsqualifizierter Versuch ist denkbar, wenn der qualifizierende Erfolg bereits mit der Tathandlung verknüpft ist, wie etwa nach Ansicht des BGH hier bei § 227 StGB, oder wie bei § 251 StGB oder bei § 306c StGB, nicht dagegen wenn die Erfolgsqualifikation auf dem Erfolg des Grunddeliktes aufbaut wie etwa bei §§ 313 II i.V.m. 308 II StGB.
Von dieser Konstruktion ist der sog. Versuch der Erfolgsqualifikation zu unterscheiden. Dieser liegt vor, wenn der Täter beim Versuch oder bei der Vollendung eines Grunddelikts die qualifizierende Folge in seinen Vorsatz aufgenommen hat, deren Eintritt dann aber ausbleibt. Ein solcher Versuch der Erfolgsqualifikation ist immer dann strafbar, wenn nicht nur die fahrlässige oder leichtfertige, sondern auch die (zumindest bedingt) vorsätzliche Herbeiführung der qualifizierenden Folge strafbar ist. I.R.d. § 251 StGB zum Beispiel hat der Gesetzgeber dies mittlerweile durch Einfügung des Wortes „mindestens" vor „leichtfertig" klargestellt.
I.R.d. Körperverletzung mit Todesfolge wird als Argument für die Letalitätstheorie zunächst der Wortlaut des § 227 I StGB angeführt, der von „Körperverletzung" spreche, für die der Eintritt eines tatbestandsmäßigen Erfolges eben konstitutiv sei. Zudem stelle die Fassung des Tatbestandes auf den „Tod der *verletzten* Person" ab, was den Eintritt eines Verletzungserfolges impliziere. Schließlich müsse § 227 StGB angesichts seiner hohen Strafdrohung restriktiv ausgelegt werden.
Demgegenüber argumentiert der BGH: Der Wortlaut des § 227 StGB ist nicht zwingend i.S.d. Letalitätstheorie zu lesen, er steht einer Anknüpfung des tödlichen Erfolges bereits an die Körperverletzungshandlung nicht entgegen.[74] Vor allem aber ergibt sich ein entstehungsgeschichtliches Argument aus der Neufassung der Körperverletzungsdelikte i.R.d. 6. Strafrechtsreformgesetzes. Der Gesetzgeber hat nämlich hier § 227 I StGB durch den Klammerzusatz „(§§ 223 bis 226)" ergänzt, ohne dabei – was i.S.d. Letalitätstheorie zwingend angezeigt gewesen wäre – die in §§ 223 II, 224 II, 225 II StGB enthaltenen versuchten Delikte aus dem Anwendungsbereich des § 227 StGB auszunehmen.
Darüber hinaus kann dem Verweis im Klammerzusatz des § 227 StGB auch auf § 225 StGB ein weiteres Argument gegen die Letalitätstheorie entnommen werden: Der Gesetzgeber hat damit nämlich auch den Fall der „Misshandlung von Schutzbefohlenen mit Todesfolge" unter die erhöhte Strafdrohung gestellt, ohne die – mit der Gegenauffassung unvereinbare – Konstellation des „seelischen Quälens mit Todesfolge" auszuklammern.
Schließlich sprechen auch kriminalpolitische Überlegungen für dieses Ergebnis: Verwirklicht sich nämlich die von der Körperverletzungshandlung ausgehende Gefahr und führt dies zum Tod des Opfers, so kann die Anwendbarkeit des § 227 StGB nicht davon abhängen, ob darüber hinaus ein vorsätzlich herbeigeführter Körperverletzungserfolg eingetreten ist, da dieser für den Unrechtsgehalt der Tat allenfalls von untergeordneter Bedeutung sein kann.

E. Zur Vertiefung

- **Aktuelle Rechtsprechung** ergänzend zum Fall BGH, NJW 2003, 150 ff. = Life&Law 2003, 185 ff. (sehr lesenswert!).

[74] Vgl. bereits BGHSt 14, 110, 112; TRÖNDLE, GA 1962, 225, 238.

Fall 10: Die Mutprobe

Sachverhalt:

Um als Mitglied in eine Jugend-Gang aufgenommen zu werden, erklärte sich der 15-jährige Josef (J) gegenüber den Mitgliedern dazu bereit, sich dem Aufnahmeritual der Gang zu unterwerfen. Dieses besteht darin, dass sich der Bewerber von drei Mitgliedern der Gang zusammenschlagen lässt. Der Bewerber darf sich während dieses Vorgangs, welcher zwei Minuten dauern soll, gegen die Angreifer wehren und kann auch jederzeit darauf bestehen, dass der Kampf abgebrochen wird.

J wurde insbesondere von Gustav (G) ausführlich über diese „Spielregeln“ aufgeklärt. Hierbei wurde er auch ausdrücklich darauf hingewiesen, „dass er auch mit schlimmen Schlägen rechnen müsse und hierbei auch etwas Schlimmes („blaues Auge“, „Rippenbrüche“, „ein paar Zähne fehlen“) passieren könne“. Unmittelbar danach schlugen und traten G, Walter (W) und Ilja (I) sofort und gemeinschaftlich mit Fäusten und Füßen auf J ein. Dabei trugen G, W und I massiv ausgefertigte Winterstiefel. Auch nachdem J zu Boden gestürzt war, wurde er weiter wahllos mit Schlägen und Tritten gegen Körper und Kopf traktiert. J erlitt bei dem Vorfall zahlreiche Prellungen am Körper und insbesondere am Kopf sowie eine Zahnabsplitterung.

Bearbeitervermerk:

Prüfen Sie die Strafbarkeit des G, des W und des I.

A. Einordnung

Im vorliegenden Fall ist zunächst zu prüfen, ob im Einzelfall auch der beschuhte Fuß zur Annahme des Qualifikationstatbestandes des § 224 I Nr. 2, 2.Var. StGB (gefährliches Werkzeug) führen kann. Den Schwerpunkt des Falles bildet aber sodann die Prüfung der Rechtswidrigkeit. Hier ist auf den Rechtfertigungsgrund der rechtfertigenden Einwilligung näher einzugehen. Schließlich ist i.R.d. Schuld die Frage nach dem Vorliegen eines Erlaubnisirrtums bei G, W und I aufzuwerfen.

B. Gliederung

Strafbarkeit des G, des W und des I

I. Gefährliche Körperverletzung in Mittäterschaft, §§ 223 I, 224 I, 25 II StGB

1. Tatbestand

a) Objektiver Tatbestand

aa) Grunddelikt

bb) Qualifikation nach § 224 StGB

(1) § 224 I Nr. 2, 2.Var. StGB

(P): beschuhter Fuß, i. Erg. hier (+)

(2) § 224 I Nr. 4 StGB (+)

(3) § 224 I Nr. 5 StGB (+)

b) Subjektiver Tatbestand

2. Rechtswidrigkeit
⇨ **rechtfertigende Einwilligung** des J?

- Disponibilität des geschützten Rechtsgutes (+)
- Verfügungsberechtigung des J (+)
- Ausdrückliche oder konkludente Erklärung der Einwilligung vor der Tat (+)
- Subjektives Rechtfertigungselement (+)
- **(P): Einwilligungsfähigkeit**
- **(P): Freiheit der Einwilligung von wesentlichen Willensmängeln**
- **(P): Verstoß der Tat gegen die guten Sitten i.S.d. § 228 StGB**
- Ergebnis hier: Einwilligung jedenfalls wegen § 228 StGB (-)

3. Schuld
(P): Erlaubnisirrtum (-)

II. Ergebnis: §§ 223 I, 224 I Nr. 2, 2.Var., Nr. 4 und Nr. 5, 25 II StGB (+)

C. Lösung

Strafbarkeit des G, des W und des I

hemmer-Methode: Aufbaumäßig können hier alle drei Mittäter G, W und I zusammen geprüft werden. Eine getrennte Prüfung ist allerdings in Fällen empfehlenswert, in denen die Tatbeiträge der einzelnen Mittäter unterschiedliches Gewicht und unterschiedliche Qualität haben. Zu denken ist in diesem Zusammenhang z.B. an die Konstellation des Mittäterexzesses. Wenn also etwa bei einem von R, S und T mittäterschaftlich geplanten Raub der R bei Ausführung der Tat eine Pistole bei sich führt (§ 250 I Nr. 1a) StGB), ohne dass dies mit den anderen abgesprochen oder für diese vorhersehbar gewesen ist, kann die Qualifikation den anderen nicht zugerechnet werden. In diesem Fall sind also S und T als Mittäter nur aus § 249 StGB, R dagegen gem. §§ 249, 250 I Nr. 1a) StGB zu bestrafen, was eine getrennte Prüfung zumindest nahe liegend erscheinen lässt. Im vorliegenden Fall ergeben sich jedoch hinsichtlich der Tatbeiträge von G, W und I keinerlei Unterschiede.

I. Gefährliche Körperverletzung in Mittäterschaft, §§ 223 I, 224 I, 25 II StGB

Durch die Schläge und Tritte gegen J könnten sich G, W und I zunächst wegen gefährlicher Körperverletzung in Mittäterschaft strafbar gemacht haben.

hemmer-Methode: Auch wenn G, W und I den J wahllos gegen Körper und Kopf getreten und geschlagen haben, liegt doch eine Strafbarkeit wegen eines versuchten Tötungsdeliktes hier fern. Die Täter haben den Tod des J zu keiner Zeit billigend in Kauf genommen. Ein Tötungsvorsatz ist daher zu verneinen. In der Klausur sollten Sie daher die §§ 211 ff. StGB entweder gar nicht oder allenfalls mit knappen Ausführungen ansprechen.

1. Tatbestand

a) Objektiver Tatbestand

aa) Grunddelikt

Unter einer körperlichen Misshandlung ist jedes üble, unangemessene Behandeln zu verstehen, das entweder das körperliche Wohlbefinden oder die körperliche Unversehrtheit nicht nur unerheblich beeinträchtigt. Eine Schädigung an der Gesundheit setzt das Hervorrufen oder Steigern eines, wenn auch vorübergehenden, pathologischen Zustandes voraus.

G, W und I schlugen mittäterschaftlich i.S.d. § 25 II StGB auf den J ein und traten mit Fäusten und Füßen gegen dessen Körper und Kopf. J erlitt hierbei zahlreiche Prellungen an Körper und Kopf sowie eine Zahnabsplitterung. Eine körperliche Misshandlung und eine Schädigung an der Gesundheit sind zu bejahen.

hemmer-Methode: Da davon auszugehen ist, dass jeder der Genannten den Tatbestand in eigener Person verwirklicht, bedarf es insoweit keiner wechselseitigen Zurechnung. G, W und I sind hier unproblematisch als Mittäter i.S.d. § 25 II StGB anzusehen.

bb) Qualifikation nach § 224 StGB

(1) § 224 I Nr. 2, 2.Var. StGB

Als Qualifikationstatbestand kommt zunächst § 224 I Nr. 2, 2.Var. StGB in Betracht. Unter einem gefährlichen Werkzeug ist jeder Gegenstand zu verstehen, der nach seiner Beschaffenheit und der Art seiner Verwendung im konkreten Einzelfall geeignet ist, erhebliche Verletzungen herbeizuführen. Körperteile des Täters wie etwa die Faust oder das zum Stoßen benutzte Knie sind grundsätzlich nicht als Werkzeuge i.S.d. § 224 I Nr. 2, 2.Var. StGB anzusehen.

Ein Schuh am Fuß kann dagegen – je nach seiner Beschaffenheit, der konkreten Benutzung im Einzelfall und dem betroffenen Körperteil als ein gefährliches Werkzeug anzusehen sein.[75] Vorliegend trugen G, W und I massiv ausgefertigte Winterstiefel. Zudem traten Sie mit Ihren beschuhten Füßen auch gegen den Kopf ihres Opfers. Unter diesen Umständen ist der Qualifikationstatbestand des § 224 I Nr. 2, 2.Var. StGB zu bejahen.

(2) § 224 I Nr. 4 StGB

Ferner liegt ein Fall des § 224 I Nr. 4 StGB vor. Eine mit einem anderen Beteiligten gemeinschaftlich verübte Körperverletzung setzt voraus, dass mindestens zwei Personen unmittelbar am Tatort einverständlich als Angreifer zusammenwirken. G, W und I sind hier in diesem Sinne gemeinsam gegen den J vorgegangen.

hemmer-Methode: Nach der Neufassung dieses Qualifikationstatbestandes durch das 6. Strafrechtsreformgesetz ist ein mittäterschaftliches Handeln nicht mehr erforderlich. Vielmehr ist der Begriff des Beteiligten hier wie in § 28 II StGB zu verstehen und umfasst also auch Teilnehmer.

(3) § 224 I Nr. 5 StGB

Schließlich stellen Schläge und Tritte mit massiv ausgefertigten Winterstiefeln in den Kopfbereich auch eine das Leben gefährdende Behandlung dar, da es nach h.M. genügt, wenn die Verletzungshandlung den konkreten Umständen nach abstrakt geeignet war, das Leben des Opfers in Gefahr zu bringen. Der Eintritt einer konkreten Lebensgefährdung wird nicht vorausgesetzt. Die tatsächlich zugefügte Verletzung muss also nicht lebensgefährlich sein.[76]

hemmer-Methode: Eine schwere Körperverletzung i.S.d. § 226 StGB liegt nicht vor, da es sich bei der erlittenen Zahnabsplitterung des J nicht um den Verlust eines wichtigen Gliedes i.S.d. § 226 I Nr. 2 StGB handelt. Ferner wurde der J nach den Angaben des Sachverhaltes nicht dauernd entstellt (§ 226 I Nr. 3 StGB).

a) Subjektiver Tatbestand

G, W und I handelten sowohl hinsichtlich des Grunddeliktes als auch hinsichtlich der objektiv verwirklichten Qualifikationstatbestände mit Wissen und Wollen, also vorsätzlich.

2. Rechtswidrigkeit

Problematisch erscheint allerdings die Rechtswidrigkeit der Tat. Diese könnte durch die Einwilligung des J ausgeschlossen sein.

Voraussetzungen der rechtfertigenden Einwilligung

a) **Disponibilität** des geschützten Rechtsgutes (generelle rechtliche Zulässigkeit des Verzichts auf das geschützte Rechtsgut)
b) **Verfügungsberechtigung** gerade des Einwilligenden hinsichtlich des geschützten Rechtsgutes
c) **Einwilligungsfähigkeit**
d) **Freiheit** der Einwilligung **von wesentlichen Willensmängeln** (Unwirksamkeit einer durch Täuschung erschlichenen oder durch Nötigung erzwungenen Einwilligung)
e) Bei Körperverletzungen: Kein Verstoß der Tat gegen die guten Sitten i.S.d. **§ 228 StGB**
f) **Ausdrückliche** oder **konkludente** Erklärung der Einwilligung
g) Erklärung der Einwilligung **vor der Tat** (keine nachträgliche Genehmigung der Tat im Strafrecht)
h) **Subjektives Rechtfertigungselement:** Handeln des Täters in Kenntnis und auf Grund der Einwilligung

---

75 Vgl. zur Subsumtion eines Turnschuhes unter den Begriff des gefährlichen Werkzeuges BGH, NStZ 1999, 616 = Life&Law 2000, 318. Vgl. ferner BGH, StV 2002, 21 = Life&Law 2002, 185 (brennende Zigarette = gefährliches Werkzeug).

76 Vgl. zu diesem Streit nochmals oben Fall 6.

hemmer-Methode: Unbedingt müssen Sie die rechtfertigende Einwilligung vom tatbestandsausschließenden Einverständnis unterscheiden. Letzteres kommt nur bei Delikten in Betracht, die tatbestandlich ein Handeln gegen den Willen des Betroffenen verlangen wie etwa § 123 I StGB („eindringen") oder § 242 StGB („Wegnahme"). Im Gegensatz zur Einwilligung muss das Einverständnis nicht willensmangelfrei zustande gekommen sein. Hier genügt das rein tatsächliche Vorliegen.

a) Die körperliche Unversehrtheit ist als Individualrechtsgut **disponibel**. J war hinsichtlich seines eigenen Körpers als Rechtsgutträger **verfügungsberechtigt**.

b) Ferner hat er seine Einwilligung **vor der Tat** und **ausdrücklich** gegenüber G, W und I **erklärt**. Diese haben **in Kenntnis und auf Grund dieser Einwilligung gehandelt**.

c) Fraglich ist aber, ob diese Erklärung des J wirksam war. Bedenken bestehen zunächst hinsichtlich der **Einwilligungsfähigkeit**. J war nämlich zur Tatzeit erst 15 Jahre alt und damit minderjährig.

Die Einwilligungsfähigkeit beurteilt sich jedenfalls bei Eingriffen in die körperliche Integrität des Opfers nicht nach bestimmten Altersgrenzen oder nach den Regeln, die für die zivilrechtliche Geschäftsfähigkeit gem. §§ 104 ff. BGB gelten, sondern nach der tatsächlichen Einsichts- und Urteilsfähigkeit desjenigen, der sich durch die Einwilligungserklärung des Rechtsschutzes begibt.[77]

Der Einwilligende muss im Stande sein, Wesen, Bedeutung und Tragweite des fraglichen Eingriffs voll zu erfassen und seinen Willen danach zu bestimmen. Dabei kommt es bei Minderjährigen auf den individuellen Reifegrad an.

d) Eine abschließende Klärung dieser Frage ist aus dem Sachverhalt heraus nicht möglich und ist auch nicht erforderlich, wenn **die Tat** selbst bei unterstellter Einwilligungsfähigkeit des J **gegen die guten Sitten verstößt** (§ 228 StGB).

Es kann dann auch dahingestellt bleiben, ob die Einwilligung des Geschädigten (insbesondere zur Fortsetzung des „Aufnahmerituals") ernsthaft und freiwillig erteilt wurde oder möglicherweise durch einen von der Jugend-Gang in der Tatsituation ausgehenden psychologischen Druck beeinflusst wurde und also an einem **wesentlichen Willensmangel** litt.

e) Eine Körperverletzung ist nämlich nach § 228 StGB trotz erklärter Einwilligung des Verletzten sittenwidrig, wenn sie auch bei grundsätzlicher Anerkennung des Verfügungsrechts über die eigene Körperintegrität nach Ziel, Beweggründen, Mittel und Art der Verletzung gegen das Anstandsgefühl aller billig und gerecht Denkenden verstößt und ihr deshalb die rechtliche Billigung nach der für das Zusammenleben grundlegenden Ordnung zu versagen ist.[78]

hemmer-Methode: Lesen Sie § 228 StGB genau! Entscheidend ist nach dieser Vorschrift die Sittenwidrigkeit der Tat als solche, nicht die der Einwilligung.

Die Aufnahmeprüfung bestand – was von vornherein vorgesehen und von den „Prüfern" auch so gewollt war – aus vielfachen brutalen, hemmungs- und rücksichtslosen Schlägen und Tritten, die selbst dann noch fortgesetzt werden sollten und wurden, als der „Prüfling" schon auf dem Boden lag. Dabei wurden auch Schläge und Tritte gegen den Kopf geführt. Es ist für jeden vernünftigen Menschen ohne weiteres klar, dass vor allem durch auf solche Weise zugefügte Kopfverletzungen schwerste Schädigungen, ja sogar der Tod des Opfers, eintreten können. Die für den „Prüfling" bestehende akute und schwerwiegende Gefahr wurde auch nicht dadurch in relevanter Weise vermindert, dass er sich gegen die Angreifer wehren und jederzeit den Abbruch des Vorgangs verlangen durfte. Denn seine Abwehrchancen waren angesichts der dreifachen Überlegenheit der Angreifer gering.

---

[77] BGHSt 4, 88, 90; BGHSt 12, 379, 382f.; BGHSt 23, 1, 4; WESSELS/ BEULKE, Rn. 374; LACKNER/ KÜHL, vor § 32 Rn. 16; vgl. ferner HILLENKAMP AT, 6. Problem.

[78] Vgl. BGHSt 4, 88, 91; BayObLG 1999, 372; WESSELS/ BEULKE, Rn. 377; LACKNER/ KÜHL, § 228 Rn. 10.

Bis zur Äußerung des Wunsches auf Abbruch der Schlägerei konnten ihm bereits so viele und schwere Verletzungen zugefügt worden sein, dass er möglicherweise gar nicht mehr (frei) entscheiden konnte, ob er den Abbruch oder eine Fortsetzung wünschte.

Die Tat des G, des W und des I verstößt daher trotz der Einwilligung gegen die guten Sitten.

f) Fraglich ist weiterhin, ob sich ein anderes Ergebnis ergäbe, wenn man die körperliche Auseinandersetzung zwischen G, W und I auf der einen und dem J auf der anderen Seite nach den Regeln beurteilte, die für sportliche Kämpfe mit Verletzungsgefahr gelten.[79] Dann könnte man möglicherweise doch zu einer wirksamen Einwilligung kommen.

Die hier dem Opfer abverlangte Mitwirkung bei der Mutprobe war jedoch nicht auf einen Wettbewerb oder auf ein jugendtypisches Messen der körperlichen Kräfte gerichtet, sondern unmittelbar auf eine massive Körperverletzung. Der Bewerber für die Aufnahme in die Jugend-Gang sollte sich „zusammenschlagen" lassen. Die mit dem Opfer getroffene Abrede enthält außerhalb der Zeitbestimmung und der Möglichkeit, den Abbruch der Schläge zu verlangen, keine Regelungen über die Art des körperlichen Angriffs oder Begrenzungen der Schläge auf bestimmte Körperteile.

Der Annahme eines sportlichen Kampfes widerspricht weiter der Umstand, dass das Ausmaß der herbeigeführten Verletzungen nicht abschätzbar war und zudem zur Verhütung schweren Schadens keinerlei Vorkehrungen getroffen waren. Hinzu tritt weiter, dass die Abrede eine grundsätzliche Überlegenheit der Angreifer gegenüber dem Opfer schon allein aufgrund ihrer Überzahl vorsah. Die Verteidigungsmöglichkeiten bei drei Angreifern waren für J von vornherein außerordentlich beschränkt.

Das verfahrensgegenständliche Ritual unterscheidet sich damit grundsätzlich von Sportkämpfen der verschiedensten Art, weil hierfür eine gewisse Chancengleichheit und realistische Verteidigungsmöglichkeiten kennzeichnend sind.

hemmer-Methode: Eine derartig ausführliche Auseinandersetzung mit dieser Problematik wird in der Klausur nicht unbedingt von Ihnen erwartet. Erkannt werden mussten jedoch die Hauptprobleme, nämlich die Einwilligungsfähigkeit des Minderjährigen und die Sittenwidrigkeit wegen der Schwere der drohenden Verletzungen. Sie sollten auch bedenken, dass die Auseinandersetzung mit einem Problem umso ausführlicher erfolgen sollte, je weniger sonstige Problemstellungen in der Klausur auftauchen.

g) Die Tat war rechtswidrig, da sie trotz der erklärten Einwilligung gem. § 228 StGB gegen die guten Sitten verstieß.

3. Schuld

Gemäß § 17 S.1 StGB könnte den Beteiligten die Einsicht, Unrecht zu tun, also das Unrechtsbewusstsein, gefehlt haben, mit der Folge, dass sie dann ohne Schuld gehandelt hätten.

Selbst wenn man unterstellt, dass G, W und I von einer wirksamen Einwilligung ihres Opfers ausgingen, liegt hier jedenfalls lediglich ein vermeidbarer Verbotsirrtum in Form des Erlaubnisirrtums vor, da sie bei gehöriger Anspannung ihres Gewissens hätten erkennen können, dass die Zustimmung des Opfers hier keine Wirkung entfalten konnte. Von daher liegt maximal ein vermeidbarer Verbotsirrtum gemäß § 17 S.2 StGB vor, der nicht die Schuld entfallen lässt, sondern lediglich zu einer Strafmilderung nach § 49 I StGB führt. Die Täter handelten daher schuldhaft.

hemmer-Methode: Ein zu ausführliches Eingehen auf die Irrtumsproblematik war hier nicht angebracht, da hierzu im Sachverhalt keine näheren Hinweise zu finden waren. Wenn der Klausurersteller Irrtumsfragen zum Schwerpunkt der Klausur machen will, bringt er dies im Sachverhalt meistens dadurch zum Ausdruck, dass die Beteiligten sich für straflos halten.

[79] Vgl. insofern LACKNER/ KÜHL, vor § 32 Rn. 2a.

Auf keinen Fall durfte hier ein Erlaubnistatbestandsirrtum näher diskutiert werden. Die Täter unterlagen eindeutig keiner Fehlvorstellung in tatsächlicher Hinsicht, sondern haben den Sachverhalt in vollem Umfang und zutreffend erfasst. Allenfalls haben sie die rechtlichen Folgen ihres Tuns falsch eingestuft und bewertet, so dass ein Erlaubnisirrtum als Unterfall des Verbotsirrtums angesprochen werden konnte.

II. Ergebnis

G, W und I sind der mittäterschaftlichen, gefährlichen Körperverletzung gem. §§ 223 I, 224 I Nr. 2, 2.Var., Nr. 4 und Nr. 5, 25 II StGB schuldig. In Betracht kommt lediglich bei Vorliegen eines vermeidbaren Verbotsirrtums eine Strafmilderung nach §§ 17 S.2, 49 I StGB.

D. Zusammenfassung

Sound: Beschuhter Fuß als gefährliches Werkzeug. Rechtfertigende Einwilligung. Erlaubnisirrtum.

Unter Werkzeugen sind bewegliche Gegenstände zu verstehen, die durch mechanische oder chemische Einwirkung zu einer Verletzung des Opfers führen können. Gefährlich ist ein Werkzeug, wenn es nach seiner objektiven Beschaffenheit und nach der Art seiner Benutzung im konkreten Fall geeignet ist, beim Opfer erhebliche Verletzungsfolgen herbeizuführen. Körperteile des Angreifers fallen nicht hierunter. Anders kann es jedoch beim beschuhten Fuß sein. Entscheidend sind insofern die jeweiligen Umstände des Einzelfalles.

Die rechtfertigende Einwilligung muss ausdrücklich oder konkludent und vor der Tat erklärt werden. Neben der Disponibilität des geschützten Rechtsgutes und der Verfügungsberechtigung gerade des Einwilligenden hinsichtlich des geschützten Rechtsgutes sind die Einwilligungsfähigkeit und die Freiheit der Einwilligung von wesentlichen Willensmängeln Voraussetzung. Bei Körperverletzungen darf zudem die Tat gem. § 228 StGB trotz der erklärten Einwilligung nicht gegen die guten Sitten verstoßen. Um in den Genuss der Rechtfertigung zu gelangen, muss der Täter schließlich in Kenntnis und auf Grund der Einwilligung gehandelt haben (subjektives Rechtfertigungselement).

Beim Erlaubnisirrtum ist die Einstellung des Täters zur Rechtsordnung mit der des direkten Verbotsirrtums vergleichbar, da sich der im Erlaubnisirrtum Handelnde bei zutreffender Erfassung der Sachlage von Vorstellungen über Recht und Unrecht leiten lässt, die denen des Gesetzgebers widersprechen, also einen Abfall von den Wertprinzipien der Rechtsordnung enthalten. Ist ein solcher Irrtum unvermeidbar, so entfällt nach § 17 S.1 StGB die Schuld. Bei Vermeidbarkeit kommt eine Strafmilderung nach §§ 17 S.2, 49 I StGB in Betracht.

hemmer-Methode: Die rechtfertigende Einwilligung ist häufig Gegenstand von Anfängerklausuren. Im Gegensatz zu Notwehr und rechtfertigendem Notstand handelt es sich bei ihr um einen gesetzlich nicht normierten Rechtfertigungsgrund. Hier müssen Sie sich daher einiges merken.

E. Zur Vertiefung

Zur rechtfertigenden Einwilligung

- HEMMER/WÜST, Strafrecht AT I, Rn. 306 ff.

Zu den Qualifikationstatbeständen des § 224 StGB

- HEMMER/WÜST, Strafrecht BT II, Rn. 90 ff.
- Zum Fall: BayObLG, NJW 1999, 372 mit Anmerkungen AMELUNG, NStZ 1999, 458ff.; OTTO JR 1999, 124; MARTIN, JuS 1999, 403.

Aktuelle Rechtsprechung

- Zum Mitwirkungserfordernis i.R.d. § 224 I Nr. 4 StGB: BGH, NStZ 2003, 86 = Life&Law 2003, 194, sowie zu § 224 I Nr. 2 und 5 BGH, StV 2002, 482 = Life&Law 2002, 760.
- Zu den Anforderungen an eine rechtfertigende Einwilligung in die Körperverletzung bei der Heroin-Fremdinjektion nach Aufforderung durch das Tatopfer: BGH NStZ 2004, 204 ff. = Life&Law 2004, 392 ff.

Fall 11: Der festgenommene Eigentümer

Sachverhalt:

Theo (T) sieht, wie eine Person ein gekipptes Fenster einer Wohnung öffnet und gerade dabei ist, in diese Wohnung einzusteigen. Sofort stürmt er auf diese Person zu und nimmt sie in einen festen Polizeigriff. Bevor sich die Person erklären kann, übergibt T sie an zwei Polizisten in einem gerade vorbeifahrenden Polizeiwagen. Hierbei stellt sich heraus, dass es sich bei der festgehaltenen Person um Anton (A) handelt, welcher Eigentümer der fraglichen Wohnung ist. A hatte seine Schlüssel zu Hause auf dem Wohnzimmertisch vergessen.

Bearbeitervermerk:

Prüfen Sie die Strafbarkeit des T.

A. Einordnung

In diesem Fall ist zunächst der Rechtfertigungsgrund des § 127 I StPO zu erkennen. In diesem Zusammenhang ist zur Frage Stellung zu nehmen, ob die Vorschrift eine wirklich begangene Straftat bzw. eine rechtswidrige Tat voraussetzt oder ob ein dringender Tatverdacht genügt. Lehnt man eine Rechtfertigung des T ab, so muss geklärt werden, wie seine Fehlvorstellung einzuordnen ist. T hat sich einen Sachverhalt vorgestellt, bei dem er – wenn er wirklich so vorgelegen hätte – gerechtfertigt gewesen wäre. Die rechtliche Behandlung eines solchen Erlaubnistatbestandsirrtums ist umstritten.

B. Gliederung

Strafbarkeit des T

I. Freiheitsberaubung, § 239 I StGB

1. Objektiver Tatbestand
Beeinträchtigung der pers. Bewegungsfreiheit (+)

2. Subjektiver Tatbestand

3. Rechtswidrigkeit -⇨ § 127 I StPO?

(P): Setzt **§ 127 I StPO** eine **wirklich begangene Straftat** voraus (h.M. in der Literatur) oder genügt dringender Tatverdacht (Rechtsprechung)?

pro Rspr.:
Festnahme im öffentlichen Interesse

⇨ „Tat" i.R.d. StPO immer nur Tatverdacht, Festnehmender soll Risiko einer Fehleinschätzung nicht tragen; zudem:

Vorliegen einer Straftat ist in der Festnahmesituation nicht feststellbar

pro h.M. in der Literatur:
arg. e contrario § 127 II StPO, Festnehmender wird hinreichend über Erlaubnistatbestandsirrtum geschützt

i. Erg.: § 127 I StPO (-)
⇨ Rechtswidrigkeit (+)

4. Schuld
(P): Erlaubnistatbestandsirrtum

- strenge Schuldtheorie: § 17 StGB
- Lehre von den negativen Tatbestandsmerkmalen: § 16 StGB direkt
- Vorsatztheorie: § 16 StGB direkt
- einschränkte Schuldtheorie: § 16 StGB analog ⇨ kein subjektiver Tatbestand
- **rechtsfolgenverweisende eingeschränkte Schuldtheorie**: § 16 StGB analog ⇨ kein Vorsatzschuldvorwurf

II. Ergebnis: § 239 I StGB (-)

C. Lösung

Strafbarkeit des T

I. Freiheitsberaubung, § 239 I StGB

T könnte sich durch das Verbringen des A in einen festen Polizeigriff und durch dessen Übergabe an die vorbeikommenden Polizeibeamten einer Freiheitsberaubung gem. § 239 I StGB strafbar gemacht haben.

1. Objektiver Tatbestand

T hat dem A, dadurch dass er ihn in den Polizeigriff nahm und den beiden Polizeibeamten übergab, die Möglichkeit genommen, sich nach seinem Willen fortzubewegen. Er hat ihn damit des Gebrauchs der persönlichen Fortbewegungsfreiheit beraubt und folglich den objektiven Tatbestand des § 239 I StGB verwirklicht.

2. Subjektiver Tatbestand

T handelte vorsätzlich mit Wissen und Wollen.

3. Rechtswidrigkeit

Fraglich ist, ob T rechtswidrig gehandelt hat. Seine Tat könnte gerechtfertigt sein durch das in § 127 I StPO jedermann gewährte Recht, einen auf frischer Tat betroffenen oder verfolgten Täter vorläufig festzunehmen, wenn Fluchtverdacht besteht oder dessen Identität nicht sofort festgestellt werden kann.

hemmer-Methode: Weitere – allerdings weniger klausurrelevante Festnahmerechte – finden sich in § 229 BGB, § 87 StVollzG und § 164 StPO. Lesen Sie auch diese Vorschriften einmal durch. Detaillierte Kenntnisse werden hier nicht von Ihnen erwartet.

Problematisch ist, dass A in Wirklichkeit gar keine Tat begangen hat.

In Rechtsprechung und Literatur ist umstritten, ob ein objektiv begründeter Verdacht, der hier bezüglich eines Hausfriedensbruchs, § 123 I StGB vorlag, für eine Rechtfertigung ausreicht, oder ob § 127 I StPO eine wirklich begangene Straftat erfordert.[80]

a) Nach Ansicht der Rechtsprechung soll ein dringender Tatverdacht genügen.[81] Teilweise wird diese Ansicht dahin gehend modifiziert, dass darüber hinaus die Gesamtschau aller erkennbaren äußeren Umstände nach der Lebenserfahrung ohne vernünftige Zweifel den Schluss auf eine rechtswidrige Tat (§ 11 I Nr. 5 StGB) zulassen muss, dass der dringende Tatverdacht also auf pflichtgemäßer Prüfung bzw. Ermittlung der Umstände beruhen muss.[82]

Für das Ausreichenlassen eines begründeten Verdachts spreche, dass in der aktuellen Festnahmesituation insbesondere für eine strafrechtlich ungeschulte Privatperson (arg. Wortlaut des § 127 I StPO: „jedermann") schwerlich ein so sicheres Ergebnis zu gewinnen sei, wie es später das erkennende Gericht nach umfangreichen Ermittlungen zu erlangen vermag. Das Risiko, eine Person zu Unrecht festzunehmen, dürfe nicht dem Festnehmenden, der bei der Festnahme öffentliche Interessen wahrnimmt, angelastet werden, wenn sich ein dringender Tatverdacht aus erkennbaren äußeren Umständen ergebe. Auch knüpften sonstige strafprozessuale Eingriffsbefugnisse nicht an eine objektive Täterschaft sondern immer nur an einen Tatverdacht an.

Da T von einem dringenden Tatverdacht für einen Hausfriedensbruch gem. § 123 I StGB ausging und ihm aufgrund der konkreten Umstände auch kein Vorwurf hinsichtlich dessen Ermittlung gemacht werden kann, hätte er nach dieser Ansicht gem. § 127 I StPO rechtmäßig gehandelt.

b) Nach der h.M. im Schrifttum[83] dagegen setzt § 127 I StPO eine wirklich begangene Straftat voraus.

---

80 Vgl. hierzu HILLENKAMP AT, 8. Problem.

81 BGH, NJW 1981, 745; OLG Hamm, NStZ 1998, 370 = Life&Law 1998, 592f.; ferner KARGL, NStZ 2000, 8.

82 So BayObLG, MDR 1986, 957.

83 LENCKNER, in: Schönke/ Schröder, vor § 32 Rn. 82; WESSELS/ BEULKE, Rn. 354; KREY AT 1, Rn. 601; LACKNER/ KÜHL, vor § 32 Rn. 23.

Als Argument hierfür wird zunächst auf den Unterschied zwischen § 127 I StPO, der verlangt, dass der Täter „auf frischer Tat betroffen“ worden sein muss, und § 127 II StPO, der durch seinen Verweis auf die §§ 112 StPO den dringenden Tatverdacht genügen lässt (vgl. § 127 II StPO i.V.m. § 112 I 1 StPO), hingewiesen. Wenn der Gesetzgeber gewollt hätte, dass auch für § 127 I StPO ein dringender Tatverdacht genügen sollte, so hätte sich dies wie in § 127 II StPO im Wortlaut der Vorschrift niederschlagen müssen.

Ferner ist der Privatmann zur Festnahme nicht verpflichtet, während die zur Strafverfolgung berufenen Staatsanwälte oder Polizeibeamten sich gem. §§ 258, 258a StGB strafbar machen können, wenn sie einen Täter entfliehen lassen. Sie sind deshalb im Interesse einer funktionsfähigen Strafrechtspflege bei Irrtümern auf der Tatsachenseite schützenswert. Eine Fehleinschätzung muss hier in gewissen Grenzen zu Lasten des Festgenommenen gehen.

Weiter führte die Gegenansicht der Rechtsprechung dazu, dass sich der Festgenommene bei einer unberechtigten Festnahme durch eine Privatperson mangels rechtswidrigen Angriffs nicht gem. § 32 StGB verteidigen dürfte. Die Rechtfertigung des Festnehmenden nach § 127 I StPO stünde einer Notwehrlage aus der Sicht des Festgenommenen entgegen.

Eine Ausdehnung der Anwendbarkeit des § 127 I StPO auf Fälle bloß dringenden Tatverdachts ist im Übrigen auch nicht erforderlich, da der sich irrende Festnehmende über die Regeln des Erlaubnistatbestandsirrtums in angemessener Weise geschützt ist.

Ein Irrtum i.R.d. § 127 I StPO ist daher dem Festnehmenden anzulasten; die Vorschrift greift somit vorliegend zugunsten des T nicht ein.

T handelte rechtswidrig.

hemmer-Methode: Anders als in der späteren Praxis gilt in der Klausur: Probleme schaffen, nicht wegschaffen! Sicherlich lassen sich auch für die Ansicht des BGH sehr gute Argumente finden. Denken Sie aber klausurtaktisch: Wenn Sie an dieser Stelle dem BGH folgen, ist T gem. § 127 I StPO gerechtfertigt. Und Sie können das Problem des Erlaubnistatbestandsirrtums, das vom Klausurersteller hier sicherlich erwartet wird, allenfalls i.R.e. Hilfgutachtens ansprechen. Versetzen Sie sich in die Gedankenwelt des Klausurerstellers. Fragen Sie sich, was ihr imaginärer Gegner beim Entwerfen der Klausur gedacht hat. In der Praxis und im Zweiten Staatsexamen enthält der Sachverhalt vielfach auch für die Falllösung irrelevante und überflüssige Angaben. Hier sollen Sie gerade zeigen, dass Sie Wesentliches von Unwesentlichem trennen können. In den Scheinklausuren dagegen ist in aller Regel jede Silbe des Sachverhaltes für die Falllösung bedeutungsvoll. Schöpfen Sie also den Sachverhalt aus!

4. Schuld

T könnte jedoch ohne Schuld gehandelt haben. Er hielt nämlich A nicht für den Eigentümer, sondern ging von einem widerrechtlichen Eindringen in die Wohnung i.S.d. § 123 I StGB aus. T stellte sich somit einen Sachverhalt vor, bei dem er nach § 127 I StPO gerechtfertigt gewesen wäre. Fraglich ist, wie ein solcher Erlaubnistatbestandsirrtum, bei dem sich der Täter über das Vorliegen der tatsächlichen Voraussetzungen eines anerkannten Rechtfertigungsgrundes irrt, rechtlich zu behandeln ist.[84]

Die **strenge Schuldtheorie** sieht im Erlaubnistatbestandsirrtum einen Verbotsirrtum und wendet folglich § 17 StGB an. Da T hier bei gehöriger Gewissensanspannung hätte erkennen können, dass es sich bei A um den Eigentümer der Wohnung handelte, war sein Irrtum vermeidbar. Nach dieser Theorie wäre T also gem. § 239 I StGB mit der Möglichkeit einer Strafmilderung nach §§ 17 S.2, 49 I StGB zu bestrafen.

Gegen die strenge Schuldtheorie lässt sich allerdings anführen, dass eine Bestrafung wegen vorsätzlich begangener Tat bei Vermeidbarkeit des Irrtums als grob unbillig anzusehen ist.

[84] Vgl. hierzu HILLENKAMP AT, 10. Problem.

Hinzu kommt, dass nach dem Willen des historischen Gesetzgebers § 17 StGB allein Irrtümer bei der rechtlichen Bewertung und gerade nicht – wie § 16 StGB – auch solche hinsichtlich der tatsächlichen Umstände erfassen sollte. Da bei der hier vorliegenden Konstellation T sich bezüglich tatsächlicher Umstände irrt, ist der Anwendungsbereich des § 17 StGB zu verneinen.

Für eine direkte Anwendung des § 16 StGB plädiert dagegen die **Lehre von den negativen Tatbestandsmerkmalen**. Nach ihr wäre daher die Strafbarkeit wegen vorsätzlicher Freiheitsberaubung gem. §§ 239 I, 16 I 1 StGB zu verneinen. Die fahrlässige Freiheitsberaubung ist nach § 15 StGB straflos.

Nach dieser Lehre bilden die Rechtfertigungsgründe Bestandteile eines sog. „Gesamt-Unrechtstatbestandes", wobei die einzelnen Voraussetzungen der Rechtfertigungsgründe als negative Tatbestandsmerkmale anzusehen sind. Der Vorsatz muss sich hiernach nicht nur auf das Vorliegen der (positiven) Tatbestandsmerkmale, sondern auch auf das Fehlen von Rechtfertigungsvoraussetzungen richten. Damit kommt nach dieser Lehre dem Erlaubnistatbestandsirrtum stets vorsatzausschließende Wirkung zu. Abgesehen von den grundsätzlichen dogmatischen Bedenken gegen diese Lehre lässt sich gegen sie zudem einwenden, dass sie bei bösgläubigen Anstiftern und Gehilfen auf Grund des Prinzips der limitierten Akzessorietät der Teilnahme zu erheblichen und kriminalpolitisch unerwünschten Strafbarkeitslücken führt. Auch diese Lehre ist daher abzulehnen.

Ebenfalls zu einer direkten Anwendung des § 16 StGB gelangt die **Vorsatztheorie,** die das Unrechtsbewusstsein als Teil des Vorsatzes ansieht. Diese Ansicht ist jedoch mit dem geltenden Recht des § 17 StGB nicht mehr vereinbar, da hiernach nicht der Vorsatz, sondern die Schuld entfällt, wenn dem Täter bei Begehung der Tat die Einsicht, Unrecht zu tun, fehlt.

Nach der überwiegend vertretenen **eingeschränkten Schuldtheorie** wird auf den Erlaubnistatbestandsirrtum § 16 StGB analog angewandt.

Diese Ansicht wird dem Umstand gerecht, dass sich der Täter hier zwar im Bereich des Tatsächlichen irrt, dass er sich dabei aber von Wertvorstellungen leiten lässt, die dem Gesetz wirklich zu Grunde liegen. Der Täter verhält sich daher – anders als beim Erlaubnisirrtum[85] – an sich rechtstreu und geht nur aus Unaufmerksamkeit fehl. Innerhalb der eingeschränkten Schuldtheorie herrscht Uneinigkeit darüber, ob gem. § 16 I 1 StGB analog vorsätzliches Unrecht ausgeschlossen ist, oder ob der Erlaubnistatbestandsirrtum vorsätzliches Unrecht bestehen lässt und der irrende Täter lediglich hinsichtlich der Rechtsfolgen wie ein Fahrlässigkeitstäter zu behandeln ist. Die letztere Ansicht liegt der sog. **rechtsfolgenverweisenden eingeschränkten Schuldtheorie** zu Grunde. Sie geht bei einem Erlaubnistatbestandsirrtum vom Vorliegen einer vorsätzlichen und rechtswidrigen Haupttat aus und lässt lediglich den Vorsatzschuldvorwurf gem. § 16 StGB analog entfallen.

Nach ihr ist von einer Doppelfunktion des Vorsatzes auf Unrechts- und Schuldebene auszugehen. Der Vorsatz im Unrechtsbereich stellt als Verhaltensform lediglich die psychische Beziehung des Täters zum äußeren Tatgeschehen dar. T hat den A vorsätzlich in den Polizeigriff genommen und den Polizeibeamten übergeben, also die objektiven Tatumstände des § 239 I StGB wissentlich und willentlich verwirklicht. Auf Schuldebene ist der Vorsatz Träger des Gesinnungsunwertes. Hier wird also beurteilt, weswegen es zu einer Begehung von rechtswidrigem Unrecht gekommen ist. Vorliegend hat sich T nicht vorsätzlich über die Rechtsordnung hinweggesetzt, da er an das Eingreifen des § 127 I StPO als Rechtfertigungsgrund glaubte. Ihm kann also auf Schuldebene höchstens ein Fahrlässigkeitsvorwurf gemacht werden. Da das StGB einen Tatbestand der fahrlässigen Freiheitsberaubung nicht kennt (vgl. § 15 StGB), ist T im Ergebnis straflos.

Diese Ansicht erscheint vorzugswürdig, weil mit ihr die angesprochenen kriminalpolitisch unbefriedigenden Strafbarkeitslücken im Teilnahmebereich vermieden werden können. T hat danach ohne den erforderlichen Schuldvorsatz gehandelt.

---

[85] Vgl. zum Erlaubnisirrtum nochmals Fall 10.

hemmer-Methode: Bei der rechtlichen Behandlung des Erlaubnistatbestandsirrtums handelt es sich um einen der klassischen Meinungsstreitigkeiten aus dem Bereich des Allgemeinen Teils des StGB. Insbesondere wenn auch die Strafbarkeit von Teilnehmern zu prüfen ist, müssen Sie hierauf näher eingehen, da dann die unterschiedlichen Theorien auch zu unterschiedlichen Ergebnissen führen. Vorliegend hätte die Darstellung sicherlich auch etwas knapper ausfallen können. Lesen Sie dennoch die Ausführungen zur Wiederholung nochmals in Ruhe durch.

II. Ergebnis

T hat sich nicht gem. § 239 I StGB strafbar gemacht.

D. Zusammenfassung

Sound: Jedermann-Festnahmerecht nach § 127 I StPO. Erlaubnistatbestandsirrtum.

Neben den Rechtfertigungsgründen des StGB finden sich auch in anderen Gesetzen Erlaubnissätze. Von zentraler Bedeutung ist das jedermann eingeräumte Festnahmerecht des § 127 I StPO, das neben Eingriffen in die persönliche Freiheit auch leichte Körperverletzungen gestattet.[86] Nach Ansicht der Rspr. genügt für eine Rechtfertigung nach § 127 I StPO ein dringender Tatverdacht; die h.M. in der Literatur verlangt demgegenüber eine wirklich begangene Tat.

Der Erlaubnistatbestandsirrtum führt nach der rechtsfolgenverweisenden eingeschränkten Schuldtheorie zum Entfallen des Vorsatzschuldvorwurfes gem. § 16 I StGB analog.

Es bleibt damit beim Vorliegen einer vorsätzlichen und rechtswidrigen Tat; der im Erlaubnistatbestandsirrtum befindliche Täter handelt aber ohne Schuld und kann nur aus dem entsprechenden Fahrlässigkeitstatbestand bestraft werden, wenn ein solcher existiert.

Abzugrenzen ist der Erlaubnistatbestandsirrtum vom Erlaubnisirrtum.

Wer einem vermeidbaren Irrtum im tatsächlichen Bereich über das Vorliegen der sachlichen Voraussetzungen eines anerkannten Rechtfertigungsgrundes unterliegt (⇨ Fall des Erlaubnistatbestandsirrtums), setzt sich dem Vorwurf mangelnder Aufmerksamkeit und nachlässiger Einstellung zu den Sorgfaltsanforderungen des Rechtfertigungsgrundes aus. Er zeigt dabei jedoch keine rechtsfeindliche Gesinnung, da er sich bei der Tat von Wertvorstellungen leiten lässt, die an sich mit denen des Gesetzgebers übereinstimmen. Sein Verhalten ist nicht Ausdruck einer Auflehnung gegen die Wertentscheidungen der Rechtsordnung. Eine analoge Anwendung des § 16 StGB erscheint daher sachgerecht.

Verkennt der Täter dagegen die rechtlichen Grenzen eines anerkannten Rechtfertigungsgrundes oder glaubt er an das Bestehen eines von der Rechtsordnung nicht anerkannten Rechtfertigungsgrundes (→ Fall des Erlaubnisirrtums), so ist seine Einstellung zur Rechtsordnung eher mit der des direkten Verbotsirrtums vergleichbar, da er sich bei vollständiger und zutreffender Erfassung der Sachlage von Wertvorstellungen über Recht und Unrecht leiten lässt, die denen des Gesetzgebers widersprechen. Sein Verhalten enthält einen Abfall von den Wertprinzipien der Rechtsordnung. Eine analoge Anwendung des § 17 StGB ist daher sachgerecht.

[86] Vgl. BGH, NJW 2000, 1348 mit Anmerkungen BAIER, JA 2000, 630 und MARTIN, JuS 2000, 717. Keinesfalls deckt § 127 I StPO dagegen die Abgabe von Schüssen auf den Fliehenden.

hemmer-Methode: Der vorstehende Fall behandelt zwei klassische Probleme, die schon oftmals abgeprüft wurden. Deshalb werden diese Problemfelder vielen Bearbeitern bekannt sein. Allein das Erkennen des Problems reicht daher nicht aus, um eine gute Klausur zu schreiben. Hier müssen Sie dem Korrektor eine strukturierte und überzeugende Argumentation bieten. Trainieren Sie Ihre Fähigkeit zur Argumentation in Ihrer Vorbereitung an Übungsfällen.
Machen Sie sich frühzeitig und intensiv damit vertraut, was Sie im Ernstfall erwartet.

E. Zur Vertiefung

Zum Festnahmerecht nach § 127 StPO

- HEMMER/WÜST, Strafrecht AT I, Rn. 356 ff.

Zum Erlaubnistatbestandsirrtum

- HEMMER/WÜST, Strafrecht AT II, Rn. 205, 336 ff., insbesondere die Checkliste in Rn. 342.

Aktuelle Rechtsprechung

- Zum Festnahmerecht des § 127 I StPO BGH, NJW 2002, 1060 = Life&Law 2002, 468.

Fall 12: Der beherzte Arzt

Sachverhalt:

Der vierjährige Emil (E) leidet an einer schweren Erkrankung, die eine sofortige Operation zur Lebensrettung erforderlich macht. Seine beiden Eltern lehnen aus finanziellen Gründen eine solche Operation als überflüssig ab. Dennoch nimmt der von Nachbarn herbeigerufene Arzt Dr. Kübler (K) den E mit in seine Klinik und führt die lebensrettende Operation unter Einsatz einer Bluttransfusion durch. Die Operation gelingt. E überlebt.

Bearbeitervermerk:

Prüfen Sie die Strafbarkeit des K.

A. Einordnung

Zunächst stellt sich in diesem Fall die Frage, ob die Durchführung der lebensrettenden Operation durch K überhaupt als Körperverletzungshandlung i.S.d. § 223 I StGB angesehen werden kann. Bejaht man dies, so ist nachfolgend auf der Ebene der Rechtswidrigkeit zu prüfen, ob K auf Grund einer tatsächlichen oder mutmaßlichen Einwilligung gerechtfertigt ist.

B. Gliederung

Strafbarkeit des K

I. Körperverletzung, § 223 I StGB

1. Objektiver Tatbestand

a) Grunddelikt

(P): Ärztlicher Heileingriff = tatbestandliche Körperverletzung?

h.M. in der Literatur: (-), wenn Behandlung zu Heilzwecken vorgenommen, nach den Erkenntnissen der medizinischen Wissenschaft angezeigt und nach den Regeln der ärztlichen Kunst durchgeführt

Rechtsprechung: (+), abzustellen hiernach auf den einzelnen ärztlichen Eingriff

i. Erg.:
objektiver Tatbestand des § 223 I StGB (+), arg. weitergehende Beachtung des Selbstbestimmungsrechts des Patienten

b) Qualifikation gem. § 224 I Nr. 2 StGB (-)

2. Subjektiver Tatbestand (+)

3. Rechtswidrigkeit

a) Tatsächliche Einwilligung?
Einwilligungsfähigkeit des E? (-)
Einwilligung der Eltern als gesetzliche Vertreter (§§ 1626 I, 1629 I 1 BGB)? (-)

b) Mutmaßliche Einwilligung?
Handeln im Interesse des Betroffenen, i. Erg. hier (+)
Subjektives Rechtfertigungselement (+)

II. Ergebnis: § 223 I StGB (-)

C. Lösung

Strafbarkeit des K

I. Körperverletzung, § 223 I StGB

Durch die Durchführung der Operation an E könnte sich K wegen Körperverletzung gem. § 223 I StGB strafbar gemacht haben.

1. Objektiver Tatbestand

Erforderlich wäre dafür zunächst das Vorliegen einer körperlichen Misshandlung oder einer Schädigung an der Gesundheit.

a) Grunddelikt

Ob ein ärztlicher Heileingriff den Tatbestand der Körperverletzung erfüllt, ist umstritten.[87]

[87] Vgl. umfassend TRÖNDLE/ FISCHER, § 223, Rn. 9 ff.

(1) Nach der h.M. in der Literatur stellt jede zu Heilzwecken vorgenommene Behandlung, die nach den Erkenntnissen der medizinischen Wissenschaft angezeigt ist und deren Ausführung den Regeln der ärztlichen Kunst entspricht, schon tatbestandlich keine Körperverletzung dar. Dies soll auch dann gelten, wenn der ursprünglich angestrebte Erfolg später ausbleibt. Maßgeblich sei, dass der Heileingriff aus ex ante Sicht im Gesamtergebnis zu einer Verbesserung des gesundheitlichen Zustandes führen sollte. Es sei also nicht auf die einzelne ärztliche Handlung abzustellen, die als solche durchaus einen Eingriff in die körperliche Integrität darstellen könne, sondern darauf, welche Wirkungen die Handlung auf den körperlichen Gesamtzustand hat.[88]

Hiernach läge zwar etwa in der Vornahme einer Bluttransfusion eine Beeinträchtigung der körperlichen Integrität; diese sollte aber insgesamt gerade zu einer Wiederherstellung der Gesundheit und zur Lebensrettung des E führen und wurde von K nach den Regeln der ärztlichen Kunst durchgeführt. Das Handeln des K lässt sich daher nach dieser Ansicht nicht als üble und unangemessene Behandlung, also als körperliche Misshandlung, qualifizieren. Nach der Literaturmeinung wäre also der Tatbestand der Körperverletzung nicht erfüllt.

(2) Die Rechtsprechung dagegen stellt auf den einzelnen ärztlichen Eingriff ab, ohne Rücksicht darauf, ob die betreffende Maßnahme zu Heilzwecken angezeigt war und ob sie sachgerecht ausgeführt wurde. Ferner sind nach dieser Auffassung auch die Wirkungen des ärztlichen Eingriffs nicht zu berücksichtigen. Stellt dieser isoliert für sich betrachtet eine Beeinträchtigung der körperlichen Unversehrtheit dar, so soll Körperverletzung auch dann vorliegen, wenn der Eingriff letztlich zu einer Heilung des Patienten führt.[89] Zur Straflosigkeit des Arztes kommt diese Meinung dadurch, dass sie die Rechtswidrigkeit wegen Einwilligung oder mutmaßlicher Einwilligung verneint.

[88] Vgl. ESER, in: Schönke/ Schröder, § 223 Rn. 31ff.; HORN, in: Systematischer Kommentar, § 223, Rn. 35 ff.

[89] BGHSt 11, 111; BGHSt 43, 306; BGH, NStZ 1996, 34.

(3) Für die Lit. spricht zwar, dass eine den Gesundheitszustand des Patienten im Ergebnis verbessernde Handlung schwerlich als Misshandlung angesehen werden kann. Jedoch ist auch dem Gedanken des Selbstbestimmungsrechtes des Patienten Rechnung zu tragen. Ein Heileingriff, der darüber hinausgeht, ist jedenfalls übel und unangemessen. Zudem wird auch ansonsten bei der Frage nach der Tatbestandsverwirklichung immer auf die konkrete Handlung abgestellt, was sich u.a. aus § 8 StGB ergibt.

hemmer-Methode: Zu denken wäre allenfalls daran, die Einwilligung des Patienten bereits als tatbestandsausschließendes Einverständnis in den Tatbestand zu verlagern. Dem steht jedoch entgegen, dass der Patient dann vor Willensmängeln und Aufklärungspflichtverletzungen durch den Arzt nur unvollkommen geschützt wäre. Andererseits steht dem Arzt, der einem nicht einwilligungsfähigen Patienten die notwendige Behandlung zuteil werden lässt, das Rechtsinstitut der mutmaßlichen Einwilligung zur Seite, s. dazu sogleich im Fall.

Danach hat K tatbestandlich eine Körperverletzung begangen.

b) Qualifikation gem. § 224 I Nr. 2 StGB

Der Qualifikationstatbestand des § 224 I Nr. 2 StGB ist nicht erfüllt, da auch nach Ansicht der Rechtsprechung Behandlungs- und Operationsinstrumente, die von zugelassenen Ärzten bestimmungsgemäß gebraucht werden, nicht als gefährliche Werkzeuge im Sinne dieser Vorschrift anzusehen sind.[90]

2. Subjektiver Tatbestand

K handelte vorsätzlich mit Wissen und Wollen.

3. Rechtswidrigkeit

Zu prüfen ist, ob K rechtswidrig gehandelt hat.

[90] Vgl. BGH, NJW 1978, 1206; BGH, NStZ 1987, 174.

a) Tatsächliche Einwilligung

K könnte zunächst durch eine tatsächliche Einwilligung des E gerechtfertigt sein.

E ist minderjährig (4 Jahre alt). Es stellt sich somit die Frage, ob ein Minderjähriger überhaupt eine wirksame Einwilligung erteilen kann.[91]

Nach einer Ansicht ist dafür in allen Fällen unabhängig vom Alter des Einwilligenden die Einsichtsfähigkeit im Sinne von Verstandesreife und Urteilsfähigkeit erforderlich, aber auch ausreichend. Nach anderer Ansicht müsse wegen des Gebotes der Rechtseinheit zwischen den zu schützenden Rechtsgütern differenziert werden: Während bei Vermögensdelikten auf die Geschäftsfähigkeit abzustellen sei, lässt auch diese Ansicht bei den hier zu prüfenden Eingriffen in die körperliche Integrität des Opfers die Einsichtsfähigkeit genügen. Nach Ansicht des BGH muss der Einwilligende eine zutreffende Vorstellung vom voraussichtlichen Verlauf und den Folgen des zu erwartenden Eingriffs haben.[92]

Da E als Vierjähriger noch nicht über die erforderliche Einsichtsfähigkeit verfügt, ist nicht auf seine Einwilligung abzustellen, sondern auf die der Eltern als gesetzliche Vertreter (§§ 1626 I, 1629 I 1 BGB). Diese haben jedoch ihre Zustimmung ausdrücklich verweigert, so dass eine tatsächliche und wirksame rechtfertigende Einwilligung nicht vorliegt.

b) Mutmaßliche Einwilligung

Als Rechtfertigungsgrund für K kommt ferner eine mutmaßliche Einwilligung in Betracht. Problematisch ist allerdings zunächst, dass auf eine mutmaßliche Einwilligung nicht zurückgegriffen werden kann, wenn eine tatsächliche Einwilligung ausdrücklich versagt wurde (Subsidiarität der mutmaßlichen Einwilligung).

Hier ist jedoch zu beachten, dass die Versagung der Einwilligung durch die Eltern wegen missbräuchlicher, weil gefährdender Ausübung der elterlichen Sorge nach § 1666 BGB unbeachtlich ist.

E wäre nämlich an seiner schweren Erkrankung gestorben, wenn ihn K nicht mit in seine Klinik genommen und dort operiert hätte. Folglich ist hier auf eine Einwilligung des Familiengerichtes abzustellen. Dieses hat eine solche jedoch weder erteilt noch verweigert, so dass Raum für die Prüfung einer mutmaßlichen Einwilligung eröffnet ist.

Eine solche kommt grundsätzlich in zwei unterschiedlichen Fallkonstellationen in Betracht: Zum einen findet der Rechtfertigungsgrund bei einem **Handeln im Interesse des Betroffenen** Anwendung; zum anderen ist er nach dem **Prinzip des mangelnden Interesses des Rechtsgutträgers** denkbar, wenn es unter Respektierung sämtlicher individueller Belange an einem schutzwürdigen Erhaltungsinteresse desjenigen, in dessen Rechtsgüter eingegriffen wird, fehlt.[93]

Hier könnte ein Fall der erstgenannten Konstellation vorliegen. Maßgeblich ist auch hier regelmäßig nicht eine an objektiven Maßstäben orientierte Güter- und Interessenabwägung. Vielmehr ist ein Wahrscheinlichkeitsurteil hinsichtlich des wahren individuellen Willens des Rechtsgutinhabers im Tatzeitpunkt zu fällen. Objektiven Kriterien kommt dabei nur Bedeutung als Indiz zu. Sie treten allerdings subsidiär dann an die Stelle persönlicher und individueller Kriterien, wenn sich im konkreten Fall keine Anhaltspunkte für letztere finden lassen. Dann stimmt der hypothetische mutmaßliche Wille des Rechtsgutträgers mit dem überein, was allgemein als sachgerecht, normal und vernünftig angesehen wird.

Nach diesen Grundsätzen ist im vorliegenden Fall von einer mutmaßlichen Einwilligung auszugehen. Eine vorherige Befragung des Familiengerichts war auf Grund des akuten Krankheitszustands des E und der Eilbedürftigkeit der Operation nicht mehr möglich. Die Durchführung der angezeigten und lebensrettenden Operation nach den Regeln der ärztlichen Kunst entsprach dem objektiven Interesse eines vernünftigen Familienrichters.

---

91 Vgl. hierzu HILLENKAMP AT, 6. Problem.

92 Vgl. BGH, NStZ 2000, 87.

93 LACKNER/ KÜHL, vor § 32 Rn. 19; WESSELS/ BEULKE, Rn. 380 ff.

K handelte auch subjektiv aufgrund einer solchen mutmaßlichen Einwilligung (subjektives Rechtfertigungselement). Er ist damit gerechtfertigt.

II. Ergebnis

K hat sich nicht wegen Körperverletzung gemäß § 223 I StGB strafbar gemacht.

D. Zusammenfassung

Sound: Ärztlicher Heileingriff. Mutmaßliche Einwilligung.

Nach der h.M. in der Literatur stellt jede zu Heilzwecken vorgenommene Behandlung, die nach den Erkenntnissen der medizinischen Wissenschaft angezeigt ist und deren Ausführung den Regeln der ärztlichen Kunst entspricht, bereits tatbestandlich keine Körperverletzung dar. Die Rechtsprechung schützt dagegen das Selbstbestimmungsrecht des Patienten stärker, stellt auf den einzelnen ärztlichen Eingriff ab und bejaht so eine objektive Körperverletzungshandlung, ohne Rücksicht darauf, ob die betreffende Maßnahme zu Heilzwecken angezeigt war, ob sie sachgerecht ausgeführt wurde und ohne Rücksicht auf die Wirkungen des ärztlichen Eingriffs.

Eine mutmaßliche Einwilligung kommt als subsidiärer Rechtfertigungsgrund in Betracht, wenn eine tatsächliche Einwilligung zwar rechtlich zulässig wäre, aber im Einzelfall fehlt. Denkbare Konstellationen, in denen dieser Rechtfertigungsgrund Bedeutung erlangt, sind das Handeln im Interesse des Betroffenen und ein Eingreifen in die Rechtsgüter eines anderen nach dem Prinzip des mangelnden Interesses.

hemmer-Methode: Merken Sie sich zu dieser zweiten Fallgruppe (Prinzip des mangelnden Interesses) den *Wechselgeldfall*: A ist in Eile. Er möchte am Automaten einen Busfahrschein kaufen, hat aber kein passendes Münzgeld bei sich. Er greift daher in das offen an der Haltestelle neben ihm liegende Portemonnaie der B, die gerade eine Freundin getroffen und diese in ein Gespräch verwickelt hat, entnimmt 5 Euro in Münzen und legt stattdessen seinen 5 Euro-Schein Schein in das Portemonnaie. Eine Strafbarkeit gemäß § 242 I StGB scheitert an der Rechtswidrigkeit dieses Verhaltens. A handelt gerechtfertigt, da von einer mutmaßlichen Einwilligung auszugehen ist.

E. Zur Vertiefung

Zur ärztlichen Heilbehandlung als Körperverletzung

- HEMMER/WÜST, Strafrecht BT II, Rn. 109.

Zur mutmaßlichen Einwilligung

- HEMMER/WÜST, Strafrecht AT I, Rn. 329 ff.

Fall 13: Der Streit in der Besenwirtschaft

Sachverhalt:

Günther (G) ist ein Weinliebhaber. Er sitzt in seiner Lieblings-Besenwirtschaft, als plötzlich sein Intimfeind Norbert (N), der ihm schon mehrfach die Freundin ausgespannt hat, das Lokal betritt. G ist über das unerwartete Erscheinen des N so verärgert, dass er von seinem Platz aufsteht und den N kurzerhand mit einem Faustschlag niederstreckt, so dass dieser bewusstlos zu Boden geht. Dabei entdeckt G, dass N eine Brieftasche mit 200 Euro in bar bei sich führt. Kurz entschlossen nimmt G die 200 Euro in zwei 100-Euro-Scheinen aus der Brieftasche.

Nur wenig später kreuzen sich wieder die Wege der beiden. Als N den G daraufhin auf die 200 Euro ansprach, antwortete G: „Ich bringe Dich um. Das Geld siehst Du nie wieder." Daraufhin beschloss N, andere Saiten aufzuziehen. Er besorgte sich eine abgesägte Schrotflinte und betrat wenig später wiederum die Lieblings-Besenwirtschaft des G. Hierbei blieb er mit leicht nach unten, auf die Beine des G gerichteter Waffe stehen und forderte das Geld zurück.

Zwar ging er – was der Realität entsprach – davon aus, dass G die beiden gestohlenen 100-Euro-Scheine bereits ausgegeben hatte, meinte aber, Geld sei Geld, so dass er den entsprechenden Betrag nun wieder an sich nehmen dürfe. Hierbei hoffte N, dass G sich dem Druck beugen und das Geld zurückgeben würde. Für den Fall aber, dass G sich bewaffnet zur Wehr setzen würde, war N seinerseits bereit, rücksichtslos von der Schusswaffe Gebrauch zu machen, um sich so für den Faustschlag und die Entwendung der 200 Euro zu rächen. G zog sofort seinen Revolver und schoss zweimal in Richtung des N. Diesem gelang es jedoch, jeweils auszuweichen, sodass die beiden Schüsse den ebenfalls in der Besenwirtschaft anwesenden Dieter (D) trafen, der sofort tot war.

Als N dies sah, riss er seine Schrotflinte hoch und schoss auf G, der sofort tot war. Von dieser Wendung der Dinge mitgenommen, verließ N das Lokal und verzichtete auf die Mitnahme der 200 Euro, die er dem G noch ohne weiteres hätte wegnehmen können.

Bearbeitervermerk:

Prüfen Sie die Strafbarkeit von G und N nach dem 16. Abschnitt des StGB.

A. Einordnung

Der vorstehende Fall hat vor allem Probleme aus dem Bereich des Notwehrrechts zum Gegenstand. Entscheidend ist es, den Unterschied zwischen einer fahrlässig und einer bedingt vorsätzlich herbeigeführten Notwehrlage zu erkennen. Richtiger Prüfungsort ist insofern die Diskussion um die Frage nach einer sozialethischen Beschränkung des § 32 StGB unter dem Gesichtspunkt der Gebotenheit.

Schulen Sie frühzeitig Ihre Fähigkeit zu differenzieren. Wenn in einem Klausursachverhalt nach der Strafbarkeit von zwei Beteiligten gefragt ist, so werden sich zwischen diesen regelmäßig Unterschiede ergeben.

B. Gliederung

Strafbarkeit des G

I. Totschlag an D, § 212 I StGB

1. Tatbestand

a) Objektiver Tatbestand (+)

b) Subjektiver Tatbestand (-)

(P): Aberratio ictus

- Mindermeinung: vollendete vorsätzliche Tötung hinsichtlich des getroffenen Objektes
- h.M.: Versuch hinsichtlich des anvisierten und Fahrlässigkeitstrafbarkeit hinsichtlich des getroffenen Objekts, § 52 StGB

II. Versuchter Totschlag an N, §§ 212 I, 22, 23 I StGB

1. Vorprüfung

2. Tatentschluss

- § 212 I StGB (+)
- Verdeckungsabsicht (§ 211 II, Gruppe 3, 1.Var. StGB)? i. Erg. (-)

3. Unmittelbares Ansetzen (+)

4. Rechtswidrigkeit ⇨ § 32 StGB?

a) Notwehrlage

- gegenwärtiger (+)
- rechtswidriger (+)
- Angriff (+)

b) Notwehrhandlung

aa) Erforderlichkeit
(P): Einsatz von Schusswaffen gegen den Körper eines anderen Menschen

bb) Gebotenheit

(P): Sozialethische Beschränkung des Notwehrrechts bei fahrlässig herbeigeführter Notwehrlage
⇨ nur **gestuftes Notwehrrecht** (Ausweichen – Schutzwehr – Trutzwehr), hier i. Erg.: Gebotenheit (-)
⇨ § 32 StGB (-)

5. Schuld
§ 33 StGB (-)

6. Zwischenergebnis: §§ 212 I, 22, 23 I StGB (+)

III. Fahrlässige Tötung an D, § 222 StGB

1. Unrechtstatbestand

a) Erfolgsverursachung

b) Verletzung der objektiven Sorgfaltspflicht

c) Objektive Zurechnung

2. Rechtswidrigkeit ⇨ § 32 StGB (-)

3. Schuld
subjektiv fahrlässiges Handeln des G (+)

IV. Ergebnis und Konkurrenzen
§§ 212 I, 22, 23 I StGB; § 222 StGB; § 52 StGB

Strafbarkeit des N

I. Totschlag, § 212 I StGB

1. Tatbestand

- § 212 I StGB (+)
- Habgier (§ 211 II, Gruppe 1, 3.Var. StGB)? (-)
- niedriger Beweggrund (§ 211 II, Gruppe 1, 4.Var. StGB)? (-)
- Ermöglichungsabsicht (§ 211 II, Gruppe 3, 1.Var. StGB)? (-)

2. Rechtswidrigkeit ⇨ § 32 StGB?

a) Notwehrlage

- gegenwärtiger (+)
- rechtwidriger (+)
- Angriff (+)

b) Notwehrhandlung

aa) Erforderlichkeit

(P): Einsatz von Schusswaffen gegen den Körper einen anderen Menschen

bb) Gebotenheit

(P): Sozialethische Beschränkung des Notwehrrechts bei bedingt vorsätzlich herbeigeführter Notwehrlage

⇨ **BGH:** kein vollständiger Ausschluss des § 32 StGB, aber um so höhere Anforderungen im Hinblick auf die Vermeidung gefährlicher Konstellationen, je schwerer die Provokation der Notwehrlage wiegt
hier i. Erg.: Gebotenheit (-)

⇨ § 32 StGB (-)

3. Schuld
§ 33 StGB (-)

II. Ergebnis: § 212 I StGB (+)

C. Lösung

Strafbarkeit des G

Zu prüfen ist zunächst die Strafbarkeit des G.

hemmer-Methode: Lassen Sie sich nicht verwirren. Zwar ist G durch den Schuss des N getötet worden. Dennoch ist nach dem Bearbeitervermerk eindeutig auch die Strafbarkeit des G zu prüfen, wenngleich Sanktionen gegen ihn nicht mehr verhängt werden können.

I. Totschlag an D, § 212 I StGB

In Betracht kommt zunächst eine Strafbarkeit wegen Totschlages an D.

1. Tatbestand

a) Objektiver Tatbestand

G hat durch seine beiden Schüsse mit dem Revolver einen anderen Menschen, den D, getötet. Der Eintritt des tatbestandlichen Erfolges ist dem G objektiv zurechenbar.

b) Subjektiver Tatbestand

Fraglich ist jedoch der Tatbestandsvorsatz, da G im Zeitpunkt der Abgabe der beiden Schüsse gar nicht den D anvisiert hatte und töten wollte, sondern vielmehr den N. Der Verletzungserfolg ist vorliegend an einem anderen Objekt eingetreten als an demjenigen, welches im maßgeblichen Vorsatzzeitpunkt das Ziel der Ausführungshandlung bildete. Es liegt damit ein Fehlgehen der Tat, eine sog. aberratio ictus vor.

Die rechtliche Behandlung der aberratio ictus ist umstritten.[94]

Nach h.M. kommt bei Gleichwertigkeit wie auch bei Ungleichwertigkeit der beiden Objekte hinsichtlich der beabsichtigten Tat am eigentlichen Zielobjekt nur ein Versuch und hinsichtlich der ungewollten, versehentlichen Verletzung bzw. Tötung des Zweitobjekts nur eine Strafbarkeit wegen eines Fahrlässigkeitsdeliktes in Betracht, wenn ein solches existiert (§ 15 StGB).[95]

Nach einer Mindermeinung ist dagegen bei hier gegebener tatbestandlicher Gleichwertigkeit des anvisierten und des tatsächlich getroffenen Objekts eine vollendete vorsätzliche Tötung zu bejahen, weil G hier einen anderen, nämlich den N, habe töten wollen und den Tod eines anderen, nämlich des D, auch bewirkt habe.[96]

Diese Auffassung vermag jedoch nicht zu überzeugen. Sie lässt außer Betracht, dass sich der Tötungsvorsatz des G bereits auf den N individualisiert hatte und macht sachfremd an Stelle der konkreten Objektsvorstellung des Täters eine zwangsläufig damit verbundene Gattungsvorstellung zur maßgebenden Entscheidungsgrundlage. Damit verkennt sie, dass der Täter in den Fällen einer aberratio ictus das nur versehentlich getroffene Zweitobjekt, hier den D, nicht hat verletzen oder gar töten wollen, weil er ein ganz bestimmtes anderes Objekt, nämlich den N, als alleiniges Angriffsziel ausgewählt hatte. Der Umstand, dass der Vorsatz nicht individualisiert sein muss und dass i.R.d. §§ 211 ff. StGB auch ein genereller Tötungsvorsatz genügen kann, spielt dann keine Rolle, wenn der Täter im konkreten Einzelfall eine ganz genaue Individualisierung seines Tatobjekts vorgenommen hat.[97]

Eine Strafbarkeit wegen vollendeten Totschlages nach § 212 I StGB scheitert daher am fehlenden Vorsatz des G, den D zu töten.

hemmer-Methode: Sie sollten die Diskussion um die Behandlung der aberratio ictus zumindest dann nicht zu ausführlich führen, wenn deutlich ersichtlich ist, dass die Problemschwerpunkte der Klausur in einem anderen Bereich liegen, da es zu diesem Problem kaum noch ernstlich beachtete Gegenstimmen gibt. Gerade in der Zwischenprüfung sollten Sie deutlich machen, dass Sie bereits den Blick für das Wesentliche geschärft haben.

II. Versuchter Totschlag an N, §§ 212 I, 22, 23 I StGB

1. Vorprüfung

Die beiden auf N abgegebenen Schüsse haben ihr Ziel verfehlt. N wurde nicht getötet. Der tatbestandliche Erfolg ist damit nicht eingetreten. Der Versuch des Totschlags ist strafbar, da es sich um ein Verbrechen handelt (§§ 12 I, 23 I StGB).

---

94 Vgl. hierzu HILLENKAMP AT, 9. Problem.

95 CRAMER/ STERNBERG-Lieben, in: Schönke/ Schröder, § 15 Rn. 57; LACKNER/ KÜHL, § 15 Rn. 12; TRÖNDLE/ FISCHER, § 16 Rn. 6; WESSELS/ BEULKE, Rn. 250 ff.

96 PUPPE, in: Nomos Kommentar § 16 Rn. 115; PUPPE, JZ 1989, 728.

97 So WESSELS/ BEULKE, Rn. 253.

2. Tatentschluss

G hatte den Vorsatz, N zu töten. Ein Tatentschluss für einen Totschlag ist damit zu bejahen.

Für die Verwirklichung von Mordmerkmalen gibt es vorliegend keine Anhaltspunkte. Insbesondere kann aufgrund der plötzlich eintretenden Situation nicht angenommen werden, dass G in Verdeckungsabsicht hinsichtlich der beim ersten Zusammentreffen der beiden begangenen Straftaten gehandelt hat, als er den N niederschlug und ihm die 200 Euro entwendete.

3. Unmittelbares Ansetzen

G hat mit der Abgabe der beiden Schüsse aus seinem Revolver bereits die tatbestandliche Ausführungshandlung vorgenommen. Zu einer Vollendung ist es nur deshalb nicht gekommen, weil die Schüsse des G den N verfehlt haben. Damit ist nach allen vertretenen Ansichten hier ein unmittelbares Ansetzen zu bejahen.

hemmer-Methode: Vermeiden Sie hier die ausführliche Wiedergabe des Meinungsstreites. Dieser Streit ist hier ohne Relevanz für das Ergebnis. Es mag zwar vielleicht für einzelne unter Ihnen enttäuschend sein, wenn Sie das Problem genau kennen und alle Meinungen gelernt haben, diese aber dann doch nicht zu Papier bringen können. Spulen Sie jedoch in der Klausur keinesfalls pauschal auswendig gelerntes Wissen ab, sondern argumentieren Sie am Fall und damit an den Stellen ausführlich, an denen in der Klausur Probleme angelegt sind und Punkte vergeben werden. Auch die Fähigkeit zu richtiger Schwerpunktsetzung ist eine der wesentlichen Qualifikationen, die der Prüfling in der Anfängerklausur zeigen soll.

4. Rechtswidrigkeit

G könnte jedoch durch Notwehr gem. § 32 StGB gerechtfertigt sein.

a) Notwehrlage

Dann müsste zunächst aus der Sicht des G eine Notwehrlage vorgelegen haben.

Ein rechtswidriger und gegenwärtiger Angriff könnte möglicherweise darin zu sehen sein, dass N mit seinem Gewehr auf die Beine des G gezielt und das Geld zurückgefordert hat. In diesem Verhalten ist jedenfalls zumindest eine Bedrohung i.S.d. § 241 I StGB zu sehen.

Diese war auch rechtswidrig, also ihrerseits nicht gerechtfertigt, da zu diesem Zeitpunkt kein gegenwärtiger Angriff des G auf das Vermögen oder die körperliche Unversehrtheit des N mehr vorlag. Vielmehr war dieser Angriff des G auf N bereits vollständig durchgeführt und also beendet.

Schließlich hatte der Angriff des N auf G mit der Schrotflinte zu dem Zeitpunkt, als G die beiden Schüsse auf N mit seinem Revolver abgab, bereits begonnen und dauerte noch an. Der Angriff auf G war damit auch gegenwärtig.

Eine Notwehrlage ist zu bejahen.

b) Notwehrhandlung

aa) Erforderlichkeit

Die Notwehrhandlung des G müsste ferner erforderlich gewesen sein. Das setzt voraus, dass die Verteidigungshandlung zum einen geeignet ist, den Angriff sofort und nachhaltig abzuwehren. Zum anderen setzt das Merkmal der Erforderlichkeit voraus, dass der Verteidiger, wenn ihm aus objektiver ex ante Sicht mehrere gleich geeignete Mittel zur Verfügung stehen, das relativ mildeste Mittel verwendet.

Von der Geeignetheit der Maßnahme ist auszugehen. Durch das intendierte Niederschießen des N konnte der von ihm ausgehende Angriff jedenfalls abgewehrt werden.

Fraglich ist aber, ob die beiden Schüsse das mildeste Mittel waren, das aus objektiver ex ante Sicht die sofortige Beendigung des rechtswidrigen Angriffs auf Dauer und mit Sicherheit gewährleistete.

Hier ist davon auszugehen, dass dem G auf Grund der Zuspitzung der Situation kein anderes gleich wirksames Abwehrmittel mehr zur Verfügung stand. Insbesondere wäre die verbale Androhung des Einsatzes des Revolvers, die Abgabe eines bloßen Warnschusses oder ein Schuss auf Arme oder Beine des N aus objektiver ex ante Sicht nicht in gleicher Weise geeignet gewesen, dessen Angriff niederzuschlagen. Vielmehr hätte selbst bei einem Schuss auf Arme oder Beine des N die begründete Gefahr bestanden, dass der solchermaßen getroffene und verletzte N mit der ihm verbleibenden Kraft zum Gegenschlag ausgeholt und mit der Schrotflinte auf den G geschossen hätte. Auf unsichere Verteidigungshandlungen muss sich aber derjenige, der sich auf eine Rechtfertigung nach § 32 StGB beruft, nicht einlassen. Die beiden auf den Körper des N abgegebenen Schüsse des G waren daher erforderlich.

bb) Gebotenheit

Grundsätzlich ist i.R.d. Notwehr keine Güterabwägung vorzunehmen. Aus dem Anwendungsbereich des § 32 StGB fällt jedoch eine objektiv erforderliche Notwehrhandlung heraus, wenn sie unter sozialethischen Gesichtspunkten rechtsmissbräuchlich erscheint und daher nicht normativ geboten ist.

Eine solche Einschränkung des Notwehrrechts kommt hier unter dem Gesichtspunkt der Notwehrprovokation in Betracht.

G hat die Notwehrlage vorliegend nicht absichtlich herbeigeführt. Auf Grund seines vorangegangen Verhaltens gegenüber N, den er mit einem Faustschlag niedergeschlagen und dem er sodann 200 Euro entwendet hat, ist aber von einer fahrlässig verursachten Notwehrlage auszugehen. Im Einzelnen ist umstritten, wie die Gebotenheit in Fällen nicht absichtlich, aber sonst schuldhaft herbeigeführter Notwehrlagen zu beurteilen ist.

Die h.M. geht davon aus, dass das Notwehrrecht des Angegriffenen in solchen Konstellationen nicht gänzlich ausgeschlossen ist.[98] Allerdings hat der Angegriffene wenn möglich dem Angriff auszuweichen, andernfalls zunächst auf eine weniger gefährliche Verteidigung zurückzugreifen, sofern dies zumutbar ist. Es besteht also nur ein sog. gestuftes Notwehrrecht (Ausweichen – Schutzwehr – Trutzwehr). Erst wenn in der konkreten Situation weder Ausweichen noch Schutzwehr Aussicht auf Erfolg versprechen, darf der Verteidiger auch Trutzwehr gegen den Angreifer üben.

Für den vorliegenden Fall bedeutet dies: Als N die Besenwirtschaft mit der Schrotflinte betreten und diese auf die Beine des G gerichtet hatte, war diesem schon auf Grund der räumlich beengten Verhältnisse im Lokalraum ein völliges Ausweichen nicht mehr möglich. Allerdings war ihm angesichts des Grades der sozialethischen Verwerflichkeit seines Vorverhaltens (Straftat, vgl. §§ 223 I, 242 I StGB, u.U. sogar § 249 StGB) zuzumuten, nicht sofort das effektivste Verteidigungsmittel, hier also die Schüsse auf den Körper des N, einzusetzen, insbesondere auch deswegen, weil N ja nur – wenngleich auf möglicherweise ungesetzliche Weise – die Wiederherstellung der ursprünglichen rechtmäßigen Vermögenslage begehrte. Daher waren die sofortigen Schüsse auf N auch angesichts der damit verbundenen Gefährdung unbeteiligter Gäste und des Bedienungspersonals rechtsmissbräuchlich und nicht geboten, so dass die Tat des G nicht durch Notwehr gerechtfertigt ist.

c) Zwischenergebnis

Auf das Vorliegen des subjektiven Rechtfertigungselementes kommt es damit nicht mehr an. Die Tat war rechtswidrig.

5. Schuld

G handelte schuldhaft. Im Sachverhalt ist nichts dafür ersichtlich, dass die Notwehrüberschreitung auf einem, von § 33 StGB vorausgesetzten, asthenischen Affekt beruhte.

[98] Vgl. insofern auch nochmals Fall 7.

6. Zwischenergebnis

G hat sich wegen versuchten Totschlages an N gem. §§ 212 I, 22, 23 I StGB strafbar gemacht.

III. Fahrlässige Tötung an D, § 222 StGB

1. Unrechtstatbestand

a) Erfolgsverursachung

G hat durch seine beiden Schüsse mit dem Revolver kausal den Tod des D verursacht.

b) Verletzung der objektiven Sorgfaltspflicht

Die Abgabe von Schüssen mit einem Revolver in einer Besenwirtschaft auf anwesende Personen ist als objektiv sorgfaltswidrig anzusehen.

c) Objektive Voraussehbarkeit

Dass eine Person in der Besenwirtschaft durch die Schüsse des G zu Tode kommen konnte, war objektiv voraussehbar.

d) Objektive Zurechnung

Schließlich ist der tödliche Erfolg dem G objektiv zurechenbar. Die Schüsse waren vermeidbar. Der erforderliche Schutzzweck- und Pflichtwidrigkeitszusammenhang ist zu bejahen.

hemmer-Methode: In der Klausur könnte die Prüfung des Unrechtstatbestandes der fahrlässigen Tötung sicherlich auch kürzer ausfallen. Die vorstehende Prüfung soll Ihnen nur noch einmal vor Augen führen, welche Punkte grundsätzlich bei der Prüfung eines Fahrlässigkeitsdeliktes anzusprechen sind.

2. Rechtswidrigkeit

Bereits oben wurde gezeigt, dass die Schüsse des G auf N nicht durch Notwehr gerechtfertigt waren. Damit kann konsequenterweise auch die ungewollte Nebenfolge dieser Schüsse nicht gerechtfertigt sein.

3. Schuld

G handelte subjektiv fahrlässig. Er hätte auf Grund seiner persönlichen Fähigkeiten und dem Maß seines individuellen Könnens erkennen können, dass bei Abgabe der Schüsse der D getroffen werden und an den Schussverletzungen sterben kann. Für das Eingreifen eines Schuldausschließungsgrundes ist nichts ersichtlich. G handelte schuldhaft.

IV. Ergebnis und Konkurrenzen

Der versuchte Totschlag (§§ 212 I, 22, 23 I StGB) und die fahrlässige Tötung (§ 222 StGB) stehen in Tateinheit (§ 52 StGB) zueinander.

hemmer-Methode: Sobald Sie einem Täter mindestens zwei Delikte zur Last legen, müssen Sie immer auch Aussagen zu den Konkurrenzen treffen.

Strafbarkeit des N

I. Totschlag, § 212 I StGB

1. Tatbestand

N hat G, einen anderen Menschen, mit Wissen und Wollen, also vorsätzlich, durch seinen Schuss mit der Schrotflinte getötet.

Fraglich ist die Verwirklichung eines Mordmerkmales. N handelte hier nicht aus Habgier (§ 211 II, Gruppe 1, 3.Var. StGB) oder aus sonstigen niedrigen Beweggründen (§ 211 II, Gruppe 1, 4.Var. StGB).

Vorherrschendes Motiv zum Zeitpunkt des Schusses mit der Schrotflinte war für ihn der Selbstschutz und nicht die Ermöglichung der Wegnahme der 200 Euro oder grundlose Rachsucht, was sich insbesondere in der Aufgabe seines Tatentschlusses widerspiegelt. Gleiches lässt sich auch im Hinblick auf die Ermöglichungsabsicht (§ 211 II, Gruppe 3, 1.Var. StGB) sagen.

2. Rechtswidrigkeit

Fraglich ist, ob N rechtswidrig gehandelt hat. In Betracht kommt eine Rechtfertigung gem. § 32 StGB.

a) Notwehrlage

Zunächst müsste eine Notwehrlage für N, also ein rechtswidriger und gegenwärtiger Angriff des G auf ihn, vorgelegen haben.

Die beiden Schüsse, die G auf N abgegeben hat, stellen einen **Angriff** des G dar. Sie waren ihrerseits nicht durch Notwehr gerechtfertigt (s. eben), so dass dieser Angriff auch **rechtswidrig** war.

Er war auch **gegenwärtig**, da von einer Beendigung des Angriffs des G noch nicht ausgegangen werden konnte. Vielmehr war damit zu rechnen, dass G noch weitere Schüsse auf N abgeben würde. Es lag also aus der Sicht des N eine Notwehrlage i.S.d. § 32 StGB vor.

b) Notwehrhandlung

aa) Erforderlichkeit

Der Schuss des N mit der Schrotflinte auf G war erforderlich. Er war geeignet, den Angriff des G abzuwehren. Ferner stand dem N kein weiteres derart effektives Mittel zur Abwehr des rechtswidrigen Angriffs des G zur Verfügung. In Anbetracht der Tatsache, dass G bereits zwei Schüsse auf den Körper des N abgegeben hatte, war weder eine verbale Androhung des Schusswaffeneinsatzes noch die Abgabe eines Warn- oder eines Arm- oder Beinschusses aus objektiver ex ante Sicht geeignet, mit gleich sicherer Wahrscheinlichkeit den Angriff des G endgültig niederzuschlagen.

bb) Gebotenheit

Die Abwehr des N unterlag wegen der vorher erfolgten Bedrohung mit der Waffe jedoch möglicherweise normativen Beschränkungen. Diese könnten seinen abgegebenen Schuss als eine unter sozialethischen Gesichtspunkten nicht gebotene Verteidigung i.S. des § 32 StGB erscheinen lassen.

Die Besonderheit dieses Falles liegt darin, dass die Notwehrsituation durch N **bedingt vorsätzlich** herbeigeführt wurde, da dieser die Möglichkeit des Schusswaffengebrauchs durch G erkannte und billigend in Kauf nahm. Diese Konstellation liegt damit zwischen den Fällen der fahrlässigen Herbeiführung der Notwehrsituation und der sog. Absichtsprovokation, und wird als **Vorsatzprovokation** bezeichnet.[99]

Nach Ansicht des BGH nimmt eine solche nicht absichtlich, aber doch vorsätzlich, rechtswidrig und schuldhaft herbeigeführte Provokation einer Notwehrlage dem Betroffenen das Notwehrrecht nicht vollständig.[100] Es werden jedoch an den Täter, der sich auf die Notwehr berufen will, umso höhere Anforderungen im Hinblick auf die Vermeidung gefährlicher Konstellationen gestellt, je schwerer die rechtswidrige und vorwerfbare Provokation der Notwehrlage wiegt.

Auf diese Weise stellt der BGH klar, dass keine strikten Abstufungen vorzunehmen sind, sondern vielmehr eine gleitende Grenze besteht, die dem Täter je nach der Schuldhaftigkeit seines Vorverhaltens das Risiko aufbürdet, auf eine sicher erfolgsversprechende Verteidigung zu verzichten und auf ein minder gefährliches Abwehrmittel zurückzugreifen, das keine gleichwertige Erfolgschancen bietet.

Es ist also eine Abwägung zwischen dem Grad der Schuldhaftigkeit des Vorverhaltens einerseits, und der Effizienz der dem Täter sonst noch zur Verfügung stehenden Abwehrmitteln vorzunehmen.

---

[99] Vgl BGHSt 39, 374; TRÖNDLE/ FISCHER, § 32, Rn. 24.

[100] Vgl. BGHSt 39, 374.

Vorliegend muss diese Abwägung zu Ungunsten des N ausfallen, da dieser von einer Rückkehr in die Besenwirtschaft hätte absehen oder aber seine Forderung ohne Drohung mit der Schusswaffe hätte geltend machen müssen. Er hätte die Möglichkeit gehabt, sich wegen des ihm widerfahrenen Unrechts an die Polizei zu wenden. Wenn er sich trotzdem unter billigender Inkaufnahme eines Schusswechsels und in Kenntnis der besonderen Gefährlichkeit der eigenen Waffe für das Aufsuchen der Konfrontation entschied, wäre er verpflichtet gewesen, sich in besonderem Maße darum zu bemühen, die Auswirkungen dieser Konfrontation in Grenzen zu halten.

N war daher hier nach Ansicht der Rechtsprechung gehalten, entweder zur Flucht anzusetzen oder sich durch Wegwerfen der Waffe zu ergeben, um so auf diese Weise weitere Schüsse des G zu verhindern.

Dieses Ergebnis erscheint auf den ersten Blick bedenklich, da dem N so jede Möglichkeit eines aktiven Gegenangriffs genommen wird und er damit sein weiteres Schicksal in die Hände des G legen muss, der nur wenige Sekunden vorher noch versucht hatte, ihn zu töten.

Allerdings ist zu beachten, dass dem G seinerseits die Möglichkeit zur Notwehr mit der gleichen Argumentation genommen wurde, so dass nur deswegen überhaupt ein rechtswidriger und daher – wenn auch beschränkt – notwehrfähiger Angriff des G auf den N vorlag. Würde man also den tödlichen Schuss des N als normativ geboten ansehen, so hätte man dies konsequenterweise bereits vorher auch bei den Schüssen des G annehmen müssen, mit der Folge, dass dann eine Berufung des N auf Notwehr von vorneherein hätte ausscheiden müssen. Daher ist die Ansicht des BGH letztlich konsequent und im Ergebnis nicht zu beanstanden.

hemmer-Methode: Mit entsprechender Argumentation können in diesem Fall sicherlich auch andere Ergebnisse gut vertreten werden.

N ist also nicht durch Notwehr gem. § 32 StGB gerechtfertigt. Die Tat war rechtswidrig.

3. Schuld

Schuldausschließungs- oder Entschuldigungsgründe greifen zu Gunsten des N nicht ein, insbesondere liegt kein Fall des § 33 StGB vor, da sich dem Sachverhalt nicht entnehmen lässt, dass die Notwehrüberschreitung aufgrund eines, in § 33 StGB aufgeführten, asthenischen Affektes erfolgte.

II. Ergebnis

N ist des Totschlages an G gem. § 212 I StGB schuldig.

D. Zusammenfassung

Sound: Fehlgehen der Tat (aberratio ictus). Notwehrprovokation.

Von einem Fehlgehen der Tat (aberratio ictus) spricht man, wenn der Täter zum Zeitpunkt der Vornahme der tatbestandlichen Handlung ein ganz bestimmtes Zielobjekt anvisiert, seinen Vorsatz also darauf konzentriert, dieses Objekt dann aber verfehlt und stattdessen ein ursprünglich nicht anvisiertes Zweitopfer trifft. Die rechtliche Behandlung der aberratio ictus ist umstritten. Während eine Mindermeinung wegen vollendeter Vorsatztat am tatsächlich getroffenen Objekt bestrafen will, geht die h.M. von einer Versuchsstrafbarkeit hinsichtlich des anvisierten Zielobjekts und einer Fahrlässigkeitsstrafbarkeit hinsichtlich des getroffenen Zweitobjekts aus.

Hat der Verteidiger i.S.d. § 32 StGB seine Notwehrlage fahrlässig verursacht, so ist sein Notwehrrecht zwar nicht gänzlich ausgeschlossen, aber doch unter sozialethischen Gesichtspunkten zu beschränken. Es besteht also ein sog. gestuftes Notwehrrecht fort. Der Verteidiger muss so weit wie möglich versuchen, dem Angriff auszuweichen bzw. sich auf Schutzwehr zu beschränken.

Nur wenn diese beiden Möglichkeiten aus objektiver ex ante Sicht keinerlei Erfolg versprechen, darf er ausnahmsweise trotz provozierter Notwehrlage auch Trutzwehr gegen den Angreifer üben.

Auch in Fällen der Vorsatzprovokation entfällt das Notwehrrecht des Betroffenen nicht vollständig.

Doch werden hier an den Verteidiger, der sich auf Notwehr berufen will, noch höhere Anforderungen im Hinblick auf die Vermeidung gefährlicher Konstellationen gestellt, das Notwehrrecht wird also hier unter sozialethischen Gesichtspunkten noch weitergehend eingeschränkt.

Insbesondere ist zu beachten, wie schwer die vorsätzliche, rechtswidrige und schuldhafte Provokation der Notwehrlage wiegt.

Im Prüfungsaufbau sind die Fälle provozierter Notwehrlagen unter dem Prüfungspunkt „Gebotenheit der Notwehrhandlung“ anzusprechen.

hemmer-Methode: Wiederholen Sie zur Notwehrprovokation nochmals Fall 7. Es handelt sich hierbei um eines der umstrittensten Probleme aus dem Bereich der Rechtfertigung, bei dem zudem noch einiges im Fluss ist. Richten Sie daher in diesem Bereich ihre Aufmerksamkeit auch auf aktuelle Entwicklungen in Wissenschaft und Rechtsprechung.

E. Zur Vertiefung

Zur Notwehrprovokation

- HEMMER/WÜST, Strafrecht AT I, Rn. 230 ff.
- Zum Fall: BGHSt 39, 374.

Aktuelle Rechsprechung

- Zum polizeilichen Schusswaffengebrauch als Notwehrhandlung i.S.d. § 32 StGB, BGH NStZ 2005, 31 ff. = Life&Law 2005, 234 ff.

Fall 14: Die verhinderte Aktion

Sachverhalt:

Bruno (B) hat in Dresden eine Baugenehmigung für ein Bordell erhalten und den Betrieb eröffnet – sehr zum Missfallen mehrerer Anwohner in der Nachbarschaft. Vor allem Ede (E) hat einen fürchterlichen Hass auf B, weil er der Meinung ist, dieser „Schweinekram" habe in einer sauberen deutschen Stadt nichts verloren. E sucht sich daher ca. zehn gleichgesinnte Jugendliche, um das Etablissement des B „platt zu machen". Als Termin für die Aktion, bei der das Mobiliar des Bordells zertrümmert und bei Gegenwehr auch Gewalt gegen Personen angewendet werden soll, wird der Abend des 5. April ins Auge gefasst.

Am Abend des 5. April sammeln sich E und seine Leute in einiger Entfernung von dem Bordell, um alsbald loszuschlagen.

Um ihnen klar zu machen, dass sie gegen ihn keine Chance haben werden, fährt B, der von der Aktion Wind bekommen hat, der Gruppe mit einem Pkw entgegen. Am Versammlungsort steigt er aus, lädt seine Schrotflinte hör- und sichtbar durch und fordert E und die Jugendlichen auf, während er die Waffe auf sie richtet, abzuhauen und ihn in Ruhe zu lassen. Daraufhin ziehen sich diese zurück.

Bearbeitervermerk:

Wie hat sich B nach dem StGB strafbar gemacht?

A. Einordnung

Der vorstehende Fall setzt zunächst eine Prüfung des Tatbestandes der Nötigung voraus. Im Bereich der Rechtfertigung ist unter dem Gesichtspunkt der Gegenwärtigkeit problematisch, dass die Tat des B sowohl zeitlich wie auch räumlich in einiger Entfernung von der geplanten Aktion gegen sein Bordell und ihn stattfindet. Insofern ist zwischen der Gegenwärtigkeit i.S.d. § 32 StGB („gegenwärtiger Angriff") und i.S.d. § 34 StGB („gegenwärtige Gefahr") zu differenzieren.

B. Gliederung

Strafbarkeit des B

I. Nötigung, § 240 I, II StGB

1. Tatbestand

a) Objektiver Tatbestand (+)

b) Subjektiver Tatbestand (+)

2. Rechtswidrigkeit

a) Notwehr, § 32 StGB

aa) Notwehrlage
Angriff (+)
Rechtswidrigkeit des Angriffs (+)

(P): **Gegenwärtigkeit des Angriffs**, i. Erg. (-)

bb) Zwischenergebnis: § 32 StGB (-)

b) Notwehrähnliche Lage
nach h.M. als eigenständiger Rechtfertigungsgrund abzulehnen

c) **Rechtfertigender Notstand**, § 34 StGB

aa) Notstandslage
Gefahr (+)
(P): Gegenwärtigkeit der Gefahr (+)

bb) Notstandshandlung

(P): **Gefahr nicht anders abwendbar**?
i. Erg. (-)
⇨ § 34 StGB (-)

d) **Verwerflichkeitsprüfung gem. § 240 II StGB**
Prüfung der Zweck-Mittel-Relation,
hier i. Erg. (+)

3. Schuld (+)

II. Ergebnis: § 240 I, II StGB (+)

C. Lösung

Strafbarkeit des B

I. Nötigung, § 240 I, II StGB

B könnte sich, als er den Jugendlichen entgegenfuhr um diese einzuschüchtern, seine Schrotflinte auf diese richtete und sie aufforderte abzuhauen und ihn in Ruhe zu lassen, einer Nötigung gem. § 240 I, II StGB schuldig gemacht haben.

1. Tatbestand

a) Objektiver Tatbestand

Durch seine Aufforderung, abzuhauen und ihn in Ruhe zu lassen, hat B auf die Entschließungsfreiheit des E und der Jugendlichen eingewirkt und sie zu einer Handlung (Weggehen, Zurückziehen) und zu einem Unterlassen (Nichtausführung des Angriffs) veranlasst. Das Durchladen der Schrotflinte konnten die Jugendlichen nicht anders verstehen, als dass B seiner Aufforderung notfalls mit Gewalt Nachdruck verleihen wollte. Insofern ließe sich zu diesem Zeitpunkt eventuell noch mangels Gegenwärtigkeit eine Gewaltanwendung verneinen.[101]

Jedenfalls liegt aber eine Drohung mit einem empfindlichen Übel vor. Hierunter ist das Inaussichtstellen eines künftigen Übels, auf dessen Eintritt der Drohende Einfluss hat oder zu haben vorgibt, zu verstehen.[102] Ein Übel ist jede vom Betroffenen als nachteilig empfundene Veränderung in der Außenwelt. Empfindlich ist ein solches Übel dann, wenn der in Aussicht gestellte Nachteil von einer solchen Erheblichkeit ist, dass seine Ankündigung geeignet erscheint, den Bedrohten i.S.d. Täterverlangens zu motivieren.[103] B hat hier dem E und den Jugendlichen mit Schüssen aus seiner Schrotflinte gedroht, wenn sie nicht in seinem Sinne von ihrem Vorhaben Abstand nehmen sollten.

Der objektive Tatbestand der Nötigung ist damit erfüllt.

b) Subjektiver Tatbestand

B handelte hinsichtlich sämtlicher Merkmale des objektiven Tatbestandes vorsätzlich mit Wissen und Wollen.

2. Rechtswidrigkeit

Fraglich ist, ob die von B verübte Nötigung rechtswidrig ist.

a) Notwehr, § 32 StGB

In Betracht kommt zunächst eine Rechtfertigung durch **Notwehr** gem. § 32 StGB.

> **hemmer-Methode:** Bei § 240 I StGB handelt es sich um einen sog. offenen Tatbestand, bei dem die Rechtswidrigkeit in jedem Fall positiv festgestellt werden muss. Von der Prüfungsreihenfolge her ist es aber zwingend, vorher auf allgemeine Rechtfertigungsgründe einzugehen, da man sich die umfassende Abwägung i.R.d. Verwerflichkeitsprüfung bei Bejahung eines allgemeinen Rechtfertigungsgrundes sparen kann. Ein nach allgemeinen Regeln gerechtfertigtes Verhalten kann nämlich nicht verwerflich i.S.d. § 240 II StGB sein.

aa) Notwehrlage

B müsste sich in einer Notwehrlage befunden haben. Dies setzt voraus, dass er sich gegen einen rechtswidrigen und gegenwärtigen Angriff verteidigte.

Unter einem rechtswidrigen Angriff ist jede der Rechtsordnung zuwiderlaufende, durch menschliches Verhalten drohende Verletzung rechtlich geschützter Güter oder Interessen zu verstehen.

E und die Jugendlichen hatten geplant, das Mobiliar des Bordells des B zu zertrümmern und bei Gegenwehr auch Gewalt gegen Personen anzuwenden.

---

101 BGH, NJW 1993, 1869, 1870 geht jedoch selbstverständlich von ihr aus.

102 Vgl. BGHSt 16, 386.

103 Vgl. BGH, NStZ 1987, 223.

Zu diesem Zweck hatten sie sich am Abend des 5. April in einiger Entfernung zum Bordell versammelt. Ihr Verhalten war durch die Rechtsordnung nicht gedeckt. Zwar mögen E und die Jugendlichen den Betrieb des Bordells in Dresden als sittlich anstößig empfunden haben. Dies allein gab ihnen aber noch kein Recht – zudem in der geplanten Art und Weise – gegen B vorzugehen. Dessen Bordellbetrieb war baurechtlich ordnungsgemäß genehmigt. Das Vorgehen des E und der Jungendlichen stellt daher einen rechtswidrigen Angriff dar.

Dieser müsste auch gegenwärtig sein. Gegenwärtig ist ein Angriff, wenn er unmittelbar bevorsteht, bereits begonnen hat oder noch andauert. Abzugrenzen ist der gegenwärtige Angriff einerseits vom beendeten Angriff, der fehlgeschlagen, aufgegeben oder vollständig durchgeführt ist, andererseits aber auch vom erst zukünftigen Angriff. Der Begriff der Gegenwärtigkeit i.S.d. § 32 II StGB ist im Hinblick auf die Schärfe des Notwehrrechts und die weitreichenden Befugnisse, die dem Verteidiger ggf. zustehen, restriktiv auszulegen. Ein erst noch bevorstehender Angriff kann demnach erst dann als gegenwärtig i.S.d. § 32 II StGB angesehen werden, wenn das Verhalten des Angreifers unmittelbar in zeitlicher und räumlicher Nähe in die eigentliche Verletzungshandlung umzuschlagen droht.[104] Eine vorher schon bestehende Gefahr für die Rechtsgüter des B kann nicht zur Bejahung eines gegenwärtigen Angriffs führen. Das Notwehrrecht kennt keine Interessenabwägung und ist somit das stärkste und gefährlichste Abwehrrecht der Rechtsordnung: Die „schneidigen" Abwehrmittel des § 32 StGB können nur in einer aktuellen Kampfsituation hingenommen werden und nicht bei einem erst bevorstehenden Angriff.[105]

Im vorliegenden Fall war E erst dabei, seine Leute zu versammeln. Zudem befand sich die Gruppe noch in einiger räumlicher Entfernung vom Bordell des B. Der Überfall stand damit zeitlich und räumlich nicht unmittelbar bevor. Mangels Gegenwärtigkeit ist eine Notwehrlage zu verneinen.

bb) Zwischenergebnis

Eine Rechtfertigung des B durch Notwehr gem. § 32 StGB scheidet aus.

b) Notwehrähnliche Lage

Von einem Teil der Rspr. und Literatur wird in Fällen der vorliegenden Art in Analogie zu § 32 StGB der Rechtfertigungsgrund der **notwehrähnlichen Lage** (sog. Präventivnotwehr) anerkannt.[106] Er soll dann Anwendung finden, wenn es um die Abwehr eines künftigen Angriffs geht.

Aus den eben genannten Gründen ist jedoch ein solcher Rechtfertigungsgrund mit der h.M. abzulehnen. Private Präventivnotwehr muss ausgeschlossen sein, wo mangels Gegenwärtigkeit des Angriffs noch die Chance besteht, staatliche Ordnungskräfte heranzuziehen. Im Übrigen ist ein Rückgriff auf § 32 StGB angesichts der grundsätzlichen Möglichkeit einer Notstandsrechtfertigung gem. § 34 StGB in solchen Situationen nicht notwendig.[107]

c) Rechtfertigender Notstand, § 34 StGB

Zu prüfen ist daher eine Rechtfertigung des B gem. § 34 StGB **(rechtfertigender Notstand)**.

aa) Notstandslage

Zunächst müsste eine Notstandslage, also eine gegenwärtige Gefahr für die Rechtsgüter des B bestanden haben.

Eine Gefahr ist hier mit Blick auf das Hausrecht des B, sein Eigentum und seine körperliche Unversehrtheit, die E und die Jugendlichen zu verletzen beabsichtigten, zu bejahen.

Des Weiteren müsste es sich aber auch um eine **gegenwärtige Gefahr** handeln.

[104] LENCKNER/ PERRON, in: Schönke/ Schröder, § 32 Rn. 14.
[105] ROXIN, NStZ 1993, 335.

[106] Vgl. hierzu LENCKNER/ PERRON, in: Schönke/ Schröder, § 32 Rn. 17 mwN.
[107] I. Erg. ebenso LENCKNER/ PERRON, in: Schönke/ Schröder, § 32 Rn. 17; HERZOG, in: Nomos Kommentar, § 32 Rn. 31; GÜNTHER, in: Systematischer Kommentar, § 32 Rn. 74.

Unter diesem Begriff ist ein Zustand zu verstehen, der bei natürlicher Weiterentwicklung den Eintritt oder die Intensivierung eines Schadens ernstlich befürchten lässt, wenn nicht alsbald Abwehrmaßnahmen ergriffen werden.[108]

Von der gegenwärtigen Gefahr i.S.d. § 34 StGB umfasst werden auch sog. Dauergefahren. Gemeint sind damit gefahrdrohende Zustände von längerer Dauer, die jederzeit in eine Rechtsgutbeeinträchtigung umschlagen können, ohne dass damit die Möglichkeit ausgeschlossen wäre, dass der Eintritt des Schadens noch eine Zeit lang auf sich warten lässt. Eine solche Dauergefahr ist also auch dann gegenwärtig i.S.d. § 34 StGB, wenn sie sich zwar möglicherweise noch nicht in unmittelbarer zeitlicher und räumlicher Nähe realisiert, wenn sie aber so dringend ist, dass sie nur jetzt sofort, durch unverzügliches Handeln, effektiv abgewendet werden kann.[109]

Der Begriff der gegenwärtigen Gefahr i.S.d. des § 34 StGB reicht damit weiter als derjenige des gegenwärtigen Angriffs i.S.d. § 32 StGB. Dies kann dogmatisch damit erklärt werden, dass § 34 StGB im Vergleich zu § 32 StGB weniger weitreichende Eingriffsbefugnisse gewährt und die Rechtfertigung an zusätzliche Voraussetzungen, insbesondere eine Interessenabwägung knüpft.

Hier liegt ein Fall einer solchen Dauergefahr vor. B konnte nicht abwarten, bis E und die Jugendlichen sich räumlich und zeitlich so weit seinem Bordell angenähert gehabt hätten, dass ein gegenwärtiger Angriff i.S.d. § 32 StGB vorgelegen hätte. Zu diesem Zeitpunkt hätte er nämlich schon auf Grund seiner zahlenmäßigen Unterlegenheit keine Möglichkeit mehr gehabt, sich effektiv gegen E und die Jugendlichen zu verteidigen. B war bei seiner Verteidigung auf ein gewisses Überraschungsmoment angewiesen. Die von E und den Jugendlichen ausgehende Gefahr erforderte also ein unverzügliches Handeln des E.

Das Merkmal der Gegenwärtigkeit ist zu bejahen.

Schließlich ist nach h.M. auch keine Spezialität oder Sperrwirkung des § 32 StGB gegenüber § 34 StGB dergestalt gegeben, dass bei Verneinung eines gegenwärtigen Angriffs i.S.d. § 32 StGB der Rückgriff auf den Rechtfertigungsgrund des § 34 StGB ausgeschlossen ist.[110]

Die Rechtsordnung hat die Abwehr menschlicher Handlungen nicht auf gegenwärtige Angriffe beschränkt. Andernfalls käme man gerade in Fallkonstellationen der hier vorliegenden Art zu sinnwidrigen Ergebnissen. Der einzelne kann nicht dazu gezwungen werden, solange mit Gegenmaßnahmen abzuwarten, bis die zu erwartende Rechtsgutsverletzung als „gegenwärtiger Angriff" stattfindet, um dann zu – eventuell erfolglosen, weil zu spät eingesetzten – Abwehrmitteln zu greifen. Zu berücksichtigen ist in diesem Zusammenhang im Übrigen nochmals, dass § 34 StGB schließlich – im Gegensatz zu § 32 StGB – über weitere Korrektive, nämlich diejenigen der Interessenabwägung und der Angemessenheit, verfügt.

Eine Notstandslage war damit gegeben.

bb) Notstandshandlung und Interessenabwägung

Auch wenn die **Interessenabwägung** hier möglicherweise zugunsten des B ausfallen könnte, da seine körperliche Integrität und sein Eigentum abstrakt und nach dem Grad der ihnen drohenden Gefahr höher zu bewerten sind als die Entschlussfreiheit des E und der Jugendlichen, bestehen gegenüber einer Rechtfertigung nach § 34 StGB gleichwohl Bedenken.

Die **Gefahr müsste** nämlich zunächst **nicht anders abwendbar gewesen sein**. Auch i.R.d. § 34 StGB muss also das Mittel der Gefahrabwendung objektiv erforderlich, d.h. zum einen geeignet sein und unter Berücksichtigung aller aus der ex ante Sicht eines sachkundigen Beobachters erkennbaren Umstände als der sicherste Weg erscheinen.[111] Unter mehreren in diesem Sinne gleich geeigneten Mitteln ist zum anderen das relativ mildeste zu wählen.

---

[108] Vgl. BGH, NStZ 1988, 554.

[109] TRÖNDLE/ FISCHER, § 34 Rn. 4; WESSELS/ BEULKE, Rn. 299 ff.; LACKNER/ KÜHL, § 34 Rn. 2.

[110] Vgl. TRÖNDLE/ FISCHER, § 34 Rn. 23.

[111] Vgl. BGHSt 2, 242.

Besteht eine Ausweichmöglichkeit oder ist obrigkeitliche Hilfe rechtzeitig zu erlangen, so ist davon Gebrauch zu machen.[112]

Hier kann die objektive Erforderlichkeit nicht schon mit der Begründung verneint werden, B hätte bereits am Tag zuvor die Polizei verständigen und auf diese Weise die Ansammlung des E mit den Jugendlichen verhindern können. Denn zu diesem Zeitpunkt bestand noch keine gegenwärtige Gefahr. Angesichts des eindeutigen Wortlauts des § 34 StGB (anderweitige Abwendung einer gegenwärtigen Gefahr) kann das Unterlassen von Präventivmaßnahmen, die die Entstehung einer gegenwärtigen Gefahr verhindert hätten, nicht bereits zum Ausschluss der Notstandsrechtfertigung führen. Allerdings hätte B in der Zeit, als er E und den Jugendlichen entgegenfuhr, die Polizei einschalten und so die Gefahr mit derselben Effizienz abwenden können.

Daher muss eine Rechtfertigung des B auch nach § 34 ausscheiden. Auf einen Rettungswillen des B (subjektives Rechtfertigungselement) kommt es nicht mehr an.

d) Verwerflichkeitsprüfung gem. § 240 II StGB

Die Rechtswidrigkeit der Nötigung ist somit positiv festzustellen.

Diese Feststellung i.S.d. § 240 II StGB erfordert eine umfassende, am Einzelfall orientierte Abwägung. Die **Verwerflichkeit** der Nötigung – verstanden als sozialethische Missbilligung oder Unverträglichkeit[113] – kann sich ergeben aus dem **Zweck** der Nötigung, dem **Mittel** oder der **Relation** von beiden.

Aus dem Zweck der Nötigung lässt sich vorliegend eine Verwerflichkeit nicht ableiten. Es war nämlich ein legitimes Anliegen des B, einen Angriff auf seine Rechtsgüter abzuwehren.

Nach zutreffender Ansicht des BGH durfte B dieses Ziel jedoch nur i.R.d. Rechtsordnung durchsetzen. Wer sich dagegen anmaßt, den Staat mit Nötigungsmitteln zu vertreten und dabei vorsätzlich den Vorrang staatlicher Zwangsmittel außer acht lässt, handelt verwerflich i.S.d. § 240 II StGB.[114] Der Rechtsfrieden würde empfindlich gestört und der Eskalation wäre Tür und Tor geöffnet, wenn es sich befehdenden Einzelnen oder Gruppen gestattet wäre, ihre Auseinandersetzungen unter Verzicht auf die Einschaltung der Polizei und unter gegenseitiger Bedrohung mit Schusswaffen selbst auszutragen.

hemmer-Methode: An dieser Stelle ist eine andere Ansicht vertretbar. So wird in der Literatur die Verwerflichkeit der Nötigung zum Beispiel mit der Rechtfertigungsnähe der Situation verneint. Das Vorgehen des B verdiene zwar keine ausdrückliche rechtliche Billigung, genauso wenig aber eine strafrechtliche Missbilligung.[115]

Die Nötigung des E und der Jugendlichen durch B ist verwerflich und damit rechtswidrig i.S.d. § 240 II StGB.

3. Schuld

B hat schuldhaft gehandelt.

II. Ergebnis

Er ist wegen vollendeter Nötigung gem. § 240 I, II StGB zu bestrafen.

D. Zusammenfassung

Sound. Drohung mit einem empfindlichen Übel i.S.d. § 240 I StGB. Gegenwärtigkeit i.S.d. § 32 StGB. Notwehrähnliche Lage. Gegenwärtigkeit i.S.d. § 34 StGB. Verwerflichkeit i.S.d. § 240 II StGB.

---

112 Vgl. BGH, NStZ 1993, 333.

113 ESER, in: Schönke/ Schröder, § 240 Rn. 15 ff.

114 BGH, NStZ 1993, 333; zustimmend ROXIN, NStZ 1993, 335.

115 Hillenkamp, JuS 1994, 769, 772.

Unter einer Drohung mit einem empfindlichen Übel i.S.d. § 240 I StGB ist das Inaussichtstellen eines künftigen Übels, auf dessen Eintritt der Drohende Einfluss hat oder zu haben vorgibt, zu verstehen. Ein Übel ist jede vom Betroffenen als nachteilig empfundene Veränderung in der Außenwelt. Empfindlich ist ein solches Übel dann, wenn der in Aussicht gestellte Nachteil von einer solchen Erheblichkeit ist, dass seine Ankündigung geeignet erscheint, den Bedrohten i.S.d. Täterverlangens zu motivieren.

Gegenwärtig ist ein Angriff i.S.d. § 32 StGB nur, wenn er zeitlich und räumlich unmittelbar bevorsteht, bereits begonnen hat oder noch fortdauert. Der Begriff ist eng auszulegen. Abzugrenzen ist der gegenwärtige Angriff auf der einen Seite vom beendeten Angriff, der fehlgeschlagen, aufgegeben oder vollständig durchgeführt ist, sowie auf der anderen Seite vom erst künftig bevorstehenden Angriff.

Präventivmaßnahmen gegen künftige, noch nicht gegenwärtige Angriffe werden durch § 32 StGB nicht gedeckt. In solchen sog. notwehrähnlichen Lagen scheidet mit Blick auf die Existenz des Rechtfertigungsgrundes des § 34 StGB auch eine analoge Anwendung des § 32 StGB aus.

Unter dem Begriff der gegenwärtigen Gefahr i.S.d. § 34 StGB ist ein Zustand zu verstehen, der bei natürlicher Weiterentwicklung den Eintritt oder die Intensivierung eines Schadens ernstlich befürchten lässt, wenn nicht alsbald Abwehrmaßnahmen ergriffen werden. Umfasst sind hier auch sog. Dauergefahren, d.h. solche Gefahren, die sich zwar möglicherweise noch nicht in unmittelbarer zeitlicher und räumlicher Nähe realisieren, die aber so dringend sind, dass sie nur jetzt sofort, durch unverzügliches Handeln, effektiv abgewendet werden können.

Für die Rechtswidrigkeit einer tatbestandlichen Nötigung genügt nicht die Feststellung, dass zugunsten des Täters keine Rechtfertigungsgründe eingreifen. Vielmehr muss die Rechtswidrigkeit hier gem. § 240 II StGB stets positiv festgestellt werden. Abzustellen ist dabei auf die Zweck-Mittel-Relation. Der Begriff der Verwerflichkeit knüpft an sozialethische Wertungen an. Rechtlich verwerflich ist, was sozial unerträglich und wegen seines grob anstößigen Charakters sozialethisch in besonders hohem Maße zu missbilligen ist (vgl. BGHSt 35, 270, 276).

hemmer-Methode: In diesem Fall war es mit Blick auf die Folgeprobleme entscheidend, zunächst einen gegenwärtigen Angriff i.S.d. § 32 StGB zu verneinen. An dieser Stelle war eine andere Ansicht kaum vertretbar. Argumentieren Sie mit dem Sinn und Zweck des Notwehrrechtes.
I.R.d. Nötigung ist der Gewaltbegriff des § 240 I StGB stark umstritten und Gegenstand zahlreicher aktueller Entscheidungen. Arbeiten Sie daher die Vertiefungshinweise gerade auch zur Nötigung sorgfältig durch.

E. Zur Vertiefung

Zum rechtfertigenden Notstand

- HEMMER/WÜST, Strafrecht AT I, Rn. 252 ff.

Zum Tatbestand der Nötigung

- HEMMER/WÜST, Strafrecht BT II, Rn. 122 ff.

Fall 15: Der zweite Versuch

Sachverhalt (im Anschluss an Fall 14):

Ede (E) hat seinen Plan, das Bordell platt zu machen, noch nicht aufgegeben. Mehrere Tage nach dem Zusammentreffen mit Bruno (B) (Fall 14) sucht er das Bordell auf, tritt die Türe ein und ruft in die Richtung von B: „Jetzt kommt die Abrechnung, Kanake!". Als E in drohender Haltung bis auf einen halben Meter an B herangekommen war und sich auf ihn stürzen wollte, war B über das plötzliche mutige Auftreten des E so erschrocken, dass er zu seiner Schrotflinte griff und auf die Beine des E schoss. Ein mächtiger Faustschlag hätte jedoch zur Verteidigung gegen den schmächtigen E ausgereicht.

Bearbeitervermerk:

Prüfen Sie die Strafbarkeit des B.

A. Einordnung

Im Fall 15 stellt sich wiederum zunächst die Frage, ob ein gegenwärtiger und rechtswidriger Angriff auf B i.S.d. § 32 StGB vorlag. Bejaht man dies, so ist zu erkennen, dass hier ein mächtiger Faustschlag als milderes Mittel gegenüber dem Schuss zur Verteidigung ausgereicht hätte. Bei Überschreiten der Erforderlichkeitsgrenze i.R.d. § 32 StGB muss sodann stets an die Vorschrift des § 33 StGB gedacht werden.

B. Gliederung

Strafbarkeit des B

I. Gefährliche Körperverletzung, §§ 223 I, 224 I Nr. 2 StGB

1. Tatbestand

- Grunddelikt (+)
- Qualifikation: § 224 I Nr. 2 StGB (+)
- § 224 I Nr. 5 StGB(-)

2. Rechtswidrigkeit ⇨ § 32 StGB?

a) Notwehrlage
(P): Gegenwärtigkeit des rechtwidrigen Angriffs?

(1) Beleidigung (§ 185 StGB) des E („Kanake") ⇨ (-)

(2) Verletzung des Hausrechts (§ 123 StGB) ⇨ (+)

(3) drohende Körperverletzung ⇨ (+)

b) Notwehrhandlung

aa) Erforderlichkeit
Geeignetheit (+)
kein gleich geeignetes milderes Mittel? (-)
⇨ Faustschlag hätte zur Verteidigung ausgereicht

bb) Zwischenergebnis: § 32 StGB (-)

3. Schuld ⇨ § 33 StGB?

Fall des intensiven Notwehrexzesses (+)

asthenischer Affekt zumindest mitursächlich? ⇨ (+)

(P): Ausschluss der Anwendbarkeit des § 33 StGB?

- BGH früher: § 33 StGB ausgeschlossen, wenn der Täter sich planmäßig in eine tätliche Auseinandersetzung eingelassen hat
- dagegen Literatur: derartige Begrenzung des § 33 StGB vom Wortlaut nicht gedeckt
- BGH jetzt: § 33 StGB nicht schon dadurch ausgeschlossen, dass sich der Angegriffene dem Angriff durch Flucht oder vorsorgliche Einschaltung der Polizei hätte entziehen können

⇨ <u>hier</u>: B hat keine bewaffnete Auseinandersetzung mit seinem Gegner außerhalb des von diesem vorgesehenen Tatortbereichs gesucht

⇨ § 33 StGB (+)

II. Ergebnis:

§§ 223 I, 224 I Nr. 2 StGB (-)

C. Lösung

Strafbarkeit des B

I. Gefährliche Körperverletzung, §§ 223 I, 224 I Nr. 2 StGB

1. Tatbestand

Durch den Schuss mit seiner Schrotflinte auf die Beine des E hat B diesen körperlich misshandelt sowie an der Gesundheit geschädigt und damit den objektiven Tatbestand einer gefährlichen Körperverletzung mittels einer Waffe (§ 224 I Nr. 2 StGB) vorsätzlich erfüllt.

In Betracht kommen könnte noch eine das Leben des E gefährdende Behandlung i.S.d. § 224 I Nr. 5 StGB. Hierzu lassen sich jedoch aus dem Sachverhalt keine genaueren Schlussfolgerungen ziehen.

hemmer-Methode: Wenn der Sachverhalt gewisse Punkte nicht abschließend beschreibt, sollte man dies auch in der Lösung deutlich machen. Auf keinen Fall sollte man sich zu umfangreichen Spekulationen hinreißen lassen. Wenn der Klausurersteller sich über bestimmte Einzelheiten nicht näher äußert, erwartet er in der Regel auch von Ihnen in der Lösung dazu keine umfassenden Ausführungen.

2. Rechtswidrigkeit

Fraglich ist, ob B rechtswidrig gehandelt hat. Als Rechtfertigungsgrund kommt Notwehr gem. § 32 StGB in Betracht.

a) Notwehrlage

Voraussetzung wäre zunächst eine Notwehrlage, also ein gegenwärtiger und rechtswidriger Angriff seitens des E auf den B.

Dabei kann nicht an die begangene Beleidigung angeknüpft werden. Zwar überschritt E mit dem Ausdruck „Kanake" die Grenzen bloßer Unhöflichkeit, Nachlässigkeit oder Taktlosigkeit im Umgang mit anderen, was als Kundgabe von Missachtung der Person des B zu werten ist.

Damit lag zwar eine Beleidigung i.S.d. § 185 StGB und damit ein rechtswidriger Angriff vor. Dieser war aber zu dem Zeitpunkt, als der B auf den E schoss, nicht mehr gegenwärtig i.S.d. § 32 StGB. Vielmehr hatte E die Beleidigung bereits vollständig ausgesprochen. Der Angriff auf die Ehre des B dauerte damit nicht mehr fort, sondern war bereits beendet. Mit weiteren, darüber hinaus gehenden Beleidigungen war nicht mehr zu rechnen.[116]

Weitere rechtswidrige Angriffe des E auf den B können aber zum einen in der Verletzung des Hausrechts des B (vgl. § 123 StGB) sowie zum anderen in der dem B drohenden Körperverletzung durch E gesehen werden. Insofern ist auch die Gegenwärtigkeit zu bejahen. E befand sich zur Zeit des Schusses noch in den Räumlichkeiten des Bordells und hatte sich dem B kampfesbereit und in drohender Haltung bis auf einen halben Meter genähert.

Keine Rolle kann es hierbei spielen, dass E dem B körperlich unterlegen war. Obwohl das Handeln des E sinnlos gewesen sein mag, so richtete es sich trotzdem in einer Art und Weise gegen B, die eine sofortige Reaktion zur Abwehr des Angriffs notwendig machte.

Eine Notwehrlage lag damit vor.

b) Notwehrhandlung

aa) Erforderlichkeit

Ferner müsste der Schuss des B erforderlich gewesen sein.

Der Schuss war zunächst ein geeignetes Mittel, um den Angriff des E sofort und endgültig niederzuschlagen.

Das Merkmal der Erforderlichkeit setzt darüber hinaus voraus, dass der Verteidiger, dem aus objektiver ex ante Sicht mehrere in gleicher Weise geeignete Verteidigungsmittel zur Verfügung stehen, sich des mildesten Mittels bedient, also desjenigen Mittels, das die Rechtsgüter des Angreifers am weitesten schont.

---

116 A.A. vertretbar.

Nach den Angaben im Sachverhalt ist hier die **Erforderlichkeit der Verteidigung zu verneinen**: Der Schuss auf die Beine des E ging über das Maß hinaus, welches zu einer sicheren Abwehr des Angriffs erforderlich gewesen wäre. Zwar braucht sich der in Notwehr Handelnde nicht auf eine möglicherweise unzureichende Verteidigung einzulassen, unter mehreren gleich effizienten Abwehrmitteln muss aber stets das mildeste gewählt werden. Gegen den schmächtigen E hätte vorliegend ein mächtiger Faustschlag zur Verteidigung ausgereicht. Des Einsatzes der Schrotflinte als Schusswaffe bedurfte es nicht.

bb) Zwischenergebnis

Auf die Gebotenheit der Notwehrhandlung und auf den Verteidigungswillen des B kommt es nicht mehr an. B ist nicht gem. § 32 StGB gerechtfertigt. Die gefährliche Körperverletzung war rechtswidrig.

3. Schuld

Fraglich ist, ob B schuldhaft gehandelt hat. Zugunsten des B könnte der **Entschuldigungsgrund** der Überschreitung der Notwehr gem. **§ 33 StGB** eingreifen.

Voraussetzung dafür ist, dass der Angegriffene in einer Notwehrlage und beim Vorliegen aller Übrigen Notwehrmerkmale aus sog. asthenischen Affekten (Verwirrung, Furcht oder Schrecken) die Erforderlichkeitsgrenze überschreitet, sich also intensiver als erforderlich verteidigt, wobei die Mitursächlichkeit des asthenischen Affekts neben anderen gefühlsmäßigen Regungen genügt.[117]

hemmer-Methode: Nach h.M. regelt § 33 StGB nur den sog. intensiven Notwehrexzess (Überschreitung der Erforderlichkeits- oder der Gebotenheitsgrenze). Gegenstück dazu ist der sog. extensive Notwehrexzess, bei dem die zeitlichen Grenzen der Notwehr überschritten werden. In dieser Konstellation scheitert die Notwehr nicht erst an der Erforderlichkeit der Verteidigung, sondern bereits an der Gegenwärtigkeit des Angriffs. Nach h.M. entschuldigt § 33 StGB einen solchen extensiven Notwehrexzess nicht. Der Täter handelt daher in diesem Fall auch schuldhaft.[118]

Ein solcher Fall scheint hier zunächst vorzuliegen. B hat sich (s. oben) gegen E mit einem Schuss aus seiner Schrotflinte verteidigt, obwohl auch ein mächtiger Faustschlag zum Niederschlagen des Angriffs in gleicher Weise geeignet gewesen wäre. Er hat also die Erforderlichkeitsgrenze überschritten (Fall des intensiven Notwehrexzesses).

Diese Überschreitung müsste auf einem sog. asthenischen Affekt beruhen. Als Beispiele nennt das Gesetz Verwirrung, Furcht oder Schrecken.

Den Gegensatz dazu bilden sthenische Affekte wie Wut, Zorn oder Kampfeseifer. Nach dem Sachverhalt war B über das plötzliche mutige Auftreten des E so erschrocken, dass er zu seiner Schrotflinte griff. Ein Handeln aus asthenischen Affekten ist damit zu bejahen.

Fraglich ist jedoch, ob nicht die Anwendbarkeit des § 33 StGB in einer Situation ausgeschlossen ist, in der der Notwehrausübende den Konflikt durch vorheriges Einschalten der Polizei hätte verhindern können.

In seiner früheren Rechtsprechung[119] ging der BGH davon aus, dass eine Strafbefreiung wegen Notwehrexzesses gem. § 33 StGB ihrem Wesen nach immer nur ein Handeln ergreifen könne, das ausschließlich mit der unmittelbaren Abwehr des Angriffs zusammenhänge; § 33 StGB dürfe dagegen nicht zur Ausräumung eines vorwerfbaren Verhaltens herangezogen werden, das bereits vor Eintritt der Notwehrlage eingesetzt habe.

[117] BGH, NStZ-RR 1999, 264 mit Anmerkung SATZGER, JA-R, 1999, 17; HEUCHEMER, JA 2000, 382; ferner LACKNER/ KÜHL, § 33 Rn. 3.

[118] Vgl. zur umstrittenen Behandlung des extensiven Notwehrexzesses nochmals oben Fall 6.

[119] Vgl. BGH, NJW 1962, 308, 309.

In dieser Linie hat der BGH konsequenterweise später ein entschuldigtes Überschreiten der Notwehr i.S.v. § 33 StGB ausgeschlossen, wenn der Täter sich planmäßig in eine tätliche Auseinandersetzung eingelassen hat, um unter Ausschaltung der erreichbaren Polizei einen ihm angekündigten Angriff mit eigenen Mitteln abzuwehren und die Oberhand über seinen Gegner zu gewinnen.[120] Denn in einem solchen Fall liege die eigentliche Ursache für die Überschreitung der Notwehrlage nicht in einer durch den Angriff ausgelösten, auf asthenischen Affekten beruhenden Schwäche des Angegriffenen, sondern in dem vor Eintritt der Notwehrlage gefassten, auf sthenischen Affekten (wie Wut, Zorn, Kampfeseifer) beruhenden Entschluss, den Konflikt mit dem Gegner selbst auszutragen.

In der Literatur wird eine solche generelle Begrenzung des Notwehrexzesses weitgehend mit der Begründung abgelehnt, der Wortlaut des § 33 StGB stelle im Unterschied zu § 35 I 2 StGB gerade nicht darauf ab, ob der Angegriffene die Notwehrlage selbst mit verursacht habe oder nicht.[121] Außerdem wird der Rechtsprechung des BGH vorgehalten, dass sie bezüglich der Anwendbarkeit des § 33 StGB zwei verschiedene Aspekte vermische. Denn Ausführungen dazu, dass ein besonders vorwerfbar provozierter Angriff die Berufung auf Notwehrexzess ausschließe, seien überflüssig, wenn der Exzess ohnehin nicht auf einem asthenischen Affekt beruhe.[122]

Auch der BGH hat in einer neueren Entscheidung in Abgrenzung zu seiner früheren Rechtsprechung klargestellt, dass die Anwendbarkeit des § 33 StGB nicht schon dadurch ausgeschlossen wird, dass sich der Angegriffene dem Angriff durch Flucht oder vorsorgliche Einschaltung der Polizei hätte entziehen können.[123]

[120] Vgl. BGH, NStZ 1993, 333.

[121] Vgl. ROXIN, NStZ 1993, 335; MÜLLER-CHRISTMANN, JuS 1995, 649, 652; LACKNER/KÜHL, § 33, Rn. 4.

[122] Vgl. MÜLLER-CHRISTMANN, JuS 1995, 649, 652.

[123] Vgl. BGH, NStZ 1995, 177.

Dieser Streit muss allerdings im vorliegenden Fall nicht abschließend entschieden werden, da B hier keine bewaffnete Auseinandersetzung mit seinem Gegner außerhalb des von seinem Angreifer vorgesehenen Tatortbereichs gesucht hat, um den gegnerischen Angriffen zuvorkommen. Die Notwehrsituation entstand erst mit dem Auftauchen des E. Zu diesem Zeitpunkt kann aber von einer Notwehrprovokation von Seiten des B keine Rede sein. Die vorangegangene Begegnung zwischen B auf der einen und E und den Jugendlichen auf der anderen Seite lag mehrere Tage zurück und war also völlig abgeschlossen. Es kann überdies auch nicht davon ausgegangen werden, dass B durch die damals begangene Nötigung nun das Auftreten des E provoziert hätte. B durfte davon ausgehen, dass sich die Sache zwischen ihm und E und den Jugendlichen endgültig erledigt hatte.

Die Anwendbarkeit des § 33 StGB ist daher im vorliegenden Fall nicht ausgeschlossen. Die Voraussetzungen der Vorschrift sind erfüllt. B ist nach § 33 StGB entschuldigt.

II. Ergebnis

B hat sich nicht wegen gefährlicher Körperverletzung nach §§ 223 I, 224 I Nr. 2 StGB strafbar gemacht. Er ist straflos.

D. Zusammenfassung

Sound: Notwehrexzess gem. § 33 StGB beim planmäßigen Einlassen in eine tätliche Auseinandersetzung.

Nach einer früheren Entscheidung des BGH ist die Anwendbarkeit des § 33 StGB ausgeschlossen, wenn der Täter sich planmäßig in eine tätliche Auseinandersetzung eingelassen hat. In der Literatur wird dagegen vorgebracht, eine derartige Begrenzung des Notwehrexzesses sei vom Wortlaut des § 33 StGB nicht gedeckt. Mittlerweile hat der BGH entschieden, dass die Anwendbarkeit des § 33 StGB jedenfalls nicht schon dadurch ausgeschlossen wird, dass sich der Angegriffene dem Angriff durch Flucht oder vorsorgliche Einschaltung der Polizei hätte entziehen können.

hemmer-Methode: Bei der in diesem Fall aufgeworfenen Streitfrage handelt es sich sicherlich um ein spezielles Problem. Die unterschiedlichen Konstellationen der Notwehrprovokation weisen allerdings stets und gerade auch in Anfängerklausuren eine hohe Klausurrelevanz auf. Neben der Prüfung der Gebotenheit i.S.d. § 32 StGB kann das Problem einer schuldhaft herbeigeführten Notwehrlage wie hier auch i.R.d. § 33 StGB in der Klausur auftreten. Lernen Sie in diesem Bereich nicht oberflächlich und behalten Sie die aktuelle Rechtsprechung im Auge.

E. Zur Vertiefung

Zu § 33 StGB

- HEMMER/WÜST, Strafrecht AT I, Rn. 475 ff.
- Zum Fall: BGH, NStZ 1993, 333; BGH, NStZ 1995, 177; ROXIN, NStZ 1993, 335 ff.; MÜLLER-CHRISTMANN, JuS 1995, 649 ff.

Zur Notwehr bzw. Nothilfe bei wechselseitigen Angriffen sowie der Anwendung des § 33 StGB analog auf die sog. „Putativnotwehr“

- BGH NStZ 2003, 599 ff. = Life&Law 2004, 108 ff.

Kapitel IV: Schuld

Fall 16: Der tödliche Nachhauseweg

Sachverhalt:

Stefan (S) und Willi (W) wollten auf dem Nachhauseweg den Anton (A) „aufmischen". Sie rechneten hierbei nicht mit ernsthafter Gegenwehr und wollten sich erkennbar auf eine gefährliche Auseinandersetzung auch nicht einlassen. Nachdem sie dem A bereits mehrere schmerzhafte Schläge verpasst hatten, zog dieser ein Messer und stach S mit bedingtem Tötungsvorsatz in die Brust. S verstarb an den Folgen der Tat. Motiv für die Tat des A war die Angst vor den körperlich überlegenen Angreifern sowie Wut aufgrund der erlittenen Schmerzen.

Bearbeitervermerk:

Prüfen Sie die Strafbarkeit des A.

A. Einordnung

I.R.d. Rechtfertigung ist bei der Prüfung der Erforderlichkeit der Notwehrhandlung des A dem Umstand Rechnung zu tragen, dass sich S und W erkennbar auf eine gefährliche Auseinandersetzung mit dem A nicht einlassen wollten. Sodann ist fraglich, ob einer Entschuldigung des A gem. § 33 StGB entgegensteht, dass er bei seiner Notwehrüberschreitung sowohl aus Angst wie auch aus Wut gehandelt hat.

B. Gliederung

Strafbarkeit des A

I. Totschlag, § 212 I StGB

1. Tatbestand

2. Rechtswidrigkeit ⇨ § 32 StGB?

a) Notwehrlage

rechtswidriger Angriff? (+)
⇨ Schläge von S und W

Gegenwärtigkeit? (+)
⇨ weitere Schläge drohten
Notwehr gegen jeden der beiden Angreifer zulässig

b) Notwehrhandlung

aa) Erforderlichkeit (+)
Geeignetheit (+)

(P): kein milderes Mittel? (-)

⇨ S und W hätten sich erkennbar auf eine gefährliche Auseinandersetzung nicht eingelassen.

Daher wäre verbale Androhung des Messereinsatzes oder Stich in weniger sensible Körperregionen zur Verteidigung ausreichend gewesen.

bb) Zwischenergebnis: § 32 StGB (-)

3. Schuld ⇨ § 33 StGB?

Fall des intensiven Notwehrexzesses (+)

(P): Handeln aus asthenischen Affekten?

⇨ <u>hier:</u> Handeln des A aus Angst und Wut

BGH: Asthenischer Affekt muss nicht alleinige oder auch nur überwiegende Ursache für die Überschreitung der Notwehrgrenzen gewesen sein. Mitursächlichkeit ausreichend

⇨ daher <u>hier</u>: § 33 StGB (+)

II. Ergebnis: § 212 I StGB (-)

C. Lösung

Strafbarkeit des B

I. Totschlag, § 212 I StGB

1. Tatbestand

Durch den Stich mit dem Messer in die Brust hat A den Tod eines anderen Menschen, nämlich des S, vorsätzlich (dolus eventualis) herbeigeführt.

Für Mordmerkmale sind keine Anhaltspunkte gegeben.

2. Rechtswidrigkeit

Fraglich ist, ob A rechtswidrig gehandelt hat. Zu seinen Gunsten könnte nämlich der Rechtfertigungsgrund der Notwehr gem. § 32 StGB eingreifen.

a) Notwehrlage

A müsste sich zunächst in einer Notwehrlage befunden haben, d.h. er müsste einem gegenwärtigen und rechtswidrigen Angriff ausgesetzt gewesen sein. Hierunter ist jede der Rechtsordnung zuwiderlaufende, durch menschliches Verhalten drohende Verletzung notwehrfähiger, rechtlich geschützter Güter oder Interessen zu verstehen, die unmittelbar bevorsteht, bereits begonnen hat oder noch andauert.

S und W hatten es darauf angelegt, A zu verprügeln und ihm bereits mehrere schmerzhafte Schläge verpasst. Ihr rechtswidriger Angriff richtete sich damit gegen die körperliche Unversehrtheit und die Fortbewegungsfreiheit des A. Ferner war dieser Angriff gegenwärtig, denn er war noch nicht abgeschlossen. Dem A drohten nämlich noch weitere Misshandlungen. Nach dem Sachverhalt war davon auszugehen, dass S und W die Schläge gegen A noch fortgeführt hätten, wenn dieser sich nicht verteidigt hätte.

Schließlich durfte sich A gegen jeden der beiden Angreifer zur Wehr setzen. Da es sich um einen gemeinsamen Angriff von S und W handelte, ist unerheblich, von wem die Misshandlungen im Einzelnen ausgingen.

Eine Notwehrlage ist damit zu bejahen.

b) Notwehrhandlung

Die Notwehrhandlung des A ist im Zustechen mit dem Messer zu sehen. Dieses müsste objektiv zur Abwehr des Angriffs erforderlich und normativ geboten sowie subjektiv von einem Verteidigungswillen getragen sein.

aa) Erforderlichkeit

Der Stich mit dem Messer in die Brust des S war jedenfalls geeignet, den von S und W ausgehenden Angriff sofort und endgültig niederzuschlagen.

Im Hinblick auf die Erforderlichkeit der Notwehrhandlung ist aber ferner zu prüfen, ob es nicht ausgereicht hätte, den Messereinsatz zunächst nur verbal anzudrohen oder aber die Stiche gegen weniger sensible Körperregionen zu führen.

Im Grundsatz hat der Angegriffene, sofern ihm *mehrere gleich wirksame Mittel* oder *Einsatzmöglichkeiten eines Mittels* zur Verfügung stehen, stets das aus Sicht des Angreifers mildeste zu seiner Verteidigung zu wählen. Er hat unter gleich geeigneten Handlungsmöglichkeiten diejenige Verteidigungshandlung vorzunehmen, die den Angreifer am wenigsten gefährdet.

Der Einsatz einer Waffe gegenüber einem unbewaffneten Angreifer ist regelmäßig zunächst anzudrohen, bevor sie lebensgefährlich eingesetzt wird. Nach ständiger Rechtsprechung des BGH gilt diese Regel jedoch nicht ausnahmslos. Zu beachten bleibe stets, dass sich der Angegriffene nicht auf Mittel und Möglichkeiten verweisen zu lassen braucht, deren Abwehrerfolg ungewiss ist, sondern diejenige Verteidigung wählen darf, die eine sofortige und endgültige Beseitigung der Gefahr verspricht.[124]

---

[124] Vgl. BGH, NStZ 1991, 21; BGH, NStZ 1998, 508.

Entscheidend sind dabei Art, Maß und Stärke des Angriffs, die Verteidigungsmöglichkeiten des Angegriffenen und die konkrete Kampflage im Einzelfall. Diese Umstände sind aus einer **objektiven ex ante Prognose** zu ermitteln. Maßgeblich hierbei ist, wie ein verständiger Beobachter in der sozialen Rolle des Täters die Situation eingeschätzt hätte.

Ausschlaggebend ist daher im vorliegenden Fall, dass S und W sich **erkennbar** auf eine gefährliche Auseinandersetzung nicht eingelassen hätten. Der Stich des A in die Brust des S war daher nicht erforderlich.

bb) Zwischenergebnis

Auf die Gebotenheit der Notwehrhandlung und den Verteidigungswillen des A als subjektives Rechtfertigungselement kommt es nicht mehr an. A ist nicht gerechtfertigt und hat somit rechtswidrig gehandelt.

3. Schuld

Fraglich ist, ob A schuldhaft gehandelt hat. Es könnte der Entschuldigungsgrund des Notwehrexzesses gem. § 33 StGB vorliegen.

A hat die Grenzen der Notwehr überschritten, da er eine Notwehrhandlung vornahm, die nicht erforderlich war. Es liegt damit ein Fall eines von § 33 StGB unstreitig umfassten intensiven Notwehrexzesses vor.

hemmer-Methode: Nach h.M. fällt unter § 33 StGB nur der sog. *intensive* Notwehrexzess, der vorliegt, wenn die Grenzen der Erforderlichkeit oder der Gebotenheit überschritten werden, nicht dagegen der Fall, dass es an der Gegenwärtigkeit des Angriffs fehlt, sog. *extensiver* Notwehrexzess.[125]

Nach dem Sachverhalt handelte A unter anderem auch aus Angst. Zwar erfüllt nicht schon jedes Angstgefühl das Merkmal der Furcht i.S.d. § 33 StGB.

Es muss vielmehr ein durch das Gefühl des Bedrohtseins verursachter Störungsgrad vorliegen, bei dem der Täter das Geschehen nur noch in erheblich reduziertem Maße verarbeiten kann.[126]

Von einem derartigen Störungsgrad kann hier bei A ausgegangen werden.

Fraglich ist jedoch, ob dieser durch das Gefühl des Bedrohtseins verursacht wurde.

§ 33 StGB setzt voraus, dass die Überschreitung der Notwehr auf einem *asthenischen*, d.h. defensiven Affekt beruht. Charakteristisch für solche Affekte ist, dass sie gerade auf einem Gefühl des Bedrohtseins beruhen. Nach h.M. ist eine Erweiterung auf sthenische (aggressive) Affekte wie Wut, Kampfeseifer oder Zorn ausgeschlossen. Motiv für die Tat des A war hier neben der Angst vor den körperlich überlegenen Angreifern auch Wut aufgrund der erlittenen Schmerzen. In der Person des angegriffenen A lagen damit sowohl asthenische wie auch sthenische Affekte vor.

Nach Ansicht des BGH müssen die in § 33 StGB genannten asthenischen Affekte nicht die alleinige oder auch nur überwiegende Ursache für die Überschreitung der Notwehrgrenzen gewesen sein. Vielmehr ist deren *Mitursächlichkeit* ausreichend.[127] Jedenfalls steht das gleichzeitige Vorliegen sthenischer Affekte der Anwendung des § 33 StGB dann nicht entgegen, wenn Furcht, Verwirrung oder Schrecken zumindest *auch* vorgelegen haben.

Diese Interpretation des § 33 StGB rechtfertigt sich einerseits aus dem Wortlaut „*aus* Verwirrung, Furcht oder Schrecken". Sie wird aber auch durch Sinn und Zweck der Norm getragen: Der Angreifer hat die ihn treffenden Folgen überzogener Abwehr selbst und allein zu verantworten, wenn er durch sein Handeln einen der Affekte des § 33 StGB ausgelöst hat, die den Angegriffenen zumindest auch die Grenzen der Notwehr überschreiten ließen.

---

[125] Vgl. nochmals die Fälle 6 und 15.

[126] Vgl. BGH, NStZ 2001, 591 mit Anmerkung OTTO, NStZ 2001, 594; BGH, NStZ-RR 1997, 65; LENCKNER/ PERRON, in: Schönke/ Schröder, § 33 Rn. 3; TRÖNDLE/ FISCHER, § 33 Rn. 3.

[127] BGH, StV 1999, 145, 148; BGH, NStZ-RR 1999, 264.

Liegt nämlich ein nach § 33 StGB entschuldigender asthenischer Affekt vor, der einen Störungsgrad, bei dem die Fähigkeit des Täters, das Geschehen richtig zu verarbeiten, zumindest mitverursacht hat, so kann das zusätzliche Vorhandensein weiterer Motivationen nicht dazu führen, dass diese Entschuldigung wieder entfällt.

Auf diese weiteren Faktoren, hier also auf die Wut des A, kommt es nicht an. A ist gem. § 33 StGB entschuldigt.

II. Ergebnis

A hat sich nicht wegen Totschlages gem. § 212 I StGB strafbar gemacht.

D. Zusammenfassung

Sound: Asthenischer Affekt i.S.d. § 33 StGB.

Eine Entschuldigung des Täters nach § 33 StGB setzt voraus, dass die Überschreitung der Notwehr auf einem *asthenischen*, d.h. defensiven Affekt beruht. Es muss ein durch diesen Affekt, also durch das Gefühl des Bedrohtseins verursachter Störungsgrad beim Täter vorliegen, bei dem dieser das Geschehen nur noch in erheblich reduziertem Maße verarbeiten kann. Dabei genügt es, dass die in § 33 StGB genannten Affekte – neben anderen gefühlsmäßigen Regungen – zumindest mitursächlich für die Notwehrüberschreitung waren.

hemmer-Methode: § 33 StGB ist eine klausurrelevante Vorschrift des Allgemeinen Teils des StGB. Versetzen Sie sich in die Lage des Klausurerstellers: Probleme des § 33 StGB sind in der Klausur i.R.d. Schuld anzusprechen. Der Klausurersteller kann also bereits eine Vielzahl von Problemen auf Tatbestands- und auf Rechtswidrigkeitsebene abprüfen und dann zusätzlich die Klausur um § 33 StGB „verlängern". Denken Sie daher immer bei der Verneinung der Erforderlichkeit oder der Gebotenheit an die „Verlängerung" des § 33 StGB. Lernen Sie nicht isoliert in Schubladen, sondern vernetzen Sie Ihr juristisches Denken.

E. Zur Vertiefung

Zu § 33 StGB

- HEMMER/WÜST, Strafrecht AT I, Rn. 475 ff.

Fall 17: Sein und Schein

Sachverhalt:

Anton (A) sieht, wie Franz (F) eine Pistole an die Schläfe von Otto (O) hält und diesen zu erschießen droht. Kurzerhand zieht A seine mitgeführte Waffe und erschießt F. Später stellt sich heraus, dass die Bedrohung von O nur scheinbar war. F und O hatten für eine Theateraufführung geprobt.

Bearbeitervermerk:

Prüfen Sie die Strafbarkeit des A.

A. Einordnung

Dieser Fall beschäftigt sich nochmals (vgl. bereits Fall 11) mit der Problemkonstellation des Erlaubnistatbestandsirrtums. Bejaht man das Vorliegen eines solchen Irrtums und damit eine Strafbarkeit wegen eines vorsätzlichen Deliktes, so muss in jedem Fall an die Vorschrift des § 16 I 2 StGB – in direkter oder analoger Anwendung – gedacht und also die Strafbarkeit wegen eines Fahrlässigkeitsdeliktes geprüft werden, wenn ein solcher Tatbestand existiert (§ 15 StGB).

B. Gliederung

Strafbarkeit des A

I. Totschlag, § 212 I StGB

1. Tatbestand

2. Rechtswidrigkeit ⇨ § 32 StGB?

a) Nothilfelage

⇨ (-), kein rechtswidriger Angriff

b) Zwischenergebnis: § 32 StGB (-)

3. Schuld

(P): Erlaubnistatbestandsirrtum

- Vorsatztheorie: § 16 StGB direkt
- Lehre von den negativen Tatbestandsmerkmalen: § 16 StGB direkt
- strenge Schuldtheorie: § 17 StGB
- eingeschränkte Schuldtheorie: § 16 StGB analog ⇨ kein subjektiver Tatbestand
- rechtsfolgenverweisende eingeschränkte Schuldtheorie: § 16 StGB analog ⇨ kein Vorsatzschuldvorwurf

4. Ergebnis: § 212 I StGB (-)

II. Fahrlässige Tötung, § 222 StGB

1. Unrechtstatbestand

Sorgfaltspflichtverletzung in Bezug auf den Irrtum? ⇨ i Erg. (-), a.A. vertretbar

2. Ergebnis: § 222 StGB (-)

C. Lösung

Strafbarkeit des A

I. Totschlag, § 212 I StGB

1. Tatbestand

A hat durch seinen Schuss einen anderen Menschen, nämlich den F, getötet. Dies geschah vorsätzlich mit Wissen und Wollen. Für die Verwirklichung eines Mordmerkmals fehlen Anhaltspunkte.

2. Rechtswidrigkeit

Zu prüfen ist die Rechtswidrigkeit der Tat. A könnte hier in Nothilfe gem. § 32 StGB gehandelt haben.

a) Nothilfelage

Zunächst müsste ein gegenwärtiger und rechtswidriger Angriff des F auf O vorgelegen haben. Hier fehlt es allerdings bereits an einem rechtswidrigen Angriff.

Die Bedrohung des O durch F mit dessen Pistole war nur scheinbar, da sich die beiden als Schauspieler in einer Theaterprobe befanden. Eine Nothilfelage ist damit zu verneinen.

b) Zwischenergebnis

Eine Rechtfertigung des A nach § 32 StGB scheidet aus.

3. Schuld

Fraglich ist aber, ob ein schuldhaftes Handeln gegeben ist. A könnte ohne Vorsatzschuld gehandelt haben.

Im vorliegenden Fall hat sich A über die tatsächlichen Voraussetzungen des Rechtfertigungsgrundes der Notwehr, nämlich das Vorliegen einer Nothilfelage, geirrt. Wäre die von A vorgestellte Nothilfelage tatsächlich gegeben gewesen, wäre seine Handlung auch erforderlich, geboten und von einem Nothilfewillen getragen gewesen.

Somit liegt hier ein Fall des sog. Erlaubnistatbestandsirrtums vor. Dieser ist dadurch gekennzeichnet, dass sich der Täter über die Tatumstände auf der Rechtfertigungsebene irrt, bei deren tatsächlichem Vorliegen er gerechtfertigt wäre.

hemmer-Methode: Machen Sie sich an dieser Stelle nochmals die Definition des Erlaubnistatbestandsirrtums klar: Entscheidend ist der 2. Halbsatz „bei deren Vorliegen er gerechtfertigt wäre", der zum Ausdruck bringt, dass die Übrigen Voraussetzungen des jeweiligen Rechtfertigungsgrundes vorliegen müssen! Für den Klausuraufbau bedeutet dies, dass zunächst diese Voraussetzungen zu prüfen und erst danach die Theorien zur Behandlung des Erlaubnistatbestandsirrtums darzustellen sind.

Fraglich und umstritten ist, wie dieser Irrtum des A zu behandeln ist. Hierzu werden verschiedene Auffassungen vertreten.[128]

aa) Die früher vertretene **Vorsatztheorie** betrachtete das Unrechtsbewusstsein neben dem Wissen und Wollen der Tat gerade als Kern des Vorsatzes, sodass bei fehlendem Unrechtsbewusstsein niemals Vorsatzstrafe eintreten konnte. Mit der Einführung des § 17 StGB ist diese Auffassung heute aber als contra legem nicht mehr vertretbar.

hemmer-Methode: Wegen der eindeutigen Regelung in § 17 StGB („*Fehlt* dem Täter die *Einsicht, Unrecht zu tun*, so handelt er *ohne Schuld*") kann man in der Klausur auch unter Umständen auf Ausführungen zu dieser Theorie ganz verzichten.

bb) Abzulehnen ist auch die **Lehre von den negativen Tatbestandsmerkmalen,** die die Rechtfertigungsgründe als negativen Teil des Tatbestandes ansieht, und deshalb das Bewusstsein vom Fehlen einer Rechtfertigung als vom Vorsatz umfasst ansieht. Diese Auffassung verkennt, dass bereits in den Rechtfertigungsgründen selbst zwischen Tat und Rechtswidrigkeit unterschieden wird (vgl. z.B. den Wortlaut des § 32 I StGB: „Wer eine *Tat begeht*, die durch Notwehr geboten ist, handelt *nicht rechtswidrig*.").

hemmer-Methode: Folgte man der Vorsatztheorie oder der Lehre von den negativen Tatbestandsmerkmalen, so müsste die Prüfung eigentlich bereits im subjektiven Tatbestand erfolgen. Nach ihr läge dann ein direkter Anwendungsfall des § 16 I StGB vor. Die Diskussion und die Herleitung der h.M. sollte jedoch in der Klausurprüfung zum einen nicht auseinandergerissen, sondern „am Stück" und zum anderen dort erfolgen, wo letztlich die Rechtsfolge festgestellt wird, nämlich in der Schuld.

cc) Nach der **strengen Schuldtheorie** wird der Erlaubnistatbestandsirrtum nach § 17 StGB behandelt. Danach wäre die Schuld nur dann ausgeschlossen, wenn der Irrtum unvermeidbar war. Als Begründung für diese Theorie wird angeführt, dass § 16 StGB lediglich den Tatbestandsirrtum erwähne, sodass alle anderen Irrtümer unter § 17 StGB fallen müssten.

[128] Vgl. hierzu HILLENKAMP AT, 10. Problem.

Diese Lehre verkennt jedoch, dass es sich beim Erlaubnistatbestandsirrtum um keinen Beurteilungsfehler in rechtlicher Hinsicht, sondern um einen Sachverhaltsirrtum handelt. Somit kann dieser Irrtum aus Wertungsgründen nicht über § 17 StGB erfasst werden. Vielmehr liegt eine Regelungslücke vor, die im Wege der Analogie zu schließen ist.

hemmer-Methode: Das aus Art. 103 II GG abzuleitende Analogieverbot im Strafrecht steht an dieser Stelle nicht entgegen. Nach diesem darf ein Verhalten nur dann unter einen Straftatbestand subsumiert werden, wenn dessen Wortlaut dies noch zulässt. Der Wortlaut stellt somit im Strafrecht stets die äußerste Grenze der Auslegung dar. Das Grundgesetz verbietet allerdings nur eine Analogie zu Lasten des Täters, hier dagegen geht es um eine solche zu dessen Gunsten.

Aufgrund der Ähnlichkeit zum Tatbestandsirrtum liegt eine Behandlung nach § 16 I StGB näher. Denn der im Erlaubnistatbestandsirrtum befindliche Täter verhält sich zwar möglicherweise unaufmerksam und nachlässig, was die Erfassung der für die Rechtfertigung relevanten Umstände des Sachverhaltes in tatsächlicher Hinsicht anbelangt. Sein Verhalten stimmt aber wertungsmäßig grundsätzlich mit den gesetzlichen Wertentscheidungen der Rechtsordnung überein. Er ist „an sich rechtstreu“.[129] Trifft aber einen solchermaßen Irrenden nur ein Schuldvorwurf, der qualitativ einem Fahrlässigkeitsschuldvorwurf entspricht, so ist es sachgerecht, den Erlaubnistatbestandsirrtum in seinen Rechtsfolgen dem echten Tatbestandsirrtum i.S.d. § 16 StGB gleichzustellen.

dd) Herrschend ist daher die so genannte **eingeschränkte Schuldtheorie,** die bei einem Irrtum über das Vorliegen der tatsächlichen Voraussetzungen eines Rechtfertigungsgrundes (= Erlaubnistatbestandsirrtum) zur entsprechenden Anwendung von § 16 I StGB führt. Innerhalb dieser Lehre gibt es zwei Varianten:

(1) Die **reine eingeschränkte Schuldtheorie** nimmt an, dass bei einem Erlaubnistatbestandsirrtum das Unrecht einer vorsätzlichen Tat ausgeschlossen ist.

Dagegen spricht jedoch, dass das Unrecht der Tat – Tatbestandsmäßigkeit und Rechtswidrigkeit – bereits festgestellt ist. Darüber hinaus wäre eine strafbare Teilnahme an der Tat nicht mehr möglich, auch wenn der Teilnehmer selbst keinem Irrtum unterlag.

Zudem handelt selbst der gerechtfertigt handelnde Täter vorsätzlich, sodass dies erst recht für den lediglich im Erlaubnistatbestandsirrtum Handelnden gelten muss.

(2) Überzeugend erscheint daher die sog. **rechtsfolgenverweisende eingeschränkte Schuldtheorie**, wonach der Erlaubnistatbestandsirrtum **allein** in der Rechtsfolge dem § 16 I StGB zugeordnet wird, sodass der Täter, obwohl er vorsätzliches Handlungsunrecht verwirklicht hat, nur wegen Fahrlässigkeit bestraft werden kann. Ein solcher Irrtum lässt daher nicht den Tatbestandsvorsatz, sondern in analoger Anwendung des § 16 I 1 StGB nur den Vorsatzschuldvorwurf entfallen. Da dem irrenden Täter allein die vorsätzlich-fehlerhafte Einstellung zur Rechtsordnung (Vorsatzschuld) fehlt, er im Übrigen aber vorsätzlich und rechtswidrig handelt, bleibt eine Strafbarkeit des nicht irrenden Anstifters oder Gehilfen möglich.

Demnach handelte A in analoger Anwendung der Rechtsfolgen des § 16 I 1 StGB ohne Vorsatzschuld.

4. Ergebnis

A ist somit nicht wegen Totschlages des F gem. § 212 I StGB strafbar.

II. Fahrlässige Tötung, § 222 StGB

hemmer-Methode: § 16 I 2 StGB stellt klar, dass eine Bestrafung wegen fahrlässiger Begehung unberührt bleibt, d.h. der Erlaubnistatbestandsirrtum schließt nur die Bestrafung wegen vorsätzlicher Tatbegehung aus. Der Fahrlässigkeitsvorwurf kann sich hierbei allerdings nicht auf die Tatbegehung als solche beziehen, da die Tat ja - wie oben gezeigt - bereits vorsätzlich begangen wurde. Vielmehr muss er sich hier auf den Irrtum des Täters beziehen, m.a.W.: Der Erlaubnistatbestandsirrtum des A müsste auf Fahrlässigkeit beruhen.

---

[129] Vgl. BGHSt 3, 105, 107.

1. Unrechtstatbestand

A hat durch seinen Schuss auf F kausal dessen Tod verursacht.

Fraglich ist, ob hinsichtlich des entstandenen Erlaubnistatbestandsirrtums ein objektiver Fahrlässigkeitsvorwurf erhoben werden kann, ob A also insofern die im Verkehr erforderliche Sorgfalt außer acht gelassen hat. Das wäre der Fall, wenn der **Irrtum** einem besonnenen und gewissenhaften Menschen in der konkreten Lage und der sozialen Rolle des A bei einer ex ante Betrachtung der Sachlage nicht unterlaufen wäre. Ferner müsste der Irrtum des A objektiv vorausseh-bar und vermeidbar gewesen sein.

Es ist aus dem Sachverhalt nicht ersichtlich, dass irgendwelche, dem A erkennbaren Umstände auf die wahre Sachlage hindeuteten. Außerdem war in der vermeintlichen Notsituation schnelles Handeln angesagt, weswegen dem A kein Fahrlässigkeitsvorwurf gemacht werden kann.

hemmer-Methode: Eine andere Ansicht ist wegen des zugegebenermaßen sehr knappen Sachverhalts gleichermaßen vertretbar.

2. Ergebnis

A ist nicht wegen fahrlässiger Tötung gem. § 222 StGB strafbar. Er bleibt straflos.

D. Zusammenfassung

Sound. Erlaubnistatbestandsirrtum.

Im Erlaubnistatbestandsirrtum befindet sich, wer sich über die sachlichen Voraussetzungen eines anerkannten Rechtfertigungsgrundes irrt, wer also fehlerhaft Umstände für gegeben hält, die im Fall ihres wirklichen Gegebenseins die Tat rechtfertigen würden.

Nach der herrschenden rechtsfolgendverweisenden eingeschränkten Schuldtheorie führt ein solcher Irrtum zum Entfallen des Vorsatzschuldvorwurfes gem. § 16 I StGB analog.

Es bleibt damit beim Vorliegen einer vorsätzlichen und rechtswidrigen Tat; der im Erlaubnistatbestandsirrtum befindliche Täter handelt aber ohne Schuld und kann nur aus dem entsprechenden Fahrlässigkeitstatbestand bestraft werden, wenn ein solcher existiert (§ 16 I 2 StGB analog).

hemmer-Methode: Im Vergleich zu Fall 11 bringt dieser Fall keine wesentlichen Neuerungen. Warum haben wir ihn dann trotzdem für dieses Skript ausgewählt? Der Grund ist einfach: Beim Problem hinsichtlich des Erkennens eines Erlaubnistatbestandsirrtums im Sachverhalt und beim Theorienstreit über dessen rechtliche Behandlung handelt es sich um einen Klassiker des Allgemeinen Teils des StGB, den Sie unbedingt beherrschen und an Hand unterschiedlicher Fallkonstellationen einüben müssen.
Unterschätzen Sie in Ihrer Vorbereitung die Bedeutung von Wiederholungen nicht. Nehmen Sie sich insofern unbedingt ausreichend Zeit. Wenn Sie Ihre Vorbereitung auf die Klausur – was ohne Zweifel anzuraten ist – im Vorfeld planen, sollten Sie dabei dringend ausreichend große Zeitfenster für Wiederholungen vorsehen.
Weiter sollten Sie wieder eine der vielfach abgeprüften „Verlängerungen" im Auge behalten. Scheitert eine Strafbarkeit wegen eines Vorsatzdeliktes, weil der Täter einem Erlaubnistatbestandsirrtum unterlag und also gem. § 16 I 1 StGB analog der Vorsatzschuldvorwurf entfällt, so ist unbedingt an die Möglichkeit einer Strafbarkeit wegen des entsprechenden Fahrlässigkeitsdeliktes zu denken, falls ein solches existiert (vgl. §§ 16 I 2 StGB analog, 15 StGB).

E. Zur Vertiefung

Zum Erlaubnistatbestandsirrtum

- Hemmer/Wüst, Strafrecht AT II, Rn. 205, 336 ff., insbesondere die Checkliste in Rn. 342.

Fall 18: Der trinkfeste Alois

Sachverhalt:

Alois (A) will Uwe (U) töten. Um sich Mut zu machen, will er sich zunächst richtig betrinken, damit er dann ohne Hemmungen auf den U einstechen kann. A trinkt üblicherweise nur gelegentlich Alkohol. Mit einer später festgestellten Blutalkoholkonzentration (BAK) von 3,7 Promille zur Zeit der Tat tötet er sein Opfer durch mehrere Messerstiche.

Bearbeitervermerk:

Prüfen Sie die Strafbarkeit des A.

A. Einordnung

Zum Zeitpunkt der Messerstiche hatte der A eine Blutalkoholkonzentration von 3,7 Promille. Die Annahme seiner Schuldunfähigkeit gem. § 20 StGB liegt damit nahe und führt zum Folgeproblem einer Begründung der Strafbarkeit nach den Grundsätzen der actio libera in causa. In diesem Bereich kommt es maßgeblich auf die Kenntnis der neueren Rechtsprechung des BGH an.

B. Gliederung

Strafbarkeit des A

I. Totschlag, § 212 I StGB durch die Messerstiche

1. Tatbestand

a) Objektiver Tatbestand

(P): Handlung im strafrechtlichen Sinne? ⇨ trotz hoher BAK (+)

b) Subjektiver Tatbestand

2. Rechtswidrigkeit

3. Schuld

a) **Schuldunfähigkeit, § 20 StGB**? ⇨ (+)

b) **(P): Strafbarkeit nach den Grundsätzen der actio libera in causa (Ausnahmemodell)**? ⇨ (-), Arg.: Verstoß gegen § 20 StGB, Art. 103 II GG

II. Totschlag, § 212 I StGB durch das Sichbetrinken

1. Objektiver Tatbestand

a) Tathandlung

(P): Strafbarkeit nach den Grundsätzen der actio libera in causa (**A als sein eigener mittelbarer Täter**)? ⇨ (-), arg. Verstoß gegen § 25 I 2.Var. StGB

(P): Strafbarkeit nach den Grundsätzen der actio libera in causa (**Tatbestandsmodell**)?

⇨ bei eigenhändigen Delikten und bei Tätigkeitsdelikten (-)

⇨ <u>hier</u> aber Erfolgsdelikt (§ 212 I StGB), daher: Anknüpfung an das Sichbetrinken als tatbestandliche Handlung (+)

b) Kausalität (+)

c) Objektive Zurechnung (+)

d) Zwischenergebnis: obj. Tatbestand (+)

2. Subjektiver Tatbestand (+)

3. Rechtswidrigkeit (+)

4. Schuld
⇨ zum Zeitpunkt des Trinkbeginns: § 20 StGB (-)

5. Ergebnis: § 212 I StGB (+)

C. Lösung

Strafbarkeit des A

I. Totschlag, § 212 I StGB durch die Messerstiche

A könnte sich zunächst durch die Messerstiche in den Körper des U wegen Totschlages gem. § 212 I StGB strafbar gemacht haben.

1. Tatbestand

a) Objektiver Tatbestand

Durch die Stiche mit dem Messer hat A den Tod des U herbeigeführt. Insbesondere fehlt dem Tun des A – trotz seiner hochgradigen Alkoholisierung – nicht die Qualität einer Handlung im strafrechtlichen Sinn. Die Zufügung der Messerstiche durch ihn stellt noch ein vom menschlichen Willen beherrschtes und beherrschbares sozialerhebliches Verhalten dar.[130]

hemmer-Methode: Der Begriff der Handlung im strafrechtlichen Sinne ist umstritten. In der Klausur ist allerdings eine Darstellung der unterschiedlichen (kausalen, finalen und sozialen) Handlungslehren in den allermeisten Fällen nicht angezeigt. Wird sie dennoch vorgenommen, so wirkt sich das auf das Gesamtergebnis der Klausur eher negativ aus. Auch im vorliegenden Fall ist letztlich das Vorliegen einer Handlung unzweifelhaft. Geben Sie daher dem Korrektor durch eine kurze Formulierung im obigen Sinne Ihr Problembewusstsein zur Kenntnis, aber setzen Sie den Schwerpunkt Ihrer Klausur an anderer Stelle (hier: Problem der actio libera in causa).

b) Subjektiver Tatbestand

A handelte vorsätzlich mit Wissen und Wollen.

2. Rechtswidrigkeit

Die Verwirklichung des Tatbestandes indiziert die Rechtswidrigkeit. Rechtfertigungsgründe sind nicht ersichtlich. Die Tat war damit rechtswidrig.

3. Schuld

Fraglich ist aber, ob der A schuldhaft gehandelt hat.

[130] Vgl. zum Streit um Begriff der Handlung im strafrechtlichen Sinne und zum sozialen Handlungsbegriff der h.M. WESSELS/ BEULKE, Rn. 85 ff., 93; LACKNER/ KÜHL, vor § 13 Rn. 7.

a) Schuldunfähigkeit gem. § 20 StGB

Seine Schuldfähigkeit könnte auf Grund der Blutalkoholkonzentration (BAK) von 3,7 Promille zur Zeit der Tat ausgeschlossen gewesen sein.

Ob im Einzelfall Trunkenheit die Schuldfähigkeit ausschließt (§ 20 StGB) oder erheblich vermindert (§ 21 StGB) ist nicht allein nach der Höhe der BAK, sondern auch nach den Umständen der konkreten Tat sowie nach der Persönlichkeit und dem Verhalten des Täters zu beurteilen. Die ermittelten BAK-Werte dürfen also bei der Beurteilung der Schuldfähigkeit nicht schematisch auf Schuldfähigkeits-Grade übertragen werden.[131] Dennoch geht die Rechtsprechung davon aus, dass BAK-Werte ab 3,0 Promille regelmäßig die Prüfung einer Aufhebung der Steuerungsfähigkeit veranlassen, bei alkoholungewöhnten Personen ist sie bei diesen Werten in der Regel gegeben.[132] Vielfach wird bei Tötungsdelikten auf Grund der höheren Hemmschwelle noch ein Aufschlag auf diesen Wert um 10% auf dann 3,3 Promille vorgenommen.

Vorliegend hatte A zur Tatzeit eine BAK von 3,7 Promille. Im Übrigen war er nicht trinkgewohnt. Anhaltspunkte, die hier ausnahmsweise ein Abweichen von der eben aufgezeigten Regel nahe legen könnten, sind daher nicht ersichtlich. Als A mit dem Messer auf U einstach, war er also schuldunfähig i.S.d. § 20 StGB. Damit müsste eine Strafbarkeit des A grundsätzlich ausscheiden.

b) Actio libera in causa

Zu einem anderen Ergebnis könnte man aber über die Anwendung der Rechtsfigur der vorsätzlichen actio libera in causa gelangen.

[131] Vgl. BGH, StV 1996, 600.

[132] Vgl. BGH, StV 1987, 385; BGH, GA, 1998, 271. Bei trinkgewohnten Personen gilt dagegen auch bei BAK-Werten von über 3,0 Promille eine solche Vermutung für die Schuldunfähigkeit nicht, vgl. BGH, NStZ 1982, 376.

Durch diese Rechtsfigur wird der strafrechtliche Vorwurf auf die im Rausch begangene Tat erstreckt, weil der Täter in noch verantwortlichem Zustand bereits eine vorwerfbare innere Beziehung zur späteren Tat hergestellt hat.[133]

Die dogmatische Begründung für diese Rechtsfigur ist allerdings umstritten.

Nach einer Ansicht (sog. **Ausnahmemodell**) kann trotz Schuldunfähigkeit im Zeitpunkt der Tatbestandsverwirklichung eine Vorsatzstrafe ausgesprochen werden, wenn sich der Täter vorsätzlich in den Defektzustand versetzt und bereits zu diesem Zeitpunkt Vorsatz hinsichtlich einer konkreten Straftat hat, die dann im schuldunfähigen Zustand verwirklicht wird.

Dieser doppelte Vorsatz war bei A vor der Herbeiführung des Alkoholrausches gegeben. A wäre somit nach diesem Ansatz gem. § 212 I StGB zu bestrafen.

Die Vertreter dieses Ausnahmemodells wollen die Vereinbarkeit einer solchen Bestrafung mit dem Schuldprinzip damit begründen, dass dem Täter die Rechtsgutverletzung deshalb vorzuwerfen sei, weil er sich gerade im Hinblick auf sie schuldhaft seiner Steuerungsfähigkeit beraubt hat. Hinzu komme als entstehungsgeschichtliches Argument, dass der Gesetzgeber durch die Fassung des § 20 StGB nichts an der bereits zuvor anerkannten Rechtsfigur der actio libera in causa habe ändern wollen. § 20 StGB sei damit im Ergebnis so zu lesen, dass der Täter unter den dort im Einzelnen genannten Voraussetzungen nur dann „ohne Schuld" handle, wenn ihm zudem die Tat auch nicht nach den Regeln der actio libera in causa vorzuwerfen ist.[134] Schließlich spreche für das Ausnahmemodell, dass sich im Gesetz in den §§ 35 I 2 und 17 S.2 StGB parallele Wertungen fänden, bei denen entsprechende Ausnahmen für Fälle gemacht würden, in denen ein Täter in vorwerfbarer Weise den Zustand herbeigeführt habe, der zum Ausschluss der Schuld führe.

Mit der Rechtsprechung des BGH ist aber die dogmatische Begründung der actio libera in causa i.S.d. Ausnahmemodells abzulehnen, da dieses gegen das in § 20 StGB enthaltene Koinzidenzprinzip verstößt. Danach müssen die Tatbegehung und der gegen den Täter gerichtete Schuldvorwurf zeitlich zusammenfallen (arg. Wortlaut des § 20 StGB: „bei Begehung der Tat"). Eine Ausnahme zu dieser Regelung kann weder mit Hilfe der Vorverlagerung des Anknüpfungspunktes für den Schuldvorwurf noch mit allgemeinen Gerechtigkeitsüberlegungen als richterrechtlich begründete Ausnahme oder als gewohnheitsrechtlich anerkannte Ausnahme überwunden werden. All diese Erklärungsversuche verstoßen letztlich gegen das Analogieverbot des Art. 103 II GG.

A war bei Abgabe der Messerstiche und damit „bei Begehung der Tat" schuldunfähig i.S.d. § 20 StGB. Eine Strafbarkeit nach §§ 212 I StGB kann daher nicht an die Vornahme der Messerstiche geknüpft werden.

II. Totschlag, § 212 I StGB durch das Sichbetrinken

Zu prüfen ist aber weiter, ob der A sich bereits durch das Sichbetrinken wegen Totschlages gem. § 212 I StGB strafbar gemacht hat.

hemmer-Methode: Sie sollten bei den „actio libera in causa-Fällen" in der Klausur stets zweimal das in Betracht kommende Delikt prüfen. Dabei sollten Sie zunächst die unmittelbar zum Tod führende Handlung als Anknüpfungspunkt wählen. Anschließend sollten Sie die Frage nach einer Strafbarkeit durch das „Berauschen" aufwerfen. Nur so lassen sich Ihre Ausführungen auch wirklich übersichtlich darstellen.

1. Objektiver Tatbestand

a) Tathandlung

Fraglich ist zunächst, ob das Sichbetrinken eine tatbestandsmäßige Handlung i.S.d. § 212 I StGB darstellen kann.

---

[133] Vgl. zur actio libera in causa im Allgemeinen TRÖNDLE/ FISCHER, § 20 Rn. 49 ff.; LACKNER/ KÜHL, § 20 Rn. 25; WESSELS/ BEULKE, Rn. 415 ff.; HILLENKAMP AT, 13. Problem.

[134] WESSELS/ BEULKE, Rn. 415; LACKNER/ KÜHL, § 20 Rn. 25

Dies wäre zunächst möglich, wenn man die Rechtsfigur der actio libera in causa dogmatisch als **Fall einer mittelbaren Täterschaft** begreifen würde.[135] Dann hätte sich A durch das Betrinken bis zum schuldunfähigen Zustand zu seinem eigenen Werkzeug gemacht. Auch diese dogmatische Begründung ist aber nicht überzeugend. § 25 I 2.Var. StGB verlangt nach seinem eindeutigen Wortlaut eine Personenverschiedenheit von Täter und Werkzeug.

Schließlich ist auch bei einer Begründung der actio libera in causa mit Hilfe des sog. **Tatbestandsmodells** eine Strafbarkeit des A zu bejahen. Danach knüpft die Strafbarkeit allein an Handlungen zur Zeit der Schuldfähigkeit an; bereits die Herbeiführung des Defektzustandes wird also als Beginn der Tatbestandsverwirklichung angesehen und so ein Konflikt mit dem Koinzidenzprinzip des § 20 StGB vermieden.[136] Auch nach diesem Ansatz stellt damit das Betrinken des A als Beginn des tatbestandlichen Erfolges eine ausreichende Handlung i.R.d. § 212 I StGB dar, an die eine Strafbarkeit geknüpft werden kann.

Zwar gerät auch dieser Ansatz bei eigenhändigen Delikten und bei Tätigkeitsdelikten (z.B. §§ 153 ff., 315c, 316 StGB) in Schwierigkeiten, weil im Zeitpunkt der Tathandlung, also des Sichbetrinkens, die für die Verwirklichung eines eigenhändigen Deliktes vorausgesetzte, besondere Tätereigenschaft noch nicht vorliegt bzw. weil im Sichbetrinken noch nicht das vom Gesetz umschriebene Tätigwerden gesehen werden kann. Wer sich betrinkt, hat zum Beispiel zu diesem Zeitpunkt noch keine Zeugeneigenschaft vor Gericht i.S.d. § 153 StGB bzw. führt zu diesem Zeitpunkt noch kein Fahrzeug im Straßenverkehr i.S.d. § 315c StGB.

Dieser Erklärungsansatz der actio libera in causa kann aber bei Erfolgsdelikten eine tragfähige Grundlage sein. Diese kennzeichnen sich nämlich dadurch, dass hier seitens des Gesetzgebers tatbestandlich keine Einschränkung auf bestimmte, relevante Handlungen unter Ausklammerung übriger nicht relevanter Handlungen vorgenommen wurde.

Der Gefahr einer uferlosen Strafbarkeit kann bei Erfolgsdelikten nur i.R.d. objektiven Tatbestandes bei der objektiven Zurechnung bzw. im subjektiven Tatbestand beim Vorsatz begegnet werden.

Mit dem Totschlag gem. § 212 I StGB steht hier ein solches Erfolgsdelikt in Rede. Eine Strafbarkeit des A kann damit nach den Grundsätzen der in diesem Bereich dogmatisch über das Tatbestandsmodell zu begründenden actio libera in causa an die Handlung des Sichbetrinkens angeknüpft werden.

hemmer-Methode: Gegenüber beiden zuletzt genannten Ansätzen (Fall der mittelbaren Täterschaft und Tatbestandsmodell) äußert der 4. Strafsenat des BGH zwar gewisse Bedenken, er verwirft sie jedoch nicht grundsätzlich.[137] Denn in dem dieser Entscheidung zu Grunde liegenden Sachverhalt waren die beiden Begründungsmodelle nicht entscheidungserheblich, da es ausschließlich um Straßenverkehrsdelikte (§ 315c StGB, § 21 StVG) ging, bei denen im Tatbestand ausdrücklich das Führen eines Fahrzeugs als eine vom Erfolg getrennte Tathandlung beschrieben ist. Daher sind nach dem BGH diese beiden Ansätze, die das Sichbetrinken als Tatbestandshandlung ansehen, für die Straßenverkehrsdelikte untauglich, da das Führen eines Fahrzeugs qualitativ etwas anderes als das Sichbetrinken sei. Zwischenzeitlich hat der 3. Strafsenat des BGH klargestellt, dass er an den Grundsätzen der actio libera in causa grundsätzlich festhält[138]; die Entscheidung des 4. Strafsenats stehe dem ausdrücklich nicht entgegen, da sie sich nur auf die dort aufgeführten Verkehrsdelikte beziehe.

---

135 Vgl. hierzu HIRSCH, NStZ 1997, 231

136 Vgl. BGHSt 17, 333, 335; BGHSt 21, 381 f.; BGHSt 34, 29, 33.

137 Vgl. BGHSt 42, 235 (lesen!) mit Anmerkungen AMBOS, NJW 1997, 2296; FAHNENSCHMIDT/KLUMPE, DRiZ 1997, 77; HIRSCH, NStZ 1997, 230; OTTO, Jura 1999, 217; STRENG, JZ 2000, 20; HARDTUNG, NZV 1997, 230; HORN, StV 1997, 264.

138 BGH, JR 1997, 391 mit Anmerkungen HIRSCH, NStZ 1997, 231; OTTO, Jura 1999, 217.

Diese Linie hat der 2. Strafsenat des BGH nochmals in einer jüngeren Entscheidung bestätigt und ausgeführt, dass auch er bei vorsätzlichen Erfolgsdelikten weiterhin an der Rechtsfigur der actio libera in causa festhält.[139]

b) Kausalität

Über das Sichbetrinken kann nicht hinweggedacht werden, ohne dass der Erfolg in seiner konkreten Gestalt, hier also der Tod des U durch die Messerstiche, entfiele. Die Handlung des A war damit kausal i.S.d. conditio sine qua non Formel für den Tod des U.

c) Objektive Zurechnung

Durch das Sichbetrinken hat A eine rechtlich relevante Gefahr für das Leben des U geschaffen, die sich sodann in dessen Tod als tatbestandlichen Erfolg realisiert hat. Der tödliche Erfolg ist damit dem A objektiv zurechenbar.

d) Zwischenergebnis

Der objektive Tatbestand ist erfüllt.

2. Subjektiver Tatbestand

A handelte hinsichtlich des Sichbetrinkens mit Wissen und Wollen. Sein diesbezüglicher Vorsatz ist damit zu bejahen.

3. Rechtswidrigkeit

Rechtfertigungsgründe sind nicht ersichtlich. Die Tat war damit rechtswidrig.

4. Schuld

A handelte auch schuldhaft. Maßgeblicher Zeitpunkt muss hier nach der dogmatischen Begründung der actio libera in causa über das Tatbestandsmodell der Beginn des Sichbetrinkens sein. Zu diesem Zeitpunkt lag volle Schuldfähigkeit des A (noch) vor.

5. Ergebnis

A hat sich wegen Totschlages gem. § 212 I StGB strafbar gemacht.

hemmer-Methode: Wenn sich eine Strafbarkeit über die Grundzüge der actio libera in causa nicht begründen lässt, ist in der Klausur immer noch an den Straftatbestand des Vollrausches (§ 323a StGB) zu denken („Verlängerung"!). Bei diesem Delikt muss keine psychische Beziehung zwischen dem Betrinken und der im Rausch begangenen Tat bestehen. Im objektiven Tatbestand des § 323a StGB ist daher auch nur der Vollrausch zu prüfen. Die im Rausch begangene Tat ist dagegen lediglich eine objektive Bedingung der Strafbarkeit.

D. Zusammenfassung

Sound: Schuldunfähigkeit. Actio libera in causa.

Ob im Einzelfall Trunkenheit die Schuldfähigkeit ausschließt (§ 20 StGB) oder erheblich vermindert (§ 21 StGB) ist nicht allein nach der Höhe der BAK, sondern auch nach den Umständen der konkreten Tat sowie nach der Persönlichkeit und dem Verhalten des Täters zu beurteilen. Bei nicht alkoholgewöhnten Personen spricht allerdings ab einem BAK-Wert von 3,0 Promille bzw. bei Tötungsdelikten ab 3,3 Promille eine Vermutung für die Schuldunfähigkeit

Mit Hilfe der Rechtsfigur der actio libera in causa wird der strafrechtliche Vorwurf auf eine im Rausch trotz Schuldunfähigkeit begangene Tat erstreckt, weil der Täter in noch verantwortlichem Zustand bereits eine vorwerfbare innere Beziehung zur späteren Tat hergestellt hat.

Dogmatisch ist die Begründung dieser Rechtsfigur umstritten. Abzulehnen ist das sog. Ausnahmemodell, nach dem an die unmittelbar zum Erfolgseintritt führende Handlung anzuknüpfen ist, wegen Verstoßes gegen das Koinzidenzprinzip des § 20 StGB i.V.m. Art. 103 II GG.

[139] Vgl. BGH, NStZ 2000, 584 = Life&Law 2001, 36 mit Besprechung STRENG, JuS 2001, 540.; vgl. ferner BGH, NStZ 1999, 448.

Die Vornahme der tatbestandlichen Handlung und der Schuldvorwurf müssen nämlich nach dieser Vorschrift zeitlich zusammen fallen (arg. Wortlaut des § 20 StGB: „bei Begehung der Tat").

Anzuknüpfen ist daher an die vorgelagerte Handlung des Sichbetrinkens.

Dabei kann jedoch zur dogmatischen Begründung nicht auf die Grundsätze der mittelbaren Täterschaft gem. § 25 I 2.Var. StGB abgestellt werden, da diese Vorschrift die Personenverschiedenheit von Täter und Werkzeug voraussetzt.

Begründet werden kann eine Strafbarkeit nach den Grundsätzen der actio libera in causa einzig daher unter Zuhilfenahme des sog. Tatbestandsmodells. Auch diese Begründung versagt allerdings bei eigenhändigen Delikten und bei Tätigkeitsdelikten. Bei Erfolgsdelikten – wie hier § 212 I StGB – ist allerdings eine Strafbarkeit zu bejahen.

Lässt sich auch mit Hilfe des Tatbestandsmodells keine Strafbarkeit begründen, so ist an die Vorschrift des § 323a StGB zu denken.

hemmer-Methode: Im Fall lag die Konstellation einer vorsätzlichen actio libera in causa vor. Denkbar sind aber auch Fälle, in denen der Täter seinen Defektzustand nur fahrlässig herbeiführt und / oder in fahrlässiger Weise nicht bedenkt bzw. nicht damit rechnet, dass er im Zustand der Schuldunfähigkeit eine bestimmte Straftat begehen wird. Man spricht dann von einer fahrlässigen actio libera in causa. Auch hier stellt das Ausnahmemodell hinsichtlich der Tathandlung auf den Zeitpunkt der späteren Tatbegehung ab, wohingegen das Tatbestandsmodell an den früheren Zeitpunkt der Herbeiführung des Sichbetrinkens anknüpft. Es ist allerdings fraglich, ob die Konstruktion der actio libera in causa bei Fahrlässigkeitsdelikten nicht als überflüssig aufgegeben werden kann. Begründet man sie nämlich wiederum über das Tatbestandsmodell, so kommt sie ohnehin nur bei fahrlässigen Erfolgsdelikten, nicht aber bei fahrlässigen Tätigkeitsdelikten in Betracht. Nach zutreffender Ansicht des BGH kann jedoch bei fahrlässigen Erfolgsdelikten hinsichtlich des objektiven Sorgfaltspflichtverstoßes immer unschwer direkt und ohne Rückgriff auf die Figur der actio libera in causa an das vorgelagerte Verhalten des Sichbetrinkens angeknüpft werden.[140]

E. Zur Vertiefung

Zu § 20 StGB

- HEMMER/WÜST, Strafrecht AT I, Rn. 387 ff.

Zur Rechtsfigur der actio libera in causa

- HEMMER/WÜST, Strafrecht AT I, Rn. 408 ff.

[140] Vgl. BGHSt 42, 235, 237.

Fall 19: Die erdrückende Beweislage

Sachverhalt:

Balduin (B) wird von der Staatsanwaltschaft wegen eines Raubüberfalls angeklagt. Wegen der erdrückenden Beweislage bittet er seinen Freund Thilo (T), ihm in der Hauptverhandlung ein falsches Alibi zu verschaffen. Als sich dieser weigert, droht A damit, ihn massiv zu verprügeln. Derart überzeugt sagt T als Zeuge im Rahmen seiner Vernehmung vor dem Landgericht aus, dass er zusammen mit dem B den fraglichen Abend in einem Restaurant verbracht habe. T wird sodann unvereidigt entlassen.

Bearbeitervermerk:

Prüfen Sie die Strafbarkeit des T.

A. Einordnung

Im vorliegenden Fall gilt es zunächst die im Rahmen einer Anfängerklausur sicherlich außergewöhnlichen Aussagedelikte der §§ 153 ff. StGB zu finden. Einschlägig ist hier § 153 I StGB, da T im Rahmen seiner Vernehmung unvereidigt blieb. Wäre er auch unter Eid bei seiner Aussage geblieben, so hätte auch der Qualifikationstatbestand des Meineides gem. § 154 StGB geprüft werden müssen. Das Kernproblem des Falles aber stellt die rechtliche Behandlung des sog. „Nötigungsnotstandes“ dar. Hier ist umstritten, ob dem Genötigten eine Berufung auf den Rechtfertigungsgrund des § 34 StGB möglich bleibt oder nicht. Verneint man eine Rechtfertigung des T, so ist eine Entschuldigung gem. § 35 StGB zu prüfen.

B. Gliederung

Strafbarkeit des T

I. Falsche uneidliche Aussage, § 153 I StGB

1. Tatbestand

a) Objektiver Tatbestand

(P): Auslegung des Begriffs der falschen Aussage i.S.d. § 153 I StGB umstritten

⇨ hier aber nach allen Ansichten (+)

b) Subjektiver Tatbestand

2. Rechtswidrigkeit ⇨ § 34 StGB?

a) Notstandslage

aa) Notstandsfähiges Rechtsgut

⇨ körperliche Unversehrtheit und Leben des T (+)

bb) Gegenwärtige Gefahr (+)

b) Notstandshandlung

- objektiv erforderlich („nicht anders abwendbar“)?
- geeignet (+)
  aus objektiver ex ante Sicht kein in gleicher Weise geeignetes und milderes Mittel (+)

c) Interessenabwägung
einzustellende Aspekte:

- abstraktes Rang- und Wertverhältnis der kollidierenden Rechtsgüter
- Nötigungsnotstand

(P): rechtliche Behandlung i.R.d. Interessenabwägung des § 34 S.1 a. E. StGB umstritten

- e.A.: § 34 StGB immer (-)
- a.A.: § 34 StGB (+)
- vermittelnde Ansicht: § 34 StGB bei leichteren Delikten des Genötigten (+), bei schwereren Delikten des Genötigten, insb. bei Verbrechen § 34 StGB (-)

⇨ hier § 34 StGB (-), a.A. vertretbar

3. Schuld ⇨ **§ 35 StGB**?

a) Notlage = gegenwärtige Gefahr für Freiheit (-),für Leib und Leben (+)

b) Notstandshandlung objektiv erforderlich („nicht anders abwendbar“)? ⇨ (+)

c) Subjektives Element: Handeln in Kenntnis der Notlage und zum Zwecke der Gefahrenabwehr (+)

⇨ § 35 StGB (+)

II. Ergebnis: § 153 I StGB (-)

C. Lösung

Strafbarkeit des T

I. Falsche uneidliche Aussage, § 153 I StGB

T könnte sich wegen falscher uneidlicher Aussage gem. § 153 I StGB strafbar gemacht haben.

1. Tatbestand

a) Objektiver Tatbestand

Der objektive Tatbestand des § 153 I StGB setzt voraus, dass jemand im Rahmen einer Vernehmung als Zeuge oder Sachverständiger vor Gericht oder einer anderen zur eidlichen Vernehmung von Zeugen oder Sachverständigen zuständigen Stelle uneidlich falsch aussagt.

Dabei ist der Begriff der falschen Aussage umstritten.[141] Während die h.M.[142] i.S. einer objektiven Auslegung die Falschheit einer Aussage dann bejaht, wenn sie objektiv mit der Wirklichkeit nicht übereinstimmt, stellen die Vertreter einer subjektiven Deutung[143] maßgeblich auf die Diskrepanz zwischen Aussageinhalt und Wissen oder Meinen der Aussageperson ab. Schließlich ist eine Aussage nach der sog. Pflichttheorie[144] dann falsch, wenn der Aussagende seine prozessuale Wahrheitspflicht verletzt hat, d.h. wenn seine Aussage nicht das Wissen wiedergibt, das er bei kritischer Prüfung seines Erinnerungs- bzw. Wahrnehmungsvermögens hätte reproduzieren können.

T hat hier i.R. seiner Vernehmung als Zeuge vor dem Landgericht angegeben, dass er den fraglichen Abend zusammen mit dem B in einem Restaurant verbracht habe. Dies entspricht objektiv nicht der Wirklichkeit, was T auch wissen musste und wusste. Damit ist seine Aussage nach allen Theorien falsch.

Vollendet war seine uneidliche Falschaussage zu dem Zeitpunkt, als seine Vernehmung abgeschlossen war, also T seine Angaben beendet hatte, keine Fragen mehr an ihn gerichtet wurden und der Richter in endgültiger Weise zu erkennen gegeben hatte, dass er vom Zeugen keine weiteren Angaben zum Vernehmungsgegenstand mehr erwartete.[145]

hemmer-Methode: Wenn alle Theorien zum selben Ergebnis führen, erübrigt sich in der Klausur eine Stellungnahme. Im vorliegenden Fall hätte im Übrigen bereits die Darstellung des Meinungsstreites in einer Anfängerklausur sicherlich auch kürzer ausfallen können. Dennoch für Interessierte: Gegen die subjektive Theorie und auch die Pflichttheorie wird vor allem eingewandt, dass diese dem Gesetz nicht zu Grunde lägen, da sie § 160 StGB nicht erklären könnten und überdies § 163 StGB einen offensichtlich nicht gewollten eingeschränkten Anwendungsbereich zuweisen müssten.[146]

b) Subjektiver Tatbestand

T handelte bei seiner Aussage mit Wissen und Wollen, also vorsätzlich.

2. Rechtswidrigkeit

Fraglich ist, ob T rechtswidrig gehandelt hat. Er könnte gem. § 34 StGB gerechtfertigt sein, weil er von B dadurch zu der Falschaussage bestimmt worden ist, dass dieser damit drohte, ihn zu verprügeln.

---

141 Vgl. hierzu HILLENKAMP BT, 9. Problem.

142 Vgl. BGHSt 7, 147; LENCKNER, in: Schönke/ Schröder, vor § 153 Rn. 6 ff.; LACKNER/ KÜHL, vor § 153 Rn. 3.

143 Vgl. WILLMS, in: Leipziger Kommentar, vor § 153 Rn. 8 ff.

144 Vgl. OTTO, JuS 1984, 161.

145 Vgl. BGHSt 8, 301, 314.

146 Vgl. LACKNER/ KÜHL, vor § 153 Rn. 3.

a) Notstandslage

aa) Notstandsfähiges Rechtsgut

Notstandsfähig sind die in § 34 StGB aufgeführten Rechtsgüter des Einzelnen und der Allgemeinheit, soweit sie in der konkreten Situation schutzwürdig und schutzbedürftig sind. Hier handelt es sich bei der körperlichen Unversehrtheit („Leib") und beim Leben des T um notstandsfähige Rechtsgüter in diesem Sinne.

bb) Gegenwärtige Gefahr

Ferner müsste eine gegenwärtige Gefahr vorgelegen haben.

Unter diesem Begriff ist ein Zustand zu verstehen, der bei natürlicher Weiterentwicklung den Eintritt oder die Intensivierung eines Schadens ernstlich befürchten lässt, wenn nicht alsbald Abwehrmaßnahmen ergriffen werden. Dabei umfasst § 34 StGB auch sog. Dauergefahren, also gefahrdrohende Zustände von längerer Dauer, die jederzeit in eine Rechtsgutbeeinträchtigung umschlagen können, ohne dass damit die Möglichkeit ausgeschlossen wäre, dass der Eintritt des Schadens noch eine Zeit lang auf sich warten lässt.[147]

Vorliegend hat B dem T damit gedroht, ihn massiv zu verprügeln, wenn er ihm nicht in der Hauptverhandlung ein Alibi verschaffen würde. Wenn T also nicht falsch ausgesagt hätte, hätte die Gefahr bestanden, dass B seine Drohung in die Tat umsetzt. Eine gegenwärtige Gefahr für den T ist damit zu bejahen.

b) Notstandshandlung

Die Notstandshandlung müsste ferner objektiv erforderlich („nicht anders abwendbar") gewesen sein. Dies setzt zum einen Geeignetheit des Mittels zur Gefahrabwendung voraus, zum anderen darf dem Täter aus objektiver ex ante Sicht kein anderes in gleicher Weise geeignetes, aber milderes Mittel zur Verfügung gestanden haben.

Die Falschaussage war hier geeignet, B von seiner Drohung, den T massiv zu verprügeln, wieder abzubringen. Ein gleich geeignetes, aber milderes Mittel ist nicht ersichtlich. Die Notstandshandlung des T war damit objektiv erforderlich.

c) Interessenabwägung

Eine Rechtfertigung nach § 34 StGB setzt ferner eine umfängliche Abwägung der widerstreitenden Interessen, namentlich der betroffenen Rechtsgüter und des Grades der ihnen drohenden Gefahren voraus (§ 34 S.1 a. E. StGB). Dabei muss das geschützte Interesse das beeinträchtigte wesentlich überwiegen. In diese Interessenabwägung sind alle schutzwürdigen Interessen einzubeziehen, die im konkreten Fall durch den Konflikt unmittelbar oder mittelbar betroffen sind. Das Gesetz bringt durch Verwendung des Begriffs „namentlich" in § 34 S.1 StGB zum Ausdruck, dass die sodann genannten Aspekte (betroffene Rechtsgüter, Grad der ihnen drohenden Gefahr) lediglich als Beispiele, nicht aber als abschließende Aufzählung anzusehen sind.

Betrachtet man zunächst abstrakt das Rang- und Werteverhältnis der kollidierenden Rechtsgüter, so erscheint zwar auf der einen Seite das von § 153 StGB geschützte öffentliche Interesse an einer wahrheitsgemäßen Tatsachenfeststellung vor Gericht und damit letztlich die Funktionsfähigkeit der staatlichen Rechtspflege als ein gewichtiges Gut. Auf der anderen Seite aber stehen hier die körperliche Unversehrtheit und das Leben des T. Das menschliche Leben stellt das ranghöchste Rechtsgut in unserer Rechtsordnung dar. Damit wäre an sich ein wesentliches Überwiegen i.S.d. § 34 S.1 a. E. StGB zu bejahen.

Ein anderes Ergebnis könnte sich hier aber daraus ergeben, dass der T vorliegend im sog. **Nötigungsnotstand** gehandelt hat. Auch dieser Umstand ist i.R.d. Interessenabwägung zu berücksichtigen.

Ein Nötigungsnotstand liegt vor, wenn der Täter zugleich das Opfer einer Nötigung i.S.d. § 240 StGB ist. Hier wurde T durch Drohung mit einer gegenwärtigen und nicht anders abwendbaren Gefahr für seine körperliche Unversehrtheit und sein Leben zur Falschaussage genötigt.

---

[147] Vgl. insofern nochmals Fall 14.

Die rechtliche Behandlung eines Nötigungsnotstandes i.R.d. Interessenabwägung des § 34 S.1 a. E. StGB ist umstritten.

Nach einer ersten Ansicht scheidet eine Rechtfertigung nach § 34 StGB für den im Nötigungsnotstand Handelnden immer aus, da er sich – wenn auch gezwungenermaßen – auf die Seite des Unrechts stelle, was das Recht, wolle es nicht auf seinen elementaren Geltungsanspruch verzichten, nicht billigen könne.[148] Es bleibe daher nur die Möglichkeit einer Entschuldigung nach § 35 StGB.

Nach einer zweiten Ansicht sei der Nötigungsnotstand wie jeder andere Notstand auch über § 34 StGB zu behandeln.[149]

Gegen die erstgenannte Ansicht spricht, dass der Täter auch in sonstigen Notstandsfällen bewusst – wenn auch gezwungenermaßen – auf die Seite des Unrechts wechselt. So lässt sich argumentieren, es könne keinen Unterschied machen, ob eine gegenwärtige Gefahr von Naturgewalten oder dem rechtswidrigen Verhalten eines anderen Menschen herrühre. Zudem diene gerade erst die Ebene der Rechtswidrigkeit und die Prüfung der Rechtfertigung dazu, festzustellen, ob das Verhalten eines Täters rechtens ist oder nicht.

Gegen die zweitgenannte Ansicht spricht, dass sich der Angegriffene hiernach nicht gegen den im Nötigungsnotstand Handelnden wehren dürfte, da dieser gem. § 34 StGB gerechtfertigt wäre, also seinerseits rechtmäßig handeln würde. Dadurch würde aber dem Angegriffenen im Ergebnis die Verteidigungsmöglichkeit auch gegen den Nötiger, dessen „verlängerter Arm" der Genötigte nur ist, genommen werden, was zu einer nicht hinnehmbaren Aushöhlung der Rechtsposition des Angegriffenen führen würde.[150]

Als vorzugswürdig erscheint daher im Ergebnis eine vermittelnde Auffassung, die letztlich den Umstand, dass ein Nötigungsnotstand vorliegt, als einen von mehreren Faktoren in die Interessenabwägung einfließen lässt, sodass im Ergebnis bei leichteren Delikten des Genötigten die Güterabwägung zu seinen Gunsten ausfällt, bei schwereren Delikten dagegen, namentlich Verbrechen, ein Berufen auf § 34 StGB versagt bleibt, da dann der Aufrechterhaltung der Rechtsordnung das höhere Gewicht beizumessen ist.[151]

Eine falsche uneidliche Aussage gem. § 153 I StGB ist zwar kein Verbrechen, jedoch erscheint im vorliegenden Fall die körperliche Unversehrtheit und das Leben des sich bewusst zum „verlängerten Arm" des B machenden T nicht als wesentlich überwiegend gegenüber der Funktionsfähigkeit der Strafrechtspflege. Denn es ist nicht ersichtlich, dass die dem T angedrohten Schmerzen ihrerseits die Schwere eines Verbrechens (z.B. schwere Körperverletzung gem. § 226 StGB oder gar Totschlag / Mord gem. §§ 212, 211 StGB) erreichen würden, was aber für ein wesentliches Überwiegen im Falle eines Nötigungsnotstandes nach dem oben Gesagten zu fordern wäre.

Damit fällt hier die Interessenabwägung zuungunsten des T aus.

hemmer-Methode: Da es eine gewichtige Anzahl von Stimmen gibt, die den Nötigungsnotstand zumindest in „leichteren" Fällen nach § 34 StGB behandeln wollen,[152] erscheint es in der Klausur geboten, die Anwendbarkeit des § 34 StGB zumindest nicht so kategorisch abzulehnen wie dies oftmals geschieht. Letztlich hätte man im Ergebnis auch allen anderen Ansichten folgen können, insbesondere der wohl inzwischen herrschenden erstgenannten Ansicht. Diese käme hier Übrigens zum gleichen Ergebnis wie die vorliegend favorisierte vermittelnde Ansicht, sodass man den Meinungsstreit diesbezüglich gar nicht hätte ausdiskutieren müssen; gleichwohl wurde dies hier aus didaktischen Gründen gemacht, um Ihnen die jeweiligen Gegenargumente aufzuzeigen.

---

[148] LENCKNER, in: Schönke/ Schröder, § 34 Rn. 41b; WESSELS/ BEULKE, Rn. 443; KUDLICH, JuS-Lernbogen 2000, L 15; JESCHECK/ WEIGEND § 44 II 3.

[149] SAMSON, in: Systematischer Kommentar, § 34 Rn. 31; HIRSCH, in: Leipziger Kommentar, § 34 Rn. 69a.

[150] So WESSELS/ BEULKE, Rn. 443.

[151] Vgl. Roxin, AT, § 16 Rn. 59.

[152] Vgl. Nachweise bei WESSELS/ BEULKE, Rn. 443.

d) Zwischenergebnis

Auf die sozialethische Angemessenheit der Tat (§ 34 S.2 StGB) und auf das Vorliegen eines Rettungswillens als subjektives Rechtfertigungselement kommt es nicht mehr an. Eine Rechtfertigung des T nach § 34 StGB scheidet aus. T handelte **rechtswidrig**.

3. Schuld

Fraglich ist, ob T schuldhaft gehandelt hat. Ein Entschuldigungsgrund für T könnte sich aus § 35 StGB ergeben.

Zunächst müsste eine Notlage in Form einer gegenwärtigen Gefahr für eines der in § 35 StGB abschließend genannten Rechtsgüter gegeben sein.

Da mit dem Begriff der Freiheit i.S.d. § 35 nur die körperliche Fortbewegungsfreiheit, nicht aber die Willensbetätigungsfreiheit gemeint ist,[153] ist die Freiheit des T nicht beeinträchtigt worden. T hat aber die Tat begangen, um eine gegenwärtige Gefahr für seine körperliche Unversehrtheit („Leib") und sein Leben abzuwenden.

Diese Gefahr war nach dem Sachverhalt nicht anders abwendbar. Die Falschaussage des T war geeignet, um die von B ausgehende Gefahr abzuwehren. Ein in gleicher Weise geeignetes und milderes Mittel stand T aus der ex ante Sicht eines sachkundigen objektiven Beobachters nicht zur Verfügung. Seine Notstandshandlung, also die Falschaussage, bildete damit als ultima ratio den letzten Ausweg aus der Notlage.

Subjektiv handelte T in Kenntnis der Notlage und um diese abzuwenden.

Seine Entschuldigung entfällt auch nicht gem. § 35 I 2 StGB, da es dem T vorliegend nicht zugemutet werden konnte, die Gefahr hinzunehmen.

T handelte damit gem. § 35 StGB **ohne Schuld**.

hemmer-Methode: Wenn andere Rechtsgüter als die in § 35 StGB genannten betroffen sind, kommt eine Entschuldigung nach § 35 StGB analog oder aus übergesetzlichem entschuldigendem Notstand in Betracht.

4. Ergebnis

T hat sich nicht gem. § 153 I StGB strafbar gemacht.

D. Zusammenfassung

Sound. Interessenabwägung i.S.d. § 34 S.1 a. E. StGB. Nötigungsnotstand.

In die umfängliche Interessenabwägung des § 34 S.1 a. E. StGB sind alle schutzwürdigen Interessen einzubeziehen, die im konkreten Fall durch den Konflikt unmittelbar oder mittelbar betroffen sind. Das Gesetz ist insofern nicht abschließend (arg. Wortlaut des § 34 S.1 StGB: „namentlich").

Ein Nötigungsnotstand liegt vor, wenn der Täter zugleich das Opfer eine Nötigung i.S.d. § 240 StGB ist. Die rechtliche Behandlung eines Nötigungsnotstandes i.R.d. Interessenabwägung des § 34 S.1 a.E. StGB ist umstritten.

Nach einer Ansicht scheidet eine Rechtfertigung des Genötigten nach § 34 StGB immer aus, nach anderer Ansicht kann der Täter gem. § 34 StGB gerechtfertigt sein, wenn im Einzelfall dessen Voraussetzungen vorliegen. Nach einer vermittelnden Auffassung kommt bei leichteren Delikten des Genötigten eine Rechtfertigung gem. § 34 StGB in Betracht, bei schwereren Delikten dagegen, insbesondere bei Verbrechen, bleibt dagegen die Berufung auf § 34 StGB versagt.

Scheidet eine Rechtfertigung nach § 34 StGB aus und ist damit die Rechtswidrigkeit der Tat zu bejahen, so ist an den Entschuldigungsgrund des § 35 StGB zu denken.

---

[153] LACKNER/ KÜHL, § 35 Rn. 3; LENCKNER, in: Schönke/ Schröder, § 35 Rn. 8; TRÖNDLE/ FISCHER, § 35 Rn. 5; WESSELS/ BEULKE, Rn. 436; MÜLLER-CHRISTMANN, JuS-Lernbogen 1995, L 65.

hemmer-Methode: Am Streit um die rechtliche Behandlung des Nötigungsnotstandes i.R.d. Prüfung des § 34 StGB zeigt sich wieder: In der Klausur spielt das Ergebnis – anders als in der späteren beruflichen Praxis – vielfach nicht die zentrale Rolle. Bewertet wird Ihre Klausur ganz wesentlich nach der Qualität Ihrer Argumentation.
Was den Aufhänger des Falles anbelangt, so werden von Ihnen vertiefte Kenntnisse zu den Aussagedelikten der §§ 153 ff. StGB mit Sicherheit nicht verlangt. Erwartet wird aber, dass Sie auch unter Zeitdruck in der Klausur das StGB durchsehen und die einschlägigen Vorschriften finden.

E. Zur Vertiefung

Zum rechtfertigenden Notstand gem. § 34 StGB

- HEMMER/WÜST, Strafrecht AT I, Rn. 252 ff.

Zum Nötigungsnotstand

- HEMMER/WÜST, Strafrecht AT I, Rn. 472 f.

Kapitel V: Versuch und Rücktritt

Fall 20: Das Kind auf dem Arm

Sachverhalt:

Theodor (T) und Udo (U) wollten gemeinsam Ophelia (O) entführen, um einen Betrag von einer Million Euro Lösegeld zu erpressen. Ihr Plan sah vor, dass U sich zur Wohnung der O begeben, sich dort gegenüber dem Opfer als Paketzusteller ausgeben und sofort auf das Opfer zugreifen sollte, nachdem es ihm die Tür geöffnet hat. O sollte dann in ein einsames Gartenhaus des T verbracht werden. T und U waren sich jedoch einig, dass die Entführung abgebrochen werden sollte, wenn O mit ihrem zehn Monate alten Kind an der Tür erscheinen würde. Nachdem T und U zum Anwesen der O gefahren waren und U an der Tür geklingelt hatte, erschien O mit ihrem Kind auf dem Arm an der Haustür, so dass U von einer Entführung absah.

Bearbeitervermerk:

Prüfen Sie die Strafbarkeit von T und U.

A. Einordnung

Im Fall 20 geht es zunächst darum, den Aufhänger im Besonderen Teil des StGB zu finden. Einschlägig ist hier der Tatbestand des erpresserischen Menschenraubes gem. § 239a I, 1.Var. StGB. Das eigentliche Klausurproblem liegt dann aber im Allgemeinen Teil bei der Frage, ob T und U hier bereits i.S.d. § 22 StGB zur Verwirklichung des Tatbestandes unmittelbar angesetzt haben. Ist dies zu verneinen, so muss an die Vorschriften der §§ 30, 31 StGB gedacht werden, da es sich bei § 239a StGB um ein Verbrechen (vgl. § 12 I StGB) handelt.

B. Gliederung

Strafbarkeit des T und des U

I. Versuchter erpresserischer Menschenraub in Mittäterschaft, §§ 239a I, 1.Var., 22, 23 I, 25 II StGB

1. Vorprüfung

2. Tatentschluss

3. Unmittelbares Ansetzen

(P): **unmittelbares Ansetzen** zur Verwirklichung des Tatbestandes i.S.d. § 22 StGB

⇨ jedenfalls (+) bei Verwirklichung eines Tatbestandsmerkmals der zu prüfenden Strafvorschrift, i.Ü. str.

- *e.A.:*
  Gefährdungstheorie: unmittelbares Ansetzen (+), wenn betroffenes Rechtsgut aus Tätersicht bereits unmittelbar gefährdet
- *a.A.:*
  Zwischenaktstheorie, unmittelbares Ansetzen (+), wenn objektiv keine weiteren wesentlichen Zwischenakte zur Tatbestandsverwirklichung mehr gegeben
- *Rechtsprechung, h.M.:*
  gemischt subjektiv-objektive Theorie
  unmittelbares Ansetzen (+), wenn Täter subjektiv die Schwelle zum „Jetzt geht's los" überschreitet und objektiv Handlungen vornimmt, die nach seinem Tatplan zwar noch der Erfüllung eines Tatbestandsmerkmales vorgelagert sind, die aber in die Tatbestandshandlung unmittelbar einmünden und so das geschützte Rechtsgut – nach der Vorstellung des Täters – bereits in eine konkrete Gefahr bringen

4. Zwischenergebnis:

nach Rechtsprechung und h.M.:
§ 22 StGB (-)

⇨ §§ 239a I, 1.Var. , 22, 23 I, 25 II StGB (-)

II. Verbrechensverabredung, §§ 30 II, 3.Var. i.V.m. 239a I, 1.Var. StGB

1. Tatbestand

2. Rechtswidrigkeit

3. Schuld

4. Rücktritt nach § 31 StGB

hier: § 31 I Nr. 3 StGB ⇨ i. Erg. (+)

III. Ergebnis
§§ 30 II, 3.Var., 239a I, 1.Var. StGB (-)
⇨ T und U straflos.

C. Lösung

Strafbarkeit des T und des U

I. Versuchter erpresserischer Menschenraub in Mittäterschaft, §§ 239a I, 1.Var., 22, 23 I, 25 II StGB

hemmer-Methode: Bei § 239a StGB handelt es sich um ein Delikt, das nicht so häufig abgeprüft wird. Wie immer gilt jedoch auch hier: Wenngleich in der Klausur regelmäßig keine Details zu dieser Vorschrift erwartet werden, so setzt der Klausurersteller das Durchblättern des Gesetzes, das Auffinden des Tatbestandes, dessen sorgfältige Lektüre, eine ordnungsgemäße Subsumtion unter den Wortlaut und ein genaues Zitieren der geprüften Variante voraus.
Machen Sie sich daher an Hand der nachfolgenden Prüfungsschemata die tatbestandliche Struktur des erpresserischen Menschenraubes klar.

Tatbestandliche Struktur des § 239a I, *1.Alt.* StGB

I. Objektiver Tatbestand

- einen Menschen entführen oder
- sich eines Menschen bemächtigen

II. Subjektiver Tatbestand

1. Vorsatz bezüglich des objektiven Tatbestandes (Tathandlung)

2. Absicht, die Sorge des Opfers um sein Wohl oder die Sorge eines Dritten um das Wohl des Opfers zu einer Erpressung (§ 253 StGB) auszunutzen
(Wortlaut: „um [...] zu")

Anmerkung: *Für die Vollendung des § 239a I, 1.Alt. StGB genügt es, wenn der Täter die beschriebene Absicht hat. Eine tatbestandliche, vollendete oder versuchte Erpressung muss objektiv gerade nicht vorliegen. § 239a I, 1.Alt. StGB stellt also ein Delikt mit überschießender Innentendenz dar.*

III. Rechtswidrigkeit

IV. Schuld

V. ggf. minder schwerer Fall oder Erfolgsqualifikation, § 239a II, III StGB

Tatbestandliche Struktur des § 239a I, *2.Alt.* StGB[154]

I. Objektiver Tatbestand – Tathandlung

- einen Menschen entführen oder
- sich eines Menschen bemächtigen

und

- Ausnutzung der durch eine solche Handlung geschaffenen Lage eines Menschen zu einer Erpressung (§ 253 StGB)

Anmerkung: *Die Vollendung dieser Alternative setzt im Gegensatz zu 1.Alt. bereits als Merkmal des objektiven Tatbestandes das Vorliegen einer zumindest versuchten Erpressung voraus. Eine solche ist daher an dieser Stelle inzident zu prüfen.*
Ferner muss im Falle der 2.Alt. der Täter die Entführungs- oder Sichbemächtigungslage ohne Erpressungsabsicht geschaffen haben, da sonst ein Fall der 1.Alt. vorliegt.

II. Subjektiver Tatbestand

1. Vorsatz bezüglich des Entführens oder des Sichbemächtigens

[154] Aktuelle Beispiele aus der Rspr.: BGH NStZ 2006, 448 ff. = Life&Law 2006, 832 ff.; BGH, NStZ 2003, 35 f. = Life&Law 2003, 262 ff.; BGH, StV 2002, 425 f. = Life&Law 2002, 754 ff.; BGH, NStZ 2002, 31 ff. = Life&Law 2002, 249 ff.

2. Nachträglich gefasster Vorsatz bezüglich der Ausnutzung der Lage zu einer solchen Erpressung (§ 253 StGB)

III. Rechtswidrigkeit

IV. Schuld

V. Ggfs. minder schwerer Fall oder Erfolgsqualifikation , § 239a II, III StGB

1. Vorprüfung

Der tatbestandliche Erfolg ist nicht eingetreten. Die O wurde nicht entführt. Die Tat ist damit nicht vollendet. Der Versuch des erpresserischen Menschenraubs ist gem. §§ 23 I, 12 I StGB strafbar.

2. Tatentschluss

T und U müssten einen entsprechenden Tatentschluss gefasst haben. Entführen i.S.d. § 239a StGB meint das Verbringen des Opfers an einen anderen Aufenthaltsort mit der Wirkung, dass es dem ungehemmten Einfluss des Täters ausgesetzt ist.[155] T und U wollten hier gemeinschaftlich durch bewusstes und gewolltes Zusammenwirken, also in mittäterschaftlicher Vorgehensweise, die O überwältigen und daraufhin in das Gartenhaus des T verbringen. Dabei hatten sie vor, die solchermaßen geschaffene Lage und die so entstandene Sorge der O und ihrer Angehörigen um ihr Wohl zu einer Erpressung gem. § 253 StGB auszunutzen und dabei ein Lösegeld von einer Million Euro zu kassieren.

Ein Tatentschluss im Hinblick auf einen erpresserischen Menschenraub gem. § 239a I, 1.Alt. StGB ist damit zu bejahen.

hemmer-Methode: Bei der Prüfung einer Strafbarkeit gem. § 239a I, 1.Alt. StGB ist – insbesondere wenn der Täter sein Opfer nicht entführt, sondern ein Sichbemächtigen vorliegt – darauf zu achten, dass zwischen der durch die Tathandlung geschaffenen Lage und der in das subjektive Vorstellungsbild des Täters verlagerten, angestrebten Erpressung gem. § 253 StGB ein zeitlich-funktionaler Zusammenhang bestehen muss. Dies setzt eine vergleichbar stabile Bemächtigungslage mit eigenständiger Bedeutung voraus, die der Täter für ein *weiteres* erpresserisches Verhalten ausnutzen will. Entscheidend ist hier also, ob über die Tathandlung hinaus noch ein weiterer, den eigentlichen Zielen des Täters dienender Zwang ausgeübt wird.

§ 239a I, 1.Alt. StGB kann insofern als ein zweiaktiges Delikt bezeichnet werden. Gleiches gilt für die Geiselnahme gem. § 239b I, 1.Alt. StGB.

3. Unmittelbares Ansetzen

Weiter müssten T und U i.S.d. § 22 StGB zur Verwirklichung des gesetzlich umschriebenen Tatbestands unmittelbar angesetzt haben.

Hierzu ist zunächst die Frage zu klären, ob U unmittelbar angesetzt hat, als er an der Tür zur Wohnung der O klingelte.

Ein unmittelbares Ansetzen kann nach einhelliger Ansicht jedenfalls dann bejaht werden, wenn einer der Beteiligten bereits ein Tatbestandsmerkmal der zu prüfenden Strafvorschrift verwirklicht hat. Dies ist vorliegend jedoch nicht der Fall; eine *Entführungshandlung* wurde noch nicht vorgenommen. In solchen Konstellationen ist umstritten, ab wann von einem unmittelbaren Ansetzen i.S.d. § 22 StGB ausgegangen werden kann.

hemmer-Methode: Hat der Täter tatsächlich bereits ein Tatbestandsmerkmal der fraglichen Norm komplett verwirklicht, ist ein näheres Eingehen auf die unterschiedlichen Theorien zum unmittelbaren Ansetzen überflüssig und würde zu Punktabzügen führen.

Nach der sog. **Gefährdungstheorie** muss eine Situation eingetreten sein, in welcher das betroffene Rechtsgut aus Tätersicht bereits unmittelbar gefährdet ist. Diese Gefährdung lag nicht vor, da T und U ihr weiteres Einschreiten und damit die Gefährdung des Opfers von einem Einschreiten ohne Kind abhängig gemacht hatten.

---

[155] Vgl. BGH, NStZ 1994, 283; BGH, NStZ 1994, 430; LACKNER/ KÜHL, § 239a Rn. 3.

hemmer-Methode: Häufig werden in Klausuren bei Streitfragen zwar die unterschiedlichen Theorien genannt, im Anschluss daran aber die Subsumtion auf den jeweiligen Fall vernachlässigt. Auch dies wird vom Korrektor negativ bewertet, da es in Klausuren nicht primär um das Abrufen von Wissen, sondern um die Lösung eines konkreten Falles geht.
Achten Sie daher unbedingt auf eine sorgfältige Subsumtionstechnik. Stellen Sie die jeweiligen Ergebnisse dar, zu denen die einzelnen Theorien im fraglichen Fall führen.

Nach der **Zwischenaktstheorie**, die sich an objektiven Kriterien orientiert, liegt der Versuchsbeginn dann vor, wenn nach der Vorstellung des Täters zwischen der in Frage stehenden Handlung und der Tatbestandsverwirklichung keine weiteren wesentlichen Zwischenakte mehr liegen. Nach dieser Theorie wäre hier ein unmittelbares Ansetzen zu bejahen, da nach dem Klingeln des U objektiv keine weiteren Täterhandlungen mehr bis zum Zugriff auf das Opfer durchgeführt werden sollten.

Überwiegend und insbesondere von der Rechtsprechung wird dagegen zur Lösung dieses Problems die sog. **gemischt subjektiv-objektive Theorie** vertreten, die sich ausgehend vom Wortlaut des § 22 StGB sowohl an subjektiven Kriterien („nach seiner Vorstellung von der Tat") als auch an objektiven Anhaltspunkten („unmittelbar ansetzt") orientiert.

Danach wird die Grenze zum Versuch überschritten, wenn der Täter subjektiv die Schwelle zum „Jetzt geht's los" überschreitet und Handlungen vornimmt, die nach seinem Tatplan zwar noch der Erfüllung eines Tatbestandsmerkmales vorgelagert sind, die aber in die Tatbestandshandlung unmittelbar einmünden und so das geschützte Rechtsgut – nach der Vorstellung des Täters – bereits in eine konkrete Gefahr bringen.[156]

hemmer-Methode: Bei der Frage des Versuchsbeginns sollten Sie sich auf alle Fälle der gemischt subjektiv-objektiven Theorie anschließen, da schon der Gesetzeswortlaut ein Abstellen sowohl auf objektive wie subjektive Kriterien nahe legt.

Nach dieser Auffassung stellte das Klingeln an der Haustür noch kein unmittelbares Ansetzen dar.

hemmer-Methode: Eine andere Auffassung wäre damit begründbar, dass für die Frage des unmittelbaren Ansetzens stets das Vorstellungsbild des Täters zu Grunde zu legen ist. T und U rechneten jedenfalls „auch" damit, dass O ohne Kind auf dem Arm an der Haustür erschienen wäre. Für diese ebenfalls mögliche Konstellation hätten T und U aber bereits mit dem Klingeln zur Tat unmittelbar ansetzt. Wie immer gilt: Gerade bei umstrittenen Problemfeldern ist vor allem die Qualität Ihres Argumentationsvermögens entscheidend.

U hatte die weitere Tatbegehung davon abhängig gemacht, dass das Tatopfer ohne ihr Kleinkind erscheint; es bedurfte somit noch eines weiteren Willensimpulses, damit sein Tun unmittelbar in die Tatbestandsverwirklichung einmündete.[157]

4. Zwischenergebnis

U hat somit i.S.d. § 22 StGB noch nicht zur Verwirklichung des Tatbestandes unmittelbar angesetzt. Ist aber bereits für den tatnäheren U ein unmittelbares Ansetzen und damit eine Versuchsstrafbarkeit zu verneinen, so scheidet eine solche hier erst recht auch im Falle des T aus. Die streitige Frage, ob ein unmittelbares Ansetzen bei Mittätern im Sinne einer Gesamtlösung wechselseitig zugerechnet werden kann, braucht hier nicht aufgeworfen zu werden, da keiner der beiden Täter unmittelbar angesetzt hat.[158]

---

[156] St. Rspr.; vgl. nur BGHSt 26, 201; BGHSt 28, 162.

[157] Vgl. BGH, NStZ 1999, 395.

[158] Vgl. hierzu ausführlich Fall 23.

Beide Beteiligten sind nicht wegen versuchten erpresserischen Menschenraubs in Mittäterschaft gem. §§ 239a I, 1.Var., 22, 23 I, 25 II StGB strafbar.

II. Verbrechensverabredung, §§ 30 II, 3.Var. i.V.m. 239a I, 1.Var. StGB

hemmer-Methode: § 30 StGB nicht vergessen! Ist in der Klausur i.R.e. Versuchsprüfung bei einem Verbrechen mit mehreren Beteiligten ein unmittelbares Ansetzen zur Verwirklichung des Tatbestandes i.S.d. § 22 StGB zu verneinen, so ist stets an die Vorschrift des § 30 StGB zu denken.
In vielen Klausuren wird diese Norm völlig übersehen. Vermeiden Sie solche Fehler, in dem Sie gängige Klausurstrukturen einüben. Bei § 30 StGB handelt es sich wieder um eine geschickte „Verlängerung" einer Klausur. Der Klausurersteller kann so nach verschiedenen Problemen des Versuchs noch eine zusätzliche Schwierigkeit abprüfen.

1. Tatbestand

Die Verbrechensverabredung setzt als Vorstufe der Mittäterschaft eine Willensübereinstimmung von mindestens zwei Personen voraus, welche die in Aussicht genommene Tat entweder gemeinschaftlich begehen oder einen anderen gemeinsam zu ihrer Ausführung anstiften wollen. Der subjektive Tatbestand setzt für jeden der Beteiligten voraus, dass er die Tat ernstlich will.

T und U wollten mittäterschaftlich einen erpresserischen Menschenraub (§ 239a I, 1.Var. StGB) und damit ein Verbrechen i.S.d. § 12 I StGB begehen (s. oben), so dass sie sich zu einem Verbrechen verabredet haben (§ 30 II, 3.Var. StGB). Dies geschah auch vorsätzlich.

2. Rechtswidrigkeit und Schuld

Rechtfertigungs- oder Entschuldigungsgründe sind nicht ersichtlich. Die Verbrechensverabredung war rechtswidrig. T und U handelten schuldhaft.

hemmer-Methode: Der Aufbau von § 30 II StGB orientiert sich am vollendeten Delikt. Man prüft den objektiven Tatbestand (Verbrechen, Verabredung), den diesbezüglichen Vorsatz sowie Rechtswidrigkeit und Schuld. § 30 I StGB dagegen wird im Versuchsaufbau geprüft.

3. Rücktritt nach § 31 StGB

hemmer-Methode: Rücktritt nicht vergessen!
Wenn Sie Tatbestand, Rechtswidrigkeit und Schuld im Rahmen einer Versuchsprüfung bzw. im Rahmen einer Prüfung des § 30 StGB bejaht haben, müssen Sie – zumindest gedanklich – immer noch einen Rücktritt des Täters prüfen. Der Rücktritt kann wieder als ein Beispiel für die „Verlängerung" einer Klausur angeführt werden.
Zur Abgrenzung: § 31 StGB greift nur dann ein, wenn die Rückkehr in die Legalität bereits im Vorbereitungsstadium erfolgt, wohingegen § 24 StGB einschlägig ist, wenn es bereits zu einem unmittelbaren Ansetzen gekommen war.

Im Falle des § 30 II, 3.Var. StGB kommt ein Rücktritt nach § 31 I Nr. 3 StGB in Betracht. Hierzu müssten die Beteiligten freiwillig die Tat verhindert haben. Von einem freiwilligen Handeln im Sinne einer autonomen Motivation ist vorliegend auszugehen, da eine Entführung ohne wesentliche Veränderung der äußeren Sachlage auch hier durchführbar gewesen wäre, obwohl O mit ihrem Kleinkind in der Türe erschienen war.

Fraglich ist, ob T und U die Vollendung der Tat verhindert haben. Zwar ist grundsätzlich eine aktive Verhinderungsmaßnahme nötig. Wenn aber der Abbruch eines Deliktsplans auf einem einvernehmlichen Entschluss sämtlicher Beteiligter beruht, ist auch durch dieses Verhalten sichergestellt, dass es nicht mehr zu einer Opfergefährdung kommen wird. Ein Verhindern i.S.d. § 31 I Nr. 3 StGB ist damit zu bejahen.

III. Ergebnis

T und U haben sich nicht wegen Verbrechensverabredung gem. §§ 30 II, 3.Var. i.V.m. 239a I, 1.Var. StGB strafbar gemacht. Sie sind straflos.

D. Zusammenfassung

Sound: Unmittelbares Ansetzen § 22 StGB.

Nach Rspr. und h.M. im Schrifttum (sog. gemischt subjektiv-objektive Theorie) liegt ein unmittelbares Ansetzen zur Verwirklichung des Tatbestandes i.S.d. § 22 StGB vor, wenn der Täter subjektiv die Schwelle zum „Jetzt geht's los" überschreitet und objektiv Handlungen vornimmt, die nach seinem Tatplan zwar noch der Erfüllung eines Tatbestandsmerkmales vorgelagert sind, die aber in die Tatbestandshandlung unmittelbar einmünden und so das geschützte Rechtsgut – nach der Vorstellung des Täters – bereits in eine konkrete Gefahr bringen.

Ist in der Klausur ein Verbrechensversuch zu prüfen und muss ein unmittelbares Ansetzen verneint werden, so ist immer an die Vorschrift des § 30 II StGB zu denken.

Im Anschluss an eine Versuchsprüfung ist stets an die Vorschriften über den Rücktritt (§§ 24, 31 StGB) zu denken.

hemmer-Methode: Der vorstehende Fall bildet den Grundfall zur Frage des Versuchsbeginns. In den folgenden Fällen werden immer wieder spezielle Konstellationen auftauchen, in denen sich u.a. auch die Frage nach dem Versuchsbeginn stellt. Arbeiten Sie daher diesen Fall nochmals sorgfältig durch und prägen Sie sich insbesondere ein, wann nach der gemischt subjektiv-objektiven Theorie der Rechtsprechung und der h.M. ein unmittelbares Ansetzen zu bejahen ist.

E. Zur Vertiefung

Zum Versuch im Allgemeinen

- HEMMER/WÜST, Strafrecht AT II, Rn. 1 ff.

Zum unmittelbaren Ansetzen

- HEMMER/WÜST, Strafrecht AT II, Rn. 75 ff.

Aktuelle Rechtsprechung

- Zu den Anforderungen an die Konkretisierung des Vorsatzes hinsichtlich der späteren Tat bei einer Verbrechensverabredung: Die Verabredung eines Verbrechens setzt nicht die Festlegung aller Einzelheiten der in Aussicht genommenen Tat voraus. Diese muss jedoch in ihren wesentlichen Grundzügen konkretisiert sein. Zeit, Ort und Modalitäten der geplanten Ausführung können aber im Einzelnen noch offen bleiben. Vgl. BGH NStZ 2007, 697 ff. = Life&Law 2008, 110 ff.
- Das Klingeln an der Wohnungstüre des vom Täter für die Tat ausgewählten Opfers eines Tötungsdelikts stellt noch kein unmittelbares Ansetzen zum Versuch dar, wenn der Täter davon ausgeht, dass möglicherweise auch ein anderes Familienmitglied die Tür öffnen wird und er nicht entschlossen ist, jeden zu töten, der die Tür öffnen würde. Vgl. BGH NStZ-RR 2004, 361 ff. Instruktiv dazu KUDLICH, JuS 2005, 186 ff.
- Zum unmittelbaren Ansetzen auch BGH, NJW 2002, 1057 = Life&Law 2002, 461.

Fall 21: Das giftige Vesperbrot

Sachverhalt:

Antonia (A) wollte ihren Ehemann Emil (E) töten. Dazu besprühte sie sein Vesperbrot, das E jeden Tag zur Arbeit mitnimmt, jeweils zweimal etwa eine Sekunde lang mit einem Insektengift aus einer Dose. E jedoch spuckte in der Frühstückspause schon den ersten Bissen des Brotes wegen seines bitteren Geschmacks aus. Um eine tödliche Dosis des betreffenden Gifts zu erreichen, hätte der Inhalt mehrerer Dosen eingenommen werden müssen.

Bearbeitervermerk:

Prüfen Sie die Strafbarkeit der A.

A. Einordnung

In diesem Fall gilt es zunächst zu erkennen, dass die Konstellation eines untauglichen Versuchs gegeben ist. I.R.d. § 211 StGB ist die Frage aufzuwerfen, ob A hier einen Tatentschluss zu einer heimtückischen Tötung ihres Ehemannes und damit zu einem Mord gefasst hat. Die zentrale Frage lautet aber, ob und wann in Fällen der vorliegenden Art, in denen der Täter als Hintermann sein Opfer quasi zum Werkzeug gegen sich selbst macht, von einem unmittelbaren Ansetzen zum Versuch ausgegangen werden kann.

B. Gliederung

Strafbarkeit der A

I. Versuchter Mord, §§ 212, 211 I, II, 22, 23 I StGB

1. Vorprüfung
2. Tatentschluss
   - Grunddelikt: § 212 I StGB (+)
   - Qualifikation: Heimtücke, § 211 II, Gruppe 2, 1.Var. StGB (+)
3. Unmittelbares Ansetzen

(P): A setzt hier **den E als Werkzeug gegen sich selbst** ein ⇨ daher verwandte Struktur zu Fällen mittelbarer Täterschaft (§ 25 I, 2.Var. StGB)

⇨ Versuchsbeginn <u>hier</u> streitig:

- **e.A.:** Beginn oder Abschluss der Einwirkung auf das Werkzeug
- **a.A.:** Zeitpunkt, in dem der eingeschaltete Tatmittler seinerseits zur Tatausführung ansetzt.
- **h.M.:** wenn der mittelbare Täter das von ihm in Gang gesetzte Geschehen aus der Hand gegeben hat und aus seiner Sicht eine konkrete Gefahr für das geschützte Rechtsgut gegeben ist.

⇨ <u>hier</u>: nach allen Ansichten unmittelbares Ansetzen (+)

4. Rechtswidrigkeit und Schuld
5. Strafzumessung

(P): § 23 III StGB? ⇨ i Erg. (-)

II. Ergebnis: §§ 212, 211 II, Gruppe 2, 1.Var., 22, 23 I StGB (+)

C. Lösung

Strafbarkeit der A

I. Versuchter Mord, §§ 212, 211 I, II, 22, 23 I StGB

1. Vorprüfung

Die Tat ist nicht vollendet. Der tatbestandliche Erfolg ist ausgeblieben. E ist nicht verstorben. Die Strafbarkeit des Mordversuchs ergibt sich aus §§ 23 I, 12 I StGB, da es sich bei § 211 StGB um ein Verbrechen handelt.

2. Tatentschluss

A müsste einen entsprechenden Tatentschluss gefasst haben. Vorliegend war der Vorsatz der A darauf gerichtet, ihren Ehemann E zu töten. Die Tatsache, dass es sich bei dem Insektengift in der zum Einsatz gekommenen Dosis um ein untaugliches Mittel handelte, steht einer Versuchsstrafbarkeit nicht entgegen, da einzig und allein die Vorstellungen des Täters maßgeblich sind, weswegen auch der sog. untaugliche Versuch strafbar ist.

hemmer-Methode: Ein untauglicher Versuch liegt vor, wenn die Ausführung des Tatentschlusses entgegen der Vorstellung des Täters aus tatsächlichen oder rechtlichen Gründen nicht zur vollständigen Verwirklichung des objektiven Unrechtstatbestandes führen kann. Die Strafbarkeit des untauglichen Versuchs wird zum einen mit dem Strafgrund des Versuchs im Allgemeinen begründet, der in der Betätigung des rechtsfeindlichen Willens gesehen wird, deren Eindruck auf die Allgemeinheit zu einer Erschütterung des Rechtsbewusstseins und zur Gefährdung des Rechtsfriedens führen kann. Zum anderen setzt das Gesetz in den §§ 22, 23 III StGB die Strafbarkeit des untauglichen Versuchs voraus.[159]

Beachten Sie insoweit den Unterschied zum **straflosen Wahndelikt**: Während beim untauglichen Versuch der Täter den Sachverhalt in relevanten Punkten nicht richtig erfasst hat (hier: die Ungeeignetheit des Mittels), glaubt der Täter beim straflosen Wahndelikt fälschlicherweise, der zutreffend erkannte Sachverhalt sei strafrechtlich relevant. Es handelt sich hier um einen reinen Rechtsirrtum. Man muss daher unterscheiden zwischen dem Sachverhaltsirrtum (untauglicher Versuch) und dem Rechtsirrtum (Wahndelikt).

Fraglich ist, ob A die Tat auch in heimtückischer Weise (§ 211 II, Gruppe 2, 1.Var. StGB) begehen wollte. Charakteristisch hierfür ist das bewusste Ausnutzen der Arg- und Wehrlosigkeit des Opfers. Arglos ist, wer bei vorhandener Fähigkeit zum Argwohn einen Angriff auf sein Leben oder einen erheblichen Angriff auf seine körperliche Unversehrtheit nicht erwartet. Wehrlos ist, wer infolge der Arglosigkeit in seiner Abwehrfähigkeit zumindest erheblich eingeschränkt ist.

Nach den Vorstellungen der A sollte sich E beim Biss in sein Vesperbrot keines Angriffes auf sein Leben versehen. Er sollte ferner gerade deshalb in seiner natürlichen Abwehrbereitschaft und -fähigkeit stark beschränkt sein. Ferner wollte die A diese Arg- und Wehrlosigkeit des E bewusst zur Tötung ausnutzen.

In Anbetracht des hohen Strafrahmens des § 211 StGB (lebenslange Freiheitsstrafe) im Vergleich zu demjenigen des Totschlages gem. § 212 StGB (im Normalfall des § 212 I StGB: 5 bis 15 Jahre Freiheitsstrafe, vgl. § 38 II StGB) erscheint eine restriktive Auslegung sämtlicher Mordmerkmale und insbesondere der Heimtücke zwingend.

Der BGH fordert daher zusätzlich ein Handeln des Täters in feindseliger Willensrichtung[160], welches vorliegend bei der A ebenfalls zu bejahen ist.

Die Literatur fordert dagegen teilweise unter Berufung auf den im Wort heimtückisch enthaltenen Begriff der Tücke als einschränkendes Erfordernis einen besonders verwerflichen Vertrauensbruch[161] oder aber ein tückisch-verschlagenes Vorgehen des Täters[162]. Auch diese Voraussetzungen sind hier im Fall zu bejahen, da aufgrund der ehelichen Lebensgemeinschaft zwischen A und E von einer besonderen Vertrauensstellung auszugehen ist bzw. das Vorgehen der A die notwendige Heimlichkeit und Hinterhältigkeit aufweist.

---

159 LACKNER/ KÜHL, § 22 Rn. 11 ff.; WESSELS/ BEULKE, Rn. 620, 594.

160 Vgl. BGHSt (GrS) 9, 385.

161 Vgl. ESER, in: Schönke/ Schröder, § 211 Rn. 26; OTTO, JR 1991, 382.

162 Vgl. WESSELS/ HETTINGER, Rn. 108; SPENDEL, StV 1984, 45; SCHILD, JA 1991, 48, 55;

3. Unmittelbares Ansetzen

Fraglich ist, ob A bereits i.S.d. § 22 StGB unmittelbar zur Verwirklichung des Tatbestandes angesetzt hat.

Grundsätzlich liegt nach der herrschenden gemischt subjektiv-objektiven Theorie ein unmittelbares Ansetzen dann vor, wenn der Täter subjektiv die Schwelle zum „Jetzt geht's los" überschritten und objektiv zur tatbestandsmäßigen Angriffshandlung angesetzt hat. Das Verhalten des Täters muss dabei nach seinem Gesamtplan so eng mit der tatbestandlichen Ausführungshandlung verbunden sein, dass es bei ungestörtem Fortgang in unmittelbarem räumlichen und zeitlichen Zusammenhang zur Verwirklichung des gesetzlichen Tatbestandes kommen wird.[163]

Die Besonderheit des vorliegenden Falles besteht nun darin, dass die A gewissermaßen das Opfer zum Werkzeug gegen sich selbst macht, so dass für den Versuchsbeginn die Grundsätze der mittelbaren Täterschaft Anwendung finden.

Wann hier ein Versuchsbeginn zu bejahen ist, wird unterschiedlich beurteilt.[164] Teilweise wird bereits früh auf den Beginn oder den Abschluss der Einwirkung auf das Werkzeug abgestellt[165], nach anderer Auffassung wird erst der Zeitpunkt als maßgeblich angesehen, in dem der eingeschaltete Tatmittler seinerseits zur Tatausführung ansetzt.[166] Die h.M. bejaht schließlich einen Versuchsbeginn dann, wenn der mittelbare Täter das von ihm in Gang gesetzte Geschehen in der Weise aus der Hand gegeben hat, dass der daraus resultierende Angriff auf das Opfer nach seiner Vorstellung von der Tat ohne weitere wesentliche Zwischenakte und ohne längere Unterbrechungen im nachfolgenden Geschehensablauf unmittelbar in die Tatbestandsverwirklichung einmünden soll.

Aus der Sicht des Hintermannes muss hiernach schon eine konkrete Gefahr für das geschützte Rechtsgut entstanden sein.[167]

Überträgt man diesen Ansatz der h.M. auf die vorliegende Fallkonstellation (Vergiften eines Vesperbrotes, das ein anderer später im Lauf des Tages zu essen pflegt), so gilt Folgendes: Wo der Eintritt des tatbestandlichen Erfolges einem beliebigen Zeitpunkt überlassen bleibt, genügt zur Bejahung eines unmittelbaren Ansetzens, dass der Täter die den unmittelbaren Angriff bildende Kausalkette in Gang setzt und den weiteren Geschehensablauf aus der Hand gibt, was hier in dem Zeitpunkt anzunehmen ist, in dem E mit dem mit Gift besprühten Vesperbrot das Haus verließ.[168]

Aber auch nach den Übrigen Ansichten ist ein unmittelbares Ansetzen zum Versuch vorliegend zu bejahen: Die Einwirkung auf das Werkzeug (E) durch A ist mit dem Einpacken des vergifteten Vesperbrotes abgeschlossen. Schließlich hat der Tatmittler (E) bereits selbst zur Tatbestandsverwirklichung angesetzt, in dem er während der Frühstückspause in das vergiftete Vesperbrot biss und so nach der allein maßgeblichen Vorstellung der A als Werkzeug gegen sich selbst die tatbestandliche Handlung vornahm. Der Erfolg dieser Handlung blieb lediglich deshalb aus, weil das Gift zu gering dosiert war.

Einer Entscheidung des aufgeworfenen Meinungsstreites bedarf es daher nicht. Ein unmittelbares Ansetzen liegt nach allen Ansichten vor.

hemmer-Methode: Im vorliegenden Fall hätte in einer Klausur der Streit sicherlich auch etwas kürzer dargestellt werden können, da selbst nach der strengsten Ansicht ein Versuchsbeginn zu bejahen ist. Die vorstehenden Ausführungen wurden dennoch relativ ausführlich gehalten, um Ihnen das Problem des Versuchsbeginns bei der mittelbaren Täterschaft näher vor Augen zu führen.

---

163 Vgl. nochmals Fall 20; ferner BGHSt 31, 178, sowie BGHSt 43, 177 (Passauer Giftfalle) = Life&Law 1998, 170 und hierzu Fall 22.

164 Vgl. hierzu HILLENKAMP AT, 15. Problem.

165 Vgl. BAUMANN/ WEBER/ MITSCH § 29 Rn. 155.

166 Vgl. KRACK, ZStW 110 (1998), 611 ff., 625 ff.; KÜHL, JuS 1983, 830; RATH, JuS 1999, 143.

167 Vgl. BGHSt 30, 363; BGHSt 40, 257, 268; WESSELS/ BEULKE, Rn. 613.

168 Vgl. BGHSt 43, 177 = Life&Law 1998, 170; BAIER, JA 1999, 771; BÖSE, JA 1999, 342; KUDLICH, JuS 1998, 596; ROSENAU, Jura 2000, 427.

Beachten Sie nochmals die unterschiedlichen Zeitpunkte (Einpacken des Brotes durch A, Außerhausgehen des E, Biss des E in das Brot), auf welche die einzelnen Theorien abstellen. Subsumieren Sie in der Klausur an dieser Stelle exakt und entscheiden Sie den Streit, wenn er relevant wird, unter klausurtaktischen Gesichtspunkten: Wirft der Fall beispielsweise im Anschluss Probleme aus dem Bereich des Rücktritts auf, so erscheint es sinnvoll, einen Versuchsbeginn mit der entsprechenden Ansicht zu bejahen. Stellen sich solche Folgeprobleme dagegen nicht, so empfiehlt es sich, der überwiegend vertretenen h.M. zu folgen.

4. Rechtswidrigkeit und Schuld

Rechtfertigungs- und Entschuldigungsgründe sind nicht ersichtlich. Die Tat war rechtswidrig. A handelte schuldhaft.

5. Strafzumessung

Fraglich ist das Eingreifen des § 23 III StGB. Nach dieser Vorschrift kann das Gericht ganz von Strafe absehen oder die Strafe nach seinem Ermessen mildern, wenn der Täter aus grobem Unverstand verkannt hat, dass der Versuch nach der Art des Mittels, mit dem die Tat begangen werden sollte, überhaupt nicht zur Vollendung führen kann. Aus grobem Unverstand handelt nach Ansicht des BGH ein Täter jedoch nur, wenn er trotz ungeeigneter Mittel den Taterfolg für möglich hält, weil er bei der Tatausführung von **völlig abwegigen Vorstellungen über gemeinhin bekannte Ursachenzusammenhänge** ausgeht. Der Irrtum, dem der Täter erlegen ist, muss hier für jeden Menschen mit durchschnittlichem Erfahrungswissen **geradezu handgreiflich** sein (vgl. BGHSt 41, 94; HEINRICH, Jura 1998, 393).

Dies aber kann vorliegend nicht angenommen werden, da nach durchschnittlichem Erfahrungswissen ein Insektenvernichtungsmittel giftig und grundsätzlich geeignet ist, den Tod eines Menschen herbeizuführen. Ein bloßer Irrtum über die erforderliche Dosis erfüllt daher nicht die Voraussetzungen des § 23 III StGB.

II. Ergebnis

A ist wegen versuchten Mordes gem. §§ 212, 211 II, Gruppe 2, 1.Var., 22, 23 I StGB strafbar.

D. Zusammenfassung

Sound: Versuchsbeginn bei mittelbarer Täterschaft. Untauglicher Versuch.

Ab welchem Zeitpunkt bei mittelbarer Täterschaft ein Versuchsbeginn zu bejahen ist, ist umstritten. Eine Ansicht stellt auf den Beginn oder den Abschluss der Einwirkung auf das Werkzeug ab, eine andere Ansicht auf den Zeitpunkt, in dem der eingeschaltete Tatmittler seinerseits zur Tatausführung ansetzt. Nach h.M. liegt Versuchsbeginn vor, wenn der mittelbare Täter das von ihm in Gang gesetzte Geschehen aus der Hand gegeben hat und aus seiner Sicht eine konkrete Gefahr für das geschützte Rechtsgut gegeben ist.

Ein untauglicher Versuch liegt vor, wenn die Ausführung des Tatentschlusses entgegen der Vorstellung des Täters aus tatsächlichen oder rechtlichen Gründen nicht zur vollständigen Verwirklichung des objektiven Unrechtstatbestandes führen kann. Ist ein untauglicher Versuch in der Klausur zu bejahen, so ist an die Strafzumessungsvorschrift des § 23 III StGB zu denken.

hemmer-Methode: Greift ein Täter zu untauglichen Mitteln oder Methoden, um einen Straftatbestand zu verwirklichen, kann es drei unterschiedliche Konstellationen geben:

1. Der „normale" untaugliche Versuch mit der fakultativen Strafmilderung nach § 23 II StGB, z.B. wenn der Täter mit einer (versehentlich) ungeladenen Pistole sein Opfer töten möchte.

2. Der grob unverständige Versuch nach § 23 III StGB, bei dem ganz von Strafe abgesehen oder die Strafe gemildert werden kann, z.B. wenn der Täter mit einem Luftgewehr ein Flugzeug in 1000 Meter Höhe abschießen will.
3. Der irreale Versuch, der als strafloses Wahndelikt einzustufen ist, wenn der Täter mit abergläubischen, der menschlichen Beherrschbarkeit und Verfügungsgewalt entzogenen Mitteln (z.B. Verhexen) den Erfolg herbeizuführen sucht.

E. Zur Vertiefung

Zum untauglichen Versuch

- HEMMER/WÜST, Strafrecht AT II, Rn. 62 ff.

Zum Versuchsbeginn bei mittelbarer Täterschaft

- HEMMER/WÜST, Strafrecht AT II, Rn. 93 ff.

Fall 22: Die Giftfalle

Sachverhalt:

Unbekannte waren in der Nacht vom 1. auf den 2. Mai in die Wohnung des Apothekers Peter (P) eingedrungen und haben dort verschiedene Gegenstände entwendet. Einzelne andere, wertvolle Gegenstände waren von den Unbekannten in den Keller gebracht worden, so dass die von P alarmierte Polizei davon ausgeht, dass die Einbrecher noch einmal wiederkommen könnten, um die restliche bereits bereitgestellte Diebesbeute abzuholen. Daneben hatten die Eindringlinge sich auch an der Hausbar des P bedient. Aus diesem Grund halten sich in der Nacht vom 2. auf den 3. Mai zwei Polizeibeamte in der Wohnung auf. P will die Sache aber auch selbst in die Hand nehmen. Er stellt daher im Flur eine Schnapsflasche auf, die er mit einer selbst zusammengestellten Giftmischung füllt, weil er damit rechnet, dass die Einbrecher, falls sie überhaupt noch einmal kommen sollten, wie schon bei dem ersten Besuch, dem Alkohol nicht abgeneigt sein werden. Als Apotheker weiß P, dass bereits der Konsum geringster Mengen seiner Mischung rasch zum Tode führen kann. Seiner Meinung nach haben es die Einbrecher aber auch gar nicht besser verdient. Später kommen dem P dann aber doch Bedenken, weil er die observierenden Polizeibeamten nicht eingeweiht hat und er nun erkennt, dass auch diesen Gefahr droht. Er weist daher die Beamten, welche die Flasche bislang nicht angerührt haben, auf den giftigen Inhalt hin. Daraufhin wird die Flasche von der Polizei gegen den Willen des P sichergestellt.

Bearbeitervermerk:

Prüfen Sie die Strafbarkeit des P nach dem StGB.

A. Einordnung

Der vorstehende Fall 22 ist einer Entscheidung des BGH nachgebildet. Wiederum ist hier die Frage zu klären, ob ein unmittelbares Ansetzen zur Verwirklichung des Tatbestandes i.S.d. § 22 StGB gegeben ist.

B. Gliederung

Strafbarkeit des P

I. Versuchter Totschlag, §§ 212 I, 22, 23 I StGB

1. Vorprüfung

2. Tatentschluss

3. Unmittelbares Ansetzen

(P): P hat **nach seiner Vorstellung von der Tat alles Erforderliche getan**

⇨ Dennoch nach BGH i. Erg. § 22 StGB (-), denn Versuch liegt erst dann vor, wenn nach dem Tatplan eine konkrete, unmittelbare Gefährdung des geschützten Rechtsguts eintritt

II. Ergebnis: §§ 212 I, 22, 23 I StGB (-)

C. Lösung

Strafbarkeit des P

I. Versuchter Totschlag, §§ 212 I, 22, 23 I StGB

Durch das Aufstellen des Giftes könnte sich P eines versuchten Totschlages schuldig gemacht haben.

1. Vorprüfung

Die Tat ist nicht vollendet. Der Tod eines anderen Menschen als tatbestandlicher Erfolg ist ausgeblieben. Der Versuch des Totschlags ist nach §§ 23 I, 12 I StGB strafbar.

2. Tatentschluss

P müsste Vorsatz bezüglich sämtlicher Merkmale des objektiven Tatbestandes gehabt haben.

P kannte als Apotheker die Gefährlichkeit des bereitgestellten Gifts und wollte für den Fall des Erscheinens der Einbrecher deren Tod. Dass ein erneutes Auftauchen der Bande unsicher war, ändert an dem unbedingt gefassten Tatentschluss des P nichts, da es sich insofern nur um ein von außen kommendes Ereignis handelt.

hemmer-Methode: Eventuell hätte man in diesem Fall auch einen Mord wegen heimtückischer Begehungsweise (§ 211 II, Gruppe 2, 1.Var. StGB) anprüfen können. Der BGH sah aber in seiner Entscheidung, der dieser Fall nachgebildet ist, offenbar keine Anhaltspunkte für dieses Mordmerkmal.[169]

3. Unmittelbares Ansetzen

Fraglich ist, ob P zur Tatbestandsverwirklichung bereits **unmittelbar angesetzt** hat. Das wäre nach der herrschenden gemischt subjektiv-objektiven Theorie der Fall, wenn er subjektiv die Schwelle zum „Jetzt geht's los" überschritten und objektiv Handlungen vorgenommen hätte, die nach seiner Vorstellung im Falle ungestörten Fortgangs ohne wesentliche weitere Zwischenakte unmittelbar in die Tatbestandserfüllung münden. Nicht erforderlich ist, dass der Täter bereits tatbestandlich handelt. Vielmehr genügt es, wenn die Handlung des Täters der Verwirklichung eines Tatbestandsmerkmals unmittelbar vorgelagert ist oder in unmittelbarem räumlichen und zeitlichen Zusammenhang mit der Tatbestandserfüllung steht.

Da P nach seiner Vorstellung von der Tat hier sogar schon alles seinerseits Erforderliche für die Tatbestandsverwirklichung getan hatte, könnte man annehmen, dass in solchen Fällen die Versuchsgrenze jedenfalls überschritten sei.
Der BGH ist allerdings der Auffassung, dass selbst abgeschlossenes Täterhandeln nicht stets unmittelbar in die Erfüllung eines Straftatbestandes einmünden müsse und damit für sich allein noch nicht ausreiche, um die Frage nach dem Versuchsbeginn zu beantworten.[170]

Das ist für Fälle entschieden, in denen der Täter notwendige Beiträge eines Tatmittlers in seinen Plan einbezieht.[171] Hier fehlt es nach der Rechtsprechung an einem unmittelbaren Ansetzen, wenn die Einwirkung auf den Tatmittler erst nach längerer Zeit wirken soll oder wenn ungewiss bleibt, ob und wann sie Wirkung entfaltet.

In diesen Fällen beginnt der Versuch erst dann, wenn der Tatmittler, dessen Verhalten dem Täter zugerechnet wird, seinerseits unmittelbar zur Tat ansetzt. Entscheidend für die Abgrenzung ist daher, ob nach dem Tatplan die Einzelhandlungen des Täters in ihrer Gesamtheit schon einen so gearteten Angriff auf das geschützte Rechtsgut enthalten, dass dieses bereits gefährdet ist und der Schaden sich unmittelbar anschließen kann.

Nach Ansicht des BGH gelten ferner die für die Fälle mittelbarer Täterschaft entwickelten Grundsätze auch dann, wenn – wie hier – dem Opfer eine Falle gestellt wird, in die es durch eigenes Zutun geraten soll.[172] Auch diese Fälle sind nämlich dadurch gekennzeichnet, dass der Täter sich kraft Beherrschung des Geschehens fremdes Verhalten für seinen Erfolg nutzbar macht.

Sie weisen eine der mittelbaren Täterschaft verwandte Struktur auf, da das Opfer dabei zum Tatmittler gegen sich selbst wird. Auch hier liegt ein Versuch erst dann vor, wenn nach dem Tatplan eine konkrete, unmittelbare Gefährdung des geschützten Rechtsguts eintritt.
Hält der Täter – wie hier – ein Erscheinen des Opfers im Wirkungskreis des Tatmittels lediglich für möglich, aber noch für ungewiss oder gar für wenig wahrscheinlich, so tritt eine unmittelbare Rechtsgutgefährdung nach dem Tatplan erst dann ein, wenn das Opfer tatsächlich erscheint und dabei Anstalten trifft, die erwartete selbstschädigende Handlung vorzunehmen und sich dadurch die Gefahr für das Opfer verdichtet.

[169] Vgl. BGHSt 43, 177 = Life&Law 1998, 170.
[170] Vgl. BGHSt 43, 177 = Life&Law 1998, 170.
[171] Vgl. hierzu den sog. **Salzsäurefall**, BGHSt 30, 363.
[172] Vgl. BGHSt 43, 177 = Life&Law 1998, 170.

Hiergegen kann auch nicht argumentiert werden, dass in diesen Fällen – entgegen der Wertung des § 22 StGB – nicht mehr der Täter, sondern quasi das Opfer zu der Tat ansetzen müsse, denn es geht hier nicht um die Frage des Ansetzens zur Tatbestandsverwirklichung, sondern um das von § 22 StGB geforderte Merkmal der Unmittelbarkeit. Damit hat der Gesetzgeber zum Ausdruck gebracht, dass die Strafbarkeit des Versuchs nicht völlig losgelöst von einer Gefährdung des geschützten Rechtsguts beurteilt werden kann.

Wendet man diese Grundsätze auf den vorliegenden Fall an, kann man einen Versuchsbeginn bereits mit Aufstellen der Giftflasche nicht bejahen. Auch wenn P damit nach seiner Vorstellung alles seinerseits Erforderliche getan hatte, konnte von einer unmittelbaren Gefährdung des möglichen Tatopfers noch keine Rede sein. Aufgrund des Entdeckungsrisikos war bereits ein erneutes Auftauchen der Einbrecher mehr als fraglich, und erst recht konnte P nicht damit rechnen, dass die Einbrecher genau wie beim ersten Mal wieder Getränke zu sich nehmen würden.

Nichts anderes ergibt sich, wenn man auf die observierenden Polizeibeamten abstellt, für die eine konkrete Gefahr tatsächlich bestand. Denn auf diese bezog sich der Vorsatz des P gerade nicht, so dass deren Gefährdung für die Annahme, der Tötungsversuch habe bereits begonnen, nicht maßgebend sein kann.

II. Ergebnis

P hat damit keinen versuchten Totschlag gem. §§ 212 I, 22, 23 I StGB begangen. Er ist straflos.

D. Zusammenfassung

Sound: Unmittelbares Ansetzen zum Versuch bei einer „Giftfalle“.

Nach Ansicht des BGH gelten die für die Fälle mittelbarer Täterschaft entwickelten Grundsätze auch dann, wenn dem Opfer eine Falle gestellt wird, in die es durch eigenes Zutun geraten soll. Ein unmittelbares Ansetzen zum Versuch liegt in einer solchen Konstellation erst ab dem Zeitpunkt vor, in dem nach dem Tatplan des Täters eine konkrete, unmittelbare Gefährdung des geschützten Rechtsguts eintritt.

hemmer-Methode: Bei der Giftfalle des Apothekers handelt es sich (bereits aufgrund des skurrilen Sachverhalts!) um einen Klassiker, der in der Literatur auf lebhaftes Interesse gestoßen ist (vgl. Vertiefungshinweise) und den Sie kennen müssen. Aber auch wer die Entscheidung des BGH nicht kennt, kann das Problem mit soliden AT-Kenntnissen und eigener Argumentation in den Griff bekommen. Wer den Versuchsbeginn mit noch vertretbarer Argumentation bejaht, muss dann aber auch zu einer Strafbarkeit des P gelangen. Denn unabhängig von der Frage, ob Präventivnotwehr überhaupt zulässig ist, wäre schon aufgrund der Anwesenheit der Polizisten jedenfalls die Erforderlichkeit der Verteidigung zu verneinen gewesen. Auch mit § 24 I StGB wäre dem P nicht mehr zu helfen gewesen, da die Giftflasche gegen seinen Willen sichergestellt wurde, mit der Folge, dass es an der Freiwilligkeit des Rücktritts gefehlt hätte. Dass er die Polizisten noch rechtzeitig über den Inhalt der Flasche aufklärte, ist strafrechtlich ohne Relevanz, da bezogen auf sie ohnehin kein Tötungsversuch vorlag.

E. Zur Vertiefung

Zum Versuchsbeginn bei mittelbarer Täterschaft

- HEMMER/WÜST, Strafrecht AT II, Rn. 93 ff.

Zum Fall der Passauer Giftfalle

- HEMMER/WÜST, Strafrecht AT II, Rn. 98 ff.; BGHSt 43, 177 = Life&Law 1998, 170; mit Anmerkungen BAIER, JA 1999, 771; BÖSE, JA 1999, 342; KUDLICH, JuS 1998, 596; WOLTERS, NJW 1998, 578; ROSENAU, Jura 2000, 427; ferner BGH NStZ 1998, 294 mit Besprechung HERZBERG JuS 1999, 224 (Fall 3) und Fall 21.

Fall 23: Das Klingelzeichen

Sachverhalt:

Anton (A) und Bert (B) planten einen Überfall auf Frieda (F). Für diesen großen Coup, dem sie sich zu zweit nicht gewachsen fühlten, suchten A und B noch einen Mitstreiter, den sie schließlich in dem verschlagenen Dieter (D) fanden. Der Tatplan der drei sah wie folgt aus: D sollte an der Haustür zur Wohnung der F klingeln und diese, die meist selbst die Tür öffnet, überwältigen. Dann sollten A und B in die Wohnung stürmen, wo F mit einem Telefonkabel gefesselt und so unter Androhung von Schlägen und Tritten zur Übergabe wertvoller Juwelen, die A, B und D in einem Tresor aufbewahrt vermuteten, veranlasst werden sollte.

Gegen 21.00 Uhr fuhren A, B und D zur Villa der F. Während A und B noch im Wagen sitzen blieben, ging D zur Haustür und klingelte. In diesem Moment stürmten aus den Gebüschen mehrere Polizeibeamte, welche die drei sofort festnahmen. Auf der Polizeiwache erfuhren A und B, dass sie der List des D erlegen waren. Dieser hatte nämlich seine Zusage wahrscheinlich von vornherein nur zum Schein abgegeben, jedenfalls aber nach ausgearbeitetem Tatplan die Polizei informiert, so dass diese genau auf dem Laufenden war. Das Klingeln an der Haustür war das vereinbarte Zeichen zum Zugriff für die Beamten gewesen.

Bearbeitervermerk:

Beurteilen Sie die Strafbarkeit der Beteiligten nach dem StGB.

A. Einordnung

In diesem Fall geht es zunächst darum, zu erkennen, dass die Abgrenzung zwischen Raub und räuberischer Erpressung umstritten ist. Die gute Klausur zeichnet sich hier durch das Erkennen aus, dass im vorliegenden Fall nach allen Ansichten eine räuberische Erpressung in Frage kommt.

Aus dem Allgemeinen Teil des StGB muss das Problem des Versuchsbeginns bei Mittäterschaft bekannt sein. Die h.M. geht hier von der sog. Gesamtlösung aus. Fraglich ist aber, ob diese Gesamtlösung auch im Fall nur vermeintlicher Mittäterschaft herangezogen werden kann. D, der an der Türe zur Wohnung der F klingelte, wollte nämlich diese in Wirklichkeit gar nicht überfallen, sondern vielmehr der eingeschalteten Polizei ein Zeichen geben.

B. Gliederung

Strafbarkeit des A und des B

I. Versuchte schwere räuberische Erpressung in Mittäterschaft, §§ 253 I, II, 255, 250 I Nr. 1b), 22, 23 I, 25 II StGB

1. Vorprüfung

2. Tatentschluss
Tatentschluss in Bezug auf §§ 253 I, II, 255, 25 II StGB?
(P): Abgrenzung Raub/räuberische Erpressung str.
⇨ <u>hier</u> aber nach allen Ansichten räuberische Erpressung
Qualifikation des § 250 I Nr. 1b) StGB (+)

3. Unmittelbares Ansetzen

(P): Grundsätzlich **unmittelbares Ansetzen bei Mittäterschaft** nach der sog. **Gesamtlösung**, d.h. Versuchsbeginn für jeden Beteiligten dann (+), wenn auch nur einer von ihnen dem gemeinsamen Tatplan entsprechend zur Verwirklichung des Tatbestandes unmittelbar ansetzt

<u>Hier</u>: I.R.v. **vermeintlicher Mittäterschaft** fraglich, ob es für den Versuchsbeginn insgesamt ausreichend ist, dass sich das Handeln des Schein-Mittäters D aus der Sicht der Komplizen A und B als Überschreitung der Schwelle zum Versuch darstellt.

- *2. Strafsenat des BGH*: unmittelbares Ansetzen (-)
- *4. Strafsenat des BGH*: unmittelbares Ansetzen (+)
- *Literatur* (+)/(-)

⇨ i. Erg. hier: unmittelbares Ansetzen (-), a.A. vertretbar

4. Ergebnis: §§ 253 I, II, 255, 250 I Nr. 1b), 22, 23 I, 25 II StGB (-)

II. Verbrechensverabredung, §§ 30 II, 3.Var. i.V.m. 253 I, II, 255, 250 I Nr. 1b) StGB

1. Obj. Tb. (+)
2. Subj. Tb. (+)
3. Rwkt. und Schuld (+)
4. Rücktritt, § 31 I Nr. 3 StGB (-)
5. Ergebnis: §§ 30 II, 3.Var. i.V.m. 253 I, II, 255, 250 I Nr. 1b) StGB (+)

Strafbarkeit des D

I. Versuchte schwere räuberische Erpressung in Mittäterschaft, §§ 253 I, II, 255, 250 I Nr. 1b), 22, 23 I, 25 II StGB

⇨ (-), kein Tatentschluss

II. Verbrechensverabredung, §§ 30 II, 3.Var. i.V.m. 253 I, II, 255, 250 I Nr. 1b) StGB

⇨ wenn D von Anfang an Zusage zur Beteiligung nur zum Schein abgegeben hatte ⇨ Vorsatz zur Verbrechensverabredung (-)

⇨ wenn D sich ursprünglich an der Tat beteiligen wollte ⇨ § 31 I Nr. 3 StGB (+)

III. Ergebnis: D straflos

C. Lösung

Strafbarkeit von A und B

I. Versuchte schwere räuberische Erpressung in Mittäterschaft, §§ 253 I, II, 255, 250 I Nr. 1b), 22, 23 I, 25 II StGB

hemmer-Methode: Die räuberische Erpressung (§ 255 StGB) ist eine Qualifikation zur einfachen Erpressung (§ 253 StGB) und sollte daher, wenn ihre Voraussetzungen unproblematisch gegeben sind, zusammen mit dem Grundtatbestand geprüft werden.

Ferner nochmals folgender Hinweis: Achten Sie – gerade auch bei § 250 StGB – auf ein genaues Zitieren der Vorschriften, die Sie gerade prüfen. Die einzelnen Qualifikationen des schweren Raubes haben nämlich zum einen verschiedene Voraussetzungen, zum anderen unterschiedliche Rechtsfolgen (§ 250 I StGB: Mindeststrafe = Freiheitsstrafe von 3 Jahren; § 250 II StGB: Mindeststrafe = Freiheitsstrafe von 5 Jahren; § 250 III StGB: Mindeststrafe = Freiheitsstrafe von 1 Jahr). Erleichtern Sie dem Korrektor die Arbeit, indem Sie bereits in der Überschrift deutlich zum Ausdruck bringen, was Sie gerade prüfen.

1. Vorprüfung

Zu einem Überfall auf die F ist es nicht gekommen. Der tatbestandliche Erfolg einer schweren räuberischen Erpressung gem. §§ 253 I, II, 255, 250 I Nr. 1b) StGB ist ausgeblieben. Die Tat ist daher nicht vollendet. Der Versuch ist gemäß §§ 23 I, 12 I StGB strafbar.

hemmer-Methode: Ob Sie i.R. Ihrer Ausführungen für die jeweiligen Unterpunkte eigenständige Überschriften wählen oder nicht bleibt grundsätzlich Ihnen überlassen. Wenn man den Text durch Überschriften unterteilt, wird die Klausur in der Regel übersichtlicher. Umgekehrt kann, insbesondere wenn mehrere Delikte zu prüfen sind, diese Vorgehensweise einen beträchtlichen zeitlichen Mehraufwand bedeuten, der nicht zwangsläufig zu einer besseren Bewertung führt. Auch hier gestehen Ihnen die meisten Korrektoren (Ausnahmen bestätigen die Regel!) einen gewissen Ermessensspielraum zu. Wichtig und von starkem Einfluss auf die Benotung ist aber der Umstand, dass sich Ihre Ausführungen übersichtlich gestalten.

2. Tatentschluss

A und B müssten mit Tatentschluss zur Begehung einer mittäterschaftlichen schweren räuberischen Erpressung gem. §§ 253 I, II, 255, 250 I Nr. 1b), 25 II StGB gehandelt haben.

An dieser Stelle ist auf die Abgrenzung der Tatbestände des Raubes und der räuberischen Erpressung einzugehen.[173] Nach Ansicht der Rechtsprechung[174], die sich streng am Gesetzeswortlaut orientiert, beinhaltet jede Wegnahme i.S.d. § 249 StGB auch eine Duldung i.S.d. § 255 StGB, nämlich die Duldung der Wegnahme. Daraus folge, dass der Tatbestand des § 255 StGB den des § 249 StGB umfasse. Wenn § 249 StGB erfüllt sei, dann liege notwendigerweise auch § 255 StGB vor. § 249 StGB sei dann lex specialis, § 255 trete aus Konkurrenzgründen zurück.

Die Literatur hingegen ist mehrheitlich der Auffassung, dass Raub und räuberische Erpressung zueinander im Verhältnis der Exklusivität stehen.[175] Diese Ansicht sieht in § 249 StGB ein Fremdschädigungs- und in §§ 253 I, II, 255 StGB ein Selbstschädigungsdelikt. § 255 StGB sei dem Betrug nachgebildet und lediglich durch die Nötigung modifiziert. Daher sei bei § 255 StGB – ebenso wie beim Betrug gem. § 263 StGB – als ungeschriebenes Tatbestandsmerkmal eine Vermögensverfügung des Genötigten erforderlich, also ein Handeln, Dulden oder Unterlassen seiner Person, das sich unmittelbar vermögensmindernd auswirkt.

Nach Ansicht der Rechtsprechung ist also für die Abgrenzung von Raub und räuberischer Erpressung das äußere Erscheinungsbild (Geben oder (Weg-)Nehmen) entscheidend, die Literatur stellt dagegen auf die innere Willensrichtung des Genötigten ab.

Hier kann dieser zwischen Literatur und Rechtsprechung bestehende Streit dahinstehen, wenn der Tatbestand der §§ 253, 255 StGB nach beiden Ansichten erfüllt ist.

[173] Vgl. hierzu HILLENKAMP BT, 33. Problem.

[174] Vgl. BGHSt 7, 254; BGH, NStZ-RR 1997, 321; BGH, NStZ 1999, 350, ferner GÜNTHER, in: Systematischer Kommentar, § 253 Rn. 17; HERDEGEN, in: Leipziger Kommentar, § 253 Rn. 6 ff.

[175] Vgl. WESSELS/ HILLENKAMP, Rn. 711; LACKNER/ KÜHL, § 253 Rn. 3; JOECKS, § 255 Rn. 4; TRÖNDLE/ FISCHER, § 253 Rn. 11; KREY BT 2, Rn. 304; RENGIER, JuS 1981, 661.

hemmer-Methode: Verärgern Sie nicht den Korrektor durch das unnötige Niederschreiben von Argumenten zu einem Meinungsstreit.

Eine von der Literatur i.R.d. §§ 253 I, II, 255 StGB geforderte Vermögensverfügung hätte hier vorgelegen, da A und B die Juwelen der F in einem Tresor aufbewahrt vermuteten, so dass die beiden nach dem gebildeten Vorsatz auf eine Mitwirkungshandlung des Opfers, nämlich das Öffnen dieses Tresors (= Vermögensverfügung), angewiesen gewesen wären. Auch nach der Rechtsprechung liegt hier ein Tatentschluss für eine räuberische Erpressung und nicht für einen Raub vor, da der F nach dem Tatplan die Juwelen dem äußeren Erscheinungsbild nach nicht genommen, sondern vielmehr von ihr herausgegeben werden sollten.

Damit ist eine Stellungnahme zum aufgeworfenen Meinungsstreit im vorliegenden Fall entbehrlich.

Nach dem von A und B gefassten Tatplan sollte die F zur Duldung der Wegnahme mit gegen sie gerichteter Gewalt und unter Anwendung von Drohungen mit gegenwärtiger Gefahr für Leib oder Leben gezwungen werden. F sollte zum einen gefesselt werden, zum anderen sollte ihr die Zufügung von Schlägen und Tritten in Aussicht gestellt werden. Ein Vermögensnachteil ist in dem angestrebten Verlust der Juwelen zu sehen. Die von A und B erstrebte Bereicherung wäre rechtswidrig gewesen, weil A und B keinen Anspruch auf die Juwelen hatten.

A und B wollten bei der Tatausführung i.R.d. gemeinsamen Tatplanes bewusst zusammenwirken, also mittäterschaftlich i.S.d. § 25 II StGB vorgehen.

Was die Qualifikation des § 250 StGB angeht, so war der Vorsatz von A und B auf die Verwirklichung des § 250 I Nr. 1b) StGB gerichtet, da das mitgeführte Telefonkabel, mit dem das Opfer gefesselt werden sollte, als ein sonstiges Werkzeug, mit dem der Widerstand des Opfers durch Gewalt verhindert oder überwunden werden sollte, anzusehen ist.[176]

[176] Vgl. BGH, NJW 1989, 2549; TRÖNDLE/ FISCHER, § 244 Rn. 10; LACKNER/ KÜHL, § 244 Rn. 4.

hemmer-Methode: Beachten Sie, dass der Tatentschluss inhaltlich dem subjektiven Tatbestand beim vollendeten Delikt entspricht und daher bei Delikten mit überschießender Innentendenz aufgeteilt werden muss, in (I.) Vorsatz bezogen auf den objektiven Tatbestand und (II.) sonstige subjektive Tatbestandsmerkmale.

3. Unmittelbares Ansetzen

Problematisch ist, ob A und B bereits i.S.d. § 22 StGB unmittelbar zur Verwirklichung des Tatbestandes angesetzt haben.

A und B haben hier jedenfalls noch nicht tatbestandlich gehandelt. Nach der herrschenden gemischt subjektiv-objektiven Theorie[177] ist ein Versuchsbeginn aber auch dann zu bejahen, wenn der Täter subjektiv die Schwelle zum „Jetzt geht's los" überschreitet und Handlungen vornimmt, die auf der Grundlage seines Tatplans objektiv geeignet erscheinen, ohne weitere wesentliche Zwischenschritte eine tatbestandsrelevante Beeinträchtigung des betroffenen Rechtsguts herbeizuführen, die also der Tatbestandsverwirklichung räumlich und zeitlich unmittelbar vorgelagert sind.

Was den Versuchsbeginn bei der Mittäterschaft betrifft, so geht die h.M. von der sog. Gesamtlösung aus.[178] Hiernach beginnt bei Mittäterschaft aufgrund der gegenseitigen Zurechnung der verschiedenen Tatbeiträge der Versuch für jeden Beteiligten erst bzw. bereits dann, wenn auch nur einer von ihnen dem gemeinsamen Tatplan entsprechend zur Verwirklichung des Tatbestandes unmittelbar ansetzt.

Nach dieser Gesamtlösung wäre hier eine Annahme des Versuchsbeginns für A und B daher möglich, wenn man den beiden das Klingeln des D an der Haustür der F zurechnen würde.

[177] Vgl. nochmals Fall 20.

[178] Vgl. BGHSt 36, 249; BGHSt 39, 236; BGH, NStZ 1999, 609; BGH, StV 2001, 272; WESSELS/ BEULKE, Rn. 611; LACKNER/ KÜHL, § 22 Rn. 9; ESER, in: Schönke/ Schröder, § 22 Rn. 55; CRAMER/ HEINE, in: Schönke/ Schröder, § 25 Rn. 61; KÜHL AT § 6 Rn. 123; JESCHECK/ WEIGEND § 63 IV; TRÖNDLE/ FISCHER, § 22 Rn. 21.

Hätte D zu diesem Zeitpunkt tatsächlich noch den Willen gehabt, an dem Überfall teilzunehmen, wäre dies unproblematisch. Da das aber nicht der Fall ist, stellt sich nun die Frage, ob es bei einer vermeintlichen Mittäterschaft für den Versuchsbeginn insgesamt ausreichend ist, dass sich das Handeln des Schein-Mittäters aus der Sicht der Komplizen als Überschreitung der Schwelle zum Versuch darstellt.

hemmer-Methode: Aufgrund zweier divergierender BGH-Entscheidungen aus den Jahren 1993 und 1994 gehört diese Frage noch immer zu einem klausurrelevanten Problem aus dem Allgemeinen Teil des StGB.

Zunächst hatte der 2. Strafsenat des BGH[179] ausgeführt, dass der Grundsatz, dass alle Mittäter in das Versuchsstadium eintreten, sobald einer von ihnen zur Verwirklichung des Tatbestandes unmittelbar ansetzt, nur gelte, wenn dieser Beteiligte dabei (noch) mit dem Willen handele, die Tat zur Ausführung zu bringen.

Dagegen hat der 4. Strafsenat des BGH[180] entschieden, dass die sog. Gesamtlösung bei einem untauglichen Versuch dazu führe, dass das „tatplanmäßige" Eintreten des vermeintlichen Mittäters in das Versuchsstadium den nach ihrer Vorstellung mittäterschaftlich handelnden Komplizen zugerechnet werde.

Dabei ist das alleinige Abstellen des 4. Strafsenats auf die besondere Konstellation des untauglichen Versuchs – womit die Anrufung des Großen Senats (vgl. § 132 GVG) vermieden werden konnte – sicherlich keine tragfähige Begründung für die unterschiedliche Beurteilung der beiden Fälle. Denn ein mit der Polizei abgesprochenes Klingeln an der Haustür des vermeintlichen Raubopfers kann ebenso wenig zur Tatvollendung führen wie eine rechtmäßige Schadensanzeige bei der Versicherung (so im Münzhändlerfall). Insofern sind beide Versuche gleichermaßen untauglich.

[179] Vgl. BGHSt 39, 236 (sog. **Türklingelfall**, an den der vorliegende Sachverhalt angelehnt ist).

[180] Vgl. BGHSt 40, 299 (sog. **Münzhändlerfall**).

Dogmatisch ist die Bejahung des Versuchsbeginns im Wege der „mittäterschaftlichen“ Zurechnung aber sehr wohl denkbar. Denn auch wenn man der Gesamtlösung folgt, ist eine Unterscheidung zwischen objektiver und subjektiver Komponente des Versuchsbeginns nach der Formel der herrschenden gemischt subjektiv-objektiven Theorie möglich. Die objektive Komponente, also das Vorliegen einer Handlung, durch die das Rechtsgut in eine räumlich und zeitlich nahe konkrete Gefahr gebracht wird, ist zurechenbar; die subjektive, durch die Einstellung „Jetzt geht's los“ vermittelte Komponente dagegen nicht. Hinsichtlich letzterer ist auf jeden einzelnen Beteiligten abzustellen.[181] Kriminalpolitisch spricht für diese Lösung, dass sie eine (scheinbar) ungerechtfertigte Privilegierung der noch am Tatplan Festhaltenden vermeidet.

Die überwiegende Ansicht im Schrifttum[182] lehnt die Entscheidung des 4. Strafsenats dagegen ab. Zum Teil wird bereits die Aufspaltung des Versuchs in eine objektive und eine subjektive Komponente kritisiert. So wird beispielsweise gesagt, dass die Bedeutung, die das Klingeln an der Haustür, das Abschicken einer Schadensanzeige oder eine beliebige andere menschliche Verhaltensweise entfalte, nicht mehr sinnvoll beschrieben werden könne, wenn die Zielvorstellungen der handelnden Person ignoriert würden.[183]

Der Hauptvorwurf der Literatur geht aber dahin, dass die Entscheidung des 4. Strafsenats im Münzhändlerfall im Ergebnis dazu führe, dass bereits der bloße Wille, Mittäter zu sein, bestraft wird, was auf ein dem deutschen Recht fremdes Gesinnungsstrafrecht hinauslaufe. Auch könne hier nicht mit der sich im Umkehrschluss aus § 23 III StGB ergebenden Strafbarkeit des untauglichen Versuchs argumentiert werden. Denn auch beim untauglichen Versuch ist nicht der böse Wille des Täters als solcher, sondern nur der subjektiv, in unmittelbarer Nähe zur Tatbestandsverwirklichung betätigte, böse Wille Grund für eine Bestrafung des Täters.

Nach alledem sprechen daher die besseren Argumente dafür, im Einklang mit der Rechtsprechung des 2. Strafsenats den Versuchsbeginn bei der Mittäterschaft nach der Gesamtlösung nur dann zu bejahen, wenn der Beteiligte, der die Schwelle zu Versuchsbeginn überschreitet, zu diesem Zeitpunkt tatsächlich noch den Willen zur Tatplanverwirklichung hat.

hemmer-Methode: Selbstverständlich konnten Sie sich auch der Meinung des 4. Senats im sog. Münzhändlerfall anschließen und damit letztlich die Strafbarkeit von A und B nach §§ 253 I, II, 255, 22, 23 I, 25 II StGB bejahen.
Im Übrigen kann in einer Klausur wohl eine genaue Kenntnis der beiden divergierenden Entscheidungen des BGH nicht verlangt werden. Zu erwarten ist aber, dass der Prüfling vorliegend das Problem des Falles erkennt, das darin besteht, dass einerseits zwar D die Schwelle zum Versuchsbeginn überschreitet, dabei aber andererseits einer schematischen Anwendung der sog. Gesamtlösung hier die Besonderheit entgegensteht, dass D zu diesem Zeitpunkt die Tat gar nicht mehr will. Entwickeln Sie im Laufe der Zeit durch regelmäßiges Üben an Fällen ein Gefühl für solche Problemlagen.

4. Ergebnis

A und B haben sich nicht der versuchten schweren räuberischen Erpressung nach §§ 253 I, II, 255, 250 I Nr. 1b), 22, 23 I, 25 II StGB schuldig gemacht.[184]

II. Verbrechensverabredung – §§ 30 II, 3.Var. I.V.m. 253 I, II, 255, 250 I Nr. 1b) StGB

Da es also nicht einmal zum Versuch einer schweren räuberischen Erpressung gekommen ist, bleibt allenfalls Raum für eine Strafbarkeit wegen Verbrechensverabredung.

[181] Vgl. insofern HAUF, NStZ 1994, 263, 266.
[182] Vgl. ESER, in: Schönke/ Schröder, § 22 Rn. 55a m.w.N.
[183] So ERB, NStZ 1995, 424, 428.
[184] TRÖNDLE/FISCHER, § 30 Rn. 12; LACKNER/ KÜHL, § 30 Rn. 6.

hemmer-Methode: § 30 II StGB nicht vergessen! Auf diese Vorschrift müssen Sie in der Klausur eingehen, wenn eine Bestrafung wegen Beteiligung an einer begangenen vollendeten oder versuchten Tat wie im vorliegenden Fall nicht in Betracht kommt.

1. Objektiver Tatbestand

Bei der schweren räuberischen Erpressung handelt es sich um ein Verbrechen, § 12 I StGB. In objektiver Hinsicht setzt die Verbrechensverabredung als Vorstufe der Mittäterschaft eine Willensübereinstimmung von mindestens zwei Personen voraus, welche die in Aussicht genommene Tat entweder gemeinschaftlich begehen oder einen anderen gemeinsam zu ihrer Ausführung anstiften wollen.

A und B hatten einen Tatentschluss zur Begehung einer mittäterschaftlichen schweren räuberischen Erpressung gem. §§ 253 I, II, 255, 250 I Nr. 1b), 25 II StGB gefasst (s. oben). Der objektive Tatbestand einer Verbrechensverabredung § 30 II, 3.Var. StGB ist gegeben.

2. Subjektiver Tatbestand

Der subjektive Tatbestand setzt für jeden der Beteiligten voraus, dass er die Tat ernstlich will. A und B haben vorsätzlich und ernsthaft die mittäterschaftliche Begehung des Verbrechens verabredet.

3. Rechtswidrigkeit und Schuld

Rechtswidrigkeit und Schuld sind gegeben.

4. Rücktritt, § 31 I Nr. 3 StGB

Für einen Rücktritt gem. § 31 I Nr. 3 StGB fehlt es an einer eigenen autonomen Entscheidung des A und des B und damit an deren Freiwilligkeit.

5. Ergebnis

A und B haben sich wegen Verbrechensverabredung nach §§ 30 II, 3.Var. i.V.m. 253 I, II, 255, 250 I Nr. 1b) StGB strafbar gemacht.

hemmer-Methode: Nochmals: Der Aufbau von § 30 II StGB orientiert sich weitgehend an der Prüfung des vollendeten Delikts. Nach der kurzen Vorprüfung, ob es sich bei der verabredeten Tat um ein Verbrechen handelt, geht es weiter mit den folgenden Schritten: Objektiver Tatbestand, subjektiver Tatbestand, Rechtswidrigkeit und Schuld.

Strafbarkeit des D

I. Versuchte schwere räuberische Erpressung in Mittäterschaft, §§ 253 I, II, 255, 250 I Nr. 1b), 22, 23 I, 25 II StGB

Eine Strafbarkeit des D wegen versuchter schwerer räuberischer Erpressung in Mittäterschaft gem. §§ 253 I, II, 255, 250 I Nr. 1b), 22, 23 I, 25 II StGB scheidet aus. Dabei kann offen bleiben, ob D mit seinem Klingeln an der Türe zur Wohnung der F bereits i.S.d. § 22 StGB unmittelbar zur Verwirklichung der Tat angesetzt hat. Denn jedenfalls lag zu diesem Zeitpunkt kein entsprechender Tatentschluss des D vor. Sein Klingeln diente lediglich den von ihm zuvor eingeschalteten Polizeibeamten als Zeichen. Einen Überfall auf F wollte D nicht durchführen.

II. Verbrechensverabredung, §§ 30 II, 3.Var. i.V.m. 253 I, II, 255, 250 I Nr. 1b) StGB

Zu prüfen ist daher wiederum eine Strafbarkeit wegen Verbrechensverabredung gem. § 30 II, 3.Var. StGB. Auch eine solche muss allerdings verneint werden: Sollte D seine Zusage zur Beteiligung an der Tat des A und des B von vornherein nur zum Schein abgegeben haben, scheidet eine Bestrafung nach § 30 II, 3.Var. StGB schon in subjektiver Hinsicht mangels Vorsatzes aus, denn der Wille des Täters muss jedenfalls auf die Ausführung und die Vollendung der Tat gerichtet sein.

Aber auch wenn D zunächst die Absicht gehabt hätte, sich an dem Überfall auf die F zu beteiligen, wäre er jedenfalls nach § 31 I Nr. 3 StGB straflos, weil er die Tat freiwillig verhindert hat.

hemmer-Methode: Ein häufiger Anfängerfehler besteht darin, dass viele Bearbeiter auch den Rücktritt von § 30 StGB über § 24 StGB beurteilen wollen. Diese Norm greift jedoch gerade nur dann ein, wenn die Tat in das Stadium des strafbaren Versuchs gelangt ist. In der Vorbereitungsphase richtet sich ein Rücktritt stets nach § 31 StGB.

III. Ergebnis

D ist straflos.

hemmer-Methode: I.R.d. Strafbarkeit des D wurde hier der Urteilsstil gewählt und also das Ergebnis jeweils vorangestellt, da die Prüfung keine besonderen Schwierigkeiten aufwies.

D. Zusammenfassung

Sound: Abgrenzung Raub / räuberische Erpressung. Versuchsbeginn bei Mittäterschaft. Korrektur der Gesamtlösung bei nur vermeintlicher Mittäterschaft.

Nach Ansicht der Rechtsprechung ist die Abgrenzung zwischen Raub und räuberischer Erpressung nach dem äußeren Erscheinungsbild (Nehmen oder Geben?) vorzunehmen. Hiernach beinhaltet jede Wegnahme i.S.d. § 249 StGB auch eine Duldung i.S.d. § 255 StGB, nämlich die Duldung der Wegnahme. § 249 StGB ist im Verhältnis zu § 255 StGB lex specialis.

Nach Ansicht der h.M. im Schrifttum stehen Raub und räuberische Erpressung zueinander im Verhältnis der Exklusivität. Danach ist daher bei § 255 StGB – ebenso wie beim Betrug gem. § 263 StGB – als ungeschriebenes Tatbestandsmerkmal eine Vermögensverfügung des Genötigten erforderlich. Entscheidend für die Abgrenzung ist hiernach also die innere Willensrichtung des Genötigten.

Bei Mittätern beginnt der Versuch nach h.M. grundsätzlich aufgrund der gegenseitigen Zurechnung der verschiedenen Tatbeiträge für jeden Beteiligten erst bzw. bereits dann, wenn auch nur einer von ihnen dem gemeinsamen Tatplan entsprechend zur Verwirklichung des Tatbestandes unmittelbar ansetzt (sog. Gesamtlösung).

Im Falle einer nur vermeintlichen Mittäterschaft ist es für den Versuchsbeginn insgesamt allerdings nicht ausreichend, dass sich das Handeln des lediglich scheinbaren Mittäters aus der Sicht der Komplizen als Überschreitung der Schwelle zum Versuch darstellt.

hemmer-Methode: Dieser Fall zeigt nochmals deutlich wie wichtig es ist, im Strafrecht auf Verständnis zu setzen und nicht stur auswendig zu lernen. Gefragt war hier vor allem ein differenziertes Denken und Argumentieren. Wer nur gelernt hat, dass bei Mittätern nach der sog. Gesamtlösung der Versuch für alle dann beginnt, wenn er für einen beginnt, erschöpft die Problematik der Klausur nicht. Vermeiden Sie die auswendig gelernte Wiedergabe von Meinungen und Argumenten. Arbeiten Sie vielmehr unmittelbar mit dem Ihnen zur Bearbeitung gestellten Sachverhalt. Dieser ist insoweit ein wichtiges Hilfsmittel für eine gute Klausurbearbeitung. Hier war die Besonderheit des Falles, die in der nur vermeintlichen Mittäterschaft des D besteht, zu erkennen und unter diesem Aspekt die Frage nach dem Versuchsbeginn zu diskutieren. Lernen Sie nicht schematisch, sondern schärfen Sie Ihren Blick für derartige Problemkonstellationen.

E. Zur Vertiefung

Zum Versuchsbeginn bei der Mittäterschaft

- HEMMER/WÜST, Strafrecht AT II, Rn. 105 ff.

Zu §§ 30, 31 StGB

- HEMMER/WÜST, Strafrecht AT II, Rn. 308 ff.
- Zum Fall: BGHSt 39, 236 (**Türklingelfall**) mit Besprechungen HAUF, NStZ 1994, 263; HECKLER, GA 1997, 72 und BGHSt 40, 299 (**Münzhändlerfall**) mit Besprechungen KÜHNE, NJW 1995, 934; KÜPPER/ MOSBACHER, JuS 1995, 488; INGELFINGER, JZ 1995, 704; JOERDEN, JZ 1995, 735; ERB, NStZ 1995, 424; JOECKS, wistra 1995, 58; ZOPFS, Jura 1996, 19; AHRENS, JA 1996, 664.

Aktuelle Rechtsprechung

- Zur Zurechnung von Tatbeiträgen i.R.d. Mittäterschaft gem. § 25 II StGB: BGH, NStZ 2002, 597 = Life&Law 2003, 33.

Fall 24: Vergebliche Liebesmühen

Sachverhalt:

Berthold (B) und Andreas (A) hatten sich beide in Sabine (S) verliebt. Diese entschied sich für den A. B sann daher auf Rache und stürzte sich – mit einem Messer bewaffnet – auf den A, wobei er sogar billigend in Kauf nahm, dass A dabei zu Tode kommen könnte.

Bei seinem ersten Stichversuch verfehlte B den A und stach „in die Luft". Bei seinem zweiten Stichversuch konnte A wiederum ausweichen. Hierbei blieb das Messer in einem Holzschrank stecken und wurde beschädigt. Daher ergriff B – weiterhin mit Tötungsvorsatz agierend – einen in der Nähe befindlichen Baseballschläger und ging damit auf A los. B traf auch diesmal nicht richtig. A ging dennoch mit einer stark blutenden, aber keinesfalls lebensgefährlichen Verletzung zu Boden.

B erkannte, dass A nicht gefährlich verletzt war. Dennoch ließ er von ihm ab und ging zufrieden nach Hause, da er A „so richtig gezeigt hatte, wer Herr im Hause ist".

Bearbeitervermerk:

Prüfen Sie die Strafbarkeit von B nach dem StGB.

A. Einordnung

Beim vorliegenden Fall handelt es sich um einen Grundfall zu § 24 StGB. Zunächst ist zu prüfen, ob nach dem Stich mit dem Messer in den Holzschrank ein fehlgeschlagener und damit nicht mehr rücktrittsfähiger Versuch gegeben ist. Verneint man dies mit der herrschenden Gesamtbetrachtungslehre, so ist auf der Grundlage der Lehre vom Rücktrittshorizont eine Abgrenzung des beendeten vom unbeendeten Versuch vorzunehmen. Schließlich stellt sich im Fall die Frage, inwieweit bei Zusammentreffen eines primären außertatbestandlichen Handlungszieles mit einem bedingten Tötungsvorsatz ein Rücktritt überhaupt noch möglich ist, wenn der Täter sein primäres außertatbestandliches Handlungsziel bereits erreicht hat, ohne dass aus seiner Sicht Gefahr für das Leben des Opfers besteht (sog. Denkzettelfälle).

B. Gliederung

Strafbarkeit des B

I. Versuchter Mord, §§ 212 I, 211 I, II, 22, 23 I StGB

1. Vorprüfung

- keine Vollendung
- Strafbarkeit des Versuchs

2. Tatentschluss

- Totschlag, § 212 I StGB (+)
- Mord, hier: Handeln aus niedrigen Beweggründen gem. § 211 II, Gruppe 1, 4.Var. StGB (+)

3. Unmittelbares Ansetzen (+)

4. Rechtswidrigkeit und Schuld (+)

5. Rücktritt, § 24 I StGB

a) kein fehlgeschlagener Versuch

(P): Einzelaktstheorie sieht in jedem einzelnen Teilakt einen eigenständigen Versuch, daher Fehlschlag (+), **Gesamtbetrachtungslehre** stellt auf die Tat im Ganzen ab, daher Fehlschlag (-)

b) beendeter oder unbeendeter Versuch

Entscheidend für die Abgrenzung ist, ob der Täter aus seiner Sicht alles Erforderliche für den Erfolgseintritt getan hat („beendet") oder nicht („unbeendet")

(P): Ist dabei auf die subjektive Sicht des Täters im Zeitpunkt des Tatbeginns (sog. **Tatplantheorie**) oder auf seine Vorstellung bei Abschluss der letzten Ausführungshandlung (sog. **Lehre vom Rücktrittshorizont**), so jetzt die h.M.?

⇨ nach Lehre vom Rücktrittshorizont hier unbeendeter Versuch

c) Aufgeben der Tat gem. **§ 24 I, 1.Var. StGB**

(P): Zusammentreffen der primären außertatbestandlichen Handlungsziele des B (Rache; Zeigen, wer Herr im Hause ist) mit einem bedingten Tötungsvorsatz, sog. **Denkzettelfall**.
In solchen Fällen str., ob § 24 StGB durch bloßes Nichtweiterhandeln möglich, wenn der Täter sein primäres außertatbestandliches Handlungsziel bereits erreicht hat, ohne dass aus seiner Sicht Gefahr für das Leben des Opfers besteht

⇨ **Großer Senat des BGH:** Tat i.S.d. § 24 StGB meint nur die tatbestandsmäßige Handlung unter Einschluss des tatbestandlichen Erfolges, daher Rücktritt hier noch möglich

d) Freiwilligkeit
Handeln des B aus autonomen, d.h. selbstbestimmten Gründen (+)

6. Ergebnis: § 24 I, 1.Var. StGB (+)
⇨ §§ 212 I, 211 I, II, 22, 23 I StGB (-)

II. Gefährliche Körperverletzung, §§ 223 I, 224 I Nr. 2, 2.Var. und Nr. 5 StGB

1. Objektiver Tatbestand

- Grunddelikt (+)
- Qualifikationstatbestände: § 224 I Nr. 2, 2.Var. StGB und § 224 I Nr. 5 StGB (+)

2. Subjektiver Tatbestand

3. Rechtswidrigkeit und Schuld

4. Ergebnis

C. Lösung

Strafbarkeit des B

I. Versuchter Mord, §§ 212 I, 211 I, II, 22, 23 I StGB

B könnte sich durch den Stich mit dem Messer und durch den Schlag mit dem Baseballschläger wegen versuchten Mordes gem. §§ 212 I, 211 I, II, 22, 23 I StGB strafbar gemacht haben.

1. Vorprüfung

A ist nicht verstorben. Der tatbestandliche Erfolg ist damit ausgeblieben. Die Tat ist nicht vollendet. Der Mordversuch ist gem. §§ 12 I, 23 I StGB strafbar.

2. Tatentschluss

B müsste Tatentschluss hinsichtlich der Tötung des A gehabt haben. Nach dem Sachverhalt nahm B den Tod des A billigend in Kauf. Eventualvorsatz ist daher zu bejahen.

Weiterhin kommt hier ein Handeln des B aus niedrigen Beweggründen in Betracht (§ 211 II, Gruppe 1, 4.Var. StGB). Sonstige Beweggründe sind niedrig im Sinne dieser Vorschrift, wenn sie als Motive einer Tötung nach allgemeiner sittlicher Anschauung verachtenswert sind und auf tiefster Stufe stehen.[185] Vorliegend ist dies zu bejahen, da es B letztlich nur noch um Rache gegenüber A ging.

hemmer-Methode: Unterscheiden Sie i.R.d. Prüfung des Tatentschlusses immer genau zwischen dem Vorsatz bezüglich der objektiven Tatbestandsmerkmale und den sonstigen subjektiven Tatbestandsmerkmalen. Bei den „sonstigen niedrigen Beweggründen" i.S.d. § 211 II Gr. 1 Var. 4 StGB ist die Rache ein typischer niedriger Beweggrund. Bei anderen Motiven - wie z.B. Eifersucht - müssen Sie sich dagegen argumentativ damit auseinander setzen, ob diese im konkreten Einzelfall wirklich auf sittlich-moralisch niedrigster Stufe stehen.

3. Unmittelbares Ansetzen

Durch das Einstechen mit dem Messer auf den A und durch den Schlag mit dem Baseballschläger hat B bereits die tatbestandliche Handlung vorgenommen. Ein unmittelbares Ansetzen zur Tatbestandsverwirklichung ist daher zu bejahen.

[185] Vgl. BGH, NStZ-RR 2000, 168; BGH, NStZ-RR 2000, 333.

4. Rechtswidrigkeit und Schuld

Rechtswidrigkeit und Schuld sind gegeben.

5. Rücktritt, § 24 I StGB

Fraglich ist, ob B vom Versuch des Mordes gem. § 24 I StGB zurückgetreten ist, indem er nach dem Schlag mit dem Baseballschläger von A abließ und aus dem Raum ging.

a) kein fehlgeschlagener Versuch

Ein Rücktritt wäre ausgeschlossen, wenn ein **fehlgeschlagener Versuch** vorliegen würde. Dies ist daher zunächst zu prüfen.

hemmer-Methode: Das Vorliegen eines fehlgeschlagenen Versuchs ist gewissermaßen als negatives Tatbestandsmerkmal anzusehen, das einen Rückgriff auf § 24 StGB generell ausschließt, und sollte daher vorab geprüft werden.

Fehlgeschlagen ist der Versuch einer Straftat grundsätzlich dann, wenn die zu ihrer Ausführung vorgenommenen Handlungen ihr Ziel nicht erreicht haben und der Täter erkannt hat, dass er mit den ihm zur Verfügung stehenden Mitteln den tatbestandlichen Erfolg entweder gar nicht mehr oder zumindest nicht ohne zeitlich relevante Zäsur herbeiführen kann.[186]

Fraglich und umstritten ist, ob hierbei auf jeden einzelnen Ausführungsakt (Messerstich in die Luft, Messerstich in den Schrank, Schlag mit dem Baseballschläger) oder auf die Tat im Ganzen abzustellen ist.[187]

aa) Nach der sog. **Einzelaktstheorie** ist für jeden einzelnen Teilakt des Geschehens eine isolierte Betrachtung anzustellen, ob der Versuch fehlgeschlagen ist. Hiernach ist jeder Ausführungsakt, den der Täter für erfolgsgeeignet hielt, gesondert zu beurteilen und im Falle eines Scheiterns als fehlgeschlagen zu behandeln.[188]

Vorliegend ist davon auszugehen, dass B jeden Teilakt zunächst für erfolgsgeeignet hielt; für Gegenteiliges ist nichts ersichtlich. Nach der Einzelaktslehre wäre daher zunächst isoliert der Tötungsversuch mit dem Messer zu betrachten. Dieser wäre in dem Moment als fehlgeschlagen anzusehen, als das Messer im Holzschrank stecken blieb und beschädigt wurde. Von diesem fehlgeschlagenen Versuch hätte der B nicht mehr zurücktreten können.

Die Einzelaktstheorie begegnet jedoch gewichtigen Bedenken. Sie reißt in lebensfremder Weise einheitliche Lebensvorgänge auseinander und führt zu einer übermäßigen Einengung der Rücktrittsmöglichkeit des Täters. Außerdem ist die Abgrenzung zwischen einzelnen Teilakten in der Praxis vielfach kaum durchführbar, wie ein Blick auf den vorliegenden Fall zeigt: Ist der erste Messerhieb schon ein fehlgeschlagener Teilakt, da mit diesem fehlgegangenen Hieb der gewünschte Erfolg nicht mehr erreichbar ist, oder ist er noch erfolgstauglich, da dem B hier – im Gegensatz zum zweiten Hieb – seine Waffe und damit die von ihm vorgefasste Tötungsmöglichkeit verblieb? Aufgrund dieser Schwierigkeiten und Unzulänglichkeiten ist die Einzelaktstheorie abzulehnen.

bb) Vielmehr ist der sog. **Gesamtbetrachtungslehre** zu folgen, die den Tatvorgang als einheitliches Ganzes betrachtet, sodass bezüglich des Fehlschlagens auf den gesamten Vorgang abzustellen ist, wenn und solange die einzelnen Teilakte im Sinne einer natürlichen Handlungseinheit einen einheitlichen Lebenssachverhalt darstellen.[189] Nach dieser Theorie liegt bei einem Geschehen dieser Art in der Verwendung eines neuen Mittels, auch wenn der Täter daran bei der gedanklichen Vorbereitung seiner Tat noch nicht gedacht hat, nur die Aufrechterhaltung bzw. Weiterführung des ursprünglichen Tatentschlusses, auf dessen Verwirklichung die nacheinander zum Einsatz gebrachten Mittel mit dem Ziel gerichtet sind, den tatbestandlichen Erfolg herbeizuführen.[190]

---

186 WESSELS/ BEULKE, Rn. 628.

187 Vgl. hierzu HILLENKAMP AT, 18. Problem.

188 JAKOBS, JuS 1980, 714; JAKOBS AT, 26/ 15 ff.; ESER, in: Schönke/ Schröder, § 24 Rn. 20 f.

189 Vgl. BGHSt 40, 75; WESSELS/ BEULKE, Rn. 630.

190 Vgl. BGHSt 34, 53; WESSELS/ BEULKE, Rn. 630.

Im vorliegenden Fall war die Tatbestandsverwirklichung jederzeit, also auch nach dem letzten Teilakt (Schlag mit dem Baseballschläger) noch möglich, da B den bereits angeschlagenen A ohne weiteres mit neuerlichen Schlägen mit dem dazu geeigneten Baseballschläger hätte töten können. Der Umstand, dass die zunächst angedachte Vorgehensweise (Tötung des A mit dem Messer) scheiterte, steht nach dieser Auffassung der Rücktrittsfähigkeit des Versuchs nicht entgegen, da B in unmittelbarem Anschluss daran erneut zum Angriff unter Einsatz eines neuen bereitstehenden Mittels ausgeholt hat.

Der Versuch des B war daher nicht fehlgeschlagen und somit grundsätzlich rücktrittsfähig.

b) beendeter oder unbeendeter Versuch

Zu prüfen ist daher, ob ein i.S.d. § 24 I StGB beendeter oder unbeendeter Versuch vorlag. Hierfür ist die Sicht des Täters entscheidend. Unbeendet ist der Versuch, wenn der Täter noch nicht alles getan zu haben glaubt, was nach seiner Vorstellung von der Tat zu ihrer Vollendung notwendig ist. Beendet dagegen ist der Versuch, wenn der Täter alles getan zu haben glaubt, was nach seiner Vorstellung von der Tat zur Herbeiführung des tatbestandlichen Erfolges notwendig oder möglicherweise ausreichend ist.[191]

Bedeutungsvoll ist die Unterscheidung, da für den Rücktritt vom unbeendeten Versuch § 24 I 1, 1.Var. StGB einschlägig ist, während sich der Rücktritt vom beendeten Versuch nach § 24 I 1, 2.Var. StGB bestimmt.

Ob sich die Abgrenzung zwischen diesen beiden Erscheinungsformen des Versuchs nach der subjektiven Sicht des Täters im Zeitpunkt des Tatbeginns (sog. **Tatplantheorie**) oder nach seiner Vorstellung bei Abschluss der letzten Ausführungshandlung (sog. **Lehre vom Rücktrittshorizont**) richtet, war lange Zeit streitig.

[191] Vgl. WESSELS/ BEULKE, Rn. 631.

Gegen die zunächst von der Rechtsprechung vertretene Tatplantheorie[192] ist allerdings einzuwenden, dass sie einen mit größerer krimineller Energie vorgehenden Täter, der schon vom Zeitpunkt des Tatbeginns an gedanklich mehrere Möglichkeiten zur Deliktsverwirklichung durchspielt, ohne sachlichen Grund bevorzugt und einen solchen Täter benachteiligt, der sich von Anfang an lediglich einen Weg überlegt und davon ausgeht, dass er allein mit dieser einen von ihm ins Auge gefassten Tathandlung bereits alles Erforderliche getan haben wird.[193] Auch die Rechtsprechung hat mittlerweile die Tatplantheorie aufgegeben und stellt heute i.S.d. Lehre vom Rücktrittshorizont auf die Vorstellung des Täters nach Abschluss des letzten Ausführungsaktes ab.[194]

hemmer-Methode: Nicht verwirren lassen! Was die Frage nach dem Fehlschlag des Versuches anbelangt, müssen Sie sich zwischen der Einzelaktstheorie und der Gesamtbetrachtungslehre entscheiden. Die Tatplantheorie und die Lehre vom Rücktrittshorizont dagegen sind für die Unterscheidung des beendeten und des unbeendeten Versuches von Bedeutung.

Nach der Lehre vom Rücktrittshorizont liegt hier ein unbeendeter Versuch vor, da B nach der letzten Ausführungshandlung, dem Schlag mit dem Baseballschläger, erkannte, dass A nicht lebensgefährlich oder gar tödlich verletzt war, und er – B – somit nach seiner Vorstellung noch nicht alles Erforderliche zu dessen Tötung getan hatte.

c) Aufgeben der Tat gem. § 24 I, 1.Var. StGB

Der Rücktritt vom unbeendeten Versuch beurteilt sich nach § 24 I, 1.Var. StGB. Hiernach muss der Täter grundsätzlich nur Abstand von seiner Tat nehmen, also die weitere Tatausführung aufgeben.

[192] Vgl. BGHSt 22, 230.

[193] Vgl. KUDLICH, JuS 1999, 349 f.; EISELE, JA 1999, 924.

[194] Vgl. grundlegend BGHSt 31, 170.

Auf den ersten Blick betrachtet hätte daher hier das bloße Nichtweiterhandeln des B ausgereicht, um strafbefreiend vom Versuch zurücktreten zu können.

Gleichwohl wird diskutiert, ob in Fallkonstellationen wie der vorliegenden das bloße „Aufgeben" des Täters genügen kann bzw. ob überhaupt noch ein Rücktritt möglich ist, wenn das ursprüngliche, mit dolus eventualis eingeplante Tatziel für den Täter gar keinen Sinn mehr hat, da er sein primär angestrebtes außertatbestandliches Ziel erreicht hat. So liegt der Fall auch hier: B nahm mit dolus eventualis die Tötung des A in Kauf. Primär ging es ihm aber bei seiner Tat darum, dem A einen Denkzettel zu verpassen, und zwar sich nach seinen vergeblichen Liebesmühen um die S zu rächen und A zu zeigen, wer „Herr im Hause" ist. Diese außertatbestandlichen Ziele hatte B zu dem Zeitpunkt, als er davon absah, neuerlich mit dem Baseballschläger auf den A einzuschlagen, bereits erreicht.

Nach einer Ansicht fehlt es in solchen Konstellationen an einer honorierbaren Verzichtsleistung des Täters. Außerdem passe eine Rücktrittsmöglichkeit des Täters nicht mit der ratio legis des § 24 StGB überein, der letztlich das Opfer vor weiteren Angriffen des Täters schützen soll. Derartige Angriffe seien jedoch von einem Täter, der bereits seine Ziele erreicht hat, nicht mehr zu erwarten.[195]

Gegen diese Ansicht kann allerdings vorgebracht werden, dass sie zu einer ungerechtfertigten Privilegierung eines Täters mit direktem Tötungsvorsatz führt. Denn selbst für den Täter mit direktem Tötungsvorsatz („Denkzettel" soll beispielsweise in der Tötung bestehen) müsste in einem solchen Fall ein unbeendeter Versuch angenommen werden; der mit bloß bedingtem Tötungsvorsatz Handelnde kann dann aber nicht schlechter stehen.[196]

Letztgenannter Auffassung hat sich auch der Große Strafsenat des BGH angeschlossen und diese Frage damit entschieden.[197]

Er stützt sich hierbei auf den Wortlaut des § 24 StGB. „Tat" im Sinne dieser Vorschrift ist die in den Straftatbeständen umschriebene tatbestandsmäßige Handlung und der tatbestandsmäßige Erfolg. Hierauf bezieht sich auch der strafwürdige Vorsatz des Täters. Dementsprechend bezieht sich beim unbeendeten Versuch der Entschluss, die weitere Tatausführung aufzugeben, auf die Verwirklichung der gesetzlichen Tatbestandsmerkmale. Weitergehende außertatbestandliche Beweggründe, Ansichten oder Ziele können daher keine Berücksichtigung finden. Aufgeben muss der Täter nur das, was im gesetzlichen Tatbestand umschrieben sei. Dieses Ergebnis wird auch dadurch bestätigt, dass es auch bei der Freiwilligkeit keine ethische Bewertung der Rücktrittsmotive gibt, sodass solche umso weniger bei dem äußerlichen Akt der Aufgabe Berücksichtigung finden können.

Insgesamt findet also die Forderung, vom Täter eine honorierbare Verzichtsleistung zu verlangen, im Gesetz keine Stütze, sodass der Täter, hier also der B, trotz des Erreichens seiner außertatbestandlichen Ziele durch bloßes Nichtweiterhandeln zurücktreten konnte.

Ein Aufgeben der Tat liegt folglich vor.

hemmer-Methode: Beachten Sie am Beispiel dieses Problems wieder die Argumentationstechnik nach den klassischen Auslegungsregeln. Während eine Ansicht sich hier primär oder ausschließlich am Gesetzeswortlaut orientiert, rückt die Gegenauffassung stärker Sinn und Zweck der fraglichen Norm in den Vordergrund. Sie sehen an diesem Beispiel: Auch wenn Sie den Meinungsstreit in der Klausur zum ersten Mal sehen, lässt sich eine differenzierte und überzeugende Argumentation aufbauen.

d) Freiwilligkeit

Schließlich müsste das Aufgeben der Tat als Rücktrittshandlung des B auch freiwillig erfolgt sein. Insofern muss der Täter noch Herr seiner Entschlüsse sein und aus autonomen, d.h. selbstbestimmten Gründen zum Rücktritt veranlasst werden.

---

195 So BGH, NJW 1990, 522.
196 Vgl BGH, NJW 1990, 263.
197 Vgl. BGH (GrS), NStZ 1993, 433.

Vorliegend hat B aus eigenem Antrieb von der weiteren Tatbestandsverwirklichung abgesehen. Die Sachlage hatte sich nicht so wesentlich zu seinen Ungunsten verändert, dass ein Weiterhandeln nach den Regeln der Verbrechervernunft als sinnlos anzusehen wäre. Wie bereits ausgeführt, sind auch keine ethisch hochstehenden Motive erforderlich, sodass der Beweggrund für das Nichtweiterhandeln, die „erreichte Denkzettelverpassung", nicht beanstandet werden kann. Nach alledem handelte B freiwillig i.S.d. § 24 StGB.

6. Ergebnis

B ist strafbefreiend vom Mordversuch gem. §§ 212 I, 211 I, II, 22, 23 I StGB zurückgetreten.

II. Gefährliche Körperverletzung, §§ 223 I, 224 I Nr. 2, 2.Var. und 5 StGB

hemmer-Methode: Nicht vergessen! Straflos ist nach § 24 StGB immer nur der Versuch als solcher. Ist in einem Deliktsversuch – wie hier – bereits eine vollendete Straftat enthalten, so bleibt diese vollendete Tat trotz des Rücktritts strafbar. Man spricht in solchen Fällen vom sog. *qualifizierten Versuch*.

1. Objektiver Tatbestand

a) Der Schlag mit dem Baseballschläger auf den Körper des A hat zu einer stark blutenden Verletzung geführt. Er stellt damit eine üble und unangemessene Behandlung dar, die das körperliche Wohlbefinden des A und dessen körperliche Unversehrtheit nicht nur unerheblich beeinträchtigte. Ferner hat B bei A durch den Schlag einen pathologischen Zustand hervorgerufen. Es liegt damit sowohl eine körperliche Misshandlung als auch eine Schädigung an der Gesundheit i.S.d. § 223 I StGB vor.

b) Dies geschah mittels eines gefährlichen Werkzeugs (§ 224 I Nr. 2, 2.Var. StGB), da der Baseballschläger objektiv und nach Art und Weise seiner konkreten Benutzung im Fall geeignet war, dem A erhebliche Verletzungen zuzufügen.

Weiterhin ist eine das Leben gefährdende Behandlung (§ 224 I Nr. 5 StGB) zu bejahen, da das Zuschlagen mit dem Baseballschläger objektiv geeignet war, das Leben des Opfers in Gefahr zu bringen. Die tatsächlich erlittenen Verletzungen müssen demgegenüber nicht lebensgefährlich sein.[198] Der Gegenauffassung[199], die auf den Eintritt einer konkreten Lebensgefährdung durch die Behandlung abstellt, ist durch die Ausführungen des Gesetzgebers bei der Neufassung der §§ 223 ff. StGB i.R.d. 6. Strafrechtsreformgesetzes 1998 der Boden entzogen worden.[200]

2. Subjektiver Tatbestand

B handelte hinsichtlich des Grunddeliktes des § 223 I StGB vorsätzlich, da nach der herrschenden Einheitstheorie der Körperverletzungsvorsatz im Tötungsvorsatz (s.o.) mit enthalten ist. Ferner ist Vorsatz bezüglich der Qualifikationstatbestände der § 224 I Nr. 2, 2.Var. und Nr. 5 StGB gegeben.

3. Rechtswidrigkeit und Schuld

Die Tat war auch rechtswidrig und B handelte schuldhaft.

4. Ergebnis

B hat sich gem. §§ 223 I, 224 I Nr. 2, 2.Var. und Nr. 5 StGB strafbar gemacht.

D. Zusammenfassung

Sound: Fehlgeschlagener Versuch. Abgrenzung beendeter / unbeendeter Versuch. Denkzettelfälle (Zusammentreffen eines primären außertatbestandlichen Handlungszieles mit bedingtem Tötungsvorsatz). Freiwilligkeit.

---

[198] BGHSt 36, 1; WESSELS/ BEULKE, Rn. 282; TRÖNDLE/ FISCHER, § 224 Rn. 12 f.

[199] STREE, Jura 1980, 281, 291

[200] Vgl. BT DrS.13/ 8587, S 83.

Fehlgeschlagen ist der Versuch einer Straftat, wenn die zu ihrer Ausführung vorgenommenen Handlungen ihr Ziel nicht erreicht haben und der Täter erkannt hat, dass er mit den ihm zur Verfügung stehenden Mitteln den tatbestandlichen Erfolg entweder gar nicht mehr oder zumindest nicht ohne zeitlich relevante Zäsur herbeiführen kann. Bei mehraktigen Geschehen sieht die Einzelaktstheorie in jedem einzelnen Teilakt einen eigenständigen Versuch, die herrschende Gesamtbetrachtungslehre stellt dagegen auf die Tat im Ganzen ab.

Entscheidend für die Abgrenzung zwischen dem beendeten und dem unbeendeten Versuch ist, ob der Täter aus seiner Sicht alles Erforderliche für den Erfolgseintritt getan hat („beendet“) oder nicht („unbeendet“). Dabei ist nach einer Mindermeinung auf die subjektive Sicht des Täters im Zeitpunkt des Tatbeginns (sog. Tatplantheorie), nach h.M. dagegen auf seine Vorstellung bei Abschluss der letzten Ausführungshandlung (sog. Lehre vom Rücktrittshorizont) abzustellen.

Beim Zusammentreffen eines primären außertatbestandlichen Handlungszieles mit einem bedingten Tötungsvorsatz (sog. Denkzettelfälle) ist ein Rücktritt durch bloßes Nichtweiterhandeln möglich, auch wenn der Täter sein primäres außertatbestandliches Handlungsziel bereits erreicht hat, ohne dass aus seiner Sicht Gefahr für das Leben des Opfers besteht. Denn Tat i.S.d. § 24 StGB meint nur die tatbestandsmäßige Handlung unter Einschluss des tatbestandlichen Erfolges.

Freiwilligkeit i.S.d. § 24 StGB setzt ein Handeln aus autonomen, d.h. selbstbestimmten Gründen voraus. Ethisch hochstehende Motive für die Umkehr des Täters sind nicht erforderlich.

hemmer-Methode: Die Konstellation des Rücktritts vom *qualifizierten* Versuch birgt für die Klausur eine nicht unerhebliche Fehlerquelle. Es kann nur nochmals darauf hingewiesen werden, dass der Rücktritt vom Versuch – hier eines Tötungsdeliktes – nur bewirkt, dass der Täter wegen dieses Deliktes nicht mehr bestraft werden kann. Keineswegs aber entfällt darüber hinaus auch die Strafbarkeit etwa wie hier einer gefährlichen Körperverletzung, wenn eine solche beim Versuch der weitergehenden anderen Delikte bereits vollendet verwirklicht wurde. Das darf in der Klausur nicht übersehen werden.

Darüber hinaus darf der hier gegebene Fall eines qualifizierten Versuchs nicht verwechselt werden mit dem Versuch des erfolgsqualifizierten Delikts. Hier sind zwei Konstellationen zu unterscheiden (vgl. insofern auch nochmals hemmer-Methode im Anschluss an Fall 9):

Zum einen gibt es den *Versuch der Erfolgsqualifikation*, wenn der Täter bei versuchtem oder vollendetem Grunddelikt die qualifizierte Folge in seinen Vorsatz aufgenommen hat, ihr Eintritt aber dann ausbleibt.

Beispiel: B sperrt den C ein und nimmt dabei billigend in Kauf, dass er dadurch bei C eine schwere Gesundheitsschädigung i.S.d. § 239 III Nr. 2 StGB verursacht. Hier ist eine versuchte Freiheitsberaubung gem. §§ 239 III Nr. 2, 22, 23 I StGB sowohl zu bejahen, wenn B den C einsperrt, ohne dass es zum Eintritt der schweren Folge kommt, als auch dann, wenn es zwar zu einem unmittelbaren Ansetzen, darüber hinaus aber gar nicht zur Vollendung einer auch nur einfachen Freiheitsberaubung kommt.

Umstritten ist zum anderen die Konstruktion des *erfolgsqualifizierten Versuchs*. Hierunter versteht man Fälle, in denen der Täter eine qualifizierte Folge schon durch den strafbaren Versuch des Grunddeliktes herbeiführt und hinsichtlich der besonderen Folge fahrlässig (§ 18 StGB), bzw. leichtfertig handelt.

Beispiel: B will den C um seine Geldbörse berauben, und wendet zu diesem Zweck Gewalt gegen sein Opfer an, wobei dieses zu Tode kommt. Zur Wegnahme der Geldbörse kommt es allerdings nicht, weil C gar keine bei sich getragen hat.

Die überwiegende Ansicht in Rechtsprechung und Schrifttum differenziert hier wie folgt: Wenn der qualifizierende Erfolg mit der Tat*handlung* verknüpft ist, wie etwa bei § 251 StGB, bei § 227 StGB oder bei § 306c StGB ist ein solcher erfolgsqualifizierter Versuch denkbar, nicht dagegen wenn die Erfolgsqualifikation auf dem *Erfolg* des Grunddeliktes aufbaut wie etwa bei §§ 313 II i.V.m. 308 II StGB.

E. Zur Vertiefung

Zum Rücktritt im Allgemeinen

- HEMMER/WÜST, Strafrecht AT II, Rn. 114 ff.
- SCHEINFELD, Rücktritt vom Tötungsversuch (mit Besprechung aktueller Rechtsprechung), NStZ 2006, 375 ff.

Zu Denkzettelfällen

- BGHSt 39, 221; KUDLICH, JuS 1999, 353.

Aktuelle Rechtsprechung

- Zur Bestimmung des Rücktrittshorizonts bei mehraktigem Geschehensverlauf siehe BGH NStZ-RR 2009, 42 f. = Life&Law 2009, 185 ff. sowie BGH NStZ 2007, 399 ff. = Life&Law 2007, 683 ff.
- Rücktritt vom untauglichen Versuch der Anstiftung: Glaubt der Anstifter, sein objektiv fehlgeschlagener Versuch einer Anstiftung sei gelungen, so richtet sich sein Rücktritt vom Versuch der Beteiligung nach § 31 II Var. 1 StGB, BGH NJW 2005, 2867 ff. = Life&Law 2005, 753 ff.
- Zu den Anforderungen an die Erfolgsverhinderung durch den Täter, § 24 II 1 StGB: Bei kausaler Erfolgsverhinderung ist nicht erforderlich, dass der Täter die „bestmögliche“ Bemühung an den Tag legt, um strafbefreiend zurückzutreten, BGH NStZ 2004, 614 ff. = Life&Law 2005, 31 ff.
- Zum fehlgeschlagenen Versuch BGH, NStZ 2003, 34 = Life&Law 2003, 256; zum Rücktritt vom qualifizierten Versuch BGH, NJW 2002, 3717 = Life&Law 2003, 97, und zum Mordmerkmal der niedrigen Beweggründe BGH, StV 2001, 571 = Life&Law 2002, 111.

Fall 25: Blutige Würstchen

Sachverhalt:

Franz (F) traf vor einem Würstchenstand seinen Erzfeind Sebastian (S). Dieser zog nach einem Wortgefecht verärgert sein Butterflymesser und stach F mit großer Wucht in die linke Brusthälfte. Dabei hatte er von vornherein vorgehabt, nur einmal zuzustechen, und wandte sich, nachdem er das Messer herausgezogen hatte, wieder seinem Imbiss zu. Zu diesem Zeitpunkt hatte er zunächst nicht damit gerechnet, F tödlich verwundet zu haben, musste aber nach ein paar Minuten erkennen, dass der inzwischen am Boden liegende F stark blutete und kaum mehr ansprechbar war. S zog es daher vor, das Weite zu suchen, und war, als der vom Würstchenverkäufer alarmierte Notarzt kam, bereits vom Tatort verschwunden. Wie durch ein Wunder konnte F allerdings durch eine sofort eingeleitete Notoperation gerettet werden, so dass sein Zustand bereits nach einigen Tagen wieder stabil war.

Bearbeitervermerk:

Prüfen Sie die Strafbarkeit des S nach dem StGB. Auf § 221 StGB ist nicht einzugehen.

A. Einordnung

Im Bereich des § 24 StGB stellt sich in diesem Fall bei der Abgrenzung des beendeten und des unbeendeten Versuchs das Problem, dass S direkt nach seinem wuchtigen Messerstich in die Brust des F diesen noch nicht für lebensgefährlich verletzt hielt. In unmittelbarem zeitlichen und räumlichen Zusammenhang hat er aber dann seine Vorstellung geändert, als er sah, dass F stark blutete und kaum mehr ansprechbar war. Als Schlagwort muss hier in der Klausur der Begriff des korrigierten Rücktritthorizontes auftauchen und dessen Behandlung diskutiert werden. Zudem ist in diesem Fall im Bereich der Konkurrenzen auf eine aktuelle Rechtsprechungsänderung einzugehen.

B. Gliederung

Strafbarkeit des S

I. Versuchter Totschlag, §§ 212 I, 22, 23 I StGB

1. Vorprüfung
- keine Vollendung
- Strafbarkeit des Versuchs

2. Tatentschluss
- in Bezug auf § 212 StGB (+)
- Tatentschluss zur Begehung eines Mordes?
  Heimtücke, § 211 II, Gruppe 2 Var. 1 StGB (-)
  sonstiger niedriger Beweggrund, § 211 II, Gruppe 1, 4.Var. StGB (-)

3. Unmittelbares Ansetzen (+)

4. Rechtswidrigkeit und Schuld (+)

5. Rücktritt, § 24 StGB

a) kein fehlgeschlagener Versuch

b) beendeter oder unbeendeter Versuch

Abstellen nach herrschender **Lehre vom Rücktrittshorizont** grundsätzlich auf Vorstellung des Täters bei Abschluss der letzten Ausführungshandlung (a.A. *Tatplantheorie*)

<u>Hier Besonderheit</u>: S hielt seinen Versuch zunächst für unbeendet, dann aber in engem räumlichen und zeitlichen Zusammenhang für beendet, h.M.: **korrigierter Rücktrittshorizont** maßgeblich, Versuch daher hier beendet

⇨ Rücktritt daher hier nach § 24 I 1, 2.Var. StGB, i Erg. (-)

6. Ergebnis: §§ 212 I, 22, 23 I StGB (+)

II. Gefährliche Körperverletzung, §§ 223 I, 224 I Nr. 2 und Nr. 5 StGB

1. Objektiver Tatbestand (+)

2. Subjektiver Tatbestand (+)

Einheitstheorie: Tötungsvorsatz schließt stets auch den Körperverletzungsvorsatz mit ein

3. Rechtswidrigkeit und Schuld (+)

4. Ergebnis: §§ 223 I, 224 I Nr. 2 und Nr. 5 StGB (+)

III. Konkurrenzen

- *Rspr. früher*: vollendete Körperverletzung wird im Wege der Gesetzeskonkurrenz (Subsidiarität) verdrängt
- *Rspr. heute*: Idealkonkurrenz aus Klarstellungsgründen

IV. Gesamtergebnis: §§ 212 I, 22, 23 I StGB; §§ 223 I, 224 I Nr. 2 und Nr. 5 StGB, § 52 I StGB

C. Lösung

Strafbarkeit des S

I. Versuchter Totschlag, §§ 212 I, 22, 23 I StGB

S könnte sich, indem er mit dem Messer auf F einstach, eines versuchten Totschlages schuldig gemacht haben.

1. Vorprüfung

F hat die gegen ihn gerichtete Tat überlebt. Der tatbestandliche Erfolg ist mithin nicht eingetreten. Die Tat des S ist unvollendet. Der Versuch des Totschlages gem. § 212 I ist nach §§ 12 I, 23 I StGB strafbar.

2. Tatentschluss

S müsste Vorsatz bezüglich aller Merkmale des objektiven Tatbestandes gehabt haben. Nach dem Sachverhalt hat S dem F mit großer Wucht in die linke Brusthälfte gestochen. Bei einem solch lebensgefährlichen Vorgehen kann ein Tötungsvorsatz, selbst wenn man diesbezüglich im Einklang mit der Rechtsprechung von einer besonders hohen Hemmschwelle ausgeht, nicht in Zweifel gezogen werden.

Zu prüfen ist, ob auch ein Tatentschluss zur Begehung eines Mordes bejaht werden kann.

hemmer-Methode: Unterscheiden Sie bei der Prüfung eines versuchten Mordes im Tatentschluss genau zwischen den tat- und täterbezogenen Mordmerkmalen. Auf die objektiven tatbezogenen Merkmale des § 211 II, Gruppe 2 StGB muss sich *der Vorsatz beziehen*, die täterbezogenen Motive des § 211 II, Gruppen 1 und 3 StGB müssen dagegen beim Täter vorliegen. Falsch wäre daher die Formulierung: „Der Vorsatz des Täters bezog sich auch auf die niedrigen Beweggründe."
Tatbezogene Mordmerkmale i.S.d. § 211 II, Gruppe 2 StGB, auf die sich der Vorsatz des Täters beziehen müsste, kommen im vorliegenden Fall nicht in Betracht. Insbesondere kann die versuchte Tötung des F hier nicht als **heimtückisch** (§ 211 II, Gruppe 2, 1.Var. StGB) angesehen werden. Denn heimtückisch handelt nach der Rechtsprechung nur, wer bewusst und in feindseliger Willensrichtung die Arg- und Wehrlosigkeit des Opfers ausnutzt. Arglos ist, wer bei vorhandener Fähigkeit zum Argwohn einen Angriff auf sein Leben oder einen erheblichen Angriff auf seine körperliche Unversehrtheit nicht erwartet. Wehrlos ist, wer infolge der Arglosigkeit in seiner Abwehrfähigkeit zumindest erheblich eingeschränkt ist.

Hier ist aufgrund des vorangegangenen Wortgefechts zwischen S und F bereits die Arglosigkeit des F zu verneinen.

Als täterbezogenes Mordmerkmal bleibt schließlich eine **Tötung aus sonstigen niedrigen Beweggründen** zu prüfen. Das Mordmerkmal des § 211 II, Gruppe 1, 4.Var. StGB ist dann gegeben, wenn die Motive für die Tötung nach allgemeiner sittlicher Anschauung verachtenswert sind und auf tiefster Stufe stehen, wobei es auf eine Gesamtwürdigung des Täterverhaltens und der Tat ankommt.[201] Der Sachverhalt enthält diesbezüglich zu wenige Angaben.

[201] Vgl. ausführlich TRÖNDLE/ FISCHER, § 211 Rn. 9 ff. und oben Fall 24.

In Anbetracht der Tatsache, dass § 211 II StGB wegen des hohen Strafrahmens des Mordes (lebenslange Freiheitsstrafe) aus Verhältnismäßigkeitsgründen restriktiv auszulegen ist, muss hier ein Fall des § 211 II, Gruppe 1, 4.Var. StGB verneint werden.

Der Tatentschluss des S war nach alledem „nur" auf einen Totschlag (§ 212 I StGB) gerichtet.

3. Unmittelbares Ansetzen

Mit dem Zustechen hat S bereits tatbestandlich i.S.d. § 212 I StGB gehandelt, so dass das unmittelbare Ansetzen nach **§ 22 StGB** zu bejahen ist.

4. Rechtswidrigkeit und Schuld

Rechtswidrigkeit und Schuld liegen ebenfalls vor.

5. Rücktritt, § 24 StGB

S könnte nach **§ 24 I StGB** mit strafbefreiender Wirkung vom Totschlagsversuch zurückgetreten sein.

a) kein fehlgeschlagener Versuch

Ein Rücktritt wäre im Falle eines fehlgeschlagenen Versuchs ausgeschlossen. Fehlgeschlagen ist der Versuch, wenn der Täter erkennt, dass er das angestrebte Ziel mit den ihm zur Verfügung stehenden Mitteln nicht mehr ohne räumlich-zeitliche Zäsur erreichen kann. Dies ist hier nicht der Fall. S hätte hier ein weiteres Mal mit seinem Messer in den Körper des bereits am Boden liegenden, stark blutenden und kaum mehr ansprechbaren F einstechen und so dessen Tod als tatbestandlichen Erfolg und angestrebtes Ziel noch herbeiführen können.

hemmer-Methode: Ein vertieftes Eingehen auf die Einzelaktstheorie und die Gesamtbetrachtungslehre konnte an dieser Stelle unterbleiben. Bedenken Sie allerdings, dass es keine schematische Lösung für alle Klausuren gibt.

Weist eine Klausur einen verhältnismäßig geringen Umfang auf (was vorliegend nicht der Fall ist), so kann es angezeigt sein, die wenigen Probleme ausführlicher zu erörtern: Sie könnten dann beispielsweise hier problematisieren, ob in dem ersten Messerstich ein einzelner, gesondert zu beurteilender Teilakt liegt und so die Frage nach einem Fehlschlag des Versuches aufwerfen.

b) beendeter oder unbeendeter Versuch

Zu prüfen ist daher, ob ein i.S.d. § 24 I StGB beendeter oder unbeendeter Versuch vorlag. Entscheidend für diese Abgrenzung ist, ob der Täter aus seiner Sicht alles Erforderliche für den Erfolgseintritt getan hat („beendet") oder nicht („unbeendet").

Die Unterscheidung zwischen diesen beiden Erscheinungsformen des Versuchs wurde früher nach der subjektiven Sicht des Täters im Zeitpunkt des Tatbeginns (sog. **Tatplantheorie**) vorgenommen, was allerdings zur Privilegierung von Tätern mit höherer krimineller Energie und somit zu Wertungswidersprüchen führte.

Mittlerweile stellen daher die h.M. im Schrifttum und auch die Rechtsprechung auf die Vorstellung des Täters bei Abschluss der letzten Ausführungshandlung ab (sog. **Lehre vom Rücktrittshorizont**).[202]

S hat hier nach der Auseinandersetzung den Tatort verlassen, ohne aktive Gegenmaßnahmen zur Rettung des F einzuleiten. Vielmehr war es der Würstchenverkäufer, der den Notarzt alarmierte und so letztlich zur Rettung des F beitrug. Ein Rücktritt des S kann unter diesen Umständen nur in Betracht kommen, wenn aus seiner Sicht ein unbeendeter Versuch vorgelegen hätte, denn allein in diesem Fall hätte sein bloßes Untätigbleiben genügen können (vgl. § 24 I 1, 1.Var. StGB).

202 Vgl. insofern nochmals Fall 24.

In ähnlichen Sachverhaltskonstellationen hat der BGH bereits entschieden, dass ein Täter, der nach der letzten Ausführungshandlung den Erfolgseintritt zunächst für möglich hält, unmittelbar darauf aber erkennt, dass er sich geirrt hat, durch bloße Abstandnahme von weiteren möglichen Ausführungshandlungen mit strafbefreiender Wirkung vom Versuch zurücktreten kann.[203] Der Versuch sei in einem solchen Fall im Ergebnis unbeendet. Damit erlangt die an der wahrgenommenen Wirklichkeit **korrigierte Vorstellung des Täters für den Rücktrittshorizont** maßgebliche Bedeutung.

Dies hat umgekehrt auch dann zu gelten, wenn der Täter bei unverändert fortbestehender Handlungsmöglichkeit mit einem tödlichen Ausgang zunächst nicht rechnet, unmittelbar darauf jedoch erkennt, dass er sich insoweit geirrt hat. Dieser Versuch ist im Ergebnis als beendet anzusehen.[204] So liegt der Fall hier: Spätestens als F stark blutend und kaum mehr ansprechbar am Boden lag, musste S mit einem tödlichen Ausgang rechnen. Zu diesem Zeitpunkt, der infolge des engen zeitlichen und örtlichen Zusammenhangs noch zu der vorausgegangenen Ausführungshandlung zu rechnen ist, war der Versuch beendet, und es bedurfte hier gem. § 24 I 1, 2.Var. StGB des freiwilligen und ernsthaften Bemühens, die Tatvollendung zu verhindern, um Straffreiheit zu erlangen. Eine solche Rettungsaktivität hat S aber gerade nicht entfaltet.

hemmer-Methode: Beachten Sie, dass der korrigierte Rücktrittshorizont in beide Richtungen wirken kann. Ein zunächst beendeter Versuch kann innerhalb eines engen zeitlichen und räumlichen Zusammenhanges wieder zum unbeendeten Versuch werden und umgekehrt.

Ein strafbefreiender Rücktritt des S liegt damit nicht vor.

6. Ergebnis

S ist nach §§ 212 I, 22, 23 I StGB wegen versuchten Totschlags zu bestrafen.

II. Gefährliche Körperverletzung, §§ 223 I, 224 I Nr. 2 und Nr. 5 StGB

1. Objektiver Tatbestand

Der objektive Tatbestand der einfachen und der gefährlichen Körperverletzung ist gegeben. Durch den Stich mit dem Messer mit großer Wucht in die linke Brusthälfte des F hat der S den F körperlich misshandelt und an der Gesundheit geschädigt. Ferner ist hier eine akute Lebensgefahr für F zu bejahen. Damit sind neben § 223 I StGB als Grunddelikt auch die Qualifikationen des § 224 I Nr. 2 und Nr. 5 StGB verwirklicht.

2. Subjektiver Tatbestand

Nach der sog. **Einheitstheorie** schließt der Tötungsvorsatz stets auch den Körperverletzungsvorsatz mit ein.[205] S hat damit auch hinsichtlich der Körperverletzung vorsätzlich gehandelt. Sein Vorsatz umfasste die Qualifikationen des § 224 I Nr. 2 und Nr. 5 StGB.

3. Rechtswidrigkeit und Schuld

Rechtswidrigkeit und Schuld sind gegeben.

4. Ergebnis

S hat sich auch gem. §§ 223 I, 224 I Nr. 2 und Nr. 5 StGB strafbar gemacht.

hemmer-Methode: Liegt ein vorsätzlicher Tötungsversuch durch aktives Tun vor, so ist es regelmäßig verfehlt, gebetsmühlenartig auch noch eine Strafbarkeit nach den §§ 212 I, 13 StGB und § 323c StGB zu untersuchen. Man kann dem Mörder nicht auch noch vorwerfen, sein Opfer nicht gerettet zu haben. Der versuchte Mord wäre dann doch sinnlos gewesen!

---

[203] Vgl. BGHSt 36, 224; BGH, JR 2000, 70 mit Anmerkung PUPPE, JR 2000, 72 ff.

[204] Vgl. BGH, NStZ 1998, 614 f. = Life&Law 1999, 98.

[205] Vgl. BGH, NJW 2001, 980; KREY BT 1, Rn. 229 f.; LACKNER/ KÜHL, § 212 Rn. 8.

Die Tatsache, dass der Täter untätig geblieben ist bzw. sich entfernt hat, spielt strafrechtlich nur dann eine Rolle, wenn die Verletzung zuvor nur auf Fahrlässigkeit zurückzuführen war oder der Täter nach einer Körperverletzung erstmalig den Entschluss fasst, das Opfer durch Nichteingreifen umkommen zu lassen. Dann muss an die §§ 212 I, 13 StGB und an § 323c StGB gedacht werden.

III. Konkurrenzen

Fraglich ist, in welchem Konkurrenzverhältnis der versuchte Totschlag und die vollendete gefährliche Körperverletzung stehen. Während die Rspr. früher auf dem Standpunkt stand, eine vollendete Körperverletzung werde im Wege der Gesetzeskonkurrenz (Subsidiarität) verdrängt, vertrat der überwiegende Teil im Schrifttum die Ansicht, dass aus Klarstellungsgründen von Idealkonkurrenz (§ 52 StGB) auszugehen sei.[206]

Dieser Auffassung hat sich nun auch die Rechtsprechung explizit angeschlossen.[207] Gesetzeseinheit liegt nämlich nur dann vor, wenn der Unrechtsgehalt einer Handlung durch einen von mehreren, dem Wortlaut nach anwendbaren Straftatbeständen erschöpfend erfasst wird. Dem wird eine Verurteilung allein wegen versuchten Totschlags aber nicht gerecht, wenn das Opfer bei der Tat verletzt wird. Der Unrechtsgehalt einer folgenlosen (versuchten) Tötung kann sich von dem einer versuchten Tötung, die mitunter schwerste gesundheitliche Schäden nach sich zieht, maßgeblich unterscheiden. Insofern gebietet es die Klarstellungsfunktion der Tateinheit, dies auch im Schuldspruch zum Ausdruck zu bringen.

Dass die Körperverletzung ein notwendiges Durchgangsstadium zur Tötung bildet und deshalb auch subjektiv vom Tötungswillen notwendig mit umfasst wird, ändert nichts daran, dass eben nicht mit jeder versuchten Tötung das Opfer „notwendig“ auch verletzt wird.

Schließlich führt die Annahme einer klarstellenden Tateinheit auch nicht zu einer Doppelverwertung zu Lasten des Täters, denn es versteht sich von selbst, dass ihm das in den Bereich tatbestandlicher Überschneidung fallende Unrecht nur einmal angelastet werden kann.

hemmer-Methode: Die Konkurrenzen werden in der Klausur am Ende im Eifer des Gefechts häufig übersehen oder nicht mehr sorgfältig geprüft. Wer hier dachte, dass es sich bei dem Verhältnis von Tötungs- und Körperverletzungsdelikten um einen „alten Hut“ handelte, war nicht auf dem Laufenden. Wenn aber der BGH eine bislang gefestigte Rspr. ausdrücklich aufgibt, ist das in der Klausur Anlass genug, ein paar Sätze mehr zu schreiben.

IV. Gesamtergebnis

Der Totschlagsversuch des S nach §§ 212 I, 22, 23 I StGB und die gefährliche Körperverletzung nach §§ 223 I, 224 I Nr. 2 und Nr. 5 StGB stehen in Idealkonkurrenz, § 52 StGB.

D. Zusammenfassung

Sound: Korrigierter Rücktrittshorizont. Konkurrenzverhältnis zwischen versuchtem Tötungsdelikt und vollendeter Körperverletzung.

Die Unterscheidung zwischen dem unbeendeten und dem beendeten Versuch ist grundsätzlich nach der herrschenden Lehre vom Rücktrittshorizont nach der subjektiven Sicht des Täters bei Abschluss der letzten Ausführungshandlung vorzunehmen. Ändert allerdings der Täter in unmittelbarem zeitlichem und räumlichem Zusammenhang danach nochmals seine Vorstellung, so ist auf diese neuerlich gebildete Vorstellung abzustellen. Ein zunächst als unbeendet anzusehender Versuch kann so zu einem beendeten und ein zunächst beendet erscheinender zu einem unbeendeten werden.

---

206 Vgl. die Nachweise bei LACKNER/ KÜHL, § 212 Rn. 9; ESER, in: Schönke/ Schröder, § 212 Rn. 23; TRÖNDLE/ FISCHER, § 212 Rn. 12.

207 Vgl. BGHSt 44, 196= Life&Law 1999, 175 mit Anmerkungen MARTIN, JuS 1999, 298; SATZGER, JR 1999, 203 und KUDLICH, JA 1999, 452. Vgl. ferner ALtvater, NStZ 2001, 19 ff.

Ein versuchtes Tötungsdelikt und eine vollendete Körperverletzung stehen aus Klarstellungsgründen zueinander im Verhältnis der Idealkonkurrenz gem. § 52 StGB.

hemmer-Methode: Der Rücktritt nach § 24 StGB bietet für die Praxis zahlreiche Schwierigkeiten. Entsprechend finden sich auch in den Zwischenprüfungen und in den Examina viele Klausuren, bei denen ein Rücktritt des Täters geprüft werden muss. Beobachten Sie in diesem Zusammenhang unbedingt aktuelle Entwicklungen in der Rechtsprechung.
Der vorstehende Fall zeigt deutlich, dass sich auch im Strafrecht schematisches Lernen nicht auszahlt. Wer hier nur den klassischen Streit zwischen der Tatplantheorie und der Lehre vom Rücktrittshorizont kennt, erschöpft die Klausur nicht vollumfänglich. Entscheidend ist es hier, die Konstellation des korrigierten Rücktrittshorizontes zu erkennen und zu problematisieren.

E. Zur Vertiefung

Zum korrigierten Rücktrittshorizont

- HEMMER/WÜST, Strafrecht AT II, Rn. 135.

Zu Konkurrenzproblemen im Bereich der Tötungs- und Körperverletzungsdelikte

- HEMMER/WÜST, Strafrecht BT II, Rn. 110.

Aktuelle Rechtsprechung

- Zum Rücktritt vom Versuch eines unechten Unterlassungsdeliktes BGH, NJW 2002, 3719 und BGH, NJW 2002, 3720 = Life&Law 2003, 179.

Fall 26: Der versehentliche Schuss

Sachverhalt:

Josef (J) will Andreas (A) um sein mitgeführtes Geld berauben. Er bedroht ihn dazu mit einer Pistole. Als er gerade 500 Euro in der Jackentasche des A gefunden hat, löst sich versehentlich ein Schuss, der A sofort tötet. Von dieser Wendung der Dinge doch etwas mitgenommen, verlässt J den Ort des Geschehens und verzichtet auf die Mitnahme des Geldes, das er dem A ohne weiteres noch hätte wegnehmen können.

Bearbeitervermerk:

Prüfen Sie die Strafbarkeit des J nach dem 20. Abschnitt des StGB.

A. Einordnung

Der vorstehende Fall wirft wiederum einige Fragen aus dem Bereich des § 24 StGB auf. Neben einer genauen Abgrenzung des beendeten vom unbeendeten Versuch und einer sorgfältigen Prüfung des Merkmales der Freiwilligkeit liegt die Hauptschwierigkeit in diesem Fall bei dem Problem, ob der Täter noch mit strafbefreiender Wirkung von einem erfolgsqualifizierten Versuch zurücktreten kann, ob also ein Rücktritt noch möglich ist, wenn die im Gesetz umschriebene schwere Folge, wie hier der Tod in § 251 StGB, schon durch den Versuch des Grunddeliktes leichtfertig herbeigeführt wurde. Dies ist in Rechtsprechung und Literatur umstritten.

B. Gliederung

Strafbarkeit des J

I. Versuchter schwerer Raub, §§ 249, 250 II Nr. 1, 1.Var., 22, 23 I StGB

1. Vorprüfung
- keine Vollendung
- Strafbarkeit des Versuchs

2. Tatentschluss
- hinsichtlich des Grunddeliktes (+)
- hinsichtlich § 250 II Nr.1, 1.Var. StGB (+)

3. Unmittelbares Ansetzen

4. Rechtswidrigkeit

5. Schuld

6. Rücktritt, § 24 StGB

a) kein fehlgeschlagener Versuch (+)

b) beendeter oder unbeendeter Versuch
⇨ <u>hier</u> unbeendeter Versuch

c) Aufgeben der Tat (+)

d) Freiwilligkeit (+)

7. Ergebnis: §§ 249, 250 II Nr. 1, 1.Var., 22, 23 I StGB (-)

II. Versuchter schwerer Raub mit Todesfolge, §§ 249, 250 II Nr. 1, 1.Var., 251, 22, 23 I StGB

1. Vorprüfung
- keine Vollendung
- **(P): Strafbarkeit des sog. erfolgsqualifizierten Versuchs**
  h.M.: (+), wenn qualifizierender Erfolg mit der Tathandlung verknüpft ist, (-) dagegen wenn Erfolgsqualifikation auf dem Erfolg des Grunddeliktes aufbaut ⇨ daher im Falle des § 251 StGB (+)

2. Tatentschluss und unmittelbares Ansetzen zum Grunddelikt (+)

3. Kausalität und objektive Zurechnung des Todes (+)

4. Unmittelbarkeitszusammenhang zwischen Grunddelikt und Todeserfolg (+)

5. Objektive Voraussehbarkeit (+)

6. Leichtfertigkeit oder Vorsatz hinsichtlich der schweren Folge (+)

7. Rechtswidrigkeit und Schuld (+)

8. Rücktritt, § 24 StGB

(P): Rücktritt vom erfolgsqualifizierten Versuch auch nach Eintritt der schweren Folge noch möglich?
Mindermeinung (-), h.M. (+)

⇨ § 24 I 1, 1.Var. StGB (+)

⇨ §§ 249, 250 II Nr. 1, 1.Var., 251, 22, 23 I StGB (-)

III. Gesamtergebnis: Straflosigkeit des J

C. Lösung

Strafbarkeit des J

I. Versuchter schwerer Raub, §§ 249, 250 II Nr.1, 1.Var., 22, 23 I StGB

In Betracht kommt zunächst eine Strafbarkeit des J wegen versuchten schweren Raubes gem. §§ 249, 250 II Nr. 1, 1.Var., 22, 23 I StGB.

1. Vorprüfung

Die Tat ist nicht vollendet, da es an einer Wegnahmehandlung fehlt. J hat auf die Mitnahme der 500 Euro aus der Jackentasche des A verzichtet. Der Versuch des schweren Raubes ist strafbar, da es sich hierbei um ein Verbrechen handelt, §§ 12 I, 23 I StGB.

2. Tatentschluss

Der Tatentschluss des J war zunächst darauf gerichtet, durch eine Drohung mit einer gegenwärtigen Gefahr für Leib oder Leben und einer anschließenden Gewaltanwendung gegen die Person des A, eine fremde bewegliche Sache, nämlich die 500 Euro, wegzunehmen. Sowohl nach der Rechtsprechung, die zur Abgrenzung des Raubes von der räuberischen Erpressung auf das äußere Erscheinungsbild abstellt, das hier nach der Vorstellung des J in einem Nehmen bestehen sollte, als auch nach der herrschenden Ansicht im Schrifttum, wonach bei § 255 StGB als ungeschriebenes Tatbestandsmerkmal eine Vermögensverfügung erforderlich und also die innere Willensrichtung des Genötigten als Abgrenzungskriterium maßgeblich ist, liegt hier ein Tatentschluss für einen Raub und nicht für eine räuberische Erpressung vor. Denn das Opfer sollte nach dem Tatplan des J nicht freiverantwortlich an der Übergabe des Geldes mitwirken.[208]

Der Tatentschluss des J bezog sich ferner darauf, eine funktionsfähige Pistole zur Drohung zu benutzen, also eine Waffe bei der Tat zu verwenden (§ 250 II Nr.1, 1.Var. StGB).[209] Der ebenfalls verwirklichte § 250 I Nr.1a), 1.Var. StGB wird durch § 250 II Nr.1, 1.Var. StGB als subsidiär verdrängt.[210]

Schließlich hatte J die Absicht, sich die 500 Euro des A rechtswidrig zuzueignen.

3. Unmittelbares Ansetzen

J hat mit der Pistole mit einer gegenwärtigen Gefahr für Leib und Leben des A gedroht. Er hat damit bereits eine tatbestandsmäßige Handlung vorgenommen. Ein unmittelbares Ansetzen i.S.d. § 22 StGB ist zu bejahen.

4. Rechtswidrigkeit

Rechtfertigungsgründe, die zugunsten des J eingreifen könnten, sind nicht ersichtlich. Die Tat war rechtswidrig.

5. Schuld

Auch Entschuldigungs- oder Schuldausschließungsgründe liegen nicht vor. J handelte schuldhaft.

5. Rücktritt, § 24 StGB

Zu prüfen ist jedoch, ob für den J der persönliche Strafaufhebungsgrund des § 24 StGB eingreift. Er könnte nämlich mit strafbefreiender Wirkung vom Versuch zurückgetreten sein.

a) kein fehlgeschlagener Versuch

Der Versuch des J ist nicht fehlgeschlagen. Auch nachdem sich der Schuss gelöst hatte, wäre es dem J möglich gewesen, die 500 Euro aus der Jackentasche des A herauszuholen und an sich zu nehmen.

---

208 Vgl. nochmals zu den unterschiedlichen Positionen von Rspr. und Literatur Fall 23.

209 Vgl. BGHSt 45, 92; BGH, NStZ 1999, 301.

210 Vgl. LACKNER/ KÜHL, § 250 Rn. 6.

b) beendeter oder unbeendeter Versuch

J hatte zum Zeitpunkt des Abschlusses der letzten Ausführungshandlung, auf den nach der herrschenden Lehre vom Rücktrittshorizont abzustellen ist, die auch nach seiner Ansicht zur Vollendung des Raubes noch erforderliche Wegnahmehandlung bislang nicht vorgenommen. Er hatte damit aus seiner Sicht noch nicht alles Erforderliche für den Erfolgseintritt getan. Folglich liegt hier ein **unbeendeter Versuch** vor.

c) Aufgeben der Tat

Der Rücktritt vom unbeendeten Versuch beurteilt sich nach § 24 I 1, 1.Var. StGB. J musste also lediglich die weitere Ausführung seiner Tat freiwillig aufgeben.

Ein solches Aufgeben, also ein Nichtweiterhandeln, liegt vor. Nachdem J erkannt hatte, dass A durch seinen Schuss tödlich getroffen war, verließ er den Tatort und verzichtete auf die Mitnahme der 500 Euro.

d) Freiwilligkeit

Fraglich ist, ob der Rücktritt **freiwillig** erfolgte. Insofern ist zwischen sog. heteronomen und autonomen Motiven zu unterscheiden. Nur im letzteren Falle kann das Merkmal der Freiwilligkeit bejaht werden.[211] Es ist also danach zu fragen, ob vom Willen unabhängige Motive dem Täter das Aufgeben der Tat aufgezwungen haben (dann keine Freiwilligkeit) oder ob der Täter noch Herr seiner Entschlüsse war und aus selbstbestimmten Gründen zur Umkehr gebracht wurde (dann Freiwilligkeit). Ethisch hochstehende Motive des Täters sind dabei nicht erforderlich.

Hier ist ein Handeln des J aus autonomen Motiven und damit Freiwilligkeit zu bejahen, da sich durch den tödlichen Schuss die Sachlage nicht derart zu Ungunsten des J geändert hat, dass ein Weiterhandeln nach den Regeln der Verbrechervernunft keinen Sinn mehr gemacht hätte. Vielmehr hatte er nun sogar einen leichteren Zugriff auf das Geld.

Da er trotzdem aus eigener selbstbestimmter Entscheidung heraus von dieser Möglichkeit keinen Gebrauch machte, ist er strafbefreiend vom Versuch zurückgetreten.

7. Ergebnis

A ist nicht des versuchten schweren Raubes (§§ 249, 250 II Nr. 1, 1.Var., 22, 23 I StGB) schuldig.

II. Versuchter schwerer Raub mit Todesfolge, §§ 249, 250 II Nr. 1, 1.Var., 251, 22, 23 I StGB

Zu prüfen ist ferner, ob sich J wegen versuchten schweren Raubes mit Todesfolge gem. §§ 249, 250 II Nr. 1, 1.Var., 251, 22, 23 I StGB strafbar gemacht hat.

1. Vorprüfung

J hat dem A die 500 Euro nicht weggenommen. Der tatbestandliche Erfolg ist nicht eingetreten. Die Tat ist nicht vollendet.

Grundsätzlich steht der Versuch des § 251 StGB unter Strafe, da es sich beim Raub mit Todesfolge um ein Verbrechen handelt (§§ 12 I , 23 I StGB). Fraglich ist allerdings, ob der Versuch auch in der vorliegenden Konstellation strafbar ist. Es liegt hier ein Fall eines sog. **erfolgsqualifizierten Versuchs** vor. Hierunter versteht man Fälle, in denen der Täter eine qualifizierte Folge (hier den Tod des Opfers) schon durch den strafbaren Versuch des Grunddeliktes (hier § 249 StGB) herbeiführt und hinsichtlich der besonderen Folge fahrlässig (§ 18 StGB), bzw. leichtfertig handelt. Die überwiegende Ansicht in Rechtsprechung und Schrifttum differenziert hier wie folgt[212]: Wenn der qualifizierende Erfolg mit der Tat**handlung** verknüpft ist, ist ein solcher erfolgsqualifizierter Versuch denkbar; nicht dagegen wenn die Erfolgsqualifikation auf dem **Erfolg** des Grunddeliktes aufbaut.

[211] Vgl. TRÖNDLE/ FISCHER, § 24 Rn. 18 ff.

[212] Vgl. nochmals oben Fälle 9 und 24, sowie CRAMER/STERNBERG-Lieben, in: Schönke/ Schröder, § 18 Rn. 9.

Im Falle des § 251 StGB muss nach allgemeiner Ansicht der Tod eines anderen Menschen durch die Tathandlung nach den §§ 249, 250 StGB und zwar genauer durch die Nötigungshandlung, nicht durch die Wegnahmehandlung, verursacht sein.[213]

2. Tatentschluss und unmittelbares Ansetzen zum Grunddelikt

Tatentschluss und unmittelbares Ansetzen zum Grunddelikt sind gegeben (vgl. oben I.).

3. Kausalität und objektive Zurechnung des Todes

Der Schuss des J kann nicht hinweggedacht werden ohne dass damit zugleich der Eintritt des tödlichen Erfolges entfiele. Sein Schuss war damit kausal i.S.d. conditio sine qua non Formel für den Tod des A.

4. Unmittelbarkeitszusammenhang zwischen Grunddelikt und Todeserfolg

Wegen der hohen Strafdrohung ist eine Unmittelbarkeitsbeziehung zwischen dem Grunddelikt nach § 249 StGB und dem Eintritt des Todes als schwerer Folge erforderlich. Im Tod muss sich gerade die tatbestandsspezifische Gefahr des Grunddeliktes realisieren. Die schwere Folge muss demnach auf die dem Raub eigene Gewaltanwendung gegen eine Person oder auf die Drohung mit gegenwärtiger Gefahr für Leib oder Leben zurückzuführen sein. Nicht ausreichend ist dagegen, wenn der Tod durch die Wegnahmehandlung als solche eintritt.[214]

Diese Unmittelbarkeitsbeziehung ist hier zu bejahen. Die Nötigungshandlung des J bestand in der Drohung mit der funktionsfähigen und entsicherten Pistole.

Die gerade von dieser Nötigungshandlung ausgehende Gefahr hat sich sodann im Eintritt des tödlichen Erfolges realisiert. Beim Drohen mit der Pistole löste sich der Schuss und traf den A, so dass dieser verstarb.

5. Objektive Voraussehbarkeit

Der Eintritt des Todeserfolges muss ferner objektiv voraussehbar gewesen sein. Objektiv voraussehbar ist, was ein umsichtig handelnder Mensch unter den jeweils gegebenen Umständen auf Grund der allgemeinen Lebenserfahrung bedenken würde. Ein solcher hätte vorliegend erkannt, dass sich beim Drohen mit einer funktionsfähigen und entsicherten Pistole aus nächster Nähe ein Schuss lösen und dieser tödliche Wirkung entfalten kann. Der Tod des A war damit objektiv voraussehbar.

6. Leichtfertigkeit oder Vorsatz hinsichtlich der schweren Folge

Grundsätzlich genügt es nach § 18 StGB, wenn der Täter bei erfolgsqualifizierten Delikten hinsichtlich der schweren Folge wenigstens fahrlässig handelt. Von diesem Grundsatz weicht § 251 StGB ab. Hier wird als Untergrenze wenigstens Leichtfertigkeit, d.h. Leichtfertigkeit oder Vorsatz hinsichtlich der Todesfolge vorausgesetzt. Ein Tötungsvorsatz lag bei J nicht vor. Leichtfertigkeit entspricht dem Begriff der groben Fahrlässigkeit im Zivilrecht, es ist also eine gesteigerte Form der Fahrlässigkeit erforderlich.

J hätte hier auf Grund seiner persönlichen Fähigkeiten und dem Maß seines individuellen Könnens erkennen können, dass sich bei der Drohung mit der scharfen Waffe ein Schuss lösen und A dadurch getötet werden kann. Er hat in grobem Maße achtlos und damit leichtfertig gehandelt.

7. Rechtswidrigkeit und Schuld

Rechtswidrigkeit und Schuld sind gegeben.

8. Rücktritt, § 24 StGB

Fraglich ist, ob zu Gunsten des J § 24 StGB als Strafaufhebungsgrund eingreift.

---

[213] Vgl. BGH, NStZ 1998, 511; TRÖNDLE/ FISCHER, § 251 Rn. 2; ESER, in: Schönke/ Schröder, § 251 Rn. 4; HERDEGEN, in: Leipziger Kommentar, § 251 Rn. 2; KINDHÄUSER, in: Nomos Kommentar, § 251 Rn. 5 f.; LACKNER/ KÜHL, § 251 Rn. 3.

[214] Ein Raub mit Todesfolge gem. § 251 StGB wäre demnach etwa zu verneinen, wenn das Opfer stirbt, weil der Täter ihm ein lebenswichtiges Medikament wegnimmt.

Die Voraussetzungen für einen **Rücktritt vom Versuch** scheinen auf den ersten Blick gegeben zu sein (vgl. oben).

Fraglich ist jedoch, ob von einem erfolgsqualifizierten Delikt überhaupt noch zurückgetreten werden kann, wenn sich die schwere Folge, hier der Tod des A, bereits realisiert hat.

Hiergegen lässt sich vorbringen, dass der Unrechtsgehalt der erfolgsqualifizierten Delikte gerade in der Realisierung der spezifischen, vom Grundtatbestand ausgehenden, typischen Risiken in Bezug auf die Qualifikation liege. Daher müsse der Täter bei der Realisierung der tatbestandsspezifischen Gefahr im schweren Erfolg stets aus der Qualifikationsnorm bestraft werden. Denn das für die Erfolgsqualifikation wesentliche Teilstück des Tatbestandes sei in Gestalt der schweren Folge bereits vollständig abgeschlossen, so dass ein Rücktritt vom Versuch bereits begrifflich ausscheide.[215]

Dieser Ansicht kann jedoch nicht gefolgt werden. Eine solche Einschränkung des § 24 StGB lässt sich dem Gesetz nicht entnehmen, so dass auch die erfolgsqualifizierten Delikte bis zu ihrer Vollendung **rücktrittsfähig** bleiben müssen. Mit dem wirksamen Rücktritt vom Grunddeliktsversuch entfällt hier nämlich der erforderliche Anknüpfungspunkt für die betreffende Qualifikation, die dadurch das sie tragende Fundament verliert.[216]

Dies gilt umso mehr, als der Täter i.R.d. § 251 StGB dann hinsichtlich der eingetretenen Todesfolge nach §§ 211 ff., 222 StGB oder § 227 StGB bestraft werden kann, so dass auch kein kriminalpolitisches Bedürfnis für einen Ausschluss der Rücktrittsmöglichkeit besteht. Diese Ansicht wird auch vom BGH vertreten.[217]

Im Ergebnis lag daher ein unbeendeter Versuch vor, von dem J noch zurücktreten konnte, und auch zurückgetreten ist (vgl. oben).

III. Gesamtergebnis

J ist straflos.

hemmer-Methode: Beachten Sie den Bearbeitervermerk! Zu prüfen waren hier nur die §§ 249 ff. StGB. Bei einer umfänglichen Prüfung der Strafbarkeit des J wäre vorliegend mangels Tötungsvorsatzes zwar keine Strafbarkeit nach §§ 211 ff. StGB, wohl aber eine fahrlässige Tötung des A gem. § 222 StGB zu bejahen.

D. Zusammenfassung

Sound: Rücktritt vom erfolgsqualifizierten Delikt.

Ein strafbefreiender Rücktritt nach § 24 StGB ist für den Täter auch dann noch möglich, wenn im Rahmen eines erfolgsqualifizierten Versuchs die im Gesetz umschriebene schwere Folge schon durch den Versuch des Grunddeliktes leichtfertig herbeigeführt wurde.

---

[215] Vgl. ULSENHEIMER, in: Festschrift für Bockelmann S. 412 ff.

[216] Vgl. WESSELS/ BEULKE, Rn. 653a; ANDERS, GA 2000, 65; KUDLICH, JuS 1999, 355.

[217] Vgl. BGH, NJW 1996, 2663.

hemmer-Methode: Ergänzend sei noch zur Unterscheidung des beendeten vom unbeendeten Versuch auf Folgendes hingewiesen. Nach den oben gemachten Ausführungen sind die beiden unterschiedlichen Erscheinungsformen nach dem Vorstellungsbild des Täters bei Abschluss der letzten Ausführungshandlung voneinander abzugrenzen. Dies zwingt zu der Frage, was eigentlich passiert, wenn ein Vorstellungsbild des Täters zu diesem Zeitpunkt entweder gar nicht existiert oder sich jedenfalls nicht nachweisen lässt. Nach Ansicht des BGH[218] ist in solchen Fällen, in denen sich der Täter gleichgültig verhält und sich gar keine Vorstellungen über die Folgen seines Tuns macht, ein beendeter Versuch anzunehmen und damit ein Rücktritt nach § 24 I 1, 2.Var. StGB zu prüfen. Diese Ansicht erscheint kriminalpolitisch sinnvoll, da sie dem Täter die Schutzbehauptung der Sorglosigkeit von vorneherein abschneidet. Sie überzeugt aber auch wertungsmäßig, denn es ist kein Grund ersichtlich, weswegen ein Täter, der sich keine Gedanken macht, in den Genuss des unbeendeten Versuchs kommen und also durch bloßes freiwilliges Nichtweiterhandeln zurücktreten können soll.

E. Zur Vertiefung

Zum Rücktritt im Allgemeinen

- HEMMER/WÜST, Strafrecht AT II, Rn. 114 ff.

Zum Rücktritt vom erfolgsqualifizierten Versuch

- HEMMER/WÜST, Strafrecht AT II, Rn. 160.

Aktuelle Rechtsprechung

- Zum erfolgsqualifizierten Versuch i.R.d. § 251 StGB: BGH, NStZ 2003, 34 = Life&Law 2003, 256.

---

218 Vgl. BGHSt 40, 304 mit Anmerkungen HAUF, JR 1996, 29 und MURMANN, JuS 1996, 590. Vgl. dazu auch SCHEINFELD, JuS 2002, 250 ff.

Kapitel VI: Täterschaft und Teilnahme

Fall 27: Das Giftfläschchen

Sachverhalt:

Balduin (B) will den Siegfried (S) töten. Er will jedoch die Tat nicht selbst mit eigener Hand, sondern durch einen Dritten ausführen, der aber über seine Tötungsabsicht nichts erfahren soll. Er erzählt daher dem Manfred (M), er habe einen „todsicheren Tipp" für ihn. Im Hause des S, wo er zufällig einmal gewesen sei, sei immer eine größere Menge Bargeld vorhanden. Daher solle er sich unter einem Vorwand Einlass verschaffen und dem S – notfalls mit Gewalt – das harmlose Schlaf- und Betäubungsmittel einflößen, das er ihm gebe. Dann könne er in aller Ruhe das Geld suchen und mitnehmen. B gibt dem M daraufhin ein Fläschchen mit einer giftigen Flüssigkeit.

Zwei Tage später überkommt den B ein schlechtes Gewissen. Er bittet M, nachdem er erfahren hat, dass dieser noch nicht zur Tat geschritten ist, von dem Plan Abstand zu nehmen, und klärt ihn über die Beschaffenheit des angeblichen Schlafmittels auf. M sagt dem B zu, das geplante Vorhaben aufzugeben. B vergisst dabei, das Fläschchen mit dem Gift zurückzufordern.

M schreitet am nächsten Tag dennoch zur Tat und geht wie besprochen vor. S ist auf der Stelle tot.

Bearbeitervermerk:

Prüfen Sie die Strafbarkeit des B nach dem 16. Abschnitt des StGB.

A. Einordnung

Fall 27 wirft eine ganze Reihe von Fragen aus dem Allgemeinen Teil des StGB auf. So ist zu klären, ab wann im Rahmen einer mittelbaren Täterschaft von einem unmittelbaren Ansetzen zur Verwirklichung des Tatbestandes i.S.d. § 22 StGB gesprochen werden kann. Ferner ist ein Rücktritt des B durch die Aufklärung des M und die Bitte um Abstandnahme von der Tat zu prüfen. Weiter muss auf die Auslegung des umstrittenen Merkmales des Bestimmens i.S.d. § 26 StGB eingegangen und schließlich ein fahrlässiges Unterlassungsdelikt geprüft werden.

B. Gliederung

Strafbarkeit des B

I. Versuchter Totschlag in mittelbarer Täterschaft, §§ 212 I, 22, 23 I, 25 I 2.Var. StGB

1. Vorprüfung

- keine Vollendung ⇨ B hatte zum Zeitpunkt der Tatausführung durch M weder in objektiver Hinsicht Tatherrschaft noch subjektiv Tatherrschaftswillen.
- Strafbarkeit des Versuchs §§ 23 I, 12 I StGB

2. Tatentschluss

3. Unmittelbares Ansetzen

(P): Versuchsbeginn bei mittelbarer Täterschaft

- *e.A.*: erst mit der Tatausführung durch den Tatmittler
- *a.A.*: Versuchsbeginn bereits ab Einwirkung des mittelbaren Täters auf den Tatmittler
- *h.M.*: Versuchsbeginn ab dem Zeitpunkt, in dem das angegriffene Rechtsgut unmittelbar gefährdet ist, bzw. der mittelbare Täter den Tatmittler aus seinem Herrschaftsbereich entlässt und so das Geschehen aus der Hand gibt.

⇨ <u>danach hier</u>: unmittelbares Ansetzen (+)

4. Rechtswidrigkeit und Schuld

5. Rücktritt, § 24 StGB

hier: § 24 II StGB einschlägig, i. Erg. kein Rücktritt, da Tat nicht unabhängig vom früheren Beitrag des B begangen (Gift nicht zurückgefordert)

6. Ergebnis

§§ 212 I, 22, 23 I, 25 I 2.Var. StGB (+)

§§ 223 I, 224 I Nr. 1, 1.Var., Nr. 5, 22, 23 I, 25 I 2.Var. StGB subsidiär

II. Anstiftung zum Totschlag / Mord, §§ 212 I, (211 I, II), 26 StGB

1. Vorsätzliche und rechtswidrige Haupttat (+)

2. Objektiver Tatbestand (**Bestimmen**)

(P): Auslegung des Merkmals „Bestimmen" umstritten

- *e.A.*: gemeinsamer Tatplan von Anstifter und Täter erforderlich
- *a.A.*: jede kausale Verursachung des Tatentschlusses durch beliebige Mittel ausreichend
- *h.M.*: kommunikative Willensbeeinflussung im Wege eines offenen geistigen Kontakts erforderlich

⇨ hier (+)

3. Subjektiver Tatbestand (**doppelter Anstiftervorsatz**) (-) ⇨ zum maßgeblichen Zeitpunkt des objektiven Bestimmens (Aufklärung des M) wollte B die Vollendung der Haupttat nicht mehr

4. Ergebnis:
§§ 212 I, (211 I, II), 26 StGB (-)
damit auch §§ 223 I, 224 I Nr.1, 1.Var., Nr. 5, 26 StGB (-)

III. Fahrlässige Tötung durch Unterlassen, §§ 222, 13 I StGB

1. Unrechtstatbestand (+)

2. Rechtswidrigkeit (+)

3. Schuld (+)

4. Ergebnis §§ 222, 13 I StGB (+)

IV. Konkurrenzen: § 53 I StGB

C. Lösung

Strafbarkeit des B

I. Versuchter Totschlag in mittelbarer Täterschaft, §§ 212 I, 22, 23 I, 25 I 2.Var. StGB

B könnte dadurch, dass er M zunächst über den giftigen Inhalt des Fläschchens getäuscht und aus seinem Einflussbereich entlassen hat, einen versuchten Totschlag in mittelbarer Täterschaft begangen haben.

1. Vorprüfung

Eine Strafbarkeit wegen vollendeten Totschlages in mittelbarer Täterschaft scheitert daran, dass B zum Zeitpunkt der Tatausführung weder in objektiver Hinsicht Tatherrschaft hatte noch subjektiv mit Tatherrschaftswillen gehandelt hat.

Der Versuch des Totschlages gem. § 212 I StGB ist strafbar, §§ 23 I, 12 I StGB.

2. Tatentschluss

B müsste Tatentschluss zur Begehung eines Totschlages in mittelbarer Täterschaft gehabt haben. Der Vorsatz des B war anfangs darauf gerichtet, den vorsatzlosen M als Werkzeug für die Verwirklichung seines Planes, den S zu töten, einzusetzen. Damit war dieser in einer als Werkzeug unterlegenen Stellung gegenüber B, der kraft seines überlegenen Wissens eine beherrschende Stellung inne hatte, was er auch wusste und wollte.

hemmer-Methode: Kennzeichnend für die mittelbare Täterschaft ist zum ersten die aus tatsächlichen oder rechtlichen Gründen unterlegene Stellung des als Tatmittlers eingesetzten menschlichen Werkzeuges und zum zweiten die beherrschende Rolle des Hintermannes, der die Sachlage richtig erfasst und das Gesamtgeschehen kraft seines planvoll lenkenden Willens in der Hand hat. Gehen Sie demnach in der Klausur bei der Prüfung einer mittelbaren Täterschaft immer in zwei Schritten vor.

Untersuchen Sie zunächst, ob ein Tatherrschaftsmangel beim Werkzeug gegeben ist, und sodann, ob eine Herrschaft des Hintermannes kraft überlegenen Wissens oder Willens, deren sich der Hintermann auch bewusst sein muss, bejaht werden kann.[219] Ferner hätte hier eventuell das Merkmal der Heimtücke (§ 211 II, Gruppe 2, 1.Var. StGB) geprüft, aber nicht bejaht werden können, da nach der Vorstellung des B der S Opfer eines Raubüberfalls werden sollte, so dass er zum Zeitpunkt der todbringenden Handlung nicht mehr als arglos anzusehen gewesen wäre. Beachten Sie, dass bei der mittelbaren Täterschaft die Mordmerkmale der Gruppe 2 über das Werkzeug zugerechnet werden können (§ 25 I 2.Var. StGB), während der mittelbare Täter die Merkmale der Gruppen 1 und 3 persönlich verwirklichen muss (§ 28 StGB).

3. Unmittelbares Ansetzen

Fraglich ist jedoch, ob bei B schon ein unmittelbares Ansetzen zur Verwirklichung der Tat i.S.d. § 22 StGB angenommen werden kann.[220]

Der mittelbare Täter tritt unstreitig jedenfalls spätestens dann in das Versuchsstadium ein, wenn das Werkzeug selbst mit der Tatausführung beginnt.

Würde man im vorliegenden Fall aber nicht nur hinreichend, sondern sogar notwendig auf diesen Zeitpunkt, also auf den Überfall des M, abstellen, ergäbe sich das Problem, dass dem B aufgrund der Bösgläubigkeit des M zu diesem Zeitpunkt bereits die Tatherrschaft fehlte. Damit müsste eine Strafbarkeit des B als Täter eines versuchten Totschlages (in mittelbarer Täterschaft) verneint werden. Diese in der Literatur vertretene Ansicht, wonach die Versuchsstrafbarkeit des mittelbaren Täters erst mit der Tatausführung durch den Tatmittler beginnt, ist jedoch abzulehnen. Sie setzt die Strafbarkeit für den mittelbaren Täter zu spät an und führt zu erheblichen Strafbarkeitslücken.

Da bei der mittelbaren Täterschaft anders als bei der Mittäterschaft[221] keine gemeinschaftliche Tatbegehung erfolgt und der Hintermann die Tat gerade als eigene will, kann für das Überschreiten der Versuchsgrenze nicht allein das Handeln des Tatmittlers maßgebend sein.

Abzulehnen ist auch die früher h.M., wonach der Versuch stets mit der Phase der Eigenaktivität des mittelbaren Täters (Einwirkung auf den Tatmittler, Vergiften des Getränkes, das das Opfer später trinken soll) beginnt, da hierdurch der Versuchszeitpunkt zu sehr vorverlagert wird.

Zu folgen ist daher der vermittelnden Ansicht der jetzt h.M.[222], die ein unmittelbares Ansetzen des mittelbaren Täters in dem Zeitpunkt bejaht, in dem dieser mit seiner Einwirkung auf den Tatmittler das Rechtsgut unmittelbar gefährdet oder dadurch das Geschehen aus seinem Herrschaftsbereich entlässt, dass er die Tat zugunsten des Tatmittlers aus der Hand gibt.

Stellt man vorliegend auf dieses Gefährdungskriterium ab, muss man ein unmittelbares Ansetzen des B zu dem Zeitpunkt bejahen, als er dem M das Gift übergab. Da zwischen beiden ein Zeitplan nicht verabredet war, musste B mit der sofortigen Tatausführung durch M rechnen. Das Leben des S war daher ab diesem Zeitpunkt objektiv unmittelbar gefährdet, die Schwelle zum „Jetzt geht's los“ aus der Sicht des B subjektiv überschritten.

4. Rechtswidrigkeit und Schuld

Die Tat war rechtswidrig und B handelte schuldhaft.

5. Rücktritt, § 24 StGB

Zu untersuchen bleibt, ob B mit strafbefreiender Wirkung vom versuchten Totschlag in mittelbarer Täterschaft zurückgetreten ist.

---

219 Vgl. im Einzelnen zu den Voraussetzungen der mittelbaren Täterschaft HEMMER/WÜST, Strafrecht AT II, Rn. 182 ff.

220 Vgl. hierzu nochmals oben Fall 21.

221 Vgl. hierzu nochmals oben Fall 23.

222 Vgl. BGHSt 30, 363; BGHSt 43, 177; BGH, NStZ 2000, 589 f.; ROXIN, in: Leipziger Kommentar, § 25 Rn. 150 ff.; WESSELS/ HILLENKAMP, Rn. 613 f.; LACKNER/ KÜHL, § 22 Rn. 9; TRÖNDLE/ FISCHER, § 22 Rn. 24; BAIER, JA 1999, 771 ff.

Immerhin hat er den Kontakt zu M gesucht, diesen über die Beschaffenheit des vermeintlichen Schlafmittels aufgeklärt und aufgefordert, von der Tat Abstand zu nehmen.

Für den Rücktritt ist hier die Vorschrift des § 24 II StGB einschlägig. Danach gelten verschärfte Voraussetzungen, wenn am Deliktsversuch mehrere beteiligt gewesen sind. Der Gesetzgeber hat die versuchte Begehung von Straftaten durch mehrere für gefährlicher gehalten als den Versuch eines Alleintäters, für den § 24 I StGB gilt, und daher eine Regelung geschaffen, bei der ein bloßes freiwilliges Nichtweiterhandeln zur Strafbefreiung nicht genügt. Vielmehr wird zusätzlich die Verhinderung der Vollendung der Tat (§ 24 II 1 StGB) bzw. zumindest ein freiwilliges und ernsthaftes Bemühen, dieser entgegen zu wirken (§ 24 II 2 StGB), vorausgesetzt. § 24 II StGB hat vor allem für Anstifter, Gehilfen und Mittäter Bedeutung, wird aber auf Grund der vergleichbaren Gefährlichkeit auch in Fällen mittelbarer Täterschaft herangezogen, wenn auch der Tatmittler, also das Werkzeug, Täter ist.[223]

B hat vorliegend die Vollendung der Tat nicht verhindert. Vielmehr hat der mittlerweile aufgeklärte M die Tat wie ursprünglich besprochen durchgeführt und S getötet. Ein Rücktritt nach § 24 II 1 StGB scheidet damit aus.

In Betracht kommt daher lediglich ein Rücktritt nach § 24 II 2 StGB. Zwar ließe sich insofern möglicherweise ein freiwilliges und ernsthaftes Bemühen des B, die Vollendung der Tat zu verhindern, bejahen. Dies reicht aber nicht aus, da § 24 II 2 a.E. StGB zusätzlich zur Voraussetzung macht, dass die Tat unabhängig von dem früheren Beitrag des B begangen wurde, was zu bejahen wäre, wenn B seinen Tatbeitrag objektiv neutralisiert hätte, wenn also in der später begangenen Tat nichts mehr enthalten gewesen wäre, was mit dem früheren Beitrag des B in ursächlichem Zusammenhang stünde.

[223] KUDLICH, JuS 1999, 449; WESSELS/ BEULKE, Rn. 648. LACKNER/ KÜHL, § 24 Rn. 25; ROXIN, in: Festschrift für Lenckner S 267.

Dies gilt auch, wenn die später begangene Tat dem B aus anderen Gründen nicht zugerechnet werden könnte.[224] B hatte vorliegend vergessen, das Fläschchen mit dem Gift von M wieder zurückzufordern. Dieses Gift setzte M später zur Tötung des S ein. Die Überlassung des Giftes von B an M war damit kausal für den Tod des S. Die Tat wurde nicht unabhängig vom früheren Tatbeitrag des B begangen.

6. Ergebnis

A hat sich wegen versuchten Totschlags in mittelbarer Täterschaft gem. §§ 212 I, 22, 23 I, 25 I 2.Var. StGB strafbar gemacht. Dieser verdrängt die tatbestandlich ebenfalls gegebene versuchte gefährliche Körperverletzung in mittelbarer Täterschaft nach §§ 223 I, 224 I Nr. 1, 1.Var., Nr. 5, 22, 23 I, 25 I 2.Var. StGB im Wege der Subsidiarität.

II. Anstiftung zum Totschlag / Mord, §§ 212 I, (211 I, II), 26 StGB

hemmer-Methode: Normalerweise muss bei Bejahung einer mittelbaren Täterschaft nicht mehr auf die Anstiftung eingegangen werden, da diese als schwächere Beteiligungsform grundsätzlich von der mittelbaren Täterschaft verdrängt wird, sofern beide überhaupt ausnahmsweise parallel vorliegen können. Da hier jedoch die mittelbare Täterschaft nur versucht, das Tatopfer aber tatsächlich verstorben ist, muss eine Strafbarkeit wegen Anstiftung geprüft werden, um verdeutlichen zu können, dass es tatsächlich zu einer vollendeten Rechtsgutsverletzung gekommen ist.

1. Vorsätzliche und rechtswidrige Haupttat

M hat den S vorsätzlich und rechtswidrig getötet. Eine Haupttat als Anknüpfungspunkt für eine Teilnahmestrafbarkeit liegt damit vor.

[224] LACKNER/ KÜHL, § 24 Rn. 27

2. Objektiver Tatbestand (Bestimmen)

In objektiver Hinsicht müsste B den M zur Tat **bestimmt** haben. Bestimmen i.S.d. § 26 StGB bedeutet Hervorrufen des Tatentschlusses.[225] Wie der Begriff im Einzelnen auszulegen ist, ist umstritten.[226] Abzulehnen ist zunächst die sog. Theorie vom Unrechtspakt[227], die das Vorliegen eines gemeinsamen Tatplanes von Anstifter und Täter für erforderlich hält, in dessen Rahmen der Anstifter dem Angestifteten das Versprechen der Tatausführung abnimmt und sich dieser dem Anstifter unterordnet. Diese Theorie setzt nämlich der Anstiftung zu enge Grenzen. Umgekehrt zu weitgehend erscheint es, sich mit jeder kausalen Verursachung des Tatentschlusses durch beliebige Mittel zu begnügen.[228] Die h.M.[229] setzt daher eine kommunikative Willensbeeinflussung im Wege eines offenen geistigen Kontakts voraus, die wenigstens eine Anregung zur Begehung der Haupttat in sich birgt und dem Anzustiftenden die Möglichkeit eröffnet, den ihm vermittelten Impuls zur Grundlage seines Tatentschlusses zu machen.

Durch den Vorschlag des Raubüberfalls und die anschließende Aufklärung über die wirkliche Beschaffenheit des angeblichen Schlafmittels hat B bei M den Tatentschluss im Wege geistiger Willensbeeinflussung geweckt, den S umzubringen. Ein Bestimmen i.S.d. § 26 StGB liegt damit vor.

3. Subjektiver Tatbestand (doppelter Anstiftervorsatz)

Fraglich ist jedoch das Vorliegen eines **doppelten Anstiftervorsatzes.** Erforderlich ist nämlich Vorsatz zum einen hinsichtlich des eigenen Tatbeitrages, also des Bestimmens, sowie zum anderen hinsichtlich der vollendeten Begehung einer in ihren wesentlichen Grundzügen konkretisierten, vorsätzlichen und rechtswidrigen Haupttat.

[225] WESSELS/ BEULKE, Rn. 568.

[226] Vgl. hierzu HILLENKAMP AT, 23. Problem.

[227] PUPPE, GA 1984, 101.

[228] So aber LACKNER/ KÜHL, § 26 Rn. 2; KUHLEN/ ROTH, JuS 1995, 711 f.

[229] WESSELS/ BEULKE, Rn. 568; ROXIN, in: Leipziger Kommentar, § 26 Rn. 3 f. TRÖNDLE/ FISCHER, § 26 Rn. 3; CRAMER/ HEINE, in: Schönke/ Schröder, § 26 Rn. 4.

Insbesondere diese zweite Komponente des Vorsatzes ist hier nicht gegeben: Zum Zeitpunkt seiner ersten Einwirkung auf den M wollte der B diesen lediglich als Werkzeug einsetzen, ging also davon aus, dass dieser die Tat vorsatzlos begehen würde. Zu dem Zeitpunkt, als er M über den wahren Sachverhalt aufklärte, wollte er diesen nicht zur Begehung einer vorsätzlichen rechtswidrigen Haupttat bestimmen, sondern ihn umgekehrt davon abhalten. Zum Zeitpunkt des objektiven Bestimmens lag daher bei B kein Anstiftervorsatz mehr vor.

4. Ergebnis

B ist nicht wegen Anstiftung zum Totschlag oder Mord strafbar. Aus denselben Gründen scheitert auch eine Anstiftung zu §§ 223 I, 224 I Nr.1, 1.Var., Nr. 5 StGB.

III. Fahrlässige Tötung durch Unterlassen, §§ 222, 13 I StGB

hemmer-Methode: Achten Sie in der Klausur besonders auf die Hinweise des Klausurerstellers: „B vergisst dabei, das Fläschchen mit dem Gift zurückzufordern." Dieser Satz enthält versteckt zwei Prüfungshinweise: Zum einen muss an § 24 II 2 a.E. StGB gedacht werden, zum anderen gibt der Satz Anlass, auch eine Unterlassungsstrafbarkeit des B anzusprechen.
Stellen Sie sich in der Klausur solche Fragen. Überlegen Sie, was der Klausurersteller wohl gewollt hat und worauf er Wert legen wird. Der Sachverhalt einer Klausur entspringt nicht gänzlich den Zufälligkeiten des täglichen Lebens. Es handelt sich vielmehr um durchkonstruierte Aufgabenstellungen. Versetzen Sie sich daher in Ihrer Prüfung immer eine Zeit lang in die Lage des Klausurerstellers. Ein solches Vorgehen kann mit den Schlagworten „Echoprinzip" und „imaginärer Gegner" bezeichnet werden. Sehen Sie die Klausur als einen Ruf des Klausurerstellers, Ihres imaginären Gegners, an, dem Sie mit Ihrer Lösung das Echo geben. Hören Sie auf alle Signale, die Ihnen mit der Aufgabenstellung entgegen gerufen werden.

1. Unrechtstatbestand

Eine objektive Sorgfaltspflichtverletzung des B liegt darin, dass er den M nicht aufforderte, das Gift zurückzugeben, nachdem er ihn über den wirklichen Inhalt des Fläschchens aufgeklärt und gebeten hatte, vom Plan Abstand zu nehmen.

Seine **Garantenstellung** ergibt sich aus **Ingerenz**, da das Überlassen des Gifts als **vorangegangenes gefährdendes Tun** anzusehen ist. Dadurch hat B kausal den Tod des M verursacht. Dieser Erfolg war auch objektiv vorhersehbar.

Schließlich ist die objektive Zurechenbarkeit zu bejahen, denn der Tod des S war vermeidbar und es hat sich im konkreten Todeserfolg gerade auch das pflichtwidrige und vorwerfbare Verhalten des B realisiert. Es hat sich gerade diejenige rechtlich missbilligte Gefahr verwirklicht, die durch die Sorgfaltspflichtverletzung des Täters geschaffen wurde. M hat nämlich vorliegend dem S das Gift verabreicht, das der B zurückzufordern vergessen hatte (sog. **Pflichtwidrigkeitszusammenhang**).

2. Rechtswidrigkeit

Die Tat war rechtswidrig.

3. Schuld

Fraglich ist, ob bei B die **subjektive Vorhersehbarkeit** zu bejahen ist. Erforderlich ist hierbei nicht, dass B konkret damit gerechnet hat, M werde S mit dem Gift umbringen. Auch hier lassen nur völlig atypische Kausalverläufe die Fahrlässigkeitsschuld entfallen. Auf die Zusage des M, von dem geplanten Raub Abstand zu nehmen, durfte B sich jedenfalls nicht verlassen.

hemmer-Methode: Beachten Sie, dass Sie beim Fahrlässigkeitsdelikt alles Subjektive in die Schuldebene einordnen müssen. Verwechseln Sie aber nicht subjektive Vorhersehbarkeit mit Vorsatz.

In aller Regel wird die subjektive Vorhersehbarkeit durch die objektive Vorhersehbarkeit indiziert, es sei denn der Täter ist aufgrund weit unterdurchschnittlicher Fähigkeiten nicht in der Lage, vergleichbare Schlussfolgerungen zu ziehen, was hier nicht der Fall ist.

4. Ergebnis

B ist strafbar wegen fahrlässiger Tötung durch Unterlassen, §§ 222, 13 I StGB.

IV. Konkurrenzen

Der versuchte Mord in mittelbarer Täterschaft und die fahrlässige Tötung durch Unterlassen stellen mehrere selbstständige Straftaten dar. Sie stehen daher zueinander im Verhältnis der Tatmehrheit, § 53 I StGB.

hemmer-Methode: Vertretbar ist hier auch die Annahme einer mitbestraften Nachtat.

D. Zusammenfassung

Sound: Versuchsbeginn bei mittelbarer Täterschaft. Bestimmen i.S.d. § 26 StGB. Garantenstellung aus Ingerenz.

Nach h.M. liegt bei einer mittelbaren Täterschaft ein unmittelbares Ansetzen zur Verwirklichung des Tatbestandes i.S.d. § 22 StGB ab dem Zeitpunkt vor, in dem das angegriffene Rechtsgut unmittelbar gefährdet ist bzw. der mittelbare Täter den Tatmittler aus seinem Herrschaftsbereich entlässt und so das Geschehen aus der Hand gibt.

Ein Bestimmen i.S.d. § 26 StGB setzt nach h.M. eine kommunikative Willensbeeinflussung im Wege eines offenen geistigen Kontaktes voraus.

Wer durch ein objektiv pflichtwidriges Tun oder Unterlassen für Rechtsgüter Dritter die Gefahr eines nahen Schadenseintritts geschaffen hat, ist zur Abwendung des drohenden Erfolges und zu entsprechenden Rettungsmaßnahmen verpflichtet.

Man spricht hier von einer Garantenstellung aus pflichtwidrigem gefährdendem Vorverhalten (Ingerenz).

hemmer-Methode: Dieser Fall eignet sich sehr gut als Vorlage für einen Klausursachverhalt. Er setzt Kenntnisse aus vielen unterschiedlichen Bereichen des Allgemeinen Teils des StGB (Versuch, Rücktritt vom Versuch, Täterschaft und Teilnahme, Fahrlässigkeitsdelikt, Unterlassungsdelikt) voraus. Solche Klausuren sind durchaus typisch. Hier müssen Sie gleich zu Beginn der Klausur erkennen, dass eine Vielzahl von Problemfeldern anzusprechen ist. Eine besondere Schwierigkeit stellt dann zumeist die Zeiteinteilung dar. Auch hier gilt: Erwerben Sie Erfahrung durch Üben am Fall. Schreiben Sie im Rahmen Ihrer Vorbereitung Klausuren unter Klausurbedingungen, d.h. nur mit dem Gesetz, ohne weitere Hilfsmittel und in derselben Zeitspanne wie die Prüfung ausgestaltet ist, auf welche Sie sich vorbereiten. Erarbeiten Sie sich so ein Gefühl dafür, wie viel Zeit Ihnen in der Klausur zur Verfügung steht.

E. Zur Vertiefung

Zur mittelbaren Täterschaft

- HEMMER/WÜST, Strafrecht AT II, Rn. 182 ff.

Zur Anstiftung

- HEMMER/WÜST, Strafrecht AT II, Rn. 268 ff.
- PUPPE, Was ist Anstiftung?, NStZ 2006, 424 ff.

Zur Garantenstellung aus Ingerenz

- HEMMER/WÜST, Strafrecht AT I, Rn. 590 ff.

Aktuelle Rechtsprechung

- Zu den Anforderungen von Täterschaft und Teilnahme: Entwickeln mehrere gemeinsam einen Tatentschluss, liegt darin keine Anstiftung des jeweils anderen. Dies gilt auch hinsichtlich desjenigen, der im Vorbereitungsstadium die höchste Planungskompetenz aufweist, BGH 1 StR 174/08 = Life&Law 2009, 29 ff.
- Zum Bestimmtheitserfordernis beim Anstiftervorsatz: Für Anstiftung zum Heimtückemord genügt bedingter Vorsatz, der auch gegeben sein kann, wenn der Anstifter aus Gleichgültigkeit mit jeder eintretenden Möglichkeit der Tatausführung einverstanden ist, BGH NStZ 2005, 381 ff. = Life&Law 2005, 603 ff.

Fall 28: Die Beseitigung des Erzfeindes

Sachverhalt:

Adalbert (A) will seinen verhassten Erzfeind Caspar (C) „beseitigen". Da er ihn aber nicht selbst töten möchte, macht er sich auf die Suche nach einem möglichen Täter.

Er findet diesen in seinem Mitbewohner Balduin (B). A schildert dem etwas einfältigen B wahrheitswidrig, dass C ihm gesagt habe, er werde ihn, den A, demnächst umbringen, und dass diese Drohung unbedingt ernst zu nehmen sei.

A bittet daher B, welcher der Schilderung des A Glauben schenkt, den C für ihn zu beseitigen. Als B Zweifel äußert, ob es denn erlaubt sei, einen Menschen zu töten, redet der clevere A ihm kurzerhand ein, dass ein Straftäter wie C grundsätzlich weniger schützenswert sei als ein ehrlicher Bürger. Die Tat sei daher unter jedem Gesichtspunkt erlaubt. B tötet daraufhin den C.

Bearbeitervermerk:

Prüfen Sie die Strafbarkeit der Beteiligten nach dem 16. Abschnitt des StGB.

A. Einordnung

I.R.d. Strafbarkeit des B ist hier eine sorgfältige Abgrenzung des Erlaubnistatbestandsirrtums vom Erlaubnisirrtum vorzunehmen. Entscheidend ist insofern, ob der Täter im tatsächlichen Bereich einer Fehlvorstellung erlegen ist, oder ob er sich in rechtlicher Hinsicht geirrt hat. Im Falle des B ist hier bezogen auf den Rechtfertigungsgrund des § 34 StGB ein Irren in tatsächlicher und in rechtlicher Hinsicht gegeben, so dass sich die Frage erhebt, wie ein solcher Doppelirrtum rechtlich zu beurteilen ist.

Der in Anlehnung an den bekannten Katzenkönigfall des BGH[230] gebildete Sachverhalt zwingt i.R.d. Prüfung der Strafbarkeit des A zur Auseinandersetzung mit der Frage, ob eine mittelbare Täterschaft des A auch dann denkbar ist, wenn der als Tatmittler in Betracht kommende B volldeliktisch handelt, dabei aber einem vermeidbaren Verbotsirrtum erliegt.

B. Gliederung

Strafbarkeit des B

I. Totschlag, § 212 I StGB

1. Tatbestand

2. Rechtswidrigkeit

a) Nothilfe, § 32 StGB

⇨ Nothilfelage = gegenwärtiger und rechtswidriger Angriff auf den A (-)

b) Rechtfertigender Notstand, § 34 StGB

⇨ Notstandslage = gegenwärtige Gefahr (-)

3. Schuld

a) Vorsatzschuldvorwurf
(-), wenn Handeln im Erlaubnistatbestandsirrtum

aa) Irrtum des B i.R.d. § 32 StGB

B irrt sich nicht in tatsächlicher, sondern in rechtlicher Hinsicht, wenn er glaubte, § 32 StGB erlaube auch die Abwehr zukünftiger, noch nicht gegenwärtiger Angriffe

⇨ Irrtum des B = **Erlaubnisirrtum**

bb) Irrtum des B i.R.d. § 34 StGB

⇨ Bezüglich § 34 StGB zwar Irrtum auf tatsächlicher Ebene, da B von einer für § 34 StGB ausreichenden Dauergefahr ausging, jedoch auch Irrtum auf rechtlicher Ebene, da B bei Zugrundelegung seines irrig vorgestellten Sachverhaltes sein Handeln für gerechtfertigt hielt, auch dann aber § 34 StGB (-), da jedenfalls Interessenabwägung (-)

[230] BGHSt 35, 347.

⇨ daher <u>hier</u> Irrtum sowohl in tatsächlicher als auch rechtlicher Hinsicht, **Doppelirrtum**

⇨ Behandlung wie Erlaubnisirrtum nach § 17 StGB

b) Unrechtsbewusstsein
§ 17 StGB ⇨ Irrtümer des B vermeidbar?
i. Erg. (+)

II. Ergebnis: § 212 I StGB (+),fakultative Strafmilderung nach §§ 17 S.2, 49 I StGB

Strafbarkeit des A

I. Totschlag an C in mittelbarer Täterschaft, §§ 212 I, 25 I 2.Var. StGB

1. Objektiver Tatbestand

(P): Mittelbare Täterschaft des Hintermannes bei Handeln des Vordermannes in vermeidbarem Verbotsirrtum?

- *Lehre vom Verantwortungsprinzip*: immer (-)
- *Lehre vom Werkzeugprinzip*: immer (+)
- *h.M.*: (+)/(-), je nach Grad der Beeinflussung des Hintermannes auf die Entstehung des Irrtums beim Tatmittler und seiner Ausnutzung dieses Irrtums

2. Subjektiver Tatbestand (+)

3. Rechtswidrigkeit und Schuld (+)

II. Ergebnis: §§ 212 I, 25 I 2.Var. StGB (+)

C. Lösung

Strafbarkeit des B

I. Totschlag, § 212 I StGB

B könnte sich zunächst wegen Totschlages gemäß § 212 I StGB strafbar gemacht haben.

1. Tatbestand

B hat einen anderen Menschen, nämlich den C, getötet. Dies geschah vorsätzlich mit Wissen und Wollen.

hemmer-Methode: Für die Verwirklichung eines Mordmerkmals (§ 211 II StGB) enthält der Sachverhalt hier keine Anhaltspunkte. § 211 StGB muss dann in der Klausur auch nicht angesprochen werden.

2. Rechtswidrigkeit

Zu prüfen ist, ob der B rechtswidrig gehandelt hat. Seine Tat wäre gerechtfertigt, wenn ein Rechtfertigungsgrund eingriffe.

a) Nothilfe, § 32 StGB

In Betracht kommt Nothilfe gemäß § 32 StGB. Insofern müsste zunächst objektiv eine Nothilfelage, also ein gegenwärtiger, rechtswidriger Angriff auf einen Dritten vorgelegen haben. Ein Angriff des C auf das Leben des A war aber objektiv nicht gegeben, ein solcher stand auch nicht unmittelbar bevor, sondern war lediglich dem B von A eingeredet worden. Eine Rechtfertigung nach § 32 StGB scheidet daher bereits auf Grund des Fehlens einer Nothilfelage aus.

b) Rechtfertigender Notstand, § 34 StGB

B könnte weiterhin nach § 34 StGB gerechtfertigt sein. Insofern müsste zunächst objektiv eine Notstandslage vorgelegen haben.

Zwar setzt der Wortlaut des § 34 StGB ebenso wie § 32 StGB voraus, dass gegenwärtiges Handeln erforderlich ist; im Unterschied zur Notwehr genügt hier jedoch eine gegenwärtige Gefahr, und diese Gefahr kann auch als „Dauergefahr" von einem Menschen ausgehen, der momentan zwar nicht angreift (weshalb § 32 StGB dann schon ausscheidet), von dem aber ein Angriff in naher Zukunft zu erwarten ist.[231] Hier aber war ein Angriff des C nicht einmal zukünftig zu erwarten, sondern nur von A dem B vorgespiegelt. Auch eine Notstandslage ist damit zu verneinen.

B ist auch nicht nach § 34 StGB gerechtfertigt.

---

[231] Vgl. hierzu nochmals oben Fall 14.

3. Schuld

Fraglich ist, ob B schuldhaft gehandelt hat.

a) Vorsatzschuldvorwurf

aa) Zunächst ist zu fragen, wie der Irrtum des B **i.R.d. § 32 StGB** auf Schuldebene einzuordnen ist. Stellt sich der Täter einen Sachverhalt vor, bei dessen tatsächlichem Vorliegen sein Handeln gerechtfertigt wäre, so handelt es sich um einen Erlaubnistatbestandsirrtum, bei dem nach der herrschenden, eingeschränkten rechtsfolgenverweisenden Schuldtheorie analog § 16 I 1 StGB der Vorsatzschuldvorwurf entfällt und allenfalls eine Strafbarkeit wegen des entsprechenden Fahrlässigkeitsdeliktes in Betracht kommt (§§ 16 I 2, 15 StGB).

Hinsichtlich des Rechtfertigungsgrundes der Nothilfe irrt sich B aber nicht in tatsächlicher, sondern in rechtlicher Hinsicht, wenn er nach der Schilderung des A, der C werde ihn *erst demnächst* angreifen, glaubte, § 32 StGB erlaube auch die Abwehr zukünftiger, noch nicht gegenwärtiger Angriffe. Diesbezüglich entfällt somit der Vorsatzschuldvorwurf nicht. Es handelt sich lediglich um einen Erlaubnisirrtum, der einen Fall des Verbotsirrtums darstellt. B hat hier nämlich die rechtlichen Grenzen des anerkannten Rechtfertigungsgrundes der Nothilfe gem. § 32 StGB verkannt.

bb) Bezüglich § 34 StGB irrt sich B dagegen zunächst auf tatsächlicher Ebene, da er irrig eine für § 34 StGB rechtlich ausreichende Dauergefahr annahm. B müsste jedoch – entspräche seine in tatsächlicher Hinsicht irrige Annahme der Realität – auch die weiteren Voraussetzungen des § 34 StGB erfüllen, um einen Erlaubnistatbestandsirrtum bejahen und so nach der eingeschränkten rechtsfolgenverweisenden Schuldtheorie den Vorsatzschuldvorwurf als entfallen ansehen zu können. Dies ist vorliegend nicht der Fall, da bereits zweifelhaft ist, ob die vorgestellte Gefahr i.S.d. § 34 StGB für B nicht anders abwendbar, ob also die Tötung des C als mildestes Mittel objektiv erforderlich war. Jedenfalls scheitert eine Rechtfertigung des B – seinen irrig vorgestellten Sachverhalt als tatsächlich zu Grunde gelegt – hier an der i.R.d. § 34 StGB anzustellenden umfänglichen Interessenabwägung, da das beeinträchtigte Rechtsgut (Leben des C) das geschützte (Leib und Leben des A) nicht wesentlich überwiegt. Wegen des Grundsatzes des absoluten Lebensschutzes kann ein Angriff auf das Leben eines Menschen keinesfalls nach § 34 StGB gerechtfertigt sein. Die weiteren Voraussetzungen des § 34 StGB waren also nicht gegeben.

Somit irrte sich B bezüglich § 34 StGB sowohl in tatsächlicher als auch rechtlicher Hinsicht. Dieser sog. **Doppelirrtum** stellt aber keinen Erlaubnistatbestandsirrtum, sondern einen Erlaubnisirrtum dar, der nach § 17 StGB zu behandeln ist. Es kann dem Täter nämlich nicht zum Vorteil gereichen, dass er sich nicht ausschließlich rechtlich, sondern zusätzlich auch in tatsächlicher Hinsicht irrt.[232] Somit entfällt für B der Vorsatzschuldvorwurf nach den Regeln über die Behandlung eines Erlaubnistatbestandsirrtums nicht.

b) Unrechtsbewusstsein

Bei den beiden nach § 17 StGB zu behandelnden Erlaubnisirrtümern (bezüglich § 32 StGB und bezüglich § 34 StGB) könnte das Unrechtsbewusstsein nur bei einem unvermeidbaren Irrtum (§ 17 S.1 StGB) entfallen. Der Irrtum des B war jedoch vermeidbar, da er bei Anstrengung all seiner geistigen Kräfte, notfalls unter Hinzuziehung von rechtlichem oder auch geistigem Beistand, und bei gehöriger Anspannung seines Gewissens hätte erkennen können, dass es einen absoluten Lebensschutz gibt und dass sein Handeln somit nicht gerechtfertigt war. B handelte **schuldhaft**.

II. Ergebnis

B hat sich nach § 212 I StGB strafbar gemacht. Es kommt jedoch eine fakultative Strafmilderung nach §§ 17 S.2, 49 I StGB wegen des vermeidbaren Verbotsirrtums in Betracht.

[232] Vgl. WESSELS/ BEULKE, Rn. 485 f.

Strafbarkeit des A

I. Totschlag an C in mittelbarer Täterschaft, §§ 212 I, 25 I 2.Var. StGB

1. Objektiver Tatbestand

Die Tathandlung wurde von B und nicht von A begangen. Jedoch könnte A den Tatbestand als mittelbarer Täter nach § 25 I 2.Var. StGB verwirklicht haben, sodass ihm die Tathandlung des B zuzurechnen wäre.

Erforderlich für mittelbare Täterschaft ist zum einen eine aus rechtlichen oder tatsächlichen Gründen unterlegene Stellung (sog. „Defekt") des als menschliches Werkzeug eingesetzten Tatmittlers und zum anderen die beherrschende Rolle des Hintermannes, der die Sachlage richtig erfasst und daher das Gesamtgeschehen kraft seines planvoll lenkenden Willens in der Hand hält, mithin also Tatherrschaft „kraft überlegenen" Wissens oder Willens hat.[233]

Zweifelhaft ist, ob in der hier vorliegenden Fallkonstellation eine mittelbare Täterschaft des A überhaupt möglich ist, da diese grundsätzlich ein nicht vollverantwortlich handelndes Werkzeug voraussetzt. Eine mittelbare Täterschaft ist daher jedenfalls in Fällen denkbar, in denen der Tatmittler vorsatzlos hinsichtlich bestimmter Tatbestandsmerkmale oder gerechtfertigt oder entschuldigt handelt. B handelte hier aber lediglich im vermeidbaren Verbotsirrtum und damit letztlich vollverantwortlich (s.o.).

Es erscheint daher fraglich, ob A hier trotzdem Tatherrschaft kraft überlegenen Wissens haben konnte und hatte. Diese Frage ist in Rechtsprechung und Literatur umstritten.[234]

a) Da sich der Handelnde beim vermeidbaren Verbotsirrtum im Unterschied zum unvermeidbaren Verbotsirrtum frei verantwortbar für die Tatbegehung entscheide, lehnt die **Lehre vom Verantwortungsprinzip** in diesen Fällen eine mittelbare Täterschaft ab. Die Handlungsherrschaft des Vordermannes, also des Tatmittlers, schließe die Herrschaft eines anderen zugleich aus.

Diese Auffassung geht jedoch von der unzutreffenden Vorstellung aus, dass von mehreren an einer Straftat Beteiligten nur einer Tatherrschaft haben könne. Ebenso wie bei der Mittäterschaft und der Nebentäterschaft können aber auch in einem Fall wie dem hier vorliegenden Tatherrschaft und Verantwortung unter mehreren Personen aufgeteilt sein. Ob der Verbotsirrtum unvermeidbar oder vermeidbar war, ist folglich ausschließlich für die Strafbarkeit des irrenden Tatmittlers bedeutsam und gibt keine Antwort auf die Frage einer möglichen Strafbarkeit des Hintermanns. Dies gilt umso mehr, als beim vermeidbaren Verbotsirrtum der Täter genauso wie beim unvermeidbaren und damit entschuldigenden Verbotsirrtum im Augenblick der Tatbegehung konkret davon ausgeht, dass sein Handeln im Einklang mit der Rechtsordnung steht. Ob dieser Irrtum dann vermeidbar war oder nicht, beseitigt nicht das Vorliegen dieses „Defekts" im Augenblick der Tatbegehung.

Eine Tatherrschaft des Hintermannes kann also nicht allein damit abgelehnt werden, dass der Vordermann im vermeidbaren Verbotsirrtum handelte.

b) Nach einer zweiten Ansicht (sog. **Lehre vom Werkzeugprinzip**) [235] ist eine Tatherrschaft des Hintermanns im Fall des vermeidbaren Verbotsirrtums beim Vordermann und einer Einflussnahme auf diesen Irrtum durch den Hintermann immer zu bejahen.

Zuzustimmen ist dieser Ansicht insoweit, als in der Tat auch ein Tatmittler, der einem vermeidbaren Verbotsirrtum unterliegt, im Verhältnis zum Hintermann „unfrei" handeln kann (vgl. eben). Das Verantwortungsprinzip ist also im Ergebnis durch das sog. Werkzeugprinzip zu ersetzen.

Nicht nachvollziehbar (und gerade auch inkonsequent) ist aber die These, dass dies immer so sein müsse. Da die Beziehung zwischen Tatmittler und Hintermann unterschiedlich aussehen kann, kann auch die Frage nach einer mittelbaren Täterschaft nicht einheitlich beantwortet werden.

---

[233] Vgl. nochmals oben Fall 27.

[234] Vgl. hierzu HILLENKAMP AT, 21. Problem.

[235] Vgl. HERZBERG, Jura 1990, 16 ff.

Insbesondere lässt sich die Gleichbehandlung aller Fälle des vermeidbaren Verbotsirrtums auch nicht damit begründen, dass dem Tatmittler beim vermeidbaren Verbotsirrtum nur ein Fahrlässigkeitsvorwurf unterstellt werde und somit der Hintermann durch den ihn treffenden Vorsatzschuldvorwurf immer ein Mehr an Tatherrschaft besitze.[236] Diese Auffassung steht im Widerspruch zum eindeutigen Wortlaut des § 17 S.2 StGB, der regelt, dass der Handelnde volldeliktisch und damit wegen vorsätzlichen Handelns verantwortlich ist. Sie ist daher abzulehnen.

c) Zu folgen ist vielmehr der h.M., die diese Frage im Sinne eines **differenzierenden Ansatzes** nicht für alle Fälle einheitlich beantwortet, sondern im Einzelfall die Tatherrschaft wertend ermittelt.[237] Maßstab dieser Wertung muss der Grad der Beeinflussung des Hintermannes auf die Entstehung des Irrtums beim Tatmittler und seine Ausnutzung dieses Irrtums sein.

Im vorliegenden Fall hat A bei B zunächst den Irrtum hervorgerufen, es bestünde die Gefahr eines zukünftigen Angriffs durch den C. Dies begründet aber seine Tatherrschaft noch nicht, da dieser Irrtum bei B erst aufgrund der rechtlichen Wertung relevant wird.

Indem A aber den B auch davon überzeugte, das deutsche Strafrecht bewerte den Schutz von Straftätern im Vergleich zu ehrlichen Bürgern niedriger, hat er bei B einen vermeidbaren Verbotsirrtum hervorgerufen, der den B letztlich erst zur Tat bewegte. Damit hat A das Geschehen ausgelöst und gesteuert, da (nur) er wusste, dass diese rechtliche Differenzierung zwischen Straftätern und nicht vorbestraften Personen nicht besteht. Bei wertender Betrachtung ist der irrende B als Werkzeug des A anzusehen und daher Tatherrschaft des A zu bejahen.

2. Subjektiver Tatbestand

A hat den Irrtum des B bewusst und gewollt hervorgerufen und das Geschehen gesteuert, sodass er insoweit vorsätzlich handelte.

hemmer-Methode: Auch hinsichtlich des A enthält der Sachverhalt keine Anhaltspunkte für das Vorliegen eines Mordmerkmals (§ 211 II StGB). Damit musste § 211 StGB hier wiederum nicht geprüft werden.

3. Rechtswidrigkeit und Schuld

Die Tat war rechtswidrig und A handelte schuldhaft.

4. Ergebnis

A ist wegen Totschlages in mittelbarer Täterschaft gem. §§ 212 I, 25 I 2.Var. StGB strafbar.

D. Zusammenfassung

Sound: Doppelirrtum. Mittelbare Täterschaft des Hintermannes bei Handeln des Vordermannes in vermeidbarem Verbotsirrtum.

Ein Doppelirrtum liegt vor, wenn der Täter nicht nur irrtümlich vom Vorliegen der tatsächlichen Voraussetzungen eines Rechtfertigungsgrundes ausgeht, sondern auch bei Zugrundelegung dieser Vorstellung sein vermeintliches Recht noch überschreitet. Ein solcher Irrtum ist nach den Regeln des § 17 StGB wie ein Verbotsirrtum zu behandeln.

Mittelbare Täterschaft kann auch dann vorliegen, wenn der Vordermann einem vermeidbaren Verbotsirrtum unterliegt. Entscheidend für die Annahme einer Täterschaft des Hintermannes ist nach dem von der h.M. zur Abgrenzung herangezogenen Kriterium der vom Täterwillen getragenen objektiven Tatherrschaft, dass dieser mit Hilfe des von ihm bewusst hervorgerufenen Irrtums das Geschehen gewollt auslöst und steuert, sodass der irrende Vordermann bei wertender Betrachtung als sein – wenn auch schuldhaft handelndes – Werkzeug anzusehen ist.

---

[236] So aber HERZBERG, Jura 1990, 16 ff.

[237] Vgl. BGHSt 35, 347; LACKNER/ KÜHL, § 25 Rn. 4, WESSELS/ BEULKE, Rn. 542.

hemmer-Methode: Wie schon Fall 27 stellt auch Fall 28 eine Aufgabe dar, die verschiedene Teilbereiche des Allgemeinen Teils des StGB miteinander kombiniert. So waren hier Fragen aus den Bereichen Rechtfertigung, Irrtumslehre, Täterschaft und Teilnahme zu prüfen. Gehen Sie zur Wiederholung nochmals die Fälle 11 und 17 durch, die sich ebenfalls mit der Abgrenzung des Erlaubnistatbestandsirrtums vom Erlaubnisirrtum beschäftigen. An dieser Stelle darf in der Klausur kein Fehler passieren!

E. Zur Vertiefung

Zu Doppelirrtümern

- HEMMER/WÜST, Strafrecht AT II, Rn. 352 ff.

Zur mittelbaren Täterschaft bei vermeidbarem Verbotsirrtum des Vordermannes

- HEMMER/WÜST, Strafrecht AT II, Rn. 214.
- Zum Fall: BGHSt 35, 347 mit Anmerkungen HERZBERG, Jura 1990, 16 ff.; Schumann, NStZ, 1990, 32; Küper, JZ 1989, 617.

Aktuelle Rechtsprechung

- Versuchter Prozessbetrug in mittelbarer Täterschaft (Kfz-Sachverständiger als undoloses Werkzeug) siehe OLG München NJW 2006, 3364 ff. = Life&Law 2007, 31 ff.

Fall 29: Ein Täter kommt selten allein

Sachverhalt:

Nachdem ihr Fußballverein wie so oft in letzter Zeit verloren hat, verlassen Hans (H) und Albert (A) in schlechter Stimmung das Stadion. Um sich abzureagieren, vereinbaren sie in einer nahe gelegenen Kneipe, einen Gast zu provozieren, um ihn dann „fertig zu machen". A betritt die Kneipe und entdeckt dort den Ottfried (O), der noch einen Schal der gegnerischen Mannschaft trägt. A beleidigt O bis dieser seine Rechnung begleicht und das Lokal verlässt. Draußen lauert bereits H. Als der hinter O herkommende A dem H zunickt, schlägt dieser mit einem Baseballschläger mehrmals auf O ein, ohne dass ihm dabei Tötungsvorsatz nachgewiesen werden kann. H lässt daraufhin von O ab. Auch A entschließt sich jetzt, dem bereits taumelnden O noch einige Faustschläge zu verpassen und mit seinem Messer in die Beine zu stechen. O verstirbt an den Folgen der Tat. Der Sachverständige konnte hierbei eindeutig feststellen, dass allein die Schläge mit dem Baseballschläger todesursächlich waren.

Bearbeitervermerk:

Prüfen Sie die Strafbarkeit des H und des A nach dem 17. Abschnitt des StGB.

A. Einordnung

Aus dem Bereich des Besonderen Teils des StGB ist hier zunächst – da weder H noch A ein Tötungsvorsatz nachgewiesen werden kann – der Tatbestand der Körperverletzung mit Todesfolge gem. § 227 StGB zu erkennen. Das zentrale Problem des Falles besteht darin, dass der Tod des O allein auf die Schläge des H mit dem Baseballschläger zurückzuführen ist und dass A erst zeitlich später mit seinen Faustschlägen und Messerstichen gegen O tätlich vorgegangen ist. Es stellt sich daher die Frage, ob dem A die vorangegangenen, zum Tode des Opfers führenden, Handlungen nach § 25 II StGB zugerechnet werden können.

B. Gliederung

Strafbarkeit des H

I. Gefährliche Körperverletzung, §§ 223 I, 224 I Nr. 2, 4 und 5 StGB

1. Objektiver Tatbestand
   a) Grunddelikt (+)
   b) § 224 I Nr. 2, 2.Var., Nr. 4 und Nr. 5 StGB (+)
2. Subjektiver Tatbestand (+)
3. Rechtswidrigkeit und Schuld (+)
4. Ergebnis: §§ 223 I, 224 I Nr. 2, 4 und 5 StGB (+)

II. Körperverletzung mit Todesfolge, § 227 StGB i.V.m. §§ 223 I, 224 I Nr. 2, 4 und 5 StGB

1. Vorliegen eines strafbaren Grunddelikts
2. Eintritt des Todeserfolges
   - Erfolgseintritt (+)
   - Kausalität (+)
3. Spezifischer Gefahrverwirklichungszusammenhang zwischen Grunddelikt und Todeserfolg (+)
4. Objektive Voraussehbarkeit (+)
5. Subjektive Fahrlässigkeit gem. § 18 StGB hinsichtlich des Todeserfolges und des spezifischen Gefahrverwirklichungszusammenhanges (+)
6. Ergebnis: § 227 StGB i.V.m. §§ 223 I, 224 I Nr. 2, 4 und 5 StGB (+)

III. Konkurrenzen

Strafbarkeit des A

I. Gefährliche Körperverletzung (in Mittäterschaft), §§ 223 I, 224 I Nr. 2, 4 und 5, 25 II StGB

1. Objektiver Tatbestand
   a) Grunddelikt (+)

b) § 224 I Nr. 2, 2.Var., Nr. 4 und Nr. 5 StGB (+)

2. Subjektiver Tatbestand

3. Rechtswidrigkeit und Schuld

4. Ergebnis: §§ 223 I, 224 I Nr. 2, 4 und 5, 25 II StGB (+)

II. Körperverletzung mit Todesfolge in Mittäterschaft, § 227 StGB i.V.m. §§ 223 I, 224 I Nr.2, 4 und 5 StGB, § 25 II StGB

1. Vorliegen eines strafbaren Grunddelikts

Faustschläge und Messerstiche des A nicht kausal für den Eintritt der schweren Folge, daher kein tauglicher Anknüpfungspunkt für § 227 StGB

(P): Zurechnung der tödlichen Schläge des H mit dem Baseballschläger nach § 25 II StGB?

Voraussetzungen einer Mittäterschaft

aa) Gemeinsamer Tatentschluss

(+) Schläge mit dem Baseballschläger noch i.R.d. gemeinsamen Tatplans, kein Exzess, entweder von Anfang an vom Tatplan gedeckt oder jedenfalls nachträgliche Erweiterung des Tatplans durch Zunicken des A

bb) Eigener, objektiver Tatbeitrag des A

Zurechnung nach den Grundsätzen der sukzessiven Mittäterschaft? (-), wenn Geschehen zum Zeitpunkt des Tatbeitrages des A vollständig abgeschlossen

⇨ zum Zeitpunkt der Faustschläge und Messerstiche waren die tödlichen Schläge mit dem Baseballschläger schon vollständig abgeschlossen

⇨ aber Tatbeitrag des A kann bereits in der vorangegangenen Beleidigung des O gesehen werden. Zu diesem Zeitpunkt hatte tödliche Handlung noch gar nicht begonnen, war also nicht völlig abgeschlossen

⇨ i. Erg. daher Zurechnung nach § 25 II StGB (+)

2. Eintritt des Todeserfolges

3. Kausalität

4. Spezifischer Gefahrverwirklichungszusammenhang

5. Objektive Voraussehbarkeit

6. Subjektive Fahrlässigkeit gem. § 18 StGB

7. Ergebnis:
§ 227 StGB i.V.m. §§ 223 I, 224 I Nr.2, 4 und 5 StGB, § 25 II StGB (+)

C. Lösung

Strafbarkeit des H

I. Gefährliche Körperverletzung, §§ 223 I, 224 I Nr. 2, 4 und 5 StGB

H könnte sich zunächst wegen gefährlicher Körperverletzung gem. §§ 223 I, 224 I Nr. 2 und Nr. 5 StGB strafbar gemacht haben.

hemmer-Methode: Eine Strafbarkeit wegen Totschlages oder Mordes (§§ 212 I, 211 I, II StGB) war nach dem Bearbeitervermerk nicht zu prüfen, wäre hier aber auch zu verneinen gewesen, da H keinen Tötungsvorsatz hatte.

1. Objektiver Tatbestand

a) Die mehrmaligen Schläge des H mit dem Baseballschläger auf den Körper des O stellen eine üble, unangemessene Behandlung dar, die das körperliche Wohlbefinden oder die körperliche Unversehrtheit nicht nur unerheblich beeinträchtigt. Ferner hat H dadurch einen krankhaften Zustand des O hervorgerufen. Es liegt damit sowohl eine körperliche Misshandlung als auch eine Schädigung an der Gesundheit vor. Der objektive Tatbestand des § 223 I StGB ist gegeben.

b) Der Baseballschläger ist auf Grund seiner objektiven Beschaffenheit und der Art der Benutzung im konkreten Einzelfall geeignet gewesen, erhebliche Verletzungen des O herbeizuführen. Er stellt damit ein gefährliches Werkzeug i.S.d. § 224 I Nr. 2, 2.Var. StGB dar.

Ferner hat H den Qualifikationstatbestand des § 224 I Nr. 5 StGB verwirklicht. Eine Körperverletzung ist mittels einer das Leben gefährdenden Behandlung begangen, wenn die Körperverletzung nach den Umständen geeignet war, das Leben des Opfers zu gefährden.

Umstritten ist, ob insofern eine abstrakt-generelle Gefährlichkeit ausreicht[238] oder ob der Eintritt einer konkreten Lebensgefährlichkeit erforderlich ist.[239] Vorliegend braucht hierauf nicht näher eingegangen zu werden, da sogar eine konkrete Lebensgefahr für O bejaht werden kann, die sich überdies dann in seinem Tod realisiert hat.

Schließlich hat H die Körperverletzung des O mit dem A als einem anderen Beteiligten (vgl. § 28 II StGB) gemeinschaftlich begangen. Auch § 224 I Nr. 4 StGB ist damit zu bejahen.

2. Subjektiver Tatbestand

H handelte sowohl hinsichtlich des Grunddeliktes als auch hinsichtlich der Qualifikationstatbestände vorsätzlich.

3. Rechtswidrigkeit und Schuld

Die Tat war rechtswidrig und H handelte schuldhaft.

4. Ergebnis

H hat sich nach §§ 223 I, 224 I Nr. 2, 4 und 5 StGB strafbar gemacht.

II. Körperverletzung mit Todesfolge, § 227 StGB i.V.m. §§ 223 I, 224 I Nr. 2, 4 und 5 StGB

Zudem kommt eine Strafbarkeit nach § 227 StGB i.V.m. §§ 223 I, 224 I Nr. 2, 4 und 5 StGB in Betracht.

1. Vorliegen eines strafbaren Grunddelikts

H hat eine gefährliche Körperverletzung nach §§ 223 I, 224 I Nr. 2, 4 und 5 StGB begangen (s. I.). Ein strafbares Grunddelikt für eine Körperverletzung mit Todesfolge nach § 227 StGB liegt vor.

2. Eintritt des Todeserfolges

H hat nach den Feststellungen des Sachverständigen durch seine Schläge mit dem Baseballschläger kausal den Tod des O herbeigeführt.

3. Spezifischer Gefahrverwirklichungszusammenhang zwischen Grunddelikt und Todeserfolg

Neben dem Kausalzusammenhang ist zwischen dem Grunddelikt und der Todesfolge ein spezifischer Gefahrverwirklichungszusammenhang erforderlich. Im tödlichen Ausgang muss sich die spezifische Gefahr der Körperverletzung niedergeschlagen haben; die von der Körperverletzung ausgehende tödliche Gefahr muss sich unmittelbar verwirklicht haben. Dabei ist nach der Rechtsprechung nicht zwingend auf die Gefährlichkeit des konkreten Körperverletzungserfolges abzustellen; es genügt vielmehr auch die Gefährlichkeit der Verletzungs**handlung**. Nach der Gegenauffassung (sog. Letalitätstheorie) muss sich dagegen die spezifische Gefahr des Körperverletzungs**erfolges** realisiert haben.

Vorliegend hat sich im Tod des O gerade die spezifische Gefährlichkeit des Körperverletzungserfolges niedergeschlagen, da den, aus den Schlägen mit dem Baseballschläger resultierenden, schweren Verletzungsfolgen die Gefahr des Todes des Opfers innewohnte. Der dargestellte Meinungsstreit muss daher nicht entschieden werden.[240]

4. Objektive Voraussehbarkeit

Der Eintritt des Todeserfolges war ferner objektiv voraussehbar.

Es war situationsbedingt keineswegs fernliegend, sondern lag durchaus im Bereich des Möglichen und nahe, dass die Schläge mit dem Baseballschläger hier den Tod des O zur Folge haben werden.

---

[238] So die h.M., vgl. BGHSt 36, 1, 9; WESSELS/ HETTINGER, Rn. 282. LACKNER/ KÜHL, § 224 Rn. 8.

[239] So STREE, Jura 1980, 281; PAEFFGEN, in: Nomos Kommentar, § 224 Rn. 27.

[240] Vgl. insofern ausführlich oben Fall 9.

5. Subjektive Fahrlässigkeit gem. § 18 StGB hinsichtlich des Todeserfolges und des spezifischen Gefahrverwirklichungszusammenhanges

Gem. § 18 StGB setzt eine Strafbarkeit nach § 227 StGB weiter voraus, dass dem Täter subjektiv hinsichtlich des Todeserfolges und des spezifischen Gefahrverwirklichungszusammenhanges wenigstens Fahrlässigkeit zur Last fällt. Da sich die Sorgfaltswidrigkeit und die Vermeidbarkeit bei der Körperverletzung mit Todesfolge schon aus der vorsätzlichen Begehung des Grunddeliktes ergibt, ist hier die Vorhersehbarkeit des tödlichen Erfolges das alleinige Merkmal der subjektiven Fahrlässigkeitsprüfung.[241]

H handelte hier subjektiv fahrlässig. Er hätte auf Grund seiner persönlichen Fähigkeiten und dem Maß seines individuellen Könnens erkennen können, dass bei den Schlägen mit dem Baseballschläger die Möglichkeit einer tödlichen Verletzung des O bestand.

6. Ergebnis

H hat sich wegen Körperverletzung mit Todesfolge gem. § 227 StGB i.V.m. §§ 223 I, 224 I Nr. 2, 4 und 5 StGB strafbar gemacht.

III. Konkurrenzen

§ 224 StGB wird verdrängt, wenn die gefährliche Körperverletzung zum Eintritt einer schweren Folge nach § 227 StGB führt.[242] H ist daher nach § 227 StGB zu bestrafen.

Strafbarkeit des A

I. Gefährliche Körperverletzung (in Mittäterschaft), §§ 223 I, 224 I Nr. 2, 4 und 5, 25 II StGB

A könnte sich zunächst gemäß §§ 223 I, 224 I Nr. 2, 4 und 5, 25 II StGB strafbar gemacht haben.

1. Objektiver Tatbestand

Durch die Faustschläge und die Stiche mit dem Messer in die Beine hat A den O in bewusstem und gewolltem, arbeitsteiligem Zusammenwirken mit H körperlich misshandelt und an der Gesundheit geschädigt. Es liegt damit der objektive Tatbestand des § 223 I StGB vor. Ferner hat A die Körperverletzung mit einem Messer, also einem gefährlichen Werkzeug i.S.d. § 224 I Nr. 2 StGB, mittels einer das Leben gefährdenden Behandlung i.S.d. § 224 I Nr. 5 StGB und i.S.d. § 224 I Nr. 4 StGB gemeinschaftlich mit dem H als einem anderen Beteiligten (vgl. § 28 II StGB) begangen.

2. Subjektiver Tatbestand

A handelte vorsätzlich mit Wissen und Wollen

3. Rechtswidrigkeit und Schuld

Die Tat war rechtswidrig und A handelte schuldhaft.

4. Ergebnis

A hat sich gem. §§ 223 I, 224 I Nr. 2, 4 und 5, 25 II StGB strafbar gemacht.

II. Körperverletzung mit Todesfolge in Mittäterschaft, § 227 StGB i.V.m. §§ 223 I, 224 I Nr. 2, 4 und 5 StGB, § 25 II StGB

A könnte sich ferner wegen mittäterschaftlicher Körperverletzung mit Todesfolge gem. § 227 StGB i.V.m. §§ 223 I, 224 I Nr. 2, 4 und 5 StGB, § 25 II StGB strafbar gemacht haben.

Dabei ist eine mittäterschaftliche Begehung – wie sich aus § 11 II StGB ergibt – grundsätzlich möglich, obwohl es sich bei § 227 StGB um ein erfolgsqualifiziertes Delikt handelt, bei dem bezüglich der qualifizierenden Folge gemäß § 18 StGB Fahrlässigkeit genügt. § 11 II StGB stellt nämlich klar, dass solche Vorsatz-Fahrlässigkeits-Kombinationen einheitlich als Vorsatzdelikte zu behandeln sind, sodass auch Mittäterschaft möglich ist.

---

241 Vgl. nochmals oben Fall 9.

242 Vgl. LACKNER/ KÜHL, § 224 Rn. 12.

hemmer-Methode: Beachten Sie: Beteiligung i.S.d. §§ 25 ff. StGB setzt stets eine vorsätzlich begangene Tat voraus.[243] Bei Fahrlässigkeitsdelikten gilt dagegen die Einheitstäterschaft!

1. Vorliegen eines strafbaren Granddelikts

A hat durch die Faustschläge und die Stiche mit dem Messer in die Beine des B eine gefährliche Körperverletzung begangen. Allerdings waren seine Handlungen nach den Feststellungen des Sachverständigen nicht kausal für den Eintritt der schweren Folge. Die von A eigenhändig begangenen Körperverletzungen stellen daher keinen Anknüpfungspunkt für § 227 StGB dar.

Ursächlich für den Tod des O waren vielmehr allein die Schläge mit dem Baseballschläger durch H.

Eine Strafbarkeit des A nach § 227 StGB kommt daher nur in Betracht, wenn sich A diese Handlung des H als Mittäter nach § 25 II StGB zurechnen lassen muss und ihm selbst hinsichtlich der schweren Folge ein Fahrlässigkeitsvorwurf gemacht werden kann.[244]

Mittäterschaft wäre hier anzunehmen, wenn A aufgrund eines gemeinsamen Tatentschlusses durch einen eigenen Tatbeitrag an der Ausführung der gemeinsamen Tat mitgewirkt hat.

aa) Gemeinsamer Tatentschluss

Ein Mittäter darf nicht bloß fremdes Tun billigen oder fördern, sondern er muss nach den gesamten Umständen des Einzelfalles seinen Tatbeitrag als Teil der Tätigkeit des anderen und die des anderen als Ergänzung seines eigenen Tatanteils wollen.[245]

Ein gemeinschaftlicher Tatentschluss liegt bereits vor, wenn die Täter sich zumindest stillschweigend darüber einig waren, gegen das spätere Opfer vorzugehen; eine ausdrückliche Verabredung ist nicht erforderlich.[246] Im vorliegenden Fall kann aber sogar von einer ausdrücklichen Abrede ausgegangen werden, da H und A abgesprochen hatten, einen Gast in der Kneipe zu provozieren, um ihn dann „fertig zu machen“. Ein gemeinsamer Tatentschluss bzw. Tatplan lag damit vor.

Fraglich könnte allenfalls sein, ob auch der Einsatz eines Baseballschlägers noch von diesem Tatplan getragen war, oder ob dies nicht einen dem A als Mittäter nicht zurechenbaren Exzess des H darstellte. Nach § 25 II StGB werden nämlich bei der Mittäterschaft die einzelnen Tatbeiträge nur dann wechselseitig zugerechnet, wenn sie sich i.R.d. gemeinsamen Tatentschlusses halten. A hat jedoch hier dem H zugenickt, kurz bevor dieser mit dem Baseballschläger gegen O vorging, so dass eine entsprechende stillschweigende Willensübereinstimmung auch hinsichtlich des Einsatzes des Baseballschlägers bejaht werden kann. Diese lag entweder bereits von Anfang an vor oder ist jedenfalls durch das Zunicken des A in Form einer nachträglichen, übereinstimmenden Erweiterung des Tatentschlusses gegeben.

Auch der Schlag mit dem Baseballschläger war also von einem gemeinsamen Tatplan gedeckt.

bb) Eigener, objektiver Tatbeitrag

Ferner müsste A innerhalb des Tatplanes auch in objektiver Hinsicht einen eigenen Tatbeitrag an der Ausführung der Tat geleistet haben.

A hat hier zwar mit seinen Fäusten auf O eingeschlagen und ihm mit seinem Messer in die Beine gestochen. Die Feststellungen des Sachverständigen haben aber ergeben, dass O allein an den Folgen der Schläge des H verstarb.

243 Vgl. BAUMANN/ WEBER/ MITSCH § 8 Rn. 74.

244 Vgl. BGH, NStZ 1997, 82; BGH, NStZ 1994, 339.

245 Vgl. BGH, NStZ 1988, 406.

246 Vgl. BGH, NStZ 1999, 510; LACKNER/ KÜHL, § 25 Rn. 10; WESSELS/ BEULKE, Rn. 527.

Die späteren Faustschläge und Messerstiche des A sind dagegen im Hinblick auf den Tod ohne Einfluss geblieben, sodass auch ohne sie alles für den Tod des O Erforderliche bereits getan war. Auf die Faustschläge und die Messerstiche kann daher nicht abgestellt werden.

Fraglich ist, ob eine Zurechnung nach den Grundsätzen der **sukzessiven Mittäterschaft** in Betracht kommt. Danach kann das erforderliche Einvernehmen zwischen den Mittätern auch noch während der Tatausführung hergestellt werden.[247] Im Einzelnen ist in diesem Zusammenhang zwar umstritten, ob auch in der Phase zwischen Vollendung und Beendigung einer Straftat noch Tatumstände oder Erschwerungsgründe zugerechnet werden können, die bereits vorher verwirklicht waren. Einigkeit besteht aber insofern, als bei einem Geschehen, welches schon **vollständig abgeschlossen** ist, das Einverständnis des später Hinzutretenden trotz Kenntnis, Billigung oder Ausnutzung der durch den anderen Mittäter geschaffenen Lage eine strafrechtliche **Verantwortung für dieses bereits abgeschlossene Geschehen nicht** mehr nach sich zieht. Dies gilt nicht nur, wenn das Gesamtgeschehen aus mehreren selbstständigen zeitlich aufeinanderfolgenden Straftaten besteht und der Mittäter erst nach vollständigem Abschluss der ersten dieser strafbaren Handlungen eintritt[248], sondern auch wenn eine Tatbestandsvariante bzw. eine Qualifikation vorliegt, die vom Mittäter vor Hinzutritt des Tatgenossen vollständig erfüllt worden ist.[249]

Zu dem Zeitpunkt, als A die Faustschläge und Messerstiche gegen O vornahm, waren die tödlichen Schläge des H mit dem Baseballschläger bereits vollständig abgeschlossen.

Ein Ausschluss der Zurechnung dieser Schläge wäre aber nach dem eben Gesagten nur dann gerechtfertigt, wenn A tatsächlich bis dahin unbeteiligt gewesen wäre und erst zum späteren Zeitpunkt seiner Faustschläge und Messerstiche in das Tatgeschehen eingegriffen hätte.

So liegt aber der Fall hier nicht. Vielmehr war A bereits von vornherein in die Auseinandersetzung miteinbezogen, indem er in der Kneipe die Beleidigung des O, welche der Auslöser für das nachfolgende Geschehen war, vornahm. Damit hat A zwar keine Körperverletzungshandlung begangen; die Beleidigung stellt sich aber als wesentlicher Teil des Gesamtgeschehens dar und reicht daher als vom Täterwillen getragener Tatbeitrag im Sinne funktionaler Tatherrschaft nach allen Ansichten zur Abgrenzung von Täterschaft und Teilnahme aus; die Vornahme einer Ausführungshandlung selbst ist gerade nicht erforderlich.

hemmer-Methode: Eine ausführliche Darstellung der einzelnen Theorien zur Abgrenzung von Täterschaft und Teilnahme war hier nicht erforderlich, da alle zum selben Ergebnis führen. Merken Sie sich insofern als Schlagwort[250]: Nach der vorwiegend im Schrifttum vertretenen Auffassung ist als entscheidendes Abgrenzungskriterium die Tatherrschaft anzusehen, wobei Tatherrschaft das vom Vorsatz umfasste „In-den-Händen-Halten" des tatbestandsmäßigen Geschehensablaufs meint.[251] Die Rechtsprechung stellt demgegenüber stärker auf subjektive Kriterien ab und sieht als Täter an, wer mit Täterwillen (animus auctoris) handelt und die Tat als eigene will. Teilnehmer ist dagegen hiernach, wer mit Teilnehmerwillen (animus socii) handelt und lediglich eine Tat als fremde veranlassen oder fördern will.
Auch nach der Ansicht der Rechtsprechung sind aber neben dem Grad des eigenen Interesses an der Tat andere Kriterien wie der Umfang der Tatbeteiligung, die Tatherrschaft oder wenigstens der Wille zur Tatherrschaft mit zu berücksichtigen.[252] Die beiden Ansichten unterscheiden sich daher in der Praxis kaum.[253]

247 Vgl. BGH, NStZ 1985, 70.
248 Vgl. BGHSt 2, 344, 346.
249 Vgl. BGH, NStZ 1997, 272; BGH, StV 1998, 127; WESSELS/ BEULKE, Rn. 527.

250 Vgl. ausführlich und mwN hierzu WESSELS/ BEULKE, Rn. 510 ff.
251 Vgl. WESSELS/ BEULKE, Rn. 512.
252 Vgl. BGHSt 28, 346, 348; BGH, NJW 1999 2449.
253 Vgl. ausführlich zum Streit HILLENKAMP AT, 19. Problem.

Nach alledem sind A die tödlichen Schläge des H mit dem Baseballschläger nach § 25 II StGB zuzurechnen.

2. Eintritt des Todeserfolges, Kausalität

O ist an den Folgen der Schläge mit dem Baseballschläger gestorben. Da A diese Schläge mittäterschaftlich zuzurechnen sind, hat auch er den Tod des O kausal verursacht.

3. Spezifischer Gefahrverwirklichungszusammenhang sowie objektive Voraussehbarkeit

Hinsichtlich des Vorliegens eines spezifischen Gefahrverwirklichungszusammenhanges zwischen Grunddelikt und Todeserfolg und dessen objektiver Voraussehbarkeit kann auf die Ausführungen oben i.R.d. Strafbarkeit des H verwiesen werden. Auf Grund der gegebenen Mittäterschaft des H und des A können diese Merkmale dem letzteren nach § 25 II StGB zugerechnet werden.

4. Subjektive Fahrlässigkeit gem. § 18 StGB hins. Todeserfolg und spezif. Gefahrverwirklichungszusammenhanges

Auch gegen A ist in subjektiver Hinsicht ein Fahrlässigkeitsvorwurf zu erheben. Er hätte auf Grund seiner persönlichen Fähigkeiten und dem Maß seines individuellen Könnens erkennen können, dass O durch die Schläge des H mit dem Baseballschläger zu Tode kommen kann.

Ob sich A der Lebensgefahr bei der Tat aktuell bewusst war, spielt für den Fahrlässigkeitsvorwurf keine Rolle.[254]

hemmer-Methode: Beachten Sie an dieser Stelle, dass die subjektive Fahrlässigkeit auch i.R.e. mittäterschaftlichen Deliktsbegehung für jeden Beteiligten gesondert festgestellt werden muss, d.h. jeder Beteiligte muss selbst hinsichtlich der schweren Folge (zumindest) fahrlässig handeln. Dies ist der Regelungsgehalt des § 18 StGB und ergibt sich weiterhin aus § 29 StGB. Ein schwerer Fehler wäre es demnach, hier über die Regeln der Mittäterschaft die Fahrlässigkeit des einen Mittäters dem anderen zuzurechnen.

5. Ergebnis

A hat sich gemäß § 227 StGB i.V.m. §§ 223 I, 224 I Nr. 2, 4 und 5 StGB, § 25 II StGB strafbar gemacht, wobei §§ 227, 25 II StGB die gefährliche Körperverletzung verdrängt.

D. Zusammenfassung

Sound: Mittäterexzess. Sukzessive Mittäterschaft. Abgrenzung Täterschaft und Teilnahme.

Der Exzess eines Mittäters kann den Übrigen Mittätern grundsätzlich nach § 25 II StGB nicht zugerechnet werden, da die Mittäter nur in den durch den gemeinsamen Tatplan und die §§ 28, 29 StGB abgesteckten Grenzen haften. Ein Mittäterexzess ist dann nicht gegeben, wenn der ursprüngliche Tatplan während der gemeinsamen Tatausführung im gegenseitigen Einvernehmen ausdrücklich oder stillschweigend ausgeweitet wurde. Insoweit haften die Übrigen Mittäter nach den Grundsätzen der sukzessiven Mittäterschaft. Eine sukzessive Mittäterschaft scheidet allerdings aus, wenn das Geschehen beim Hinzutritt des bis dahin unbeteiligten, weiteren Täters bereits vollständig abgeschlossen war.

Täterschaft und Teilnahme sind nach mehrheitlicher Ansicht des Schrifttums mit Hilfe des Kriteriums der Tatherrschaft voneinander abzugrenzen. Die Rechtsprechung stellt demgegenüber stärker auf subjektive Kriterien ab.

[254] Vgl. BGH, NStZ 1997, 82, 83.

hemmer-Methode: Wieder gilt: Lesen Sie den Sachverhalt genau. Entscheidend war es hier zu erkennen, dass die letztlich zum Tod des O führende Handlung, nämlich die Schläge des H mit dem Baseballschläger, bereits vollständig abgeschlossen waren und dass H von O abgelassen hatte, als der A begann, Faustschläge und Messerstiche gegen das Opfer zu verüben. Wer diese zeitliche Abfolge der Ereignisse nicht genau erfasst, problematisiert zwangsläufig nicht, ob hier ein Fall einer sukzessiven Mittäterschaft vorliegt. Genau dafür würden aber in einer Klausur die Punkte vergeben. Nehmen Sie sich daher stets zu Beginn der Klausur ausreichend Zeit für den Sachverhalt. Lesen Sie ihn unter Umständen sogar zweimal. Gewöhnen Sie sich durch konsequentes Training ein sorgfältiges Arbeiten auch unter Zeitdruck an.

E. Zur Vertiefung

Zur Mittäterschaft

- HEMMER/WÜST, Strafrecht AT II, Rn. 105 ff., 225 ff.

Zur Abgrenzung von Täterschaft und Teilnahme

- HEMMER/WÜST, Strafrecht AT II, Rn. 171 ff.

Aktuelle Rechtsprechung

- Eine sukzessive Mittäterschaft scheidet trotz Kenntnis, Billigung und Ausnutzung der durch einen Anderen geschaffenen Lage aus, wenn der Hinzutretende die weitere Tatausführung nicht mehr fördern kann, weil für die Herbeiführung des tatbestandlichen Erfolges schon alles Erforderliche getan ist. BGH vom 08.06.2009, 4 StR 164/09 = Life&Law 2010, 31 ff.
- Zur Strafbarkeit von Mittätern gemäß § 227 StGB trotz eines Mittäterexzesses hinsichtlich der Tötung des Opfers: Tötet ein Beteiligter an einer gemeinschaftlichen Körperverletzung das Opfer durch eine Exzesshandlung, so sind die Übrigen Mittäter der Körperverletzung mit Todesfolge schuldig, wenn weitere gemeinsame Gewalttaten gewollt waren und der Tod vorhersehbar war. Vgl. BGH NStZ 2005, 93 ff. = Life&Law 2005, 314 ff.

Fall 30: Die angebliche Insulinspritze

Sachverhalt (Grundfall):

Dr. Braun (B) ist über seinen Patienten Otto (O) dermaßen verärgert, dass er beschließt, diesen mittels einer Giftspritze zu beseitigen. Da er das Spritzen nicht selbst übernehmen will, bittet er die Krankenschwester Gerda (G), dem Patienten eine angebliche Insulinspritze zu verabreichen. G hat jedoch das Vorhaben des B durchschaut. Dennoch verabreicht sie dem ahnungslosen O die tödlich wirkende Spritze.

Bearbeitervermerk:

Prüfen Sie die Strafbarkeit der G und des B.

Abwandlung:

Wie wäre die Rechtslage, wenn B versehentlich davon ausgegangen wäre, G wäre in alles eingeweiht gewesen, wohingegen diese tatsächlich davon ausging, eine Insulinspritze zu verabreichen?

A. Einordnung

Im vorstehenden Fall steht die Behandlung verschiedener Irrtumskonstellationen im Bereich der mittelbaren Täterschaft im Mittelpunkt. Daneben ist auf unterschiedliche Auslegungen des Begriffs des Bestimmens i.S.d. § 26 StGB einzugehen und das Mordmerkmal der Heimtücke zu prüfen.

B. Gliederung

Grundfall

Strafbarkeit der G

I. Mord, §§ 212 I, 211 I, II, Gruppe 2, 1.Var. StGB

1. Tatbestand

a) Objektiver Tatbestand

- Grunddelikt (+)
- Heimtücke, § 211 II, Gruppe 2, 1.Var. StGB (+)

b) Subjektiver Tatbestand

2. Rechtswidrigkeit und Schuld

II. Ergebnis: §§ 212 I, 211 I, II, Gruppe 2, 1.Var. StGB (+)

Strafbarkeit des B

I. Mord in mittelbarer Täterschaft, §§ 212 I, 211 I, II, 25 I 2.Var. StGB

1. Tatbestand

(P): Mittelbare Täterschaft des B trotz volldeliktischen Handelns der G?

- nach *rein subjektiver Theorie* zur Abgrenzung von Täterschaft und Teilnahme (+)
- nach *Tatherrschaftslehre* (-)

2. Ergebnis: §§ 212 I, 211 I, II, 25 I 2.Var. StGB (-)

II. Versuchter Mord in mittelbarer Täterschaft, §§ 212 I, 211 I, II, 25 I 2.Var., 22, 23 I StGB

- *nach Mindermeinung* (+)
- *nach h.M.* (-), arg. Hintermann darf nicht so behandelt werden, als habe er an der vollendeten Rechtsgutsverletzung nicht mitgewirkt

III. Anstiftung zum Mord, §§ 212 I, 211 I, II, 26 StGB

1. Objektiver Tatbestand (Bestimmen)

(P): Auslegung des Merkmals „Bestimmen“ i.S.d. § 26 StGB

2. Subjektiver Tatbestand (doppelter Anstiftervorsatz)

an sich (-), da B mit der G ein vorsatzloses Werkzeug einsetzen wollte

⇨ aber h.M. fehlender Anstiftervorsatz kann durch stärker wiegenden Tatherrschaftswillen ersetzt werden

3. Rechtswidrigkeit und Schuld

4. Ergebnis: §§ 212 I, 211 I, II, 26 StGB (+)

Abwandlung

Strafbarkeit der G

I. Mord, §§ 212 I, 211 I, II StGB

1. Objektiver Tatbestand (+)

2. Subjektiver Tatbestand (-)

II. Fahrlässig Tötung, § 222 StGB

(-), keine objektive Sorgfaltspflichtverletzung

III. Ergebnis: Straflosigkeit

Strafbarkeit des B

I. Mord in mittelbarer Täterschaft, §§ 212 I, 211 I, II, 25 I 2.Var. StGB

1. Tatbestand
(-), keine Tatherrschaft des B, kein animus auctoris

2. Ergebnis: §§ 212 I, 211 I, II, 25 I 2.Var. StGB (-)

II. Anstiftung zum Mord, §§ 212 I, 211 I, II, 26 StGB

(-), keine vorsätzlich begangene rechtswidrige Haupttat

III. Versuchte Anstiftung zum Mord, §§ 212, 211 I, II, 30 I StGB

1. Vorprüfung

2. Tatbestand des § 30 I StGB

3. Rechtswidrigkeit und Schuld

4. Ergebnis: §§ 212, 211 I, II, 30 I StGB (+)

C. Lösung Grundfall

Strafbarkeit der G

I. Mord, §§ 212 I, 211 I, II, Gruppe 2, 1.Var. StGB

1. Tatbestand

a) Objektiver Tatbestand

G hat O durch das Verabreichen der Spritze kausal und in objektiv zurechenbarer Weise getötet.

Fraglich ist, ob auch das Mordmerkmal der Heimtücke vorliegt. Dies ist zu bejahen, wenn der Täter die Arg- und Wehrlosigkeit des Opfers bewusst zur Tötung ausnutzt. Arglos ist, wer bei vorhandener Fähigkeit zum Argwohn einen Angriff auf sein Leben oder einen erheblichen Angriff auf seine körperliche Unversehrtheit nicht erwartet. Wehrlos ist, wer infolge der Arglosigkeit in seiner Abwehrfähigkeit zumindest erheblich eingeschränkt ist.

O war zu dem Zeitpunkt, als G ihm die angebliche Insulinspritze gab, in der sich in Wirklichkeit das Gift befand, ahnungslos und daher in seinen Möglichkeiten, sich zu verteidigen, stark beschränkt. Allerdings besteht Einigkeit dahingehend, dass sämtliche Mordmerkmale und insbesondere dasjenige der Heimtücke einer restriktiven Auslegung bedürfen, da ansonsten die lebenslängliche Freiheitsstrafe eine unverhältnismäßige Sanktion darstellen würde.

Nach Ansicht des BGH muss daher zusätzlich ein Handeln des Täters in feindseliger Willensrichtung vorliegen. Dies ist insbesondere dann nicht der Fall, wenn der Täter letztlich nur das Beste für das Opfer, z.B. eine Erlösung von starken Schmerzen, wollte. So liegt der Fall hier jedoch nicht. Nach Ansicht der Rechtsprechung ist damit eine heimtückische Tötung des O zu bejahen.

Von Teilen des Schrifttums wird demgegenüber einschränkend auf das Vorliegen eines besonders verwerflichen Vertrauensbruchs abgestellt.

Eine solche Vertrauensbeziehung kann zwischen einem Patienten und der ihn behandelnden Krankenschwester angenommen werden, so dass auch hiernach das Mordmerkmal der Heimtücke gegeben ist.[255]

b) Subjektiver Tatbestand

G handelte hinsichtlich sämtlicher Merkmale des objektiven Tatbestandes mit Wissen und Wollen. Ihr Vorsatz bezog sich auch auf das Mordmerkmal der Heimtücke.

2. Rechtswidrigkeit und Schuld

Die Tat war rechtswidrig und G handelte schuldhaft.

II. Ergebnis

G hat sich wegen Mordes gem. §§ 212 I, 211 I, II, Gruppe 2, 1.Var. StGB strafbar gemacht.

Strafbarkeit des B

I. Mord in mittelbarer Täterschaft, §§ 212 I, 211 I, II, 25 I 2.Var. StGB

1. Tatbestand

Über das Verhalten des B – das Auffüllen des Giftes in die Spritze und deren Übergabe an G als vermeintliche Insulinspritze – kann nicht hinweggedacht werden, ohne dass der Tod des O entfiele. B hat damit kausal den tatbestandlichen Erfolg herbeigeführt.

Eine Stellung des B als Mittäter i.S.d. § 25 II StGB scheidet von vorneherein aus, da es bereits an einem gemeinsamen Tatplan mit der G fehlt.

Problematisch ist jedoch, ob B als mittelbarer Täter eingestuft werden kann. Hierzu müsste er die Tat i.S.d. § 25 I, 2.Var. StGB durch einen anderen begangen haben. Voraussetzung dafür wäre zunächst die Werkzeugqualität der G.

Eine solche ist grundsätzlich dann anzunehmen, wenn der Vordermann einen Defekt aufweist, insbesondere in den Fällen des fehlenden Vorsatzes, der Rechtfertigung oder der Schuldlosigkeit.

Hier jedoch hat G volldeliktisch gehandelt und ist (vgl. oben) wegen eines vollendeten Mordes strafbar.

In solchen Fällen kommt eine Bestrafung des Hintermannes als mittelbarer Täter nur in Betracht, wenn man wie die frühere Rechtsprechung[256] Täterschaft und Teilnahme i.S.e. rein subjektiven Theorie ausschließlich nach dem Willen der Beteiligten abgrenzt. Bei B, der die Krankenschwester als Werkzeug einsetzen wollte, wäre hier nämlich ein sog. animus auctoris (Täterwillen) zu bejahen und somit eine Strafbarkeit als mittelbarer Täter möglich.

Gegen einen solchen rein subjektiven Ansatz spricht allerdings, dass Täterschaft nach h.M. im Schrifttum und neuerer Rechtsprechung[257] auch das objektive Vorliegen von Tatherrschaft voraussetzt. § 25 I 2.Var. StGB spricht davon, dass die Tat durch **einen anderen begangen wird,** nicht davon dass der Täter die Tat durch **einen anderen begehen will.** Aus diesem Grund ist zu fordern, dass der Hintermann auch objektiv Tatherrschaft ausübt. Daran fehlt es jedoch, wenn das vermeintliche Werkzeug, wie im vorliegenden Fall G, sich nicht zum Werkzeug machen lässt, sondern aufgrund eines eigenen selbstbestimmten Entschlusses bei voller Kenntnis der Umstände zur Tatausführung schreitet.

2. Ergebnis

Eine Strafbarkeit des B wegen vollendeten Mordes in mittelbarer Täterschaft gem. §§ 212 I, 211 I, II, 25 I 2.Var. StGB scheidet aus.

II. Versuchter Mord in mittelbarer Täterschaft, §§ 212 I, 211 I, II, 25 I 2.Var., 22, 23 I StGB

Der Versuch des Mordes ist strafbar (§§ 23 I, 12 I StGB).

---

[255] Vgl. zu diesem Streit nochmals oben Fall 21.

[256] Vgl. RGSt 74, 84; BGHSt 18, 87.

[257] Vgl. WESSELS/ BEULKE, Rn. 510 ff. m.w.N.

Fraglich ist jedoch, ob vorliegend eine Bestrafung wegen nur versuchten Mordes in Betracht kommen kann. Der Tatentschluss des B war zwar grundsätzlich darauf gerichtet, einen Mord durch einen anderen (vgl. § 25 I 2.Var. StGB), der Werkzeugqualität aufweisen sollte, zu begehen, so dass bezüglich des Tatentschlusses die Voraussetzungen für eine Versuchsstrafbarkeit zunächst erfüllt scheinen.[258]

Im Ergebnis würde der Hintermann dann allerdings so behandelt, als habe er an der vollendeten Rechtsgutsverletzung nicht mitgewirkt. Die h.M. lehnt aus diesem Grund die Versuchslösung als nicht sachgerecht ab.[259]

hemmer-Methode: Diese Frage musste hier i.R.d. Frage nach der Versuchsstrafbarkeit gedanklich bereits unter dem Prüfungspunkt „Strafbarkeit des Versuchs" behandelt werden, da die sonstigen Voraussetzungen des Versuchs wie Tatentschluss und unmittelbares Ansetzen erfüllt sind. Dennoch ist es sinnvoll, kurz die Feststellung vorzuziehen, dass der Tatentschluss an sich gegeben ist. Gut vertretbar ist es auch, eine Strafbarkeit wegen versuchter mittelbarer Täterschaft zu bejahen und daneben die Anstiftung zum Mord zu prüfen. Wenn beides bejaht wird, ist es eine Frage der Konkurrenzen, ob die versuchte mittelbarer Täterschaft hinter der vollendeten Anstiftung zurücktritt.

III. Anstiftung zum Mord, §§ 212 I, 211 I, II, 26 StGB

In Betracht kommt schließlich eine Strafbarkeit des B als Anstifter zum Mord der G.

1. Objektiver Tatbestand (Bestimmen)

Eine vorsätzlich begangene rechtswidrige Haupttat der G liegt vor (s.o.).

Fraglich ist, ob B die G zur Tat bestimmt hat.

Die Auslegung des Begriffs des Bestimmens ist umstritten.[260] Nach einer Ansicht genügt insofern jede Verursachung des Tatentschlusses durch beliebige Mittel.

Eine zweite Ansicht dagegen setzt zumindest eine kommunikative Willensbeeinflussung im Wege eines offenen geistigen Kontakts voraus. Nach diesen beiden Auffassungen ist hier ein Bestimmen zu bejahen. B hat die angebliche Insulinspritze mit dem Gift der G übergeben und ihr gesagt, sie solle diese Spritze O verabreichen.

Zu einem anderen Ergebnis käme man vorliegend nur, wenn man mit einer dritten Ansicht für die Anstiftung einen gemeinsamen Tatplan im Sinne eines gemeinsamen Unrechtspaktes forderte, da ein solcher zwischen B und der von ihm für gutgläubig gehaltenen G nicht geschlossen werden konnte. Diese Ansicht stellt jedoch überhöhte Anforderungen an das Merkmal des Bestimmens und ist daher abzulehnen.

2. Subjektiver Tatbestand (doppelter Anstiftervorsatz)

Zu prüfen ist damit der subjektive Tatbestand einer Anstiftung. Der Vorsatz des Anstifters ist gem. § 26 StGB ein doppelter. Die Vorschrift verlangt, dass der Anstifter ***vorsätzlich*** *einen anderen zu dessen* ***vorsätzlich*** *begangenen rechtswidrigen Tat bestimmt hat.*

Der Vorsatz des Anstifters muss also einerseits die Anstiftungshandlung als solche, d.h. das Bestimmen, umfassen, was hier zu bejahen ist.

Andererseits muss der Vorsatz sich daneben aber auch auf eine bestimmte, d.h. ausreichend konkretisierte, Handlung beziehen, die die Voraussetzungen einer vorsätzlich begangenen und rechtswidrigen Tat erfüllt. Der Anstifter muss also von der vorsätzlichen Tatbegehung durch den Haupttäter wissen und dies auch wollen. Davon kann vorliegend zunächst nicht ausgegangen werden, da B mit der G ein vorsatzloses Werkzeug einsetzen wollte.

---

258 Vgl. SAMSON, in: Systematischer Kommentar, § 25 Rn. 148.

259 Vgl. WESSELS/ BEULKE, Rn. 549.

260 Vgl. hierzu nochmals oben Fall 27 und HILLENKAMP AT, 23. Problem.

Die h.M. geht jedoch davon aus, dass der fehlende Anstiftervorsatz durch den stärker wiegenden Tatherrschaftswillen ersetzt werden kann. Dies ist zwar im Hinblick auf Art. 103 II GG bedenklich, letztlich aber noch kein Verstoß gegen das Analogieverbot und damit zu akzeptieren.

Denn der Hintermann ist auf diese Weise trotz Vollendung der Tat aus einer weniger schweren Beteiligungsform (Anstiftung statt mittelbarer Täterschaft) zu bestrafen, als ursprünglich geplant.[261]

B hat hier einen solchen Tätervorsatz gehabt. Er stellte sich vor, dass G die Spritze für eine Insulinspritze halten würde und wollte damit mittelbarer Täter sein, was nur daran scheiterte, dass G den giftigen Inhalt der Spritze als solchen erkannt hat. Der subjektive Tatbestand der Anstiftung zum Totschlag ist daher zu bejahen.

Darüber hinaus bezog sich der Vorsatz des B darauf, dass dem O die Giftspritze durch G heimtückisch i.S.d. § 211 II, Gruppe 2, 1.Var. StGB beigebracht wird.

3. Rechtswidrigkeit und Schuld

B handelte rechtswidrig und schuldhaft.

4. Ergebnis

B ist der vollendeten Anstiftung zum Mord gem. §§ 212 I, 211 I, II, 26 StGB schuldig.

D. Lösung Abwandlung

Strafbarkeit der G

I. Mord, §§ 212 I, 211 I, II StGB

1. Objektiver Tatbestand

G hat O das Gift gespritzt und damit kausal und in objektiv zurechenbarer Weise dessen Tod als tatbestandlichen Erfolg herbeigeführt.

2. Subjektiver Tatbestand

In der Abwandlung ging G bei Injektion des Giftes davon aus, eine Insulinspritze zu verabreichen. Ein Tötungsvorsatz muss daher verneint werden.

II. Fahrlässige Tötung, § 222 StGB

G hat durch das Spritzen den Tod des O herbeigeführt. Sie handelte dabei als Krankenschwester auf Anweisung ihres Arztes, des B, und dachte, dessen Erläuterung entsprechend, es handle sich bei der Spritze um eine Insulinspritze. In diesem Verhalten der G kann nach dem Sachverhalt bereits objektiv keine Sorgfaltspflichtverletzung gesehen werden.

III. Ergebnis

G ist straflos.

Strafbarkeit des B

I. Mord in mittelbarer Täterschaft, §§ 212 I, 211 I, II, 25 I 2.Var. StGB

B könnte sich zunächst wegen Mordes an O, begangen in mittelbarer Täterschaft, strafbar gemacht haben.

1. Tatbestand

Fraglich ist, ob B die Tat durch einen anderen (§ 25 I 2.Var. StGB) begangen hat. Für eine Einordnung als mittelbarer Täter wäre nach Ansicht der überwiegenden Literatur Tatherrschaft nötig, die sich hier aus dem überlegenen Wissen des B ergeben könnte, da nur er vom tödlichen Inhalt der Spritze wusste. Unter Tatherrschaft ist jedoch das **vom Vorsatz umfasste** In-den-Händen-Halten des tatbestandsmäßigen Geschehensablaufes zu verstehen. B dagegen hielt hier die unmittelbar handelnde G für bösgläubig. Damit fehlt genau dieser Vorsatz, als zentrale Figur der Deliktsverwirklichung auftreten zu wollen.

[261] WESSELS/ BEULKE, Rn. 549; KÜHL AT, § 20 Rn. 87; CRAMER/ HEINE, in: Schönke/ Schröder, vor § 25 Rn. 79.

Zu keinem anderen Ergebnis führt die Ansicht der Rechtsprechung, die sich i.R.d. Abgrenzung von Täterschaft und Teilnahme stärker an subjektiven Kriterien orientiert und also nach der sog. animus-Formel grundsätzlich auf das Vorliegen von Täter- bzw. Teilnehmerwillen abstellt. Auch nach diesem Ansatz ist im vorliegenden Fall eine täterschaftliche Bestrafung des nur mit Teilnehmerwillen agierenden B nicht möglich.

hemmer-Methode: Da die Abgrenzung Täterschaft und Teilnahme sowohl objektive wie subjektive Komponenten berührt, ist es hier sinnvoll, diese Streitfrage unter dem einheitlichen Oberbegriff Tatbestand abzuhandeln.

2. Ergebnis

B hat sich nicht wegen Mordes in mittelbarer Täterschaft strafbar gemacht.

II. Anstiftung zum Mord, §§ 212 I, 211 I, II, 26 StGB

Eine Bestrafung wegen Anstiftung zum Mord scheitert bereits daran, dass eine vorsätzlich begangene, rechtswidrige Haupttat der G nicht vorliegt.

III. Versuchte Anstiftung zum Mord, §§ 212, 211 I, II, 30 I StGB

1. Vorprüfung

Eine vollendete Anstiftung liegt nicht vor (s. eben).

2. Tatbestand des § 30 I StGB

Der Vorsatz des B war darauf gerichtet, G zu einem Mord (§ 211 StGB) und damit zu einem Verbrechen i.S.d. § 12 I StGB zu bestimmen. B wollte, dass G in ihrer Rolle als Krankenschwester O unter bewusster Ausnutzung seiner Arg- und Wehrlosigkeit in feindseliger Willensrichtung tötet.

hemmer-Methode: Bei den Mordmerkmalen müssen Sie, was die Zurechnung betrifft, zwischen den tatbezogenen Merkmalen der Gruppe 2 und den täterbezogenen Merkmalen der Gruppen 1 und 3 unterscheiden. Während die Merkmale der Gruppe 2 grundsätzlich zugerechnet werden, wenn der jeweils Beteiligte von ihrer Verwirklichung durch den unmittelbar Handelnden wusste, müssen die Merkmale der Gruppen 1 und 3 bei jedem Beteiligten persönlich vorliegen, damit sie i.R.d. § 28 StGB Berücksichtigung finden.
Man kann sich als Faustregel merken:
⇨ *Tatbezogene* Merkmale:
Grundsätzlich Zurechnung, es sei denn § 16 I StGB (kein Vorsatz) greift ein.
⇨ *Täterbezogene* Merkmale:
Keine Zurechnung, sie müssen beim jeweiligen Beteiligten persönlich verwirklicht werden (§ 28 StGB).

3. Rechtswidrigkeit und Schuld

Die Tat war rechtswidrig und B handelte schuldhaft.

4. Ergebnis

B ist wegen versuchter Anstiftung zum Mord gem. §§ 212, 211 I, II, 30 I StGB zu bestrafen.

E. Zusammenfassung

Sound: Irrtümer bei der mittelbaren Täterschaft.

Hält der Hintermann sein Werkzeug für vorsatzlos, ist dieses aber in Wirklichkeit bösgläubig und handelt volldeliktisch, so scheidet eine Strafbarkeit des Hintermannes als mittelbarer Täter nach h.M. aus. Weder eine vollendete noch eine versuchte täterschaftliche Begehung kann dann bejaht werden. Der Hintermann ist aber wegen vollendeter Anstiftung zu bestrafen, da der fehlende Anstiftervorsatz durch seinen weitergehenden Tatherrschaftswillen ersetzt wird.

Im umgekehrten Fall, wenn also der Hintermann irrig vom Vorliegen eines Tatbestandsvorsatzes des von ihm zur Tat Veranlassten ausgeht, scheidet die Annahme mittelbarer Täterschaft des nur mit Anstiftervorsatz handelnden Hintermannes aus. Eine Strafbarkeit wegen vollendeter Anstiftung ist nach dem Prinzip der limitierten Akzessorietät mangels vorsätzlich begangener und rechtswidriger Haupttat ebenfalls nicht möglich.

Der Hintermann kann daher nur gem. § 30 I StGB bestraft werden, wenn es sich bei der angedachten Straftat um ein Verbrechen gehandelt hat.

hemmer-Methode: Die Lösung des Grundfalls und seiner Abwandlung erscheint auf den ersten Blick schwierig. Wenn Sie aber in einer solchen Konstellation sorgfältig Schritt für Schritt vorgehen, dürfte in der Klausur nichts passieren. Behalten Sie zudem insbesondere die Vorschrift des § 30 StGB immer im Hinterkopf.
Im Fall 30 bezog sich die Fehlvorstellung des Hintermannes jeweils auf den Vorsatz des Vordermannes. Im Grundfall hielt B die G fehlerhaft für vorsatzlos, in der Abwandlung unterstellte B der G irrig einen Tatbestandsvorsatz. Eine Fehlvorstellung kann aber auch in Bezug auf die Schuld des Vordermannes bestehen. So kann z.B. der Hintermann irrig davon ausgehen, dass sein Vordermann schuldlos handeln wird, etwa weil er ihn fehlerhaft für schuldunfähig i.S.d. § 20 StGB hält. Hier liegt aus der Sicht des Hintermannes mittelbare Täterschaft vor, objektiv ist dagegen nur eine Anstiftungskonstellation gegeben. In solchen Fällen ist der Hintermann im Ergebnis nach h.M. wie im Grundfall wegen vollendeter Anstiftung zu bestrafen, weil der auf den ersten Blick fehlende Anstiftervorsatz im weitergehenden Willen zur mittelbaren Täterschaft mit enthalten ist.[262]
Umgekehrt ist der Fall denkbar, dass der Hintermann den Vordermann irrtümlich für schuldfähig hält, während dies in Wirklichkeit nicht der Fall ist. Eine Strafbarkeit des Hintermannes als Täter scheidet dann trotz objektiv gegebener mittelbarer Täterschaft auf Grund der fehlenden subjektiven Tatseite aus. Bestraft werden kann aber hier wegen vollendeter Anstiftung, da die Anstiftung nach § 26 StGB nur eine vorsätzliche und rechtswidrige, nicht aber eine schuldhaft begangene Haupttat des Vordermannes voraussetzt.

F. Zur Vertiefung

Zu Irrtumsfällen im Bereich der mittelbaren Täterschaft

- HEMMER/WÜST, Strafrecht AT II, Rn. 217 ff.

Zur versuchten Anstiftung gemäß § 30 I S. 1 StGB

- Für die Einordnung der gemäß § 30 StGB beabsichtigten Tat als Verbrechen oder Vergehen kommt es auch in Fällen des Sich-Bereiterklärens zur Anstiftung gemäß § 30 II StGB nicht auf die Person des Anstifters, sondern auf die des Anzustiftenden an. BGH NJW 2009, 1221 f. = Life&Law 2009, 678 ff.

[262] Vgl. BGHSt 23, 203; CRAMER, in: Schönke/ Schröder, vor § 25 Rn. 83; WESSELS/ BEULKE, Rn. 547.

Fall 31: Leere Taschen

Sachverhalt:

Anton (A) möchte Gustav (G) ausrauben. Er plant G aufzulauern, ihn in einen kräftigen Polizeigriff zu nehmen und ihm dabei seine Geldbörse zu entwenden. Balduin (B), ein Freund des A, rät diesem, er solle lieber einen geladenen Revolver mitnehmen und G damit bedrohen. A steckt daraufhin seinen geladenen Revolver ein. Als A den G mit seinem Revolver in Schach hält und ihn durchsucht, muss er allerdings feststellen, dass dieser gar kein Geld mit sich führt und lässt ihn laufen.

Bearbeitervermerk:

Prüfen Sie die Strafbarkeit des A und des B nach dem 20. Abschnitt des StGB.

A. Einordnung

In diesem Fall stellt sich vor allem das Problem, dass A vor dem Zusammentreffen mit B bereits zur Begehung eines Raubes gem. § 249 StGB entschlossen war und daher insofern nicht mehr angestiftet werden konnte. B hat ihm aber geraten, den geladenen Revolver mitzunehmen und damit den G zu bedrohen – ein Verhalten, das in den Bereich des § 250 StGB fällt. Es ist somit zu klären, ob ein bislang nur zur Begehung eines Grunddeliktes entschlossener Täter zur Begehung eines Qualifikationstatbestandes an- oder bildlich gesprochen aufgestiftet werden kann.

Daneben ist auf die Auslegung des Begriffs des Hilfeleistens i.S.d. § 27 StGB einzugehen.

B. Gliederung

Strafbarkeit des A

I. Versuchter schwerer Raub, §§ 249, 250 II Nr. 1, 1.Var., 22, 23 I StGB

1. Vorprüfung
- keine Vollendung
- Strafbarkeit des Versuchs

2. Tatentschluss
- Grunddelikt (+)
- § 250 II Nr. 1, 1.Var. StGB(+)
- § 250 I Nr. 1a), 1.Var. StGB subsidiär

3. Unmittelbares Ansetzen (+)

4. Rechtswidrigkeit und Schuld

5. Rücktritt, § 24 StGB
(-), weil fehlgeschlagener Versuch

II. Ergebnis: §§ 249, 250 II Nr. 1, 1.Var., 22, 23 I StGB (+)

Strafbarkeit des B

I. Anstiftung zum versuchten schweren Raub, §§ 249, 250 II Nr. 1, 1.Var., 22, 23 I, 26 StGB

1. Vorprüfung
vorsätzliche, rechtswidrige Haupttat (+)

2. Objektiver Tatbestand (Bestimmen)

(P): Aufstiftung eines zum Grunddelikt bereits Entschlossenen zur Begehung einer Qualifikation?

BGH (+), *h.M. im Schrifttum* (-)
⇨ hier i. Erg. § 26 StGB (-) (a.A. vertretbar)

II. Beihilfe zum versuchten schweren Raub, §§ 249, 250 II Nr. 1, 1.Var., 22, 23 I, 27 StGB

1. Vorprüfung
vorsätzliche, rechtswidrige Haupttat (+)

2. Objektiver Tatbestand (Hilfeleisten)
(P): Setzt ein **Hilfeleisten i.S.d. § 27 StGB Kausalität für den Erfolg der Haupttat** voraus?
Mindermeinung (+), *Rechtsprechung* (-),
i. Erg. hier: Hilfeleisten in Form psychischer Beihilfe (+)

3. Subjektiver Tatbestand (doppelter Gehilfenvorsatz)

4. Rechtswidrigkeit und Schuld

III. Ergebnis: §§ 249, 250 II Nr. 1, 1.Var., 22, 23 I, 27 StGB (+)

C. Lösung

Strafbarkeit des A

I. Versuchter schwerer Raub, §§ 249, 250 II Nr. 1, 1.Var., 22, 23 I StGB

A könnte sich wegen versuchten schweren Raubes gem. §§ 249, 250 II Nr. 1, 1.Var., 22, 23 I StGB strafbar gemacht haben.

1. Vorprüfung

Der Raub ist nicht vollendet, da es zu einer Wegnahme des Geldes nicht gekommen ist. Die Strafbarkeit des Versuchs ergibt sich aus §§ 12 I, 23 I StGB.

2. Tatentschluss

Zu prüfen ist, ob A Tatentschluss zur Begehung eines Raubes gem. § 249 StGB als Grunddelikt hatte. A wollte den G durch Drohung mit gegenwärtiger Gefahr für Leib und Leben zwingen, die von ihm beabsichtigte Wegnahme einer fremden beweglichen Sache, nämlich der Geldbörse, zu dulden. Unabhängig davon, ob man zur Abgrenzung von Raub und räuberischer Erpressung auf das äußere Erscheinungsbild oder auf die innere Willensrichtung des Genötigten abstellt, liegt hier nach der Vorstellung des A Tatentschluss zur Begehung eines Raubes vor, da er G dessen Geldbörse wegnehmen und diese nicht durch eine Mitwirkung des G im Sinne einer freiverantwortlichen Vermögensverfügung erlangen wollte.[263]

Der Tatentschluss des A bezog sich ferner darauf, eine Waffe bei der Tat zu verwenden (§ 250 II Nr. 1, 1.Var. StGB).[264]

Ein Verwenden in diesem Sinne liegt nämlich nicht nur dann vor, wenn aus einer Schusswaffe tatsächlich ein Schuss abgefeuert wird.

Vielmehr stellt bereits das Drohen durch Vorhalten einer funktionsfähigen und geladenen Schusswaffe eine besondere, strafwürdigkeitserhöhende Gefährdung dar, die dem Begriff des Verwendens unterfällt.

Der ebenfalls verwirklichte § 250 I Nr.1a) 1.Var. StGB wird durch § 250 II Nr.1, 1.Var. StGB als subsidiär verdrängt.[265]

Schließlich hatte A die Absicht, sich die Geldbörse des G rechtswidrig zuzueignen.

3. Unmittelbares Ansetzen

Durch das Vorhalten der Pistole gegenüber G hat A zur Verwirklichung des Tatbestandes i.S.d. § 22 StGB unmittelbar angesetzt.

4. Rechtswidrigkeit und Schuld

Rechtswidrigkeit und Schuld sind gegeben.

5. Rücktritt, § 24 StGB

Ein Rücktritt nach § 24 StGB käme nur in Betracht, wenn der Versuch des A zu dem Zeitpunkt, als er von G abließ, noch nicht fehlgeschlagen gewesen wäre. Fehlgeschlagen ist ein Versuch dann, wenn die zu seiner Ausführung vorgenommenen Handlungen ihr Ziel nicht erreicht haben und der Täter erkannt hat, dass er mit den ihm zur Verfügung stehenden Mitteln den tatbestandlichen Erfolg nicht mehr oder zumindest nicht ohne zeitlich relevante Zäsur herbeiführen kann. Als A den G mit seinem Revolver in Schach hielt und ihn durchsuchte, musste er feststellen, dass G keine Geldbörse bei sich führte. Der Versuch war daher in diesem Moment fehlgeschlagen.

Ein strafbefreiender Rücktritt nach § 24 StGB liegt nicht vor.

II. Ergebnis

[263] Vgl. nochmals zu den unterschiedlichen Position der Rechtsprechung und der Literatur oben Fall 23.

[264] Vgl. BGHSt 45, 92; BGH, NStZ 1999, 301.

[265] Vgl. LACKNER/ KÜHL, § 250 Rn. 6.

A hat sich wegen versuchten schweren Raubes gem. §§ 249, 250 II Nr. 1, 1.Var., 22, 23 I StGB strafbar gemacht.

Strafbarkeit des B

I. Anstiftung zum versuchten schweren Raub, §§ 249, 250 II Nr. 1, 1.Var., 22, 23 I, 26 StGB

1. Vorprüfung[266]

A hat einen versuchten schweren Raub (vgl. eben) begangen. Eine vorsätzliche, rechtswidrige Haupttat liegt damit vor.

2. Objektiver Tatbestand (Bestimmen)

In objektiver Hinsicht müsste B den A dazu bestimmt, also den Entschluss zur Tat in ihm hervorgerufen haben. Ein Bestimmen wäre dagegen zu verneinen, wenn A zur Begehung der konkreten Straftat bereits fest entschlossen gewesen wäre (sog. **omnimodo facturus**).

A war vorliegend bereits vor dem Gespräch mit B zur Begehung eines Raubes fest entschlossen. Allerdings hatte er vor, G in einen festen Polizeigriff zu nehmen. Sein Entschluss bezog sich daher lediglich auf die Begehung eines einfachen Raubes gem. § 249 StGB. Durch das Gespräch mit B und dessen Rat wurde A veranlasst, den geladenen Revolver zur Tat mit zu nehmen und G mit diesem zu bedrohen, also den Qualifikationstatbestand des § 250 II Nr. 1, 1. Var. StGB zu verwirklichen. Ob in einem solchen Fall eine Strafbarkeit des B als Anstifter in Betracht kommt, wird unterschiedlich beurteilt.[267]

Nach Ansicht vor allem der Rechtsprechung[268] soll es für § 26 StGB genügen, dass der Anstifter im Täter den Entschluss hervorruft, statt des Grunddelikts ein qualifiziertes Delikt zu begehen, sog. **Aufstiftung**.

Konsequenterweise müsste eine solche Aufstiftung auch möglich sein, wenn beim Täter der Tatentschluss zur Verwirklichung einer „höheren" Qualifikation hervorgerufen wird.[269]

Diese Ansicht wird damit begründet, dass der Täter zu dieser konkreten Tat, deren Unwertgehalt (und auch Gefährlichkeit) gegenüber dem ursprünglichen Plan erheblich höher zu bewerten sei, erst durch die Einflussnahme des Anstifters bestimmt worden sei. Der erhöhte Unrechtsgehalt bewirke, dass sich die verwirklichte Tat als eine andere Tat darstelle als die, zu der der Täter vorher entschlossen war. Damit stehe einer Strafbarkeit wegen Anstiftung auch nicht der Grundsatz der Nichtanstiftbarkeit eines omnimodo facturus entgegen. Folgte man dieser Auffassung läge hier eine taugliche Anstiftungshandlung des B und zwar zur Tat des A in vollem Umfang, also zum versuchten schweren Raub gem. §§ 249, 250 II Nr. 1, 1.Var., 22, 23 I StGB, vor.

Nach Ansicht der h.M. im Schrifttum[270] scheidet dagegen hier eine taugliche Aufstiftungshandlung aus: B hat – da A wie gesehen jedenfalls schon zu einem einfachen Raub entschlossen war – nur einen Teil des Tatentschlusses hervorgerufen. Dann kann aber eine Bestrafung des B wegen Anstiftung nur dann erfolgen, wenn dieser Teil einen selbstständigen Straftatbestand erfüllt. Dies ist bei § 250 StGB, der lediglich eine Qualifikation darstellt, nicht der Fall. Würde man B nun gleichwohl wegen des gesamten Delikts bestrafen wollen, würde der Grundsatz, dass man den zur Tat Entschlossenen nicht mehr anstiften kann, verletzt.

[266] Alternativ auch als erster Prüfungspunkt im objektiven Tatbestand prüfbar. So wie hier auch in den folgenden Fällen.

[267] Vgl. hierzu HILLENKAMP AT, 25. Problem.

[268] Vgl. BGHSt 19, 339; ROXIN, in: Leipziger Kommentar, § 26 Rn. 39.

[269] Beispielsweise Verwenden einer Waffe gem. § 250 II Nr. 1, 1.Var. StGB statt bloßem Beisichführen gem. § 250 I Nr. 1a), 1.Var. StGB.

[270] HOYER, in: Systematischer Kommentar, § 26 Rn. 19, 20; CRAMER/ HEINE, in: Schönke/ Schröder, § 26 Rn. 8; vgl. auch KÜHL AT, § 20 Rn. 183.

Nur diese Auffassung entspricht dem Verständnis einer Qualifikation in Abgrenzung zu einem selbstständigen Tatbestand; die Verwirklichung einer Qualifikation ist gerade kein aliud im Verhältnis zum Grunddelikt sondern ein Mehr. Ein teilweises Hervorrufen des Tatentschlusses genügt für § 26 StGB aber gerade nicht.

3. Ergebnis

B kann nicht als Anstifter zum versuchten schweren Raub des A bestraft werden.

II. Beihilfe zum versuchten schweren Raub, §§ 249, 250 II Nr. 1, 1.Var., 22, 23 I, 27 StGB

1. Vorprüfung

Der versuchte schwere Raub des A stellt eine vorsätzlich begangene und rechtswidrige Haupttat dar.

2. Objektiver Tatbestand (Hilfeleisten)

In objektiver Hinsicht setzt § 27 StGB ein Hilfeleisten voraus. Darunter ist jeder Tatbeitrag zu verstehen, der die Haupttat ermöglicht oder erleichtert oder die vom Täter begangene Rechtsgutsverletzung verstärkt hat.[271]

Streitig ist, ob der Tatbeitrag des Gehilfen für den Erfolg der Haupttat ursächlich gewesen sein muss.[272] Während eine Literaturansicht dies bejaht, genügt es nach der Rechtsprechung, dass die Haupttat durch den Gehilfen irgendwie gefördert worden ist. Eine darüber hinaus gehende Kausalität für den Erfolg der Haupttat i.S.d. conditio sine qua non Formel werde dagegen von § 27 StGB nicht vorausgesetzt.[273]

Als Argument für diese Ansicht kann zum einen der Wortlaut des § 27 StGB angeführt werden, der bereits das bloße Hilfeleisten pönalisiert.

Zum anderen spricht gegen das Erfordernis der Kausalität des Gehilfenbeitrages für den Erfolg der Haupttat, dass sowohl der Gehilfe wie auch der Anstifter lediglich Teilnehmer an der Straftat eines anderen ist und ihm somit der durch die Haupttat herbeigeführte Erfolg ohnehin nicht als eigenes Werk zugerechnet werden kann.

Ein Hilfeleisten des B ist hier in dem Ratschlag, einen geladenen Revolver mitzunehmen und damit G zu bedrohen, zu sehen.

B hat damit dem A zu dessen Tat **psychische oder intellektuelle Beihilfe** geleistet.

3. Subjektiver Tatbestand (doppelter Gehilfenvorsatz)

Wie im Bereich der Anstiftung muss sich auch der Gehilfenvorsatz einerseits auf die Unterstützungshandlung beziehen und andererseits auf die Vollendung einer bestimmten, nicht notwendig schon in allen Einzelheiten konkretisierten Haupttat richten.[274] Ein solcher doppelter Gehilfenvorsatz lag bei B vor.

4. Rechtswidrigkeit und Schuld

Die Tat war rechtswidrig und B handelte schuldhaft.

III. Ergebnis

B ist gem. §§ 249, 250 II Nr.1, 1.Var., 22, 23 I, 27 StGB zu bestrafen.

D. Zusammenfassung

Sound: Omnimodo facturus. Aufstiftung.

Ein bereits zur konkreten Tat fest entschlossener Täter (omnimodo facturus) kann nicht mehr angestiftet werden.

271 Vgl. Wessels/ Beulke, Rn. 582.
272 Vgl. hierzu Hillenkamp AT, 27. Problem.
273 Vgl. BGH, NStZ 1985, 318 und Wessels/ Beulke, Rn. 582 mwN.
274 Vgl. BGH, NJW 1982, 2453; BGH, NStZ-RR 2000, 326; Geppert, Jura 1999, 266, 273.

In Betracht kommt hier lediglich eine versuchte Anstiftung gem. § 30 I StGB, wenn es sich bei der Haupttat um ein Verbrechen i.S.d. § 12 I StGB handelt oder psychische Beihilfe gem. § 27 StGB.

Nach Ansicht der Rechtsprechung kommt eine Strafbarkeit als Anstifter zur Tat in vollem Umfang auch für denjenigen in Betracht, der im Täter den Entschluss hervorruft, statt des Grunddelikts ein qualifiziertes Delikt zu begehen (sog. Aufstiftung).

Die h.M. im Schrifttum bestraft demgegenüber in solchen Fällen wegen psychischer Beihilfe gem. § 27 StGB.

hemmer-Methode: Beim Problem der Aufstiftung handelt es sich um einen Klassiker, den Sie im Rahmen Ihrer Vorbereitung unbedingt einmal kennengelernt haben müssen. Ob Sie der Ansicht der Rechtsprechung oder der h.M. im Schrifttum folgen, sollten Sie unter klausurtaktischen Gesichtspunkten entscheiden. Bietet die Klausur noch viele andere Problemfelder, kann es ratsam sein, mit der Rechtsprechung eine Strafbarkeit nach § 26 StGB zu bejahen. Umgekehrt bietet die h.M. im Schrifttum noch die Möglichkeit, nach Ablehnung des § 26 StGB zusätzlich auf die Konstellation einer psychischen Beihilfe gem. § 27 StGB einzugehen. Abzugrenzen von der Aufstiftung ist die sog. „Abstiftung“. Eine solche liegt vor, wenn auf Anraten eines anderen der Täter von der Verwirklichung einer Qualifikation ablässt. Zu klären ist, ob in einem solchen Verhalten eine psychische Beihilfe zum Grundtatbestand zu bejahen ist. Dies hängt von den konkreten Umständen des Einzelfalls ab.

E. Zur Vertiefung

Zur Anstiftung

- HEMMER/WÜST, Strafrecht AT II, Rn. 268 ff.

Fall 32: Schutzgeld

Sachverhalt:

Fritz (F) will bei dem Bordellbesitzer Bruno (B) Schutzgeld kassieren. Eines Abends trifft F in einer Kneipe den stark alkoholisierten (2,4 Promille) Dieter (D), der sich bereit erklärt mit zum Bordell des B zu fahren, wenn er von dem erbeuteten Geld etwas abbekomme. Daraufhin machen sich beide auf den Weg. Während F das Bordell betritt, bleibt D – auf Grund seiner Alkoholisierung ohnehin nicht mehr in der Lage, selbst in das Bordell zu gehen – wartend im Auto des F zurück. F droht dem B, das Bordell in den nächsten Tagen zu verwüsten, wobei er auch für dessen körperliche Unversehrtheit keine Garantie übernehmen könne, wenn er ihm nicht 50.000 Euro zahle. B entgegnet, das komme überhaupt nicht in Frage, worauf F das Bordell unverrichteter Dinge wieder verlässt.

Bearbeitervermerk:

Prüfen Sie die Strafbarkeit des F und des D.

A. Einordnung

Im Fall 32 stellt sich das Problem, dass sich der Beitrag des D zur Tat des F im bloßen Mitfahren zum Bordell und im Warten im Auto erschöpft. Es ist daher zu problematisieren, inwieweit ein solches Handeln als Hilfeleisten i.S.d. § 27 StGB angesehen werden kann. Auf Grund der hohen Blutalkoholkonzentration des D ist weiter auf die §§ 20, 21 StGB einzugehen. Schließlich muss bei Verneinung einer Stellung des D als Gehilfe des F auf die vielfach übersehene Vorschrift des § 138 StGB eingegangen werden.

B. Gliederung

Strafbarkeit des F

I. Versuchte räuberische Erpressung, §§ 253 I, II, 255, 22, 23 I StGB

1. Vorprüfung
2. Tatentschluss
3. Unmittelbares Ansetzen
4. Rechtswidrigkeit und Schuld
5. Ergebnis: §§ 253 I, II, 255, 22, 23 I StGB

Strafbarkeit des D

I. Beihilfe zur versuchten räuberischen Erpressung, §§ 253 I, II, 255, 22, 23 I, 27 StGB

1. Vorprüfung
2. Objektiver Tatbestand (Hilfeleisten)

(P): Tatbeitrag des D hat die **Tat des F nicht gefördert**, bloßes Mitfahren und im Auto warten nicht ausreichend für § 27 StGB, a.A. vertretbar

3. Ergebnis: §§ 253 I, II, 255, 22, 23 I, 27 StGB (-)

II. Nichtanzeige geplanter Straftaten, § 138 I Nr. 8 StGB

1. Objektiver Tatbestand
2. Subjektiver Tatbestand
3. Rechtswidrigkeit
4. Schuld
   § 20 StGB (-), aber § 21 StGB (+)
5. Ergebnis: § 138 I Nr. 8 StGB (+)

C. Lösung

Strafbarkeit des F

I. Versuchte räuberische Erpressung, §§ 253 I, II, 255, 22, 23 I StGB

1. Vorprüfung

B kam der Aufforderung des F, 50.000 Euro zu bezahlen, nicht nach. Er hat daher keine vermögensschädigende Handlung vorgenommen.

Eine vollendete räuberische Erpressung liegt nicht vor. Der Versuch der räuberischen Erpressung ist strafbar gem. §§ 23 I, 12 I StGB.

2. Tatentschluss

Der Tatentschluss des F müsste auf die Begehung einer räuberischen Erpressung, also auf die Ausübung von Gewalt gegen Personen oder die Drohung mit gegenwärtiger Gefahr für Leib oder Leben von Personen gerichtet sein.

F hatte nicht vor, gewaltsam gegen B vorzugehen.

Er drohte aber dem B damit, dass gegen ihn Körperverletzungen begangen werden würden. Diese Gefahr für die körperliche Unversehrtheit des B müsste jedoch zudem gegenwärtig i.S.d. § 255 StGB gewesen sein. Dafür ist nicht notwendig, dass eine unmittelbare Verletzung bevorsteht. Gegenwärtig ist eine Gefahr wie i.R.d. § 34 StGB vielmehr auch dann, wenn bei natürlicher Weiterentwicklung der Dinge der Eintritt eines Schadens sicher oder doch höchstwahrscheinlich ist, falls nicht alsbald Abwehrmaßnahmen ergriffen werden, oder wenn der Schaden zwar nicht unmittelbar bevorsteht, aber nur durch sofortiges Handeln abgewendet werden kann.[275] Diese Voraussetzungen sind hier erfüllt.

Auf die umstrittene Abgrenzung der räuberischen Erpressung vom Raub muss hier nicht näher eingegangen werden, da der Tatentschluss des F auf eine Vermögensverfügung des B (die Auszahlung des Schutzgeldes) gerichtet war und sich sein Handeln auch nach dem äußeren Erscheinungsbild als ein Geben des F darstellen sollte.

Durch diese Drohung sollte B zur Zahlung von 50.000 Euro veranlasst und damit in dieser Höhe ein Vermögensschaden des F herbeigeführt werden.

Schließlich handelte B in der Absicht, sich rechtswidrig zu bereichern.

[275] Vgl. BGH, NStZ-RR 1999, 266; KINDHÄUSER/ WALLAU, StV 1999, 379; ZACZYK, JR 1999, 343; WESSELS/ HILLENKAMP, Rn. 727.

3. Unmittelbares Ansetzen

Durch den Einsatz des Nötigungsmittels hat F zur räuberischen Erpressung i.S.d. § 22 StGB unmittelbar angesetzt.

4. Rechtswidrigkeit und Schuld

Rechtfertigungsgründe sind nicht ersichtlich. Die Tat war verwerflich i.S.d. § 253 II StGB und damit rechtswidrig. F handelte schuldhaft.

II. Ergebnis

F ist der versuchten räuberischen Erpressung gem. §§ 253 I, II, 255, 22, 23 I StGB schuldig.

Strafbarkeit des D

I. Beihilfe zur versuchten räuberischen Erpressung, §§ 253 I, II, 255, 22, 23 I, 27 StGB

D könnte sich wegen Beihilfe zur versuchten räuberischen Erpressung des F gem. §§ 253 I, II, 255, 22, 23 I, 27 StGB strafbar gemacht haben, indem er zum Bordell des B mitfuhr und im Auto wartete.

1. Vorprüfung

Mit der versuchten räuberischen Erpressung des F liegt eine vorsätzlich begangene und rechtswidrige Haupttat als Anknüpfungspunkt für eine Teilnahmestrafbarkeit vor.

2. Objektiver Tatbestand (Hilfeleisten)

Fraglich ist, ob D dem F i.S.d. § 27 I StGB zur Begehung dieser Tat Hilfe geleistet hat.

Die Auslegung des Merkmals des Hilfeleistens ist umstritten:[276] Nach der Rechtsprechung und einem Teil der Literatur genügt es, wenn die Hilfeleistung die Handlung des Täters in irgendeiner Weise gefördert hat.

[276] Vgl. hierzu HILLENKAMP AT, 27. Problem.

Eine andere Literaturansicht steht dagegen auf dem Standpunkt, dass sich der Beitrag des Gehilfen irgendwie auf die Haupttat selbst (also bei vollendeten Erfolgsdelikten auch auf den Erfolg) ausgewirkt haben muss und wendet dabei die allgemeinen Kausalitätsregeln an.

Die praktische Auswirkung dieses Streits ist jedoch gering, da Fälle, in denen der Gehilfe ausschließlich die Täterhandlung ohne jeden Bezug zum unmittelbaren Ansetzen oder Taterfolg fördert, kaum vorstellbar sind. Unabhängig von den verschiedenen dogmatischen Ansätzen, die hier vertreten werden, ist zumindest erforderlich, dass D die versuchte Tat des F (die Handlung bzw. das unmittelbare Ansetzen) irgendwie gefördert hat.

Das Mitfahren und Warten im Auto sowie die Billigung der Tat könnten hier allenfalls als psychische Unterstützung des F angesehen werden. Mit dem BGH[277] ist jedoch davon auszugehen, dass die bloße Kenntnis von der Begehung der Tat und deren Billigung für die Annahme einer Beihilfe noch nicht ausreichend sind, und zwar auch dann nicht, wenn der „Gehilfe" einen Teil der Beute für sich beansprucht.

Im vorliegenden Fall konnte F von dem stark betrunkenen D (BAK zur Tatzeit 2,4 Promille) außer der bloßen Anwesenheit ohnehin keinerlei Unterstützung erwarten, so dass auch aus diesem Grund selbst für die Annahme psychischer Beihilfe keine ausreichenden Anhaltspunkte vorliegen.

hemmer-Methode: Eine andere Ansicht war an dieser Stelle vertretbar, wenn man darauf abstellt, dass F den D nicht mitgenommen hätte, wenn er sich dadurch nicht auf irgendeine Weise bestärkt gefühlt hätte. Es kam lediglich darauf an, die Beihilfe nicht allein mit dem Schlagwort der psychischen Unterstützung ohne weitere Argumentation und ohne Subsumtion unter die Vorgaben des Sachverhaltes zu bejahen.

[277] Vgl. BGH, NStZ 1993, 385.

3. Ergebnis

D hat sich nicht gem. §§ 253 I, II, 255, 22, 23 I, 27 StGB strafbar gemacht.

II. Nichtanzeige geplanter Straftaten, § 138 I Nr. 8 StGB

D könnte sich wegen Nichtanzeige einer geplanten Straftat gem. § 138 I Nr. 8 StGB strafbar gemacht haben.

1. Objektiver Tatbestand

F hatte vor, eine räuberische Erpressung und damit eine Katalogtat i.S.d. § 138 I Nr. 8 StGB zu begehen. Von diesem Vorhaben hat D zu einem Zeitpunkt glaubhaft Kenntnis erlangt, zu dem die Ausführung noch hätte verhindert werden können. Dennoch hat er es unterlassen, die Polizei von der geplanten Straftat des F zu benachrichtigen.

2. Subjektiver Tatbestand

D handelte vorsätzlich mit Wissen und Wollen.

3. Rechtswidrigkeit

Rechtfertigungsgründe sind nicht ersichtlich. Die Tat war rechtswidrig.

4. Schuld

Fraglich ist, ob D hier schuldhaft gehandelt hat. Seine Schuldfähigkeit könnte auf Grund der hohen Blutalkoholkonzentration von 2,4 Promille zur Tatzeit ausgeschlossen gewesen sein. Nach der Rechtsprechung veranlassen allerdings erst BAK-Werte ab 3,0 Promille regelmäßig die Prüfung einer Aufhebung der Steuerungsfähigkeit. BAK-Werte zwischen 2,0 Promille und 3,0 Promille deuten, ohne dass insoweit ein medizinisch-statistischer Erfahrungssatz besteht, lediglich auf eine erhebliche Verminderung der Steuerungsfähigkeit hin, sodass § 21 StGB zu prüfen ist.

B war nach den Angaben im Sachverhalt auf Grund seiner Alkoholisierung nicht mehr in der Lage, selbst zu gehen. Es liegt damit ein Fall verminderter Schuldfähigkeit i.S.d. § 21 StGB vor.

5. Ergebnis

D hat sich gem. § 138 I Nr. 8 StGB strafbar gemacht. Die Strafe ist gem. § 21 StGB zu mildern.

D. Zusammenfassung

Sound: Hilfeleisten i.S.d. § 27 StGB.

Unter dem Begriff des Hilfeleistens i.S.d. § 27 StGB ist jeder Tatbeitrag zu verstehen, der die Haupttat ermöglicht oder erleichtert oder die vom Täter begangene Rechtsgutsverletzung verstärkt hat. Eine Kausalität für den Erfolg der Haupttat i.S.d. conditio sine qua non Formel ist nach h.M. nicht erforderlich. Es genügt, dass die Haupttat durch den Gehilfenbeitrag irgendwie gefördert worden ist.

hemmer-Methode: I.R.d. § 27 StGB ist vor allem umstritten, inwieweit eine Strafbarkeit wegen Beihilfe durch sog. neutrales Alltagsverhalten in Betracht kommt. Gemeint sind damit Fallkonstellationen, in denen der Täter (etwa Rechtsanwälte, Steuerberater oder Bankangestellte) ein Rechtsgeschäft abwickelt oder eine Gefälligkeit erweist, die unmittelbar oder mittelbar der Verwirklichung einer Straftat dient. Unproblematisch sind solche Fälle, wenn der Betroffene keinen Doppelvorsatz i.S.d. § 27 StGB aufweist. Schwierig zu lösen sind aber Konstellationen, in denen der Täter die Begehung einer Haupttat billigend in Kauf nimmt. Einigkeit besteht hier insoweit, als jedenfalls sozialadäquates Verhalten, das etwa über die bloße Berufsausübung nicht hinausgeht, nicht als Beihilfe gem. § 27 StGB bestraft werden kann. Zum Teil wird insofern eine teleologische Reduktion des § 27 StGB befürwortet, andere lehnen wegen Einhaltung des objektiven Risikos bereits die objektive Zurechnung oder die Rechtswidrigkeit der Tat ab. Umstritten und noch nicht letztlich geklärt ist aber, wo und wie die Grenze zwischen einem solchen straflosen sozialadäquaten und berufstypischen Verhalten auf der einen und einem strafbaren Hilfeleisten i.S.d. § 27 StGB auf der anderen Seite zu ziehen ist.[278]

E. Zur Vertiefung

Zur Beihilfe

- HEMMER/WÜST, Strafrecht AT II, Rn. 299 ff.

[278] Vgl. insofern BGH, NStZ 2000, 34, ferner umfassend und mwN HILLENKAMP AT, 28.Problem.

Kapitel VII: Konkurrenzen

Fall 33: Die Schlägerei

Sachverhalt:

Alfred (A) verletzt mit seinem Bruder Bernhard (B) die beiden Kontrahenten Igor (I) und Markus (M) in einer tumultartigen, schnell und ohne Unterbrechung verlaufenden Schlägerei, wobei A dem I mit den Fäusten einen Unterkiefer- und Jochbeinbruch und dem M mit einem Messer Stichverletzungen zufügt.

Bearbeitervermerk:

Prüfen Sie die Strafbarkeit des A.

A. Einordnung

Der vorstehende Fall soll Sie an die Prüfung der Konkurrenzen am Ende einer Klausur erinnern. Hier ist problematisch, ob hinsichtlich der beiden Handlungen des A gegenüber I einerseits und gegenüber M andererseits von Tateinheit (§ 52 StGB) oder von Tatmehrheit (§ 53 StGB) auszugehen ist.

B. Gliederung

I. Gefährliche Körperverletzung an I, §§ 223 I, 224 I Nr. 4 StGB

1. Tatbestand

a) Objektiver Tatbestand

- Grunddelikt (+)
- § 224 I Nr. 4 StGB (+)
- § 224 I Nr. 5 StGB (-)
- § 226 StGB (-)

b) Subjektiver Tatbestand

2. Rechtswidrigkeit und Schuld

3. Ergebnis: §§ 223 I, 224 I Nr. 4 StGB (+)

II. Gefährliche Körperverletzung an M, §§ 223, 224 I Nr. 2, 2.Var. und 4 StGB (+)

III. Konkurrenzen

(P): § 52 StGB oder § 53 StGB

1. Tateinheit auf Grund von Teilidentität der Ausführungshandlungen (-)

2. Tateinheit auf Grund natürlicher Handlungseinheit

⇨ i. Erg. trotz Angriff des A auf höchstpersönliche Rechtsgüter verschiedener Rechtsgutsträger hier § 52 StGB (+), Arg.: enger zeitlicher und situativer Zusammenhang sowie einheitlicher Wille gegeben

IV. Ergebnis: §§ 223 I, 224 I Nr. 2, 2.Var. und 4, 52 StGB.

C. Lösung

Strafbarkeit des A

I. Gefährliche Körperverletzung an I, §§ 223 I, 224 I Nr. 4 StGB

1. Tatbestand

a) Objektiver Tatbestand

A hat I mit den Fäusten einen Unterkiefer- und Jochbeinbruch zugefügt, was sowohl ein körperliches Misshandeln wie auch eine Schädigung an der Gesundheit darstellt, und daher den Grundtatbestand des § 223 I StGB verwirklicht. A handelte mit B, also mit einem anderen Beteiligten, gemeinschaftlich i.S.d. § 224 I Nr. 4 StGB. Für eine das Leben gefährdende Behandlung i.S.d. § 224 I Nr. 5 StGB fehlen im Sachverhalt Anhaltspunkte.

Der Unterkiefer- und Jochbeinbruch stellt ferner keine schwere Folge i.S.d. § 226 StGB dar.

hemmer-Methode: Beachten Sie, dass in § 224 I Nr. 4 StGB durch das Wort „Beteiligter" klargestellt wird, dass der andere, mit dem die Tat gemeinschaftlich begangen wird, nicht selbst *Täter* sein muss. Es reicht vielmehr aus, dass er *Beteiligter* ist. Damit ist aber (vgl. die Legaldefinition des § 28 II StGB) auch der bloße *Teilnehmer* (Anstifter, § 26 StGB, oder Gehilfe, § 27 StGB) erfasst. Von daher waren nähere Ausführungen zur Rolle des B entbehrlich.

b) Subjektiver Tatbestand

A handelte vorsätzlich mit Wissen und Wollen.

2. Rechtswidrigkeit und Schuld

Die Tat war rechtswidrig und A handelte schuldhaft.

3. Ergebnis

A hat sich hinsichtlich des I einer gefährlichen Körperverletzung gem. §§ 223 I, 224 I Nr. 4 StGB schuldig gemacht.

II. Gefährliche Körperverletzung an M, §§ 223, 224 I Nr. 2, 2.Var. und 4 StGB

A hat dem M vorsätzlich, rechtswidrig und schuldhaft mit dem Messer, einem gefährlichen Werkzeug, Stichverletzungen zugefügt. Neben §§ 223 I, 224 I Nr. 4 StGB hat er damit zusätzlich auch die Qualifikation des § 224 I Nr. 2, 2.Var. StGB verwirklicht. A ist damit hinsichtlich des M einer gefährlichen Körperverletzung gem. §§ 223 I, 224 I Nr. 2, 2.Var. und 4 StGB schuldig.

hemmer-Methode: Eine Strafbarkeit wegen Beteiligung an einer Schlägerei, § 231 StGB, scheidet hier aus, weil der Eintritt der dafür erforderlichen schweren Folge (Tod eines Menschen oder schwere Körperverletzung i.S.d. § 226 StGB) ausgeblieben ist.

III. Konkurrenzen

hemmer-Methode: Unterscheiden Sie bei den Konkurrenzen folgende Fragestellungen:

1. Liegen eine oder mehrere Gesetzesverletzungen vor?
   Wenn nur eine Gesetzesverletzung gegeben ist, dann stellt sich kein Konkurrenzproblem (*Beispiel*: T sticht mit dem Messer in kürzester Zeit zwanzigmal auf O ein ⇨ nur eine gefährliche Körperverletzung).
2. Wurden die verschiedenen Gesetzesverletzungen durch eine (dann grundsätzlich Tateinheit, § 52 StGB) oder mehrere Handlungen (dann grundsätzlich Tatmehrheit, § 53 StGB) verwirklicht?

Die von A begangenen Körperverletzungsdelikte zum Nachteil des I einerseits und des M andererseits stünden zueinander im Verhältnis der Tatmehrheit, § 53 StGB, wenn es sich hierbei um mehrere Handlungen im natürlichen Sinn handeln würde und kein Ausnahmefall vorläge.

Für die Annahme von Tatmehrheit könnte hier sprechen, dass A zwei verschiedene Personen angegriffen und verletzt hat. Damit liegen zunächst mehrere Handlungen im natürlichen Sinn vor.

Dennoch kann aber in Ausnahmefällen in juristischer Hinsicht unter den Gesichtspunkten der Teilidentität der Ausführungshandlung oder der sog. natürlichen Handlungseinheit sowie nach dem sog. Verklammerungsprinzip[279] Tateinheit i.S.d. § 52 StGB anzunehmen sein.

1. Teilidentität der Ausführungshandlungen

Der Sachverhalt enthält keine Hinweise dafür, dass sich die Körperverletzungshandlungen auch nur teilweise überschnitten hätten. Eine Teilidentität der Ausführungshandlungen ist damit zu verneinen.

279 Vgl. dazu den nachfolgenden Fall 34.

2. Natürliche Handlungseinheit

Natürliche Handlungseinheit liegt nach Ansicht der Rechtsprechung vor, wenn der Täter verschiedene, auch nicht teilidentische, aber im wesentlichen gleichartige, von einem einheitlichen Willen getragene und auf Grund des räumlichen und zeitlichen Zusammenhanges eng miteinander verbundene Angriffe auf einzelne Rechtsgüter verwirklicht und sich das Geschehen objektiv für einen Dritten als einheitliches zusammengehöriges Tun darstellt.[280]

Vorliegend erscheint problematisch, dass höchstpersönliche Rechtsgüter, nämlich die körperliche Unversehrtheit, verschiedener Rechtsgutsträger verletzt wurden. In solchen Fällen wird die Rechtsfigur der natürlichen Handlungseinheit in der Literatur überwiegend abgelehnt. Dies wird damit begründet, dass die individuelle Verletzung so im Vordergrund stehe, dass diese für sich betrachtet und als einzelne Handlung gewertet werden müsse.

Anders sieht dies der BGH: Zwar dürfe nicht außer acht gelassen werden, dass höchstpersönliche Rechtsgüter verschiedener Personen, insbesondere das Leben von Menschen, einer additiven Betrachtungsweise, wie sie der hier in Betracht kommenden natürlichen Handlungseinheit zugrunde liegt, nur ausnahmsweise zugänglich seien. Greife daher der Täter einzelne Menschen nacheinander an, um jeden von ihnen in seiner Individualität zu vernichten, so bestehe sowohl bei natürlicher als auch bei rechtsethisch wertender Betrachtungsweise selbst bei einheitlichem Tatentschluss und engem räumlichen und zeitlichen Zusammenhang regelmäßig kein Anlass, diese Vorgänge rechtlich als eine Tat zusammenzufassen.[281]

Etwas anderes könne aber dann gelten, wenn eine Aufspaltung in Einzeltaten wegen eines außergewöhnlich engen zeitlichen und situativen Zusammenhangs willkürlich und gekünstelt erschiene.[282]
Danach kann hier eine Aufspaltung des eng zusammengehörenden Geschehens nicht in Betracht kommen. Denn die einzelnen Tatbeiträge ergänzen sich gegenseitig und kennzeichnen gerade das gemeinsame Vorgehen der Täter, die gemeinsam die beiden Opfer angegriffen und verletzt haben.

Es ist damit hier von Tateinheit i.S.d. § 52 StGB auszugehen.

IV. Ergebnis

A hat sich der gefährlichen Körperverletzung, tateinheitlich in 2 Fällen, schuldig gemacht, §§ 223 I, 224 I Nr. 2, 2.Var. und 4, 52 StGB.

D. Zusammenfassung

Sound: Natürliche Handlungseinheit.

Auch wenn mehrere Handlungen im natürlichen Sinne vorliegen, kann Tateinheit i.S.d. § 52 StGB auf Grund natürlicher Handlungseinheit anzunehmen sein, wenn der Täter verschiedene, auch nicht teilidentische, aber im wesentlichen gleichartige, von einem einheitlichen Willen getragene und auf Grund des räumlichen und zeitlichen Zusammenhanges eng miteinander verbundene Angriffe auf einzelne Rechtsgüter verwirklicht und sich das Geschehen objektiv für einen Dritten als einheitliches zusammengehöriges Tun darstellt.

---

280 Vgl. im Einzelnen GRUBER/ HANNICH, Life&Law, 1998, 125 ff., 129 f. m.w.N., ferner BGHSt 10, 230; BGH, NStZ 1997, 276; WESSELS/ BEULKE, Rn. 764.

281 Vgl. BGHSt 2, 246; BGHSt 16, 397; BGH, NStZ 1996, 129.

282 Vgl. BGH, NJW 1985, 1565.

hemmer-Methode: In der Vorbereitung auf die Klausuren im Strafrecht bis hin zum Examen werden die Konkurrenzen regelmäßig vernachlässigt. Dabei spielt es in der Praxis i.R.d. Strafzumessung für den Täter eine große Rolle, ob Tateinheit oder Tatmehrheit gegeben ist. Deshalb sollten Sie sich auch in der Klausur eine genaue Prüfung der Konkurrenzen angewöhnen. Die hier denkbaren Probleme sind begrenzt und es macht einen guten Eindruck beim Korrektor, wenn Sie gerade am Ende Ihrer Ausführungen nochmals sorgfältiges Arbeiten unter Beweis stellen.

E. Zur Vertiefung

Zu den Konkurrenzen

- HEMMER/WÜST, Strafrecht AT II, Rn. 359 ff.

Aktuelle Rechtsprechung

- Zur natürlichen Handlungseinheit bei mehreren Betätigungsakten: Greift der Täter im Zuge einer Amokfahrt nacheinander mehrere Menschen an, ist natürliche Handlungseinheit anzunehmen, wenn sich der Angriff gegen eine vom Täter nicht individualisierte Personenmehrheit richtet und das Geschehen in einem engen zeitlichen Rahmen abläuft. BGH NStZ 2006, 168 ff. = Life&Law 2006, 323 ff.
- Ebenfalls hierzu BGH NStZ 2005, 263 ff. = Life&Law 2005, 615 ff.
- Zur Tateinheit bei mehreren Taten von Mittätern BGH, StV 2002, 73 = Life&Law 2002, 316 ff.

Fall 34: Die Rache des Theo

Sachverhalt:

Theo (T) will sich an Sandra (S) rächen. Er verteilt daher Flugblätter, in denen die Anwohner und Nachbarn aufgefordert werden, „diese Schlampe aus dem Viertel zu prügeln". Wenig später verlangt T von S die Zahlung von 2.000 Euro, da andernfalls „die Unannehmlichkeiten noch zunähmen". Diese Maßnahmen führen im Zusammenspiel zu schweren Depressionen mit Schlaf- und Konzentrationsstörungen bei S, die sich in ärztliche Behandlung begeben muss, was T auch billigend in Kauf nahm.

Bearbeitervermerk:

Prüfen Sie die Strafbarkeit des T.

A. Einordnung

Auch der letzte Fall dieses Skriptes beschäftigt sich primär mit Problemen aus dem Bereich der Konkurrenzen. Einzugehen ist hier hinsichtlich der seitens T bei S verursachten Körperverletzung auf die Figur der sukzessiven Tatbegehung, sowie auf das in Rechtsprechung und Literatur umstrittene Prinzip der Verklammerung.

B. Gliederung

I. Beleidigung, § 185 StGB
1. Tatbestand
2. Rechtswidrigkeit und Schuld
3. Ergebnis: § 185 StGB (+)

II. Öffentliche Aufforderung zu Straftaten, § 111 StGB
1. Tatbestand
2. Rechtswidrigkeit und Schuld
3. Ergebnis: § 111 StGB (+)

III. Versuchte Erpressung, §§ 253 I, II, III, 22, 23 I StGB
1. Vorprüfung
2. Tatentschluss
3. Unmittelbares Ansetzen
4. Rechtswidrigkeit
   keine Rechtfertigungsgründe, § 253 II StGB (+)
5. Schuld
6. Ergebnis: §§ 253 I, II, III, 22, 23 I StGB (+)

IV. Körperverletzung, § 223 I StGB
1. Objektiver Tatbestand
   (P): Sukzessive Tatbegehung
2. Subjektiver Tatbestand
3. Rechtswidrigkeit und Schuld
4. Ergebnis: § 223 I StGB (+)

V. Nachstellung, § 238 I StGB
1. Objektiver Tatbestand

   (P): „beharrlich"? Hier nicht ersichtlich
2. Ergebnis: § 238 I StGB (-)

VI. Konkurrenzen

(P): Verklammerung durch § 223 I StGB?
⇨ i. Erg. (+)

VII. Gesamtergebnis

Strafbarkeit des T gem. § 185 StGB; § 111 StGB; §§ 253 I, II, III, 22, 23 I StGB; 223 I StGB; § 52 StGB

C. Lösung

I. Beleidigung, § 185 StGB

1. Tatbestand

T hat die S in seinen Flugblättern als „Schlampe" bezeichnet.

Damit hat er ihr, wie auch Dritten gegenüber, seine Missachtung durch den Gebrauch eines Werturteils kundgetan und so den objektiven Tatbestand der Beleidigung erfüllt.

T handelte vorsätzlich mit Wissen und Wollen.

2. Rechtswidrigkeit und Schuld

Die Tat war rechtswidrig und T handelte schuldhaft.

3. Ergebnis

T hat sich wegen Beleidigung gem. § 185 StGB strafbar gemacht.

II. Öffentliche Aufforderung zu Straftaten, § 111 StGB

1. Tatbestand

Indem T Flugblätter verteilte, hat er Schriften i.S.d. § 111 StGB i.V.m. § 11 III StGB verbreitet. Darin forderte er Anwohner und Nachbarn dazu auf, die S zu prügeln, also zu Straftaten, die den Tatbestand der Körperverletzung gem. § 223 I StGB erfüllen würden.

T handelte vorsätzlich.

2. Rechtswidrigkeit und Schuld

Rechtswidrigkeit und Schuld sind gegeben.

3. Ergebnis

T hat sich gem. § 111 StGB strafbar gemacht.

III. Versuchte Erpressung, §§ 253 I, II, III, 22, 23 I StGB

1. Vorprüfung

Die Tat ist nicht vollendet. S kam der Aufforderung des T, 2.000 Euro zu bezahlen, nicht nach. Eine vermögensschädigende Handlung hat daher nicht stattgefunden.

Der Versuch der Erpressung ist gem. § 253 III StGB strafbar.

2. Tatentschluss

T wollte S durch das Inaussichtstellen der Fortsetzung und Intensivierung der von ihm vorgenommenen Nachstellungen dazu bringen, ihm einen bestimmten Geldbetrag zu zahlen.

T hatte folglich den Vorsatz, die S durch Drohung mit einem von ihr als empfindlich empfundenen Übel zu einer Handlung, nämlich zur Zahlung von 2.000 Euro, zu nötigen und dadurch ihr Vermögen zu schädigen. Er handelte dabei in der Absicht sich rechtswidrig zu bereichern.

Ein Tatentschluss zur Begehung einer Erpressung ist zu bejahen.

3. Unmittelbares Ansetzen

Indem T die S unter Hinweis auf weitere Unannehmlichkeiten zur Zahlung von 2.000 Euro aufforderte, hat er zur Verwirklichung des Tatbestandes i.S.d. § 22 StGB unmittelbar angesetzt.

4. Rechtswidrigkeit

Rechtfertigungsgründe sind nicht ersichtlich. Die Tat ist auch verwerflich i.S.d. § 253 II StGB. Unter „Verwerflichkeit" in diesem Sinne ist ein erhöhter Grad sittlicher Missbilligung zu verstehen.[283] Nach einer Gesamtwürdigung der Umstände, namentlich des von T erstrebten Zweckes sowie des von T eingesetzten Mittels der Drohung, ist die Vorgehensweise des T auch als verwerflich einzustufen. T handelte vorliegend rechtswidrig.

5. Schuld

Entschuldigungsgründe liegen nicht vor. T handelte schuldhaft.

---

[283] BGHSt 17, 328 (331 f.).

6. Ergebnis

T hat sich wegen versuchter Erpressung gem. §§ 253 I, II, III, 22, 23 I StGB strafbar gemacht.

IV. Körperverletzung, § 223 I StGB

1. Objektiver Tatbestand

Durch sein Gesamtverhalten könnte T eine (oder mehrere) Körperverletzung(en) begangen haben.

Der Körperverletzungstatbestand verlangt entweder eine üble, unangemessene Behandlung, die das körperliche Wohlbefinden oder die körperliche Unversehrtheit nicht nur unerheblich beeinträchtigt (körperliche Misshandlung) oder das Hervorrufen oder Steigern eines krankhaften Zustandes (Schädigung an der Gesundheit).

Vorliegend kommen beide Alternativen in Betracht: Für eine körperliche Misshandlung könnte sprechen, dass das körperliche Wohlbefinden der S in Folge des Vorgehens des T derart beeinträchtigt wurde, dass sie sich zur Behandlung ihrer Schlaf- und Konzentrationsstörungen, sowie ihrer allgemeinen Gemütsverfassung in ärztliche Behandlung begeben musste. Das Empfinden von Schmerzen ist insoweit nicht erforderlich. Diese Alternative ist somit erfüllt.

Der durch das Verhalten des T hervorgerufene Zustand der S stellt daneben aber auch eine Schädigung an der Gesundheit dar, da nicht nur das allgemeine Wohlbefinden der S, sondern auch ihre nervliche Verfassung in Mitleidenschaft gezogen wurde.

Zweifelhaft erscheint jedoch, ob die verschiedenen Handlungsweisen des T im Ergebnis zu nur einer tatbestandlichen Körperverletzung geführt haben. Da die bei der S aufgetretenen gesundheitlichen Beschwerden nicht einer oder einzelnen Handlungen des T zugeordnet werden können, sondern vielmehr erst die Mehrheit und die Nachhaltigkeit seiner Nachstellungen die negativen gesundheitlichen Folgen bei der S hervorriefen, muss im Ergebnis von einer tatbestandlichen Körperverletzung ausgegangen werden, die durch eine Reihe von Einzelhandlungen hervorgerufen wurde, welche letztlich einen einheitlichen Lebensvorgang bilden.

Es liegt mithin eine sog. tatbestandliche Handlungseinheit in Form sukzessiver Tatbegehung vor.

hemmer-Methode: Die tatbestandliche Handlungseinheit in Form sukzessiver Tatbegehung ist in der Klausur bereits auf Tatbestandsebene anzusprechen, da bei Vorliegen einer solchen, nur eine einzige Gesetzesverletzung gegeben und folglich eine Konkurrenzfrage nicht mehr zu erörtern ist.

2. Subjektiver Tatbestand

T handelte vorsätzlich.

3. Rechtswidrigkeit und Schuld

Die Tat war rechtswidrig und T handelte schuldhaft.

4. Ergebnis

T hat sich aufgrund seines Gesamtverhaltens wegen Körperverletzung gem. § 223 I StGB strafbar gemacht.

V. Nachstellung, § 238 I StGB

1. Objektiver Tatbestand

T könnte durch sein gesamtes Verhalten zudem den Tatbestand der Nachstellung verwirklicht haben. Er müsste einem Menschen unbefugt nachgestellt haben durch ein „beharrliches“ Verhalten i.S.d. Nr. 1 bis Nr. 5 und dadurch die Lebensgestaltung des Opfers schwerwiegend beeinträchtigt haben.

Fraglich ist insbesondere, ob T „beharrlich“ handelte. Dieses Merkmal erfordert in subjektiver Hinsicht eine besondere Hartnäckigkeit und gesteigerte Gleichgültigkeit des Täters.[284] Des weiteren muss in objektiver Hinsicht ein wiederholtes oder länger andauerndes Verhalten des Täters gegeben sein.

Vorliegend wollte sich T an S rächen.

---

[284] BT-Drs. 16/575 S. 7. Es handelt sich insofern um ein täterbezogenes Merkmal i.S.d. § 28 I StGB.

Er verteilte Flugblätter mit ehrenrührigem Inhalt und setzte S daraufhin unter Druck, um eine Geldzahlung zu erreichen. Diese Vorgehensweise in zwei Teilakten weist für sich betrachtet noch nicht eine besondere Hartnäckigkeit und Dauerhaftigkeit auf. Ein „beharrliches" Nachstellen ist damit nicht belegt.

hemmer-Methode: Ein anderes Ergebnis ist vorliegend vertretbar. Das Merkmal „beharrlich" ist letztlich sehr unbestimmt und wurde deshalb vorliegend entsprechend eng ausgelegt. Lesen Sie zum am 31.03.2007 in Kraft getretenen „Stalking"-Tatbestand die instruktive Kurzanalyse mit den prüfungsrelevanten Verknüpfungen zum Strafrecht AT in Life&Law 2007, 492 ff.

2. Ergebnis

T hat sich nicht wegen Nachstellung gem. § 238 I StGB strafbar gemacht.

VI. Konkurrenzen

Im Verhältnis der sich über den gesamten Zeitraum erstreckenden Körperverletzung zu den anderen Straftaten ist jeweils Tateinheit gem. § 52 StGB über die Figur der Teilidentität der Ausführungshandlungen anzunehmen.

Da jedoch die versuchte Erpressung zu einem anderen Zeitpunkt begangen wurde und auch im Übrigen grundsätzlich in keinem Zusammenhang zu der Beleidigung und der öffentlichen Aufforderung zur Begehung von Straftaten steht, wäre insoweit grundsätzlich von Tatmehrheit gem. § 53 StGB auszugehen.

Etwas anderes könnte sich allerdings durch die jeweils tateinheitlich daneben verwirklichte Körperverletzung ergeben, wenn diese die anderen Handlungen zur Tateinheit verklammern könnte. Bei der sog. **Klammerwirkung** schafft ein weiteres Delikt, welches mit den anderen ansonsten in keinem Zusammenhang stehenden Delikten jeweils ideell konkurriert, dadurch eine Verbindung zur Tateinheit.

Voraussetzung dafür ist nach Ansicht der Rechtsprechung, dass das verklammernde Delikt jedenfalls nicht leichter wiegt als alle zu verklammernden Delikte, während nach anderer Ansicht immer nur das schwerste Delikt geeignet ist, andere Delikte zur Tateinheit zu verklammern.[285] Teilweise wird die Rechtsfigur der Verklammerung auch ganz abgelehnt.[286]

Geht man davon aus, dass die Annahme von Tateinheit bei der Strafzumessung nach §§ 52 ff. StGB für den Täter günstiger ist, so führt die Verklammerung zu einem Vorteil, weil so Tateinheit zwischen eigentlich tatmehrheitlich verwirklichten Delikten (nämlich den zu verklammernden) hergestellt wird.

Andererseits führt die Ablehnung einer Klammerwirkung dazu, dass das ansonsten verklammernde Delikt nunmehr doppelt (nämlich jeweils in Tateinheit mit den zu verklammernden Delikten) in Ansatz gebracht wird.

Das Ergebnis weist daher, wie man sich auch entscheidet, Ungereimtheiten bzw. Schwächen auf. Für die Ansicht der Rechtsprechung spricht, dass hiernach einerseits die Verklammerung, die immer einen „Kompromiss" darstellt, so weit als möglich angewendet und so ein Ergebnis zu Gunsten des Täters gefunden wird. Andererseits ist damit sichergestellt, dass Tatmehrheit zwischen zwei gewichtigeren Delikten nicht verhindert wird.

Vorliegend wiegt keines der zu verklammernden Delikte schwerer als die Körperverletzung. Der Unrechtsgehalt erscheint vielmehr vergleichbar, wie sich primär aus der Strafandrohung ergibt. Kein Delikt weist eine höhere Strafandrohung als die im § 223 I StGB vorgesehene Höchstfreiheitsstrafe von 5 Jahren auf. Deshalb ist eine Klammerwirkung der Körperverletzung möglich. Damit stehen sämtliche verwirklichten Straftatbestände zueinander im Verhältnis der Tateinheit gem. § 52 StGB.

---

285 Vgl. BGH, NStZ 2000, 25; WESSELS/ BEULKE, Rn. 780 mwN.

286 JAKOBS AT, 33/ 12.

VII. Ergebnis

T hat sich gem. § 185 StGB; § 111 StGB; §§ 253 I, II, III, 22, 23 I StGB; 223 I StGB; § 52 StGB strafbar gemacht.

D. Zusammenfassung

Sound: Sukzessive Tatbegehung. Klammerwirkung.

Verwirklicht der Täter durch mehrere gleichartige Tätigkeitsakte, die auf einem einheitlichen Willensentschluss beruhen, in unmittelbarer Aufeinanderfolge schrittweise einen Straftatbestand (sog. sukzessive Tatbegehung), so liegt im Ergebnis nur eine Gesetzesverletzung vor.

Nach Ansicht der Rechtsprechung kann Tateinheit gem. § 52 StGB auch dadurch begründet werden, dass zwei an sich selbstständige Handlungen jeweils mit einer dritten Handlung in Idealkonkurrenz stehen und durch deren Klammerwirkung miteinander zur Tateinheit verbunden werden, wenn nicht beide der an sich realkonkurrierenden Taten schwerer wiegen als die verklammernde Straftat.

hemmer-Methode: Nun haben Sie es geschafft. Wir hoffen, dass Sie durch das Durcharbeiten der Fälle Ihre Kenntnisse im Strafrecht vertiefen und wiederholen konnten und wir Ihnen einige Tipps für das Vorgehen in der Klausursituation geben konnten. Auf alle Fälle wünschen wir Ihnen viel Erfolg für Ihre anstehenden Prüfungen im Strafrecht!

Die Zahlen beziehen sich auf die Nummern der Fälle.

A

B

D

E

F

G

H

I

Die wichtigsten Fälle

nicht nur für Anfangssemester

hemmer/wüst
Verlagsgesellschaft mbH

Der hemmer Tipp!

Artikel-Nr.: 115.23

Die wichtigsten 51 Fälle Schuldrecht BT

Das neue Schuldrecht von den Profis mit der Jahrzehnte langen Unterrichtserfahrung als Repetitoren! Lange bevor sich Rechtsprechung und wissenschaftliche Literatur überhaupt mit dem neuen Schuldrecht befassen konnten haben wir schon ein Fallprogramm für unsere Kursteilnehmer erstellt! Das allgemeine Leistungsstörungsrecht war schon immer klausurrelevant. Dies hat sich durch die Schuldrechtsreform in erheblichem Maße verstärkt, zumal auch das Besondere Schuldrecht mit dem Allgemeinen Schuldrecht verknüpft wurde. Wir kennen das Anforderungsprofil in der Prüfung ganz genau. Denken Sie frühzeitig an den Ersteller und Korrektor und überzeugen Sie ihn durch Ihre systematische Fallbearbeitung. Durch die ständige Diskussion mit unseren Kursteilnehmern wissen wir, wo es „hakt“ und gehen auf typische Problemstellungen ein. Die Fallsammlung ist verständlich und knapp gehalten. Die Einordnung bietet einen Überblick über den jeweiligen Schwerpunkt des Falles. Die Gliederung ermöglicht die exakte Einordnung der Probleme in der Lösung. Die Lösung ist Formulierungsvorschlag für Ihre Klausur. Vereinfachen Sie sich auf diese Art das neue Schuldrecht.

Aus dem Inhalt:

- ✔ Mängelrecht
- ✔ Verbrauchsgüterkauf
- ✔ Grundzüge des Reisevertragsrechts
- ✔ Konkurrenzen

hemmer/wüst
Verlagsgesellschaft mbH

Verlagsprogramm 2010

Jura mit den Profis

WWW.HEMMER-SHOP.DE

Liebe Juristinnen und Juristen,

Auch beim Lernmaterial gilt:
„Wer den Hafen nicht kennt, für den ist kein Wind günstig" (Seneca).
Häufig entbehren Bücher und Karteikarten der Prüfungsrealität. Bei manchen Produkten stehen ausschließlich kommerzielle Interessen im Vordergrund. Dies ist gefährlich: Leider kann der Student oft nicht erkennen wie gut ein Produkt ist, weil ihm das praktische Wissen für die Anforderungen der Prüfung fehlt.
Denken Sie deshalb daran, je erfahrener die Ersteller von Lernmaterial sind, um so mehr profitieren Sie. Unsere Autoren im Verlag sind alle Repetitoren. Sie wissen, wie der Lernstoff richtig vermittelt wird. Die Prüfungsanforderungen sind uns bekannt.
Unsere Zentrale arbeitet seit 1976 an examenstypischem Lernmaterial und wird dabei von hochqualifizierten Mitarbeitern unterstützt.
So arbeiteten z.B. viele ehemalige Kursteilnehmer mit den Examensnoten von „sehr gut" und „gut" als Verantwortliche an unserem Programm mit. Unser Team ist Garant, um oben genannte Fehler zu vermeiden.
Lernmaterial bedarf ständiger Kontrolle auf Prüfungsrelevanz. Wer sonst als derjenige, der sich täglich mit Examensthemen beschäftigt, kann diesem Anforderungsprofil gerecht werden.

Gewinnen Sie, weil

- gutes Lernmaterial Verständnis schafft
- fundiertes Wissen erworben wird
- Sie intelligent lernen
- Sie sich optimal auf die Prüfungsanforderungen vorbereiten
- Jura Spaß macht

und Sie letztlich unerwartete Erfolge haben, die Sie beflügeln werden.

Damit Sie sich Ihre eigene Bibliothek als Nachschlagewerk nach und nach kostengünstig anschaffen können, schlagen wir Ihnen speziell für die jeweiligen Semester Skripten und Karteikarten vor. Bildung soll für jeden bezahlbar bleiben, deshalb der studentenfreundliche Preis.

Viel Spaß und Erfolg beim intelligenten Lernen.

Karl Edmund Hemmer   Achim Wüst

HEMMER Produkte - im Überblick

Grundwissen

- Skripten „Grundwissen"
- Die wichtigsten Fälle
- Die wichtigsten Fälle Musterklausuren Examen
- Musterfälle für die Zwischenprüfung
- Lexikon, die examenstypischen Begriffe

Basiswissen

- Die Basics
- Die Classics

Examenswissen

- Skripten Zivilrecht
- Skripten Strafrecht
- Definitionen Strafrecht - schnell gemerkt
- Skripten Öffentliches Recht
- Skripten Schwerpunkt

Karteikarten

- Die Shorties
- Die Karteikarten
- Übersichtskarteikarten

Assessor-Skripten/-karteikarten

BWL-Skripten

Intelligentes Lernen/Sonderartikel

- Coach dich! - Psychologischer Ratgeber
- Lebendiges Reden - Psychologischer Ratgeber
- NLP für Einsteiger
- Lernkarteikartenbox
- Der Referendar
- Der Rechtsanwalt
- Gesetzesbox
- Klausurenblock
- Wiederholungsmappe
- Jurapolis - das hemmer-Spiel

Life&LAW - die hemmer-Zeitschrift

Alle Preise gültig ab 01/2010

HEMMER Skripten - Logisch aufgebaut!

Intelligentes Lernen
schnell & effektiv

Randbemerkung
Zur schnellen Rekapitulation des Skripts

hemmer-Methode
Zur richtigen Einordnung des Gelernten in der Klausurlösung

Systematische Verweise
Isoliertes Lernen vermeiden! Zusammenhänge verstehen. Unsere Skriptenreihe – der große Fall

Randnummern
Für zielgenaues Arbeiten mit Stichwortverzeichnis und Wiederholungsfragen

Freiraum
Viel Platz für eigene Anmerkungen

Schemata
Übersichtliches Lernen

Fußnoten
Vertiefende Literatur und Rechtsprechung

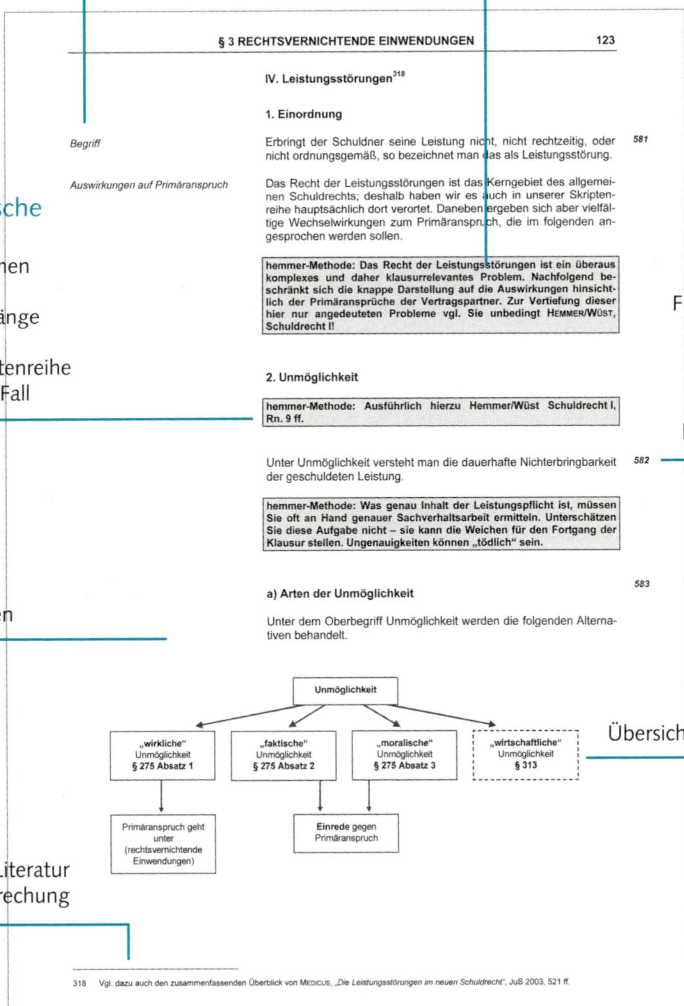

§ 3 RECHTSVERNICHTENDE EINWENDUNGEN 123

IV. Leistungsstörungen[318]

1. Einordnung

Begriff

Erbringt der Schuldner seine Leistung nicht, nicht rechtzeitig, oder nicht ordnungsgemäß, so bezeichnet man das als Leistungsstörung. *581*

Auswirkungen auf Primäranspruch

Das Recht der Leistungsstörungen ist das Kerngebiet des allgemeinen Schuldrechts; deshalb haben wir es auch in unserer Skriptenreihe hauptsächlich dort verortet. Daneben ergeben sich aber vielfältige Wechselwirkungen zum Primäranspruch, die im folgenden angesprochen werden sollen.

hemmer-Methode: Das Recht der Leistungsstörungen ist ein überaus komplexes und daher klausurrelevantes Problem. Nachfolgend beschränkt sich die knappe Darstellung auf die Auswirkungen hinsichtlich der Primäransprüche der Vertragspartner. Zur Vertiefung dieser hier nur angedeuteten Probleme vgl. Sie unbedingt HEMMER/WÜST, Schuldrecht I!

2. Unmöglichkeit

hemmer-Methode: Ausführlich hierzu Hemmer/Wüst Schuldrecht I, Rn. 9 ff.

Unter Unmöglichkeit versteht man die dauerhafte Nichterbringbarkeit der geschuldeten Leistung. *582*

hemmer-Methode: Was genau Inhalt der Leistungspflicht ist, müssen Sie oft an Hand genauer Sachverhaltsarbeit ermitteln. Unterschätzen Sie diese Aufgabe nicht – sie kann die Weichen für den Fortgang der Klausur stellen. Ungenauigkeiten können „tödlich“ sein.

583

a) Arten der Unmöglichkeit

Unter dem Oberbegriff Unmöglichkeit werden die folgenden Alternativen behandelt.

318 Vgl. dazu auch den zusammenfassenden Überblick von MEDICUS, „*Die Leistungsstörungen im neuen Schuldrecht*“, JuS 2003, 521 ff.

examenstypisch - anspruchsvoll - umfassend

Grundwissen

Für Ihr Jurastudium ist es nötig, sich schnell mit dem notwendigen Grundwissen einen Überblick zu verschaffen. Was aber ist wichtig und richtig? Bei der Fülle der Ausbildungsliteratur kann einem die Lust auf Jura vergehen. Wir beschränken uns in dieser Ausbildungsphase auf das Wesentliche. Weniger ist mehr.

Skripten Grundwissen

Die Reihe „Grundwissen" stellt die theoretische Ergänzung unserer Reihe „die wichtigsten Fälle" dar.

Mit ihr soll das notwendige Hintergrundwissen vermittelt werden, welches für die Bewältigung der Fallsammlungen erforderlich ist. Auf diese Art und Weise ergänzen sich beide Reihen ideal. Hilfreich dabei sind Verweisungen auf die jeweiligen Fälle der Fallsammlungen, so dass man das Erlernte gleich klausurtypisch anwenden kann. Die Darstellung erfolgt bewusst auf sehr einfachem Niveau. Es werden also für die Bewältigung der Ausführungen keine Kenntnisse vorausgesetzt. Ebenso wird bewusst auf Vertiefungshinweise verzichtet. Eine Vertiefung kann erfolgen, wenn die Kenntnisse anhand der Fälle wiederholt wurden. Dazu werden Hinweise in den Fallsammlungen gegeben.

Grundwissen und die Reihe „Die wichtigsten Fälle" sind so das ideale Lernsystem für eine klausur- und damit prüfungstypische Arbeitsweise.

Grundwissen Zivilrecht

BGB AT (111.10)	6,90 €
Schuldrecht AT (111.11)	6,90 €
Schuldrecht BT I (111.12)	6,90 €
Schuldrecht BT II (111.13)	6,90 €
Sachenrecht I (111.14)	6,90 €
Sachenrecht II (111.15)	6,90 €

Grundwissen Strafrecht

Strafrecht AT (112.20)	6,90 €
Strafrecht BT (112.21)	6,90 €

Grundwissen Öffentliches Recht

Staatsrecht (113.30)	6,90 €
Verwaltungsrecht (113.31)	6,90 €

Die wichtigsten Fälle

Die vorliegende Fallsammlung ist für Studenten in den ersten Semestern gedacht. Gerade in dieser Phase ist es wichtig, bei der Auswahl der Lernmaterialien den richtigen Weg einzuschlagen. Die Gefahr zu Beginn des Studiums liegt darin, den Stoff zu abstrakt zu erarbeiten. Ein problemorientiertes Lernen, d.h. ein Lernen am konkreten Fall, führt zum Erfolg. Das gilt für die kleinen Scheine/die Zwischenprüfung genauso wie für das Examen. Wer gelernt hat, sich die Probleme des Falles aus dem Sachverhalt schnell zu erschließen, schreibt die gute Klausur. Bei der Anwendung dieser Lernmethode sind wir Marktführer. Profitieren Sie von der über 30-jährigen Erfahrung des Juristischen Repetitoriums hemmer im Umgang mit Examensklausuren. Diese Erfahrung fließt in sämtliche Skripten des Verlages ein. Das Repetitorium beschäftigt ausschließlich Spitzenjuristen, teilweise Landesbeste ihres Examenstermins. Die so erreichte Qualität in Unterricht und Skripten werden Sie woanders vergeblich suchen. Lernen Sie mit den Profis! Ihre Aufgabe als Jurist wird es einmal sein, konkrete Fälle zu lösen. Je mehr Sie verstehen, desto mehr Freude werden Sie haben, sich neue Probleme durch eigenständiges Denken zu erarbeiten. Wir bieten Ihnen mit unserer juristischen Kompetenz die notwendige Hilfestellung. Fallsammlungen gibt es viele. Die Auswahl des richtigen Lernmaterials ist jedoch der entscheidende Aspekt. Prüfungsinhalte wiederholen sich. Wir vermitteln Ihnen das, worauf es in der Prüfung ankommt
– verständlich – knapp – präzise.

Die wichtigsten Fälle Musterklausuren Examen

Fahrlässig handelt, wer sich diese Fälle entgehen lässt! Aus unserem langjährigen Klausurenkursprogramm die besten Fälle, die besonders häufig Gegenstand von Prüfungen waren und sicher wieder sein werden. Lernen Sie den Horizont von Klausurenerstellern und -korrektoren anhand von exemplarischen Fällen kennen .

BGB AT (115.21)	12,80 €
Schuldrecht AT (115.22)	12,80 €
Schuldrecht BT (115.23)	12,80 €
GOA-BereicherungsR (115.24)	12,80 €
Deliktsrecht (115.25)	12,80 €
Verwaltungsrecht (115.26)	12,80 €
VerwaltungsR BT Bayern (115.45)	12,80 €
Staatsrecht (115.27)	12,80 €
Strafrecht AT (115.28)	12,80 €
Strafrecht BT I (115.29)	12,80 €
Strafrecht BT II (115.30)	12,80 €
Sachenrecht I (115.31)	12,80 €
Sachenrecht II (115.32)	12,80 €
ZPO I (115.33)	12,80 €
ZPO II (115.34)	12,80 €
Handelsrecht (115.35)	12,80 €
Erbrecht (115.36)	12,80 €
Familienrecht (115.37)	12,80 €
Gesellschaftsrecht (115.38)	12,80 €
Arbeitsrecht (115.39)	12,80 €
StPO (115.40)	12,80 €
Europarecht (115.41)	12,80 €
Die wichtigsten Fälle Musterklausuren	
Examen Zivilrecht (16.01)	14,80 €
Examen Strafrecht (115.43)	14,80 €
Examen Steuerrecht (115.44)	14,80 €

Sonderband Der Streit- und Meinungsstand im neuen Schuldrecht

Der hemmer/wüst Verlag stellt mit dem vorliegenden Werk die umstrittensten Problemkreise in 23 Fällen des neuen Schuldrechts dar, zeigt den aktuellen Meinungsstand auf und schafft so einen Überblick. Es wird das notwendige Wissen vermittelt.

115.20 *14,80 €*

Musterfälle für die Zwischenprüfung

Exempla docent - an Beispielen lernen. Die Fälle zu den Basics! Nur wer so lernt, weiß was in der Klausur verlangt wird. Die Fallsammlungen erweitern unsere Basics und stellen die notwendige Fortsetzung für das Schreiben der Klausur dar. Genau das, was Sie für die Scheine brauchen - nämlich exemplarisch dargestellte Falllösungen. Wichtige, immer wiederkehrende Konstellationen werden berücksichtigt. Profitieren Sie von der seit 1976 bestehenden Klausurerfahrung des Juristischen Repetitoriums hemmer. Über 1000 Klausuren wurden für die Auswahl der Musterklausuren auf ihre „essentials" analysiert

Musterklausur für die Zwischenprüfung - Zivilrecht

Ein Muss: Klassiker wie die vorvertragliche Haftung (c.i.c.), die Haftung bei Pflichtverletzungen im Schuldverhältnis (§ 280), Vertrag mit Schutzwirkung, Drittschadensliquidation, Mängelrecht, EBV, Bereicherungs- und Deliktsrecht werden klausurtypisch aufbereitet. Auf „specials" wie Saldotheorie, Verarbeitung, Geldwertvindikation, Vorteilsanrechnung und Nebenbesitz wird eingegangen. So entsteht wichtiges Grundverständnis.

16.31 14,80 €

Musterklausur für die Zwischenprüfung - Strafrecht

Auch hier wieder prüfungstypische Fälle mit genauen Aufbauhilfen. Die immer wiederkehrenden „essentials" der Strafrechtsrechtsklausur werden in diesem Skript abgedeckt: Von der Abgrenzung von dolus eventualis und bewusster Fahrlässigkeit über die Irrtumslehre bis hin zu Problemen der Täterschaft und Teilnahme, u.v.m. Wer sich die Zeit nimmt, diese Musterfälle sorgfältig durchzuarbeiten, besteht jede Grundlagenklausur.

16.32 14,80 €

Musterklausur für die Zwischenprüfung - Öffentliches Recht

Dieses Skript enthält die wichtigsten, in der Klausur immer wiederkehrenden Problemkonstellationen für die Bereiche Verfassungs- und Verwaltungsrecht. Im Verfassungsrecht werden die Zulässigkeitsvoraussetzungen von Verfassungsbeschwerden, Organstreitverfahren sowie abstrakter und konkreter Normenkontrolle erörtert. Im Rahmen der Begründetheitsprüfung werden die klausurrelevanten Grundrechte ausführlich erläutert. Gleichzeitig werden auch staatsorganisationsrechtliche Problemfelder aufbereitet. Die Klausuren zum Verwaltungsrecht zeigen die optimale Prüfung von Anfechtungs-, Verpflichtungs- und Fortsetzungsfeststellungsklagen sowie von Widerspruchsverfahren. Standardprobleme wie die Rücknahme oder der Widerruf eines Verwaltungsaktes und die Behandlung von Nebenbestimmungen eines VA sind u.a. Gegenstand der Begründetheitsprüfung.

16.33 14,80 €

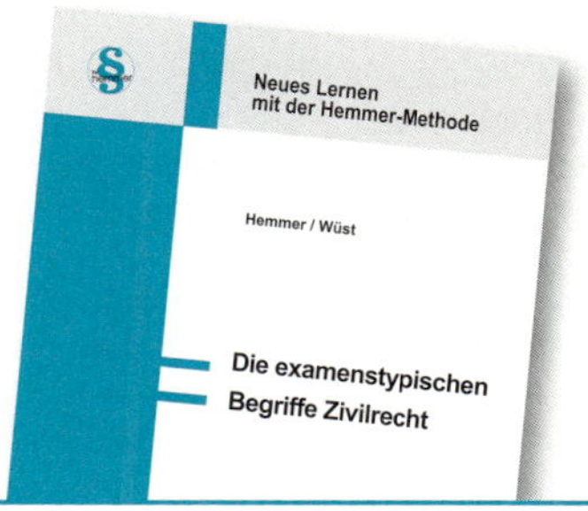

Die examenstypischen Begriffe/ ZivilR.

Das Grundwerk für die eigene Bibliothek. Alle examenstypischen Begriffe in diesem Nachschlagewerk werden anwendungsspezifisch für Klausur und Hausarbeit erklärt. Das gesammelte Examenswissen ist eine optimale schnelle Checkliste. Zusätzlicher Nutzen: Das große Stichwortverzeichnis. Neben der Einbettung des gesuchten Begriffs in den juristischen Kontext finden Sie Verweisungen auf entsprechende Stellen in unserer Skriptenreihe. Begriffe werden transparenter. Sie vertiefen Ihr Wissen. So können Sie sich schnell und auf anspruchsvollem Niveau einen Überblick über die elementaren Rechtsbegriffe verschaffen.

14.01 14,80 €

Grundwissen auf höherem Niveau! Sie sind Jurastudent in den mittleren Semestern und wollen die großen Scheine unter Dach und Fach bringen. Wenn Sie sich in dieser Phase mit tausend Meinungen beschäftigen, besteht die Gefahr, sich im Detail zu verlieren. Wir empfehlen Ihnen, schon jetzt das Material zu wählen, welches Sie durch die Scheine begleitet. Ideal zur schnellen Wiederholung vor dem Examen.

Die „Basics" - Reihe

Die Klassiker der hemmer-Reihe. So schaffen Sie die Universitätsklausuren viel leichter. Die Basics vermitteln Ihnen Grundverständnis auf anspruchsvollem Niveau, sie sind auch für die Examensvorbereitung ideal.
Denn: Wissen wird konsequent unter Anwendungsgesichtspunkten erworben.
Die Basics dienen auch der schnellen Wiederholung vor dem Examen oder der mündlichen Prüfung, wenn Zeit zur Mangelware wird.

Basics-Zivilrecht I

BGB-AT/ Vertragliche Schuldverhältnisse mit dem neuen Schuldrecht

Im Vordergrund steht die Vermittlung der Probleme des Vertragsschlusses, u.a. das Minderjährigenrecht und die Stellvertretung. Neben rechtshindernden (z.B. §§ 134, 138 BGB) und rechtsvernichtenden Einwendungen (z.B. Anfechtung) werden auch die Klassiker der Pflichtverletzung nach § 280 BGB wie Unmöglichkeit (§§ 280 I, III, 283), Verzug (§§ 280 I, II, 286) und Haftung bei Verletzung nicht leistungsbezogener Nebenpflichten i.S.d. § 241 II BGB (früher: pVV bzw. c.i.c. jetzt: § 280 I bzw. § 280 I i.V.m. § 311 II BGB) behandelt. Ausführlich wird auf die wichtige Unterscheidung von Schadensersatz nach § 280 I BGB und Schadensersatz statt der Leistung nach §§ 280 I, III, 281-283 bzw. § 311a II BGB eingegangen. Nach Mängelrecht, Störung der GG und Schadensrecht schließt das Skript mit dem nicht zu unterschätzenden Gebiet des Dritten (z.B. Abgrenzung § 278 / § 831 / § 31; § 166; Vertrag mit Schutzwirkung zugunsten Dritter; DriSchaLi) im Schuldverhältnis ab.

110.0011 *14,80 €*

Basics-Zivilrecht II

Gesetzliche Schuldverhältnisse, Sachenrecht

Das Skript befasst sich mit dem Recht der GoA, dem Bereicherungsrecht und dem Recht der unerlaubten Handlungen als immer wieder klausurrelevante gesetzliche Schuldverhältnisse. Der Einstieg in das Sachenrecht wird mit der Abhandlung des Besitzrechts und dem Erwerb dinglicher Rechte an beweglichen Sachen erleichtert, wobei der Schwerpunkt auf dem rechtsgeschäftlichen Erwerb des Eigentums liegt. Über das für jede Prüfung unerlässliche Gebiet des EBV gibt das Skript einen ausführlichen Überblick.
Eine systematische Aufbereitung des Pfandrechts und des Grundstückrechts führen zum richtigen Verständnis dieser prüfungsrelevanten Gesetzesmaterie.

110.0012 *14,80 €*

Basics-Zivilrecht III

Familienrecht/ Erbrecht

Die typischen Probleme des Familienrechts: Von der Ehe als Klassiker für die Klausur (z.B. § 1357; GbR; Gesamtschuldner; Gesamtgläubiger; §§ 1365; 1369 BGB) zum ehelichen Güterrecht bis hin zur Scheidung.
Gegenstand des Erbrechts sind die gesetzliche und gewillkürte Erbfolge, die möglichen Verfügungen (Testament bzw. Erbvertrag) des Erblassers und was sie zum Inhalt haben (z.B. Erbeinsetzung, Vermächtnis, Auflage), Annahme und Ausschlagung der Erbschaft sowie neben Fragen der Rechtsstellung des Erben (z.B. im Verhältnis zum Erbschaftsbesitzer) auch das Pflichtteilsrecht und der Erbschein.
Fazit: Das Wichtigste in Kürze für den schnellen Überblick.

110.0013 *14,80 €*

Basiswissen

Basics-Zivilrecht IV

Zivilprozessrecht (Erkenntnisverfahren und Zwangsvollstreckungsverfahren)

Wegen fehlender Praxis ist in der Regel die ZPO dem Studenten fremd. Von daher wurde hier besonders auf leichte Verständlichkeit Wert gelegt. Der Schwerpunkt im Erkenntnisverfahren liegt neben den immer wiederkehrenden Problemen der Zulässigkeitsvoraussetzungen (z.B. Zuständigkeit, Streitgegenstand) auf den typischen Problemen des Prozesses, wie z.B. Versäumnisurteil, Widerklage und Klagenhäufung. Die Beteiligung Dritter am Rechtsstreit wird im Hinblick auf die Klausur und die examensrelevante Verortung erklärt.

Das Kapitel der Zwangsvollstreckung befasst sich vor allem mit dem Ablauf der Zwangsvollstreckung und den möglichen Rechtsbehelfen von Schuldner, Gläubiger und Dritten.

Dieses Skript gehört daher zur „Pflichtlektüre", um sich einen vernünftigen Überblick zu verschaffen!

110.0014 14,80 €

Basics-Zivilrecht V

Handels- und Gesellschaftsrecht

Im Vordergrund steht: Wie baue ich eine gesellschaftsrechtliche Klausur richtig auf. Häufig geht es um die Haftung der Gesellschaft und der Gesellschafter. Eine systematische Aufbereitung führt durch das Recht der Personengesellschaften, also der GbR und OHG, sowie der KG. Das Recht der Körperschaften, wozu der rechts- und nichtrechtsfähige Verein, die GmbH sowie die AG zählen, wird ebenso im Überblick dargestellt.

Auf dem Gebiet des Handelsrechts als Sonderrecht des Kaufmanns dürfen typische Problemkreise wie Kaufmannseigenschaft, Handelsregister, Wechsel des Unternehmensträgers und das kaufmännische Bestätigungsschreiben nicht fehlen. Abschließend befasst sich das Skript mit den Mängelrechten beim Handelskauf, der auch häufig die Schnittstelle zu BGB-Problemen darstellt.

110.0015 *14,80 €*

Basics-Zivilrecht VI

Arbeitsrecht

Das Arbeitsrecht gehört in den meisten Bundesländern zum Pflichtprogramm in der Examensvorbereitung. Hier tauchen immer wieder die gleichen Fragestellungen auf, die in diesem Skript knapp, präzise und klausurtypisch aufbereitet werden, wie die Zulässigkeit der Kündigungsschutzklage, Kündigungsschutz nach dem KSchG, innerbetrieblicher Schadensausgleich, fehlerhafter Arbeitsvertrag und die Reaktionsmöglichkeiten des Arbeitnehmers auf Änderungskündigungen. Ferner bildet auch das Recht der befristeten Arbeitsverhältnisse nach dem TzBfG einen Schwerpunkt.

110.0016 *14,80 €*

Basics-Strafrecht

Je besser der Einstieg, umso besser später die Klausuren. Weniger ist häufig mehr. Alle klausurwichtigen Probleme und Fragestellungen des materiellen Strafrechts auf einen Blick: Vom StGB-AT bis hin zum StGB-BT finden Sie all das dargestellt, was als Grundlagenwissen im Strafrecht angesehen wird. Außerdem werden die wichtigsten Aufbaufragen zur strafrechtlichen Klausurtechnik - an denen gerade Anfänger häufig scheitern - in einem eigenen Kapitel einfach und leicht nachvollziehbar erläutert.

110.0032 *14,80 €*

Basics-Öffentliches Recht I

Verfassungsrecht/ Staatshaftungsrecht

Materielles und prozessuales Verfassungsrecht bilden zusammen mit wichtigen Problemstellungen des Staatshaftungsrechts die Grundlage für dieses Skript. Öffentlich-rechtliches Wissen wird konsequent unter Anwendungsgesichtspunkten erworben.

110.0035 *14,80 €*

Basics-Öffentliches Recht II

Verwaltungsrecht

Grundfragen des allgemeinen und besonderen Verwaltungsrechts werden im Rahmen der wichtigsten Klagearten der VwGO verständlich und einprägsam dargestellt. Zusammen mit dem Skript Ö-Recht I werden Sie sich in der öffentlich rechtlichen Klausur sicher fühlen.

110.0036 *14,80 €*

Basics-Steuerrecht

Die Basics im Steuerrecht für einen einfachen, aber instruktiven Einstieg in das materielle Einkommensteuer- und Steuerverfahrensrecht. Die notwendigen Bezüge des Einkommensteuerrechts zum Umsatz- und Körperschaftssteuerrecht werden dargestellt sowie auf examens- und klausurtypische Konstellationen hingewiesen. Ein ideales Skript für alle, die sich erstmals mit der Materie befassen und die Grundstrukturen verstehen wollen. Es wird der Versuch unternommen, den Einstieg so verständlich wie möglich zu gestalten. Dazu werden immer wieder kleine Beispiele gebildet, die das Erlernen des abstrakten Stoffs vereinfachen sollen.

110.0004 *14,80 €*

Basics-Europarecht

Neben unserem Hauptskript nun die Basics zum Europarecht. Verständlicher Einstieg oder schnelle Wiederholung der wesentlichen Probleme? Für beides sind die Basics ideal. Wer in die Tiefe gehen möchte, kann dies mit unserem Klassiker, dem Hauptskript Europarecht. In Verbindung mit den Classics Europarecht und der Fallsammlung auf Examensniveau sind Sie somit gerüstet für die Prüfung in Ausbildung und Examen. Vernachlässigen Sie dieses immer wichtiger werdende Prüfungsgebiet nicht!

110.0005 *14,80 €*

Skripten Classics

In den Classics haben wir für Sie die wichtigsten Entscheidungen der Obergerichte, denen Sie während Ihres Studiums immer wieder begegnen, ausgewählt und anschaulich aufbereitet. Bestimmte Entscheidungen müssen bekannt sein. In straffer Form werden der Sachverhalt, die Entscheidungssätze und die Begründung dargestellt. Die hemmer-Methode ordnet die Rechtssprechung für die Klausuren ein. Rechtsprechung wird so verständlich, Seitenfresserei vermieden.
Hiermit bereiten Sie sich auch gezielt auf die mündliche Prüfung vor.

BGH-Classics Zivilrecht

Rechtskultur und Verständnis des Gesetzes werden in weiten Teilen von der Rechtsprechung geprägt. Nicht umsonst spricht man von der Rechtsprechung als der normativen Kraft des Faktischen. Die wegweisenden Entscheidungen müssen Student, Referendar und Anwalt bekannt sein. Auf leicht erfaßbare, knappe, präzise Darstellung wird Wert gelegt. Die hemmer-Methode sichert den für die Klausur und Hausarbeit notwenigen „background" ab.

15.01 *14,80 €*

BGH-Classics Strafrecht

Auch die Entscheidungen im Strafrecht in ihrer konkreten Aufbereitung führen zur richtigen Einordnung der jeweiligen Problematik. Es wird die Interessenslage der Rechtsprechung erklärt. Im Vordergrund steht oft Einzelfallgerechtigkeit. Deswegen vermeidet die Rechtsprechung auch allzu dogmatische Entscheidungen.
Effizient, und damit in den wesentlichen Punkten knapp und präzise, wird die Entscheidung selbst wiedergegeben. So sparen Sie sich Zeit und erleiden nicht den berühmten Informationsinfarkt. Sowohl in der Examensvorbereitung, als auch in Klausur und Hausarbeit dienen die Classics als schnelles Lern- und Nachschlagewerk.

15.02 *14,80 €*

Examenswissen

In der letzten Phase sollten Sie sich mit voller Kraft auf das Examen vorbereiten. Besonders wichtig ist jetzt fundiertes Wissen auf Examensniveau! unser Filetstück: die Hauptskripten. Konfronierten Sie sich frühzeitig mit dem, was Sie im Examen erwartet. Examenswissen unter professioneller Anleitung.

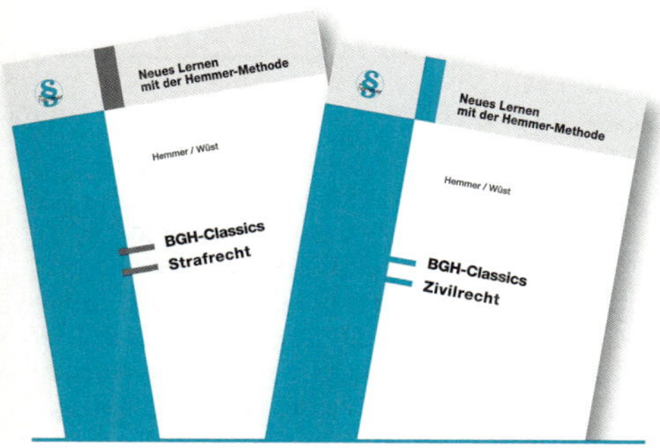

Classics Öffentliches Recht

Das Skript umfasst die Dauerbrenner aus den Bereichen der Rechtsprechung zu den Grundrechten, zum Staatsrecht, Verwaltungsrecht AT und BT sowie zum Europarecht. Neben der inhaltlichen Darstellung der Entscheidung werden mit Hilfe knapper Anmerkungen Besonderheiten und Bezüge zu anderen Problematiken hergestellt und somit die Fähigkeit zur Verknüpfung geschärft.

15.03 *14,80 €*

Classics Europarecht

Anders als im amerikanischen Recht gibt es bei uns kein reines „case-law". Gleichwohl hat die Rechtsprechung für Rechtsentwicklung und -fortbildung eine große Bedeutung. Gerade im Europarecht kommt man ohne festes Basiswissen in der europäischen Rechtsprechung nur selten zum Zuge. Auch für das Pflichtfach ein unbedingtes Muss!

15.04 *14,80 €*

Zivilrecht BGB-AT I-III

Die Aufteilung der Unwirksamkeitsgründe nach den verschiedenen Büchern des BGB (z.B. BGB-AT, Schuldrecht AT usw.) entspricht nicht der Struktur des Examensfalls. Wegen der klassischen Einteilung wird der Begriff BGB-AT/ Schuldrecht AT beibehalten. Unsere Skripten BGB-AT I - III unterscheiden entsprechend der Fallfrage in Klausur und Hausarbeit (Anspruch entstanden? Anspruch untergegangen? Anspruch durchsetzbar?) zwischen wirksamen und unwirksamen Verträgen, zwischen rechtshindernden, rechtsvernichtenden und rechtshemmenden Einwendungen. Damit stellen sich diese Skripten als großer Fall dar und dienen auch als Checkliste für Ihre Prüfung. Schon das Durchlesen der Gliederung schafft Verständnis für den Prüfungsaufbau.

BGB-AT I

Entstehen des Primäranspruchs

Besteht der Vertrag, so kann der Anspruchsteller Erfüllung, z.B. Übereignung, Überlassung der Mietsache etc. verlangen. Dies setzt unter anderem Rechtsfähigkeit der Vertragspartner, eine wirksame Willenserklärung, Zugang und ggf. Bevollmächtigung voraus. Nur wenn ein wirksamer Vertrag vorliegt, entsteht die Leistungspflicht des Schuldners und deren Folgeproblematik wie Rücktritt und Schadensersatz. Konsequent befasst sich das Skript daher auch mit den Problemkreisen der Stellvertretung sowie der Einbeziehung von AGB´en.

0001 *14,80 €*

BGB-AT II

Scheitern des Primäranspruchs

Scheitert der Vertrag von vornherein, so entfallen Erfüllungsansprüche. Die Unwirksamkeitsgründe sind im Gesetz verstreut, wie z.B. § 125, § 134, § 2301. Als konsequentes Rechtsfolgenskriptum sind alle klausurtypischen rechtshindernden Einwendungen zusammengefasst.

0002 *14,80 €*

BGB-AT III

Erlöschen des Primäranspruchs

Der Primäranspruch (bzw. Leistungs- oder Erfüllungsanspruch) kann nachträglich wegfallen, z.B. durch Erfüllung, Aufrechnung, Anfechtung, Unmöglichkeit. Nur wer Unwirksamkeitsgründe im Kontext des gescheiterten Vertrags einordnet, lernt richtig. Die rechtshemmenden Einreden (z.B. Verjährung, § 214 BGB) bewirken, dass der Berechtigte sein Recht nicht (mehr) geltend machen kann.

0003 *14,80 €*

Die klassischen Rechtsfolgeskripten zum Schadensersatz - „klausurtypisch!"

Schadensersatzrecht I

Das Skript erfasst neben Allgemeinem zum Schadensersatzrecht zunächst den selbstständigen Garantievertrag als Primäranspruch auf Schadensersatz. Daneben wird die gesetzliche Garantiehaftung behandelt. Ebenfalls enthalten sind die Sachmängelhaftung im Kauf- und Werk-, Miet- und Reisevertragsrecht sowie die Rechtsmängelhaftung.

0004 *14,80 €*

Schadensersatzrecht II

Umfassende Darstellung des Leistungsstörungsrechts, rechtsfolgenorientierte Darstellung der Sekundäransprüche-Schadensersatzansprüche.

0005 *14,80 €*

Schadensersatzrecht III

Befasst sich schwerpunktmäßig mit dem Anspruchsinhalt, d.h. mit der Frage des Umfangs der Ersatzpflicht, also dem „wie viel" eines dem Grunde nach bereits bestehenden Anspruchs. Drittschadensliquidation, Vorteilsausgleichung und hypothetische Schadensursachen dürfen nicht fehlen.

0006 *14,80 €*

Schuldrecht

Die Reihe Schuldrecht orientiert sich an der Klausurrelevanz des Schuldrechts. In nahezu jeder Klausur ist nach Schadensersatzansprüchen des Gläubigers bei Leistungsstörungen des Schuldners, nach bereicherungsrechtlichen Ansprüchen oder nach der deliktischen Haftung gefragt.
Die Schuldrechtsskripten eignen sich hervorragend sowohl zur erstmaligen Aneignung der Materie als auch zur aufgrund der Schuldrechtsreform notwendigen Neustrukturierung bereits vorhandenen Wissens.

Schuldrecht I

Das allgemeine Leistungsstörungsrecht war schon immer äußerst klausurrelevant. Dies hat sich durch die Schuldrechtsreform in erheblichem Maße verstärkt, zumal das Besondere Schuldrecht nun häufig Rückverweisungen auf die §§ 280 ff. BGB vornimmt (z.B. § 437 BGB). Entsprechend der Gesetzessystematik ist das Skript von der Rechtsfolge her aufgebaut: Welche Art des Schadensersatzes verlangt der Gläubiger? Schwerpunkte bilden das Unmöglichkeitsrecht, der allgemeine Anspruch aus § 280 I BGB (auch vorvertragliche Haftung und Schuldnerverzug), die Ansprüche auf Schadensersatz statt der Leistung, Rücktritt und Störung der Geschäftsgrundlage.

0051 *14,80 €*

Schuldrecht II

Die Klassiker im Examen! Kauf- und Werkvertrag in allen prüfungsrelevanten Varianten. Dies gilt insbesondere beim Kauf, dessen spezielles Gewährleistungsrecht abgeschafft und stattdessen auf die §§ 280 ff. BGB Bezug genommen wurde. Das Skript setzt sich mit den kaufspezifischen Fragestellungen wie Sachmangelbegriff, Nacherfüllung, Rücktritt, Minderung und Schadensersatz, Versendungs- und Verbrauchsgüterkauf auseinander. Ferner wird das - dem Kauf nun weitgehend gleichgeschaltete - Werkvertragsrecht behandelt.

0052 *14,80 €*

Schuldrecht III

Umfassend werden die klausurrelevanten Probleme der Miete, Pacht, Leihe, des neuen Darlehensrechts (samt Verbraucherwiderruf nach §§ 491 ff. BGB), des Leasing- und Factoringrechts abgehandelt. Die äußerst wichtigen Fragestellungen aus dem Bereich Bürgschaft („Wer bürgt, wird erwürgt"), Reise- und Maklervertrag kommen ebenfalls nicht zu kurz.

0053 *14,80 €*

Bereicherungsrecht

Die §§ 812 ff. sind regelmäßig die Folge unwirksamer Verträge. Abgrenzungsprobleme gibt es dabei u.a. zum Wegfall der Geschäftsgrundlage (z.B. Rückabwicklung bei der nichtehelichen Lebensgemeinschaft) und §§ 987 ff. Die hemmer-Methode versteht sich als Gebrauchsanweisung für die erfolgreiche Bewältigung des anspruchsvollen Rechtsgebiets Bereicherungsrecht. Ohne Verständnis für dieses Rechtsgebiet bleibt der Zusammenhang im Zivilrecht im Dunkeln.

0008 *14,80 €*

Verbraucherschutzrecht

Das Verbraucherschutzrecht erlangt im Gesamtgefüge des BGB eine immer stärkere Bedeutung. Kaum ein Bereich, in dem die Besonderheiten des Verbraucherschutzrechtes nicht zu abweichenden Ergebnissen führen, so z.B. bei den §§ 474 ff. BGB, oder bei der Widerrufsproblematik der §§ 355 ff. BGB. Insbesondere die umständliche Verweisungstechnik der §§ 499 ff. BGB stellt den Bearbeiter von Klausuren vor immer neue Herausforderungen. Das Skript liefert eine systematische Einordnung in den Gesamtzusammenhang. Wer den Verbraucher richtig einordnet, schreibt die gute Klausur.

0007 *14,80 €*

Deliktsrecht I

Eine umfassende Einführung in das deliktische Haftungssystem. Da die deliktische Haftung gegenüber jedermann besteht, können die §§ 823 ff BGB. in jede Klausur problemlos eingebaut werden. Neben einer umfassenden Übersicht über die Haftungstatbestände werden sämtliche klausurrelevanten Problemfelder der §§ 823 ff BGB. umfassend behandelt (z.B. Probleme der haftungsbegründenden und -ausfüllenden Kausalität). § 823 I BGB ist als elementarer, strafrechtsähnlicher Grundtatbestand leicht erlernbar. Auch § 823 II und §§ 824 - 826 BGB sollten nicht vernachlässigt werden. Neben § 831 BGB (Vorsicht beim Entlastungsbeweis!), der Haftung für Verrichtungsgehilfen, befasst sich der erste Band auch mit der Mittäterschaft, Teilnahme und Beteiligung gem. § 830 BGB.

0009 *14,80 €*

Deliktsrecht II

Deliktsrecht II vervollständigt das deliktische Haftungssystem mit besonderem Schwerpunkt auf der Gefährdungshaftung und der Haftung für vermutetes Verschulden. Zum einen erfolgt eine ausführliche Erörterung der im BGB integrierten Haftungsnormen. Zum anderen vermittelt das Skript ein umfassendes Wissen in den klausurrelevanten Spezialgesetzen wie dem StVG, dem ProdHaftG und dem UmweltHaftG. Abgerundet werden die Darstellungen durch den wichtigen Beseitigungs- und Unterlassungsanspruch des § 1004 BGB.

0010 *14,80 €*

Sachenrecht I-III:

Sachenrecht ist durch immer wiederkehrende examenstypische Problemfelder gut ausrechenbar. Anders als das Schuldrecht ist es ein klar strukturiertes Rechtsgebiet. In der Regel besteht deswegen eine feste Vorstellung, wie der Fall zu lösen ist. Deshalb gilt es gerade hier, mit der hemmer-Methode den Ersteller der Klausur als imaginären Gegner zu erfassen. Es gilt, Begriffe wie z.B. Widerspruch und Vormerkung in ihrer rechtlichen Wirkung zu begreifen und in den Kontext der Klausur einzuordnen.

Sachenrecht I

Zu Beginn werden die allgemeinen Lehren des Sachenrechts (Abstraktionsprinzip, Publizität, numerus clausus etc.) behandelt, die für den Einstieg und ein grundlegendes Verständnis der Materie unabdingbar sind. Im Vordergrund stehen dann das Besitzrecht und das Eigentümer-Besitzer-Verhältnis. Gerade das EBV ist klausurrelevant. Hier dürfen Sie keinesfalls auf Lücke lernen. Schließlich geht es auch um den immer wichtiger werdenden (verschuldensunabhängigen) Beseitigungs- bzw. Unterlassungsanspruch aus § 1004 BGB.

0011 *14,80 €*

Sachenrecht II

Sachenrecht II behandelt den Erwerb dinglicher Rechte an beweglichen Sachen. Neben dem Erwerb kraft Gesetzes ist Schwerpunkt hier natürlich der rechtsgeschäftliche Erwerb des Eigentums. Bei dem Erwerb vom Berechtigten und den §§ 932 ff. BGB müssen Sie sicher sein, insbesondere, wenn wie im Examensfall regelmäßig Dritte (Besitzdiener, Besitzmittler, Geheißpersonen) in den Übereignungstatbestand eingeschaltet werden. Daneben geht es um die klausurrelevanten Probleme beim Pfandrecht, bei der Sicherungsübereignung und beim Anwartschaftsrecht des Vorbehaltsverkäufers.

0012 *14,80 €*

Sachenrecht III

Gegenstand des Skripts Sachenrecht III ist das Immobiliarsachenrecht, wobei die Übertragung des Eigentums an Grundstücken im Vordergrund steht. Weitere Schwerpunkte bilden u.a. Erst- und Zweiterwerb der Vormerkung, die Hypothek und Grundschuld -Gemeinsamkeiten und Unterschiede-, Übertragung sowie der Wegerwerb von Einwendungen und Einreden bei diesen.

0012A *14,80 €*

Kreditsicherungsrecht

Der Clou! Wettlauf der Sicherungsgeber, Verhältnis Hypothek zur Grundschuld, Verlängerter Eigentumsvorbehalt und Globalzession/Factoring sind häufig Prüfungsgegenstand. Lernen Sie das, was zusammen gehört, als zusammengehörend zu betrachten. Alle examenstypischen Sicherungsmittel im Überblick: Wie sichere ich neben dem bestehenden Rückzahlungsanspruch einen Kredit? Unterschieden werden Personalsicherheiten (z.B. Bürgschaft, Schuldbeitritt), Mobiliarsicherheiten (z.B. Sicherungsübereignung, Sicherungsabtretung, Eigentumsvorbehalt und Pfandrecht) sowie Immobiliarsicherheiten (Grundschuld und Hypothek). Wer die Unterscheidung zwischen akzessorischen und nichtakzessorischen Sicherungsmitteln wirklich verstanden hat, geht unbesorgt in die Prüfung.

0013 *14,80 €*

Nebengebiete

Familienrecht

Das Familienrecht wird häufig in Verbindung mit anderen Rechtsgebieten geprüft. So sind z.B. §§ 1357, 1365, 1369 BGB Schnittstelle zum BGB-AT und nur in diesem Kontext verständlich. Die sog. Ehestörungsklage hat ihre Bedeutung bei §§ 823 und 1004 BGB. Da nur der geschädigte Ehegatte einen eigenen Schadensersatzanspruch gegen den Schädiger hat, stellen sich Probleme der Vorteilsanrechnung (vgl. § 843 IV BGB) und Fragen beim Regress. Von Bedeutung sind bei der Nichtehelichen Lebensgemeinschaft Bereicherungsrecht und, wie bei Eheleuten auch, familienrechtliche Bestimmungen sowie das Recht der BGB-Gesellschaft. Die typischen Problemkreise des Familienrechts sind berechenbar und leicht erlernbar.

0014 *14,80 €*

Erbrecht

„Erben werden geboren, nicht gekoren." oder „Erben werden gezeugt, nicht geschrieben." deuten auf germanischen Einfluß mit seinem Sippengedanken. Das Prinzip der Universalsukzession und die Testamentidee sind römisch-rechtliche Tradition. Die Spannung zwischen individualistischem (der Erbe steht im Vordergrund) und kollektivistischem Ansatz (die Sippe ist privilegiert) ist auch für die Klausur von großer praktischer Relevanz, z.B. gewillkürte oder gesetzliche Erbfolge, Formwirksamkeit des Testaments (auch gemeinschaftliches Testament und Erbvertrag), Widerruf und Anfechtung, Bestimmung durch Dritte, Vor- und Nach- sowie Ersatzerbschaft, Vermächtnis, Pflichtteilsrecht, Erbschaftsbesitz, Miterben, Erbschein. Auch die dingliche Surrogation, z.B. bei § 2019 BGB, und das Verhältnis des Erbrechts zum Gesellschaftsrecht sollte als prüfungsrelevant bekannt sein.

0015 *14,80 €*

Zivilprozessrecht I

Versäumnisurteil, Erledigung, Streitverkündung, Berufung (ZPO I, sog. Erkenntnisverfahren) sind mit der hemmer-Methode leicht verständlich für die Klausuranwendung aufbereitet. Von den vielen Bestimmungen der ZPO sind insbesondere diejenigen, die mit materiellrechtlichen Problemen verknüpft werden können, klausurrelevant. ZPO-Probleme werden nur dann richtig erfasst und damit auch für die Klausur handhabbar, wenn man den praktischen Hintergrund verstanden hat. Dies erleichtert Ihnen die hemmer-Methode. Die klausurrelevanten Neuerungen der ZPO-Reform sind selbstverständlich eingearbeitet.

0016 *14,80 €*

Zivilprozessrecht II

Zwangsvollstreckungsrecht - mit diesem Skript halb so wild: Grundzüge, allgemeine und besondere Vollstreckungsvoraussetzungen, sowie die klausurrelevanten Rechtsbehelfe wie §§ 771 BGB (und die Abgrenzung zu § 805), 766 und 767 BGB werden wie gewohnt übersichtlich und gut verständlich für die Anwendung in der Klausur aufbereitet. Dann werden auch gefürchtete Zwangsvollstreckungsklausuren leicht.

0017 *14,80 €*

Arbeitsrecht

Arbeitsrecht ist stark von Richterrecht geprägt und hat sich auch, wie z.B. im Streikrecht, praeter legem entwickelt. Entsprechend häufig sind die Neuerungen. Gleichwohl ist die Arbeitsrechtsklausur im Regelfall standardisiert: Kündigungsschutz (Feststellungsklage) und Lohnzahlung (Leistungsklage) bilden häufig das Grundgerüst. Eingestreut sind regelmäßig Probleme wie z.B. Gratifikationen, Urlaubsabgeltungsanspruch, faktische Bindung und Anwendbarkeit der Grundrechte. Verständnis entsteht. So macht Arbeitsrecht Spaß. Das Standardwerk! Ausgehend von einem großen Fall wird das gesamte Arbeitsrecht knapp und prägnant erklärt.

0018 *16,80 €*

Handelsrecht

Handelsrecht verschärft wegen der Sonderstellung der Kaufleute viele Bestimmungen des BGB (z.B. §§ 362, 377 HGB). Auch Vertretungsrecht wird modifiziert (z.B. § 15 HGB, Prokura), ebenso die Haftung (§§ 25 ff HGB). So kann eine Klausur ideal gestreckt werden. Deshalb sind Kenntnisse im Handelsrecht unerlässlich, alles in allem aber leicht erlernbar.

0019A *14,80 €*

Gesellschaftsrecht

Ein Problem mehr in der Klausur: die Gesellschaft, insbesondere BGB-Gesellschaft, OHG, KG und GmbH. Zu unterscheiden ist häufig zwischen Innen- und Außenverhältnis. Die Haftung von Gesellschaft und Gesellschaftern muss jeder kennen. In der examenstypischen Klausur sind immer mehrere Personen vorhanden (Notendifferenzierung!), so dass sich zwangsläufig die typischen Schwierigkeiten der Mehrpersonenverhältnisse stellen (Zurechnung, Gesamtschuld, Ausgleichsansprüche etc.).

0019B *14,80 €*

Rechtsfolgeskripten

Regelmäßig ist die sog. Herausgabeklausur („A verlangt von B Herausgabe. Zu Recht?") Prüfungsgegenstand. Der Rückgriff kann als Zusatzfrage jede Klausur abschließen. Klausurtypisch werden diese Problemkreise im Anspruchsgrundlagenaufbau dargestellt. So schreiben Sie die 18 Punkteklausur. Ein Muss für jeden Examenskandidaten!

Herausgabeansprüche

Der Band setzt das Rechtsfolgesystem bisheriger Skripten fort. Die Anspruchsgrundlagen, die in den verschiedenen Rechtsgebieten verstreut sind, werden in einem eigenen Skript klausurtypisch konzentriert behandelt, §§ 285, 346, 546, 604, 812, 861, 985, 1007 BGB. Die ideale Checkliste für die Herausgabeklausur. Wer konsequent von der Fallfrage aus geht, lernt richtig.

0031 *14,80 €*

Rückgriffsansprüche

Der Regreß ist examenstypisch. Dreiecksbeziehungen sind nicht nur im wirklichen Leben problematisch, sondern auch im Recht. Der Band gibt unsere Erfahrungen mit den verschiedenen Examenskonstellationen wieder. Beispielhaft ist die Begleichung einer Schuld durch einen Dritten und der Regreß beim Schuldner. In Betracht kommen häufig GoA, Gesamtschuld und Bereicherungsrecht.

0032 *14,80 €*

Strafrecht

Eine zweistellige Punktezahl ist im Strafrecht immer im Bereich des Möglichen. Gerade im Strafrecht ist es wichtig, die Klassiker genau zu kennen. Im Strafrecht/Strafprozessrecht wird Ihre Belastbarkeit getestet: innerhalb relativ kurzer Zeit müssen viele Problemkreise „abgehakt" werden.

Strafrecht AT I

Für das Verständnis im Strafrecht unabdingbar sind vertiefte Kenntnisse des Allgemeinen Teils. Der Aufbau eines vorsätzlichen Begehungsdelikts wird ebenso vermittelt wie der eines vorsätzlichen Unterlassungsdelikts bzw. eines Fahrlässigkeitsdelikts. Darin eingebettet werden die examenstypischen Probleme erläutert und anhand der hemmer-Methode Lernverständis geschaffen. Um die allgemeine Strafrechtssystematik besser zu verstehen, beinhaltet dieses Skript zudem Ausführungen zur Garantiefunktion des Strafrechts, zum Geltungsbereich des deutschen Strafrechts sowie einen Überblick über strafrechtliche Handlungslehren.

0020 *14,80 €*

Strafrecht AT II

Dieses Skript vermittelt Ihnen anwendungsorientiert die Problemkreise Versuch (insbesondere Rücktritt vom Versuch), Täterschaft und Teilnahme (z.B. Täter hinter dem Täter), die Irrtumslehre (z.B. aberratio ictus), sowie das Wichtigste zu den Konkurrenzen. Grundbegriffe werden erläutert und zudem in den klausurtypischen Zusammenhang gebracht. Auch Sonderfälle wie die „actio libera in causa" werden in fallspezifischer Weise erklärt.

0021 *14,80 €*

Strafrecht BT I

Bei den Klassikern wie u.a. Diebstahl, Betrug einschließlich Computerbetrug, Raub, Erpressung, Hehlerei, Untreue (BT I) sollte man sich keine Fehltritte leisten. Mit der hemmer-Methode wird der verständnisvolle Umgang mit Fällen, die im Grenzbereich eines oder mehrerer Tatbestände liegen, eingeübt. Auf klausurtypische Fallkonstellationen wird hingewiesen.

0022 *14,80 €*

Strafrecht BT II

Immer wieder in Hausarbeit und Klausur: Totschlag, Mord, Körperverletzungsdelikte, Aussagedelikte, Urkundsdelikte, Straßenverkehrsdelikte. In aller Regel werden diese Delikte mit Täterschaftsformen des Allgemeinen Teils kombiniert, und dadurch die Problematik klausurtypisch gestreckt.

0023 *14,80 €*

Strafprozessordnung

Strafprozessrecht hat auch im Ersten Juristischen Staatsexamen deutlich an Bedeutung gewonnen: In fast jedem Bundesland ist mittlerweile verstärkt mit StPO-Zusatzfragen im Examen zu rechnen. Begriffe wie z.B. Legalitätsprinzip, Opportunitätsprinzip und Akkusationsprinzip dürfen keine Fremdworte bleiben. Lernen Sie spielerisch die Abgrenzung von strafprozessualem und materiellem Tatbegriff. Auf alle klausurtypischen Probleme wird eingegangen.

0030 *14,80 €*

Definitionen Strafrecht - schnell gemerkt

... durch Techniken vom Gedächtnismeister: Leichter lernen, schneller merken, sicherer erinnern. Das Lernen von Definitionen hat drei große Nachteile: Es ist eintönig, eine exakte Wiedergabe ist gerade bei längeren Definitionen nur schwer möglich und man vergisst viele Definitionen beinahe schneller als man sie gelernt hat.

Dieses Buch zeigt einen anderen Weg: Aus Definitionen werden Reihen von Stichworten, aus Stichworten Bilder und aus den Bildern Geschichten. So finden Techniken, die sonst dazu verwendet werden, sich mehrere hundert Zahlen in fünf Minuten einzuprägen oder ein Kartenspiel in weniger als einer Minute, auf das Recht Anwendung - und sie bleiben effektiv. Nun kann auch der Leser Gewinn daraus ziehen: Weniger Wiederholungen, klareres Behalten, sichere Wiedergabe in der Klausur.

0044 *14,80 €*

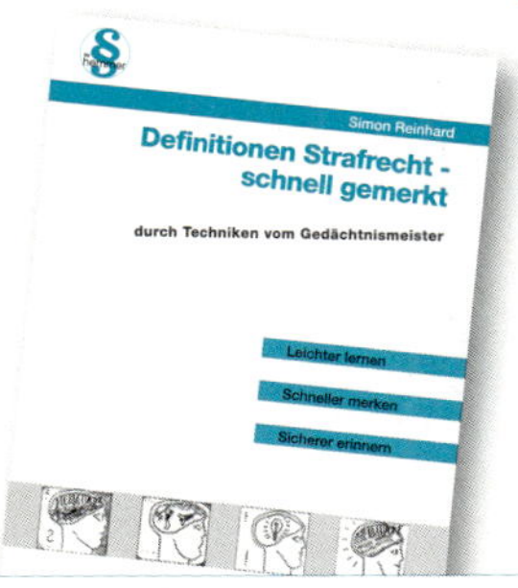

Verwaltungsrecht

Auch die Verwaltungsrechtsskripten sind klausur- und hausarbeitsorientiert und damit als großer Fall zu verstehen. Trainieren Sie Verwaltungsrecht mit uns klausurorientiert. Lernen Sie mit der hemmer-Methode die richtige Einordnung. Im Öffentlichen Recht gilt: wenig Dogmatik - viel Gesetz. Gehen Sie deshalb mit dem sicheren Gefühl in die Prüfung, die Dogmatik genau zu kennen und zu wissen, wo Sie was zu prüfen haben.

Verwaltungsrecht I

Wie in einem großen Fall sind im Verwaltungsrecht I die klausurtypischen Probleme der Anfechtungsklage als zentrale Klageart der VwGO dargestellt. Entsprechend der Reihenfolge in einer Klausur werden Fragen der Zulässigkeit, vom Vorliegen eines VA bis zum Vorverfahren, und der Begründetheit, von der Ermächtigungsgrundlage bis zum Widerruf und der Rücknahme von VAen, klausurorientiert aufbereitet.

0024 *14,80 €*

Verwaltungsrecht II

Die richtige Einordnung der Prüfungspunkte im Rahmen der Zulässigkeit und Begründetheit von Verpflichtungs-, Fortsetzungsfeststellungs-, Leistungs- und Feststellungsklage sowie Normenkontrolle unter gleichzeitiger Darstellung typischer Fragestellungen der Begründetheit sind Gegenstand dieses Skripts. Sie machen es zu einem unentbehrlichen Hilfsmittel zur Vorbereitung auf Zwischenprüfung und Examina.

0025 *14,80 €*

Verwaltungsrecht III

Profitieren Sie von unserer jahrelangen Erfahrung als Repetitoren und unserer Sachkenntnis von Prüfungsfällen. Widerspruchsverfahren, vorbeugender und vorläufiger Rechtsschutz, Rechtsmittel sowie Sonderprobleme aus dem Verwaltungsprozess- und allgemeinen Verwaltungsrechts sind anschließend für Sie keine Fremdwörter mehr.

0026 *14,80 €*

Staatsrecht

Stoffauswahl und Schwerpunktbildung von Verfassungsrecht (Staatsrecht I) und Staatsorganisationsrecht (Staatsrecht II) orientieren sich am praktischen Bedürfnis von Klausur und Hausarbeit. Da in diesem Bereich häufig nach dem Prinzip „terra incognita" gelernt wurde, gilt es Lücken zu schließen. Wer Staatsrecht richtig gelernt hat, kann sich jedem Fall stellen. Es gilt der Wahlspruch der Aufklärung: „sapere aude" (Wage, Dich Deines Verstandes zu bedienen.), Kant, auf ihn Bezug nehmend Karl Popper (Beck´sche Reihe, „Große Denker").

Staatsrecht I

Die Grundrechte sind das Herzstück der Verfassung. Zulässigkeit und Begründetheit der Verfassungsbeschwerde geben jedem Klausurersteller die Möglichkeit, Grundrechtsverständnis abzuprüfen. Die einzelnen Grundrechte werden im Rahmen der Begründetheit der Verfassungsbeschwerde umfassend erklärt. Lernen Sie mit der hemmer-Methode den richtigen Fallaufbau, auf den gerade im Öffentlichen Recht besonders viel Wert gelegt wird.

0027 *14,80 €*

Staatsrecht II

Speziell hier gilt: Die wenigen Klassiker, die immer wieder in der Klausur eingebaut sind, muss man kennen. Dies sind im Prozessrecht: Organstreitigkeiten, abstrakte und konkrete Normenkontrolle und föderale Streitigkeiten (Bund-/ Länderstreitigkeiten). Das materielle Recht beinhaltet Staatszielbestimmungen (Art. 20 GG), Finanzverfassung, daneben auch oberste Staatsorgane, Gesetzgebungskompetenz und -verfahren, Verwaltungsorganisation und das Recht der politischen Parteien. Mit diesen Problemkreisen sollten Sie sich im Rahmen einer sinnvollen Examensvorbereitung mit den jeweiligen landesrechtlichen Besonderheiten auseinandersetzen. Skripten, die die Problematik „verallgemeinernd" auf Bundesebene darstellen, helfen meist nicht weiter!

0028 *14,80 €*

Staatshaftungsrecht

Das Staatshaftungsrecht ist eine Querschnittsmaterie aus den Bereichen Verfassungsrecht, Allgemeines und Besonderes Verwaltungsrecht und dem Bürgerlichen Recht. Diese Besonderheit macht es einerseits kompliziert, andererseits interessant für Klausurersteller! In diesem Skript finden Sie alle klausurrelevanten Probleme des Staatshaftungsrechts examenstypisch aufgearbeitet.

0040 *14,80 €*

Europarecht

Immer auf dem neusten Stand! Unser Europarecht hat sich zum Klassiker entwickelt. In Zeiten unüberschaubarer Normenflut ermöglicht dieses Skript die zum Verständnis notwendige Orientierung und Vereinfachung. Anschaulich und klar strukturiert erspart es Zeit und dient dem Allgemeinverständnis für dieses in Zukunft immer wichtiger werdende Prüfungsgebiet. Zusammen mit der Fallsammlung Europarecht Garant für ein erfolgreiches Abschneiden in der Prüfung! Die hohe Nachfrage gibt dem Skriptum recht.

0029 *16,80 €*

Intelligentes Lernen
mit der hemmer-Methode

Öffentliches Recht - landesspezifische Skripten

Wesentliche Bereiche des Öffentlichen Rechts - Kommunalrecht, Sicherheitsrecht, Bauordnungsrecht - sind aufgrund der Kompetenzverteilung des Grundgesetzes Landesrecht. Hier müssen Sie sich im Rahmen einer sinnvollen Examensvorbereitung mit den jeweiligen landesrechtlichen Besonderheiten auseinandersetzen. Skripten, die die Problematik „verallgemeinernd" auf Bundesebene darstellen, helfen meist nicht weiter!

Baurecht/Bayern
Baurecht/Nordrhein-Westfalen
Baurecht/Baden Württemberg
Baurecht/Saarland
Baurecht/Hessen

Bauplanungs- und Bauordnungsrecht werden in klausurtypischer Aufarbeitung so dargestellt, dass selbst ein Anfänger innerhalb kürzester Zeit die Systematik des Baurechts erlernen kann. Vertieft werden darüber hinaus alle wichtigen Spezialprobleme des Baurechts wie gemeindliches Einvernehmen, Vorbescheid, Erlass von Bebauungsplänen etc. behandelt.

01.0033 BauR Bayern	*14,80 €*
02.0033 BauR NRW	*14,80 €*
03.0033 BauR Baden Württ.	*14,80 €*
06.0033 BauR Saarland	*14,80 €*
04.0033 BauR Hessen	*14,80 €*

Polizei- und Sicherheitsrecht/ Bayern
Polizei- und Ordunungsrecht/ Nordrhein-Westfalen
Polizeirecht/Baden Württemberg
Polizeirecht/Saarland

Gerade das Polizei- und/oder Sicherheitsrecht stellt sich von Bundesland zu Bundesland unterschiedlich dar: Hier kommt die Stärke der landesrechtlichen Skripten voll zur Geltung! Lernen Sie im jeweils regionalen Kontext die Begriffe Primär- und Sekundärmaßnahme, Konnexität, Anscheins- und Putativgefahr usw. Der Aufbau des Skripts orientiert sich an der typischen Systematik einer Polizeirechtsklausur.

01.0034 Polizei-/SR Bayern	*14,80 €*
02.0034 Polizei-/OR NRW	*14,80 €*
03.0034 PolizeiR/Baden Württ.	*14,80 €*
06.0034 PolizeiR/Saarland	*14,80 €*

Kommunalrecht/Bayern
Kommunalrecht/NRW
Kommunalrecht/Baden Württemberg

In vielen Bundesländern ist Kommunalrecht das Herz der verwaltungsrechtlichen Klausur, da es sich mit den meisten anderen Bereichen des Verwaltungsrecht-BT hervorragend kombinieren lässt: Begriffe wie eigener und übertragener Wirkungskreis, Kommunalaufsicht, Verbands- und Organkompetenz, Befangenheit von Gemeinderäten, Kommunale Verfassungsstreitigkeit, gemeindliche Geschäftsordnung und vieles mehr werden in gewohnt fallspezifischer Art dargestellt und erklärt.

01.0035 KomR. Bayern	*14,80 €*
02.0035 KomR. NRW	*14,80 €*
03.0035 KomR. Baden Württ.	*14,80 €*

Schwerpunktskripten

Auch im Schwerpunktbereich können Sie auf die gewohnte und bewährte Qualität der Hemmer-Skripten zurückgreifen. Wir ermöglichen Ihnen, ihren Schwerpunktbereich effektiv und examenstypisch zu erschließen. Die Zusammenstellung der Skripten orientiert sich am examensrelevanten Stoff und den wichtigsten Problemkreisen.

Kriminologie

Das Skript Kriminologie umfasst sämtliche, für den Schwerpunkt relevanten Bereiche: Kriminologie, Jugendstrafrecht und Strafvollzug. Im Mittelpunkt stehen insbesondere die Erscheinungsformen und Ursachen von Kriminalität, der Täter, aber auch das Opfer und die Kontrolle und Behandlung des Straftäters. Durch die Behandlung vieler strafrechtlicher Grundbegriffe ist das Skriptum auch für den Studenten geeignet, der diesen Schwerpunktbereich nicht gewählt hat.

0039 *16,80 €*

Völkerrecht

Die Probleme im Völkerrecht sind begrenzt. Erschließen Sie sich mit Hilfe dieses Skripts die Problemkreise der völkerrechtlichen Verträge, über die Personalhoheit bis hin zum Interventionsverbot.

Denken Sie daran: Seit das Europarecht Prüfstoff des Ersten und Zweiten Juristischen Staatsexamens geworden ist, hat die Attraktivität des Schwerpunktbereiches Völker-/Europarecht stark zugenommen.

0036 *16,80 €*

Internationales Privatrecht

In der Praxis wird der Jurist von morgen nicht darum herumkommen, sich mit IPR zu beschäftigen. Internationale Verflechtungen gewinnen an Bedeutung und den nationalen Scheuklappen wird entgegen gewirkt. Das Skript ist fallorientiert und ermöglicht den leichten Einstieg. Die Anwendung des Internationalen Einheitsrechts, staatsvertraglicher Kollisionsnormen sowie des autonomen Kollisionsrechts werden hier erläutert. Auch werden die Rechte der natürlichen Person auf internationaler Ebene vom Vertragsrecht bis hin zum Sachenrecht behandelt.

0037 *16,80 €*

Kapitalgesellschaftsrecht

Im Skript Kapitalgesellschaftsrecht werden die Gründung der Kapitalgesellschaften und deren Organisationsverfassung dargestellt. Es beinhaltet daneben die Rechtsstellung der Gesellschafter, die Finanzordnung der Gesellschaften und die Stellung der Gesellschaften im Rechtsverkehr. Abschließend erfolgt ein Überblick über das Konzernrecht und Sonderformen der Kapitalgesellschaften.

0055 *16,80 €*

Rechtsgeschichte I

Gegenstand des Skripts ist die Rechtsgeschicht des frühen Mittelalters bis hin zur Rechtsgeschichte des 20. Jahrhunderts. Inhaltlich deckt es die Bereiche Verfassungsrechtsgeschichte, Privatrechtsgeschichte und Strafrechtsgeschichte ab. Hauptsächlich hilft das Skript bei der Vorbereitung auf die rechtsgeschichtlichen Klausuren. Gleichzeitig ist es auch für „kleine" Grundlagenklausuren und die „großen" Examensklausuren geeignet. Ideal auch zur Vorbereitung auf die mündliche Prüfung.

0058 *16,80 €*

Rechtsgeschichte II

Das Skript Rechtsgeschichte II befasst sich mit der Römischen Rechtsgeschichte und liefert im Zusammenhang mit dem Skript Rechtsgeschichte I (Deutsche Rechtsgeschichte) den Stoff für den Schwerpunktbereich. Darüber hinaus sollten Grundzüge der Rechtsgeschichte zum Wissen eines jeden Jurastudenten gehören. Mit diesem Skript werden Sie schnell in die Entwicklungen und Einflüsse der Römischen Rechtsgeschichte eingeführt.

0059 *16,80 €*

Wettbewerbs- und Markenrecht

Im Rahmen des Rechts des unlauteren Wettbewerbs werden die Grundzüge erklärt, die für das Verständnis dieser Materie unerlässlich sind. Aus dem Bereich des Immaterialgüterrechts wird das Markenrecht näher betrachtet, etwa Unterlassungs- und Schadensersatzansprüche wegen Markenverletzung.

0060 *16,80 €*

Rechts- und Staatsphilosophie sowie Rechtssoziologie

Ziel des Skriptes ist es, über die Vermittlung des für die Klausur erforderlichen Wissens hinaus den Leser zu befähigen, ein eigenständiges rechtsphilosophisches Denken zu entwickeln und die erforderliche Argumentation auszuprägen. Das Werk führt zunächst gezielt in die Grundlagen und Fragestellungen der Rechtsphilosophie und Rechtssoziologie ein. Dem folgt eine historisch wie thematisch orientierte Auswahl von Philosophen und Soziologen, wobei nach einem festen Gliederungsmuster deren Leben, Vorstellung von Recht und Gerechtigkeit, Gesellschaft und Staat vorgestellt wird. Die Ausführungen schließen mit aktuellen Bezügen zur jeweiligen Theorie als Denkanstoß ab.

0062 *16,80 €*

Insolvenzrecht

Das Skript umfasst sämtliche relevanten Bereiche: Insolvenzantragsverfahren, vorläufige Insolvenzverwaltung, Anfechtung, Aus- und Absonderung sowie alles rund um das Amt des Insolvenzverwalters. Ebenfalls besprochen werden die Besonderheiten von Arbeitsverhältnissen in der Insolvenz sowie die Besonderheiten des Verbraucherinsolvenzverfahrens. Mit einer Vielzahl von Beispielen aus der Praxis ist das Skriptum geeignet, sich einen groben Überblick über diesen sehr bedeutsamen Bereich zu verschaffen.

0063 *16,80 €*

Steuererklärung leicht gemacht

Das Skript gibt alle erforderlichen Anleitungen und geldwerte Tipps für die selbstständige Erstellung der Einkommensteuererklärung von Studenten und Referendaren. Zur Verdeutlichung sind Beispielfälle eingebaut, deren Lösungen als Grundlage für eigene Erklärungen dienen können.

0038 *14,80 €*

Abgabenordnung

Die Abgabenordnung als das Verfahrensrecht zum gesamten Steuerrecht hält viele Besonderheiten bereit, die Sie sowohl im Rahmen der Pflichtfachklausur im 2. Examen, wie auch im Schwerpunktbereich beherrschen müssen. Hierbei hilft zwar Systemverständnis im allgemeinen Verwaltungsrecht, jedoch ist auch eine detaillierte Auseinandersetzung mit abgabenordnungsspezifischen Problemen unverzichtbar. Im 1. und 2. Examen stellen verfahrensrechtliche Fragen regelmäßig zwischen 25 und 30 % des Prüfungsstoffes der Steuerrechtsklausur dar. Hier zeigt sich immer wieder, dass das Verfahrensrecht zu wenig beachtet wurde. Eine gute Klausur kann aber nur dann gelingen, wenn sowohl die einkommensteuerrechtliche als auch die verfahrensrechtliche Problematik erfasst wurde.

0042 *16,80 €*

Einkommensteuerrecht

Der gesamte examensrelevante Stoff sowohl für den Schwerpunktbereich als auch für die Pflichtklausur im 2. Examen: Angefangen bei den einkommensteuerlichen Grundfragen der subjektiven Steuerpflicht und den Besteuerungstatbeständen der sieben Einkommensarten, über die verschiedenen Gewinnermittlungsmethoden, bis hin zur Berechnung des zu versteuernden Einkommens orientiert sich das Skript streng am Klausuraufbau und stellt so absolut notwendiges Handwerkszeug dar. Das Skript eignet sich sowohl für den Einstieg, als auch für die intensive Auseinandersetzung mit dem Einkommensteuerrecht. Auch für jeden „Steuerzahler" empfehlenswert! Schwerpunkt bleiben die examensrelevanten Problemkreise.

0043 *21,80 €*

Wasser- und Immissionsschutzrecht

Sowohl das Wasser- als auch das Immissionsschutzrecht bilden die Kernmaterien des öffentlichen Umweltrechts. In den Prüfungsordnungen der Universitäten sind das Wasser- und Immissionsschutzrecht weitestgehend Bestandteil öffentlich-rechtlicher Schwerpunktbereiche, wohingegen im Rahmen der Referendarausbildung die Materien in vielen Ländern dem Pflichtstoff angehören. Der Aufbau des Skripts orientiert sich daher grundsätzlich an der gutachterlichen Prüfungsabfolge. Den Kern bilden dabei die stark formalisierten wasser- und immissionsschutzrechtlichen Zulassungsverfahren.

0064 *16,80 €*

Die Shorties - Minikarteikarten

Die Shorties - in 20 Stunden zum Erfolg

Die wichtigsten Begriffe und Themenkreise werden anwendungsspezifisch erklärt.
Knapper geht es nicht.
Die „sounds" der Juristerei (super learning) grafisch aufbereitet - in Kürze zum Erfolg.

- als Checkliste
zum schnellen Erfassen des jeweiligen Rechtsgebiets.

- zum Rekapitulieren
mit dem besonderen Gedächtnistraining schaffen Sie Ihr Wissen ins Langzeitgedächtnis.

- vor der Klausur zum schnellen Überblick

- ideal vor der mündlichen Prüfung

Die Shorties 1
BGB AT, SchuldR AT (50.10) *21,80 €*

Die Shorties 2/I
KaufR, MietV, Leihe, WerkVR, ReiseV, Verwahrung (50.21) *21,80 €*

Die Shorties 2/II
GoA, BerR, DeliktsR, SchadensersatzR (50.22) *21,80 €*

Die Shorties 3
SachenR, ErbR, FamR (50.30) *21,80 €*

Die Shorties 4
ZPO I/II, HGB (50.40) *21,80 €*

Die Shorties 5
StrafR AT/BT (50.50) *21,80 €*

Die Shorties 6
Öffentliches Recht (50.60) *21,80 €*
(VerwR, GrundR, BauR, StaatsOrgR, VerfProzR)

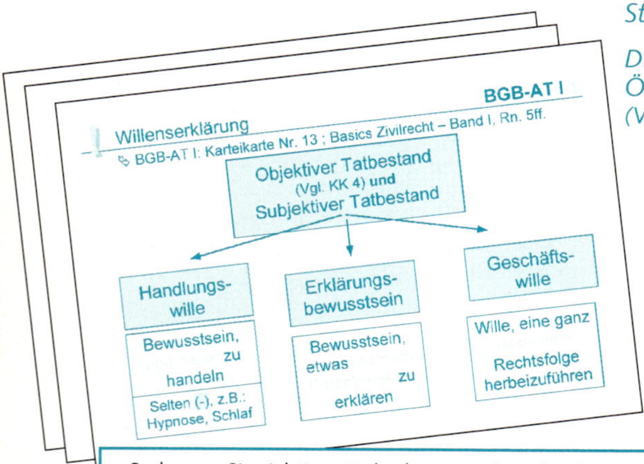

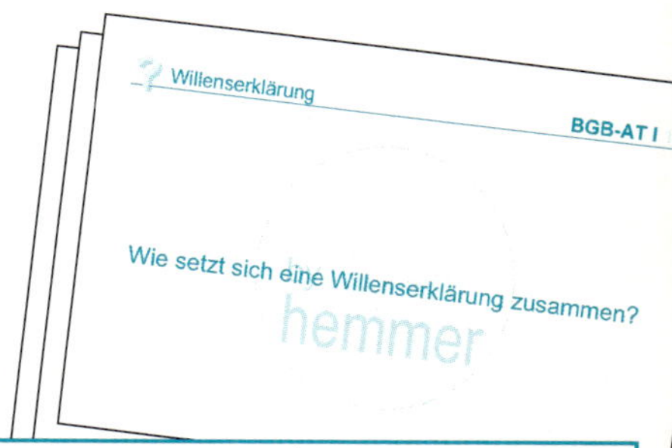

So lernen Sie richtig mit der hemmer-Box (im Preis inklusive):

1. Verstehen: Haben Sie den gelesenen Stoff verstanden, wandert die Karte auf Stufe 2., Wiederholen am nächsten Tag.

2. Wiederholen: Haben Sie den Stoff behalten, wandert er von Stufe 2. zu Stufe 4.

3. kleine Strafrunde: Konnten Sie den Inhalt von 2. nicht exakt wiedergeben, arbeiten Sie die Themen bitte noch einmal durch.

4. fundiertes Wissen: Wiederholen Sie die hier einsortierten Karten nach einer Woche noch einmal. Konnten Sie alles wiedergeben? Dann können Sie vorrücken zu Stufe 5.

5. Langzeitgedächtnis: Wiederholen Sie auf dieser Stufe das Gelernte im Schnelldurchlauf nach einem Monat. Sollten noch Fragen offen bleiben, gehen sie bitte eine Stufe zurück.

HEMMER Karteikarten - Logisch und durchdacht aufgebaut!

Intelligentes Lernen
schnell & effektiv

Einleitung
führt zur Fragestellung hin und verschafft Ihnen den schnellen Überblick über die Problemstellung

Frage oder zu lösender Fall
konkretisiert den jeweiligen Problemkreis

II. Verschulden bei Vertragsverhandlungen — SchR-AT I

Vorvertragliche Sonderverbindung — Karte 22

Die c.i.c. setzt ein vorvertragliches Vertrauensverhältnis voraus. Dieses entsteht nicht durch jeden gesteigerten sozialen Kontakt, sondern nur durch ein Verhalten, das auf den Abschluss eines Vertrages oder die Anbahnung geschäftlicher Kontakte abzielt. Ob es später tatsächlich zu einem Vertragsschluss kommt, ist dagegen unerheblich. Der Vertragsschluss ist nur erheblich für die Abgrenzung zwischen §§ 280 I, 241 II BGB (pVV) und §§ 280 I, 311 II, 241 II BGB (c.i.c.): Fällt die Pflichtverletzung in den Zeitraum vor Vertragsschluss, sind ohne Rücksicht auf den späteren Vertragsschluss die §§ 280 I, 311 II, 241 II BGB richtige Anspruchsgrundlage.

A macht einen Stadtbummel. Aus Neugier betritt er ein neues Geschäft, um das Warenangebot näher kennen zu lernen. Dazu kommt es aber nicht. Er rutscht kurz hinter dem Eingang auf einer Bananenschale aus und bricht sich ein Bein.
Hat A Ansprüche aus c.i.c.?
Abwandlung: A betritt das Geschäft nur, weil es gerade zu regnen angefangen hat. Er hat keinerlei Kaufinteresse.

Juristisches Repetitorium hemmer
examenstypisch • anspruchsvoll • umfassend

Antwort
informiert umfassend und in prägnanter Sprache

1. Grundfall:

Fraglich ist, ob ein vorvertragliches Schuldverhältnis vorliegt. Dieses entsteht insbesondere erst durch ein Verhalten, das auf die Aufnahme von Vertragsverhandlungen (§ 311 II Nr. 1 BGB), die Anbahnung eines Vertrags (§ 311 II Nr. 2 BGB) oder eines geschäftlichen Kontakts (§ 311 II Nr. 3 BGB) abzielt. Hier betritt A das Geschäft zwar ohne konkrete Kaufabsicht, aber doch als potentieller Kunde in der Absicht, sich über das Warensortiment zu informieren, um später möglicherweise doch etwas zu kaufen. **Sein Verhalten ist somit auf die Anbahnung eines Vertrags gerichtet, bei welchem der A im Hinblick auf eine etwaige rechtsgeschäftliche Beziehung dem Geschäftsinhaber die Möglichkeit zur Einwirkung auf seine Rechte, Rechtsgüter und Interessen gewährt oder ihm diese anvertraut, vgl. § 311 II Nr. 2 BGB.**

Der Geschäftsinhaber hat die Pflicht, alles Zumutbare zu unternehmen, um seine Kunden vor Schäden an Leben und Gesundheit zu schützen. *Diese Pflicht wurde hier verletzt. Im Hinblick auf die Darlegungs- und Beweislast* zum Vertretenmüssen ist von § 280 I 2 BGB auszugehen. Ausreichend ist daher von Seiten des Geschädigten der Nachweis des objektiv verkehrsunsicheren Zustands im Verantwortungsbereich des Schuldners, hier durch die Bananenschale. Der Schuldner, also der Geschäftsinhaber muss dann *nachweisen, dass er und seine Erfüllungsgehilfen* alle zumutbaren Maßnahmen zur Vermeidung des Schadens ergriffen haben. Das wird regelmäßig nicht gelingen. **Von Vertretenmüssen ist daher auszugehen,** gegebenenfalls ist dem Geschäftsinhaber das *Verschulden der Erfüllungsgehilfen (z.B. Ladenangestellten) nach § 278 BGB zuzurechnen.* Die **Pflichtverletzung war ursächlich für den Schaden des A. A kann somit Schadensersatz aus §§ 280 I, 311 II Nr. 2, 241 II BGB verlangen** (u.U. gekürzt um einen *Mitverschuldensanteil*).

2. Abwandlung:

In der Abwandlung hat A von vornherein keinerlei Kaufabsicht. Sein **Verhalten ist nicht auf die Anbahnung eines Vertrags gerichtet**. Das bloße Betreten eines Ladens genügt jedoch nicht, um ein gesteigertes Vertrauensverhältnis zu begründen. **Daher scheiden Ansprüche aus §§ 280 I, 311 II Nr. 2, 241 II BGB aus**. *Es kommen lediglich deliktische Schadensersatzansprüche in Betracht.*

hemmer-Methode: Bei dauernden Geschäftsbeziehungen, innerhalb derer sich ein Vertrauensverhältnis herausgebildet hat, ist *eine Haftung aus c.i.c. auch für Handlungen, die nicht unmittelbar auf die Anbahnung eines Vertrages gerichtet sind,* gerechtfertigt, sofern die Handlung in engem Zusammenhang mit der Geschäftsbeziehung steht.

hemmer-Methode
ein modernes Lernsystem, das letztlich erklärt, was und wie Sie zu lernen haben. Gleichzeitig wird background vermittelt. Die typischen Bewertungskategorien eines Korrektors werden miterklärt. So lernen Sie Ihre imaginären Gegner (Ersteller und Korrektor) besser einzuschätzen und letztlich zu gewinnen. Denken macht Spass und Jura wird leicht.

Die Karteikartensätze

Lernen Sie intelligent
mit der 5-Schritt-Methode.

Weniger ist mehr. Das schnelle Frage- und Antwortspiel sich auf dem Markt durchgesetzt. Mit der hemmer-Methode wird der Gesamtzusammenhang leichter verständlich, das Wesentliche vom Unwesentlichen unterschieden. Ideal für die AG und Ihre Lerngruppe: wiederholen Sie die Karteikarten und dem hemmer-Spiel „Jurapolis“. Lernen Sie so im Hinblick auf die mündliche Prüfung frühzeitig auf Fragen knapp und präzise zu antworten. Wissenschaftlich ist erwiesen, dass von dem Gelernten in der Regel innerhalb von 24 Stunden bis zu 70% wieder vergessen wird. Daher ist es wichtig, das Gelernte am nächsten Tag zu wiederholen, bevor Sie sich neue Karteikarten vornehmen.
Mit den Karteikarten können Sie leicht kontrollieren, wie viel Sie behalten haben.
Karteikarten bieten die Möglichkeit, knapp, präzise und zweckrational zu lernen. Im Hinblick auf das Examen werden die wichtigsten examenstypischen Problemfelder vermittelt. Das Karteikartensystem entspricht modernen Lernkonzepten und führt zum „learning just in time“ (Lernen nach Bedarf). Da sie kurz und klar strukturiert sind, kann mit ihnen in kürzester Zeit der Lernstoff erarbeitet und vertieft werden.

Basics - Zivilrecht

Das absolut notwendige Grundwissen vom Vertragsabschluß bis zum EBV. Alles was Sie im Zivilrecht wissen müssen. Die Grundlagen müssen sitzen.

20.01 *12,80 €*

Basics - Strafrecht

Karteikarten Basics-Strafrecht bieten einen Überblick über die wichtigsten Straftatbestände wie z.B.: Straftaten gegen Leib und Leben sowie Eigentumsdelikte und Straßenverkehrsdelikte, sowie verschiedene Deliktstypen, wichtige Probleme aus dem allgemeinen Teil, z.B. Versuch, Beteiligung Mehrerer, usw.

20.02 *12,80 €*

Basics - Öffentliches Recht

Anhand der Karten Basics-Öffentliches Recht erhalten Sie einen breitgefächerten Überblick über Staatsrecht, Verwaltungs-, und Staatshaftungsrecht. So lassen sich die verschiedenen Rechtsbehelfe optimal in ihrer Zulässigkeits- und Begründetheitsstation auf die Grundlagen hin erlernen.

20.03 *12,80 €*

BGB-AT I

Die BGB-AT I Karteikarten beinhalten das, was zum Wirksamwerden eines Vertrages beiträgt (Wirksamwerden der WE, Geschäftsfähigkeit, Rechtsbindungswille, usw.) bzw. der Wirksamkeit hindernd entgegensteht (Willensvorbehalte, §§ 116 ff., Sittenwidrigkeit, u.v.m.). Die Problemfelder der Geschäftsfähigkeit, insbesondere das Recht des Minderjährigen, dürfen bei dieser Möglichkeit zu lernen nicht fehlen.

22.01 *14,80 €*

BGB-AT II

Die BGB-AT II Karteikarten stellen in bekannt knapper und präziser Weise dar, was auf dem umfangreichen Gebiet der Stellvertretung von Ihnen erwartet wird. Die unerlässlichen Kenntnisse der Probleme der Anfechtung, der AGB-Bestimmungen und des Rechts der Einwendungen und Einreden können hiermit zur Examensvorbereitung wiederholt bzw. vertieft werden.

22.02 *14,80 €*

Die Karteikarten

Schuldrecht AT I

Im bekannten Format werden hier die Grundbegriffe des Schuldrechts dargestellt. Dazu gehören der Inhalt und das Erlöschen des Schuldverhältnisses (z.B. durch Erfüllung, Aufrechnung oder auch Rücktritt). Insbesondere die verschiedenen Probleme in Zusammenhang mit der Haftung im vorvertraglichen Schuldverhältnis nach §§ 280 I, 311 II, 241 II BGB (c.i.c.), das Verhältnis des allgemeinen Leistungsstörungsrechts zu anderen Vorschriften und die Formen und Wirkungen der Unmöglichkeit werden behandelt.

22.031 *14,80 €*

Schuldrecht AT II

Klassiker wie Verzug, Abtretung, Schuldübernahme, Vertrag zugunsten oder mit Schutzwirkung zugunsten Dritter und Drittschadensliquidation gehören hier genauso zum Stoff der Karteikarten wie die Gesamtschuldnerschaft und das Schadensrecht (§§ 249 ff. BGB), das umfassend von Schadenszurechnung bis hin zu Art, Inhalt und Umfang der Ersatzpflicht dargestellt wird.

22.032 *14,80 €*

Schuldrecht BT I

Bei diesen Karteikarten steht das Kaufrecht als examensrelevante Materie im Vordergrund. Die Schwerpunkte bilden aber auch Sachmängelrecht und die Probleme rund um den Werkvertrag.

22.40 *14,80 €*

Schuldrecht BT II

Die Karteikarten Schuldrecht BT II behandeln nach Kaufrecht im Karteikartensatz Schuldrecht BT I, die restlichen Vertragstypen. Dazu gehören vor allem das Mietrecht, der Dienstvertrag, die Bürgschaft und die GoA. Auch Gebiete wie z.B. Schenkung, Leasing, Schuldanerkenntnis und Auftrag kommen nicht zu kurz.

22.41 *14,80 €*

Bereicherungsrecht

Die §§ 812 ff. BGB sind regelmäßig die Folge unwirksamer Verträge. Abgrenzungsprobleme gibt es u.a. zum Wegfall der Geschäftsgrundlage (z.B. Rückabwicklung bei der nichtehelichen Lebensgemeinschaft) und §§ 987 ff. BGB. Der Karteikartensatz versteht sich als Gebrauchsanweisung für die erfolgreiche Bewältigung des anspruchsvollen Rechtsgebiets Bereicherungsrecht. Ohne Verständnis für dieses Rechtsgebiet bleibt der Zusammenhang im Zivilrecht im Dunkeln.

22.08 *14,80 €*

Deliktsrecht

Thematisiert werden im Rahmen dieser Karteikarten schwerpunktmäßig die §§ 823 I und 823 II BGB. Verständlich und präzise wird auch auf die Probleme der §§ 830 ff. eingegangen, wobei besonders auf den Verrichtungsgehilfen und die Gefährdungshaftung geachtet wird. Neben einem Einblick in das Staatshaftungsrecht wird auch die Haftung aus dem StVG, ProdHaftG und die negatorische/quasinegatorische Haftung behandelt.

22.09 *14,80 €*

Sachenrecht I

Mit den Karteikarten zum Sachenrecht können Sie ein so komplexes Gebiet wie dieses optimal wiederholen und Ihr Wissen trainieren.
Das Sachenrecht mit EBV, Anwartschaftsrecht und Pfandrechten ist für jeden Examenskandidaten ein Muss.

22.11 *14,80 €*

Sachenrecht II

Auch auf einem so schwierigen Gebiet wie dem Grundstücksrecht und den damit verbundenen Pfand- und Sicherungsrechten geben die Karteikarten nicht nur eine zügige Wissensvermittlung, sondern reduzieren die Komplexität des Immobiliarsachenrechts auf das Wesentliche und erleichtern somit die eigene Systematik, z.B. des Hypothek- und Grundschuldrechts, zu verstehen. Begriffe wie die Vormerkung und das dingliche Vorkaufsrecht müssen im Examen beherrscht werden.

22.12 *14,80 €*

Kreditsicherungsrecht

Die Karteikarten als Ergänzung zum Skript Kreditsicherungsrecht ermöglichen Ihnen, spielerisch mit den einzelnen Sicherungsmitteln umzugehen, und die Unterschiede zwischen akzessorischen und nichtakzessorischen Sicherungsmitteln genauso wie ihre Besonderheiten zu beherrschen.

22.13 *14,80 €*

Arbeitsrecht

Arbeitsrecht ist stark von Richterrecht geprägt und hat sich auch, wie z.B. im Streikrecht, praeter legem entwickelt. Entsprechend häufig sind die Neuerungen. Gleichwohl ist die Arbeitsrechtsklausur im Regelfall standardisiert: Kündigungsschutz (Feststellungsklage) und Lohnzahlung (Leistungsklage) bilden häufig das Grundgerüst. Eingestreut sind regelmäßig Probleme wie z.B. Gratifikationen, Urlaubsabgeltungsanspruch, faktische Bindung und Anwendbarkeit der Grundrechte.
Verständnis entsteht, so macht Arbeitsrecht Spaß.

22.18 *14,80 €*

Familienrecht

Die wichtigsten Problematiken dieses Gebietes werden hier im Überblick dargestellt und erleichtern Ihnen den Umgang mit Ehe, Sorgerecht, Vormundschaft, aber auch dem Familienprozessrecht.

22.14 *14,80 €*

Erbrecht

Die Grundzüge des Erbrechts mit den einzelnen Problematiken der gewillkürten und gesetzlichen Erbfolge, des Pflichtteilrechts und der Erbenhaftung gehören ebenso zum Examensstoff wie die Annahme und Ausschlagung der Erbschaft und die Problematik mit dem Erbschein. Die Grundlagen zu beherrschen ist wichtiger als einzelne Sonderprobleme.

22.15 *14,80 €*

ZPO I

ZPO taucht zunehmend in den Examensklausuren auf und darf nicht vernachlässigt werden. Nutzen Sie die Möglichkeit, sich durch die knappe und präzise Aufbereitung in den Karteikarten mit dem Prozessrecht vertraut zu machen, um im Examen eine ZPO-Klausur in Ruhe angehen zu können.

22.16 *14,80 €*

ZPO II

Die Karteikarten ZPO II führen Sie quer durch das Recht der Zwangsvollstreckung bis hin zu den verschiedenen Rechtsbehelfen in der Zwangsvollstreckung. Dabei können Rechtsbehelfe wie die Vollstreckungsgegenklage oder die Drittwiderspruchsklage den Einstieg in eine BGB-Klausur bilden.

22.17 *14,80 €*

Handelsrecht

Im Handelsrecht kehren oft bekannte Probleme wieder, die mittels der Karteikarten optimal wiederholt werden können. Auch für das umfassende Schuld- und Sachenrecht des Handels, in dem auch viele Verknüpfungen zum BGB bestehen, bieten die Karteikarten einen guten Überblick.

22.191 *14,80 €*

Gesellschaftsrecht

Die Personengesellschaften, Körperschaften und Vereine haben viele Unterschiede, weisen aber auch Gemeinsamkeiten auf. Um diese mit allen wichtigen Problemen optimal vergleichen zu können, eignen sich besonders die Karteikarten im Überblicksformat.

22.192 *14,80 €*

Strafrecht-AT I

Das vorsätzliche Begehungsdelikt mit all seinen Problemen der Kausalität, der Irrtumslehre bis hin zur Rechtfertigungsproblematik und Schuldfrage ist hier umfassend, aber in bekannt kurzer und übersichtlicher Weise dargestellt.

22.20 *14,80 €*

Strafrecht-AT II

Die Karteikarten Strafrecht AT II decken die restlichen Problemkreise Versuch (insbesondere Rücktritt vom Versuch), Täterschaft und Teilnahme, das Fahrlässigkeitsdelikt und die oft vernachlässigten Konkurrenzen ab.

22.21 *14,80 €*

Die Karteikarten

Strafrecht-BT I

Ergänzend zum Skript werden Ihnen hier die Vermögensdelikte in knapper und übersichtlicher Weise veranschaulicht. Besonders im Strafrecht BT, wo es oft zu Abgrenzungsproblematiken kommt (z.B. Abgrenzung zwischen Raub und räuberischer Erpressung) ist eine Darstellung auf Karteikarten sehr hilfreich.

22.22 *14,80 €*

Strafrecht-BT II

Die Strafrecht BT II - Karten befassen sich mit den Nichtvermögensdelikten. Besonderes Augenmerk wird hierbei auf die Körperverletzungsdelikte sowie die Urkundendelikte und die Brandstiftungsdelikte gelegt.

22.23 *14,80 €*

StPO

In fast jeder StPO-Klausur werden Zusatzfragen auf dem Gebiet des Strafprozessrechts gestellt. Es handelt sich hierbei meist um Standardfragen, aber gerade diese sollten Sie sicher beherrschen. Die Karteikarten decken alle Standardprobleme ab, von Prozessmaximen bis hin zu den einzelnen Verfahrensstufen.

22.30 *14,80 €*

Verwaltungsrecht I

Ob allgemeines oder besonderes Verwaltungsrecht - die einzelnen Probleme der Eröffnung des Verwaltungsrechtsweges werden Ihnen immer wieder begegnen. Wiederholen Sie hier auch Ihr Wissen rund um die Anfechtungsklage, welche die zentrale Klageart in der VwGO darstellt.

22.24 *14,80 €*

Verwaltungsrecht II

Von der Verpflichtungsklage über die Leistungsklage bis hin zum Normenkontrollantrag sowie weitere Bereiche, mit deren jeweiligen Sonderproblemen werden alle verwaltungsrechtlichen Klagearten dargestellt.

22.25 *14,80 €*

Verwaltungsrecht III

Mittels Karteikarten können die Spezifika der jeweiligen Rechtsgebiete umfassend aufbereitet und verständlich erklärt werden. Thematisiert werden im Rahmen dieser Karten das Widerspruchsverfahren, der vorläufige sowie der vorbeugende Rechtsschutz und das Erheben von Rechtsmitteln.

22.26 *14,80 €*

Staats- und Verfassungsrecht

Karteikarten eignen sich besonders gut, die einzelnen Grundrechte, Verfassungsrechtsbehelfe und Staatszielbestimmungen darzustellen, da gerade die einschlägigen Rechtsbehelfe zum Bundesverfassungsgericht sehr klaren und eindeutigen Strukturen folgen, innerhalb derer eine saubere Subsumtion notwendig ist. Das Gesetzgebungsverfahren und die Aufgaben der obersten Staatsorgane können hierbei gut wiederholt werden. Auch wird ein kurzer Einblick in die auswärtigen Beziehungen und die Finanzverfassung gegeben.

22.27 *14,80 €*

Europarecht

Nutzen Sie die Europarechtskarteikarten, um im weitläufigen Gebiet des Europarechts den Überblick zu behalten. Vom Wesen und den Grundprinzipien des Gemeinschaftsrechts über das Verhältnis von Gemeinschaftsrecht zum mitgliedstaatlichen Recht bis hin zu den Institutionen wird hier übersichtlich alles dargestellt, was Sie als Grundlagenwissen benötigen. Hinzu kommen die klausurrelevanten Bereiche des Rechtsschutzes und der Grundfreiheiten.

22.29 *14,80 €*

Übersichtskarteikarten

Ihr Begleiter vom 1. Semester bis zum 2. Staatsexamen! Die wichtigsten Problemfelder im Zivil-, Straf- und Öffentlichen Recht sind knapp, präzise und übersichtlich dargestellt. Sie erfassen effektiv auf einen Blick das Wesentliche. Die grafische Aufbereitung auf der Vorderseite erleichtert den schnellen Zugriff. Die Kommentierung mit der hemmer-Methode auf der Rückseite schafft die Einordnung für die Klausur. Nutzen Sie die Übersichtskarten auch als Checkliste zur Kontrolle.

BGB im Überblick I

Mit den Übersichtskarteikarten verschaffen Sie sich einen schnellen und effizienten Überblick über die wichtigsten zivilrechtlichen Problemkreise des BGB-AT, Schuldrecht AT und BT sowie des Sachenrecht AT und BT.

Knapp und teilweise graphisch aufbereitet vermitteln Ihnen die Übersichtskarten das Wesentliche. Aufbauschemata helfen Ihnen bei der Subsumtion. Für den Examenskandidaten sind die Übersichtskarten eine „Checkliste“, für den Anfänger eine Möglichkeit zum ersten Einblick.

25.01 *30,00 €*

BGB im Überblick II

Diese Karteikarten bieten einen Überblick der Gebiete Erbrecht, Familienrecht, Handelsrecht, Arbeitsrecht und ZPO.

Für den Examenskandidaten sind die Übersichtskarteikarten eine „Checkliste“, für den Anfänger eine Möglichkeit zum ersten Einblick.

25.011 *30,00 €*

Strafrecht im Überblick

Die Übersichtskarten leisten eine Einordnung in den strafrechtlichen Kontext. Im Hinblick auf das Examen werden so die wichtigsten examenstypischen Problemfelder vermittelt. Behandelt werden die Bereiche Strafrecht AT I und II wie auch BT I und II und StPO. Im Strafrecht BT ist bekanntlich fundiertes Wissen der Tatbestandsmerkmale mit ihren Definitionen gefragt, was sich durch Lernen mit den Übersichtskarten gezielt und schnell wiederholen lässt.

25.02 *30,00 €*

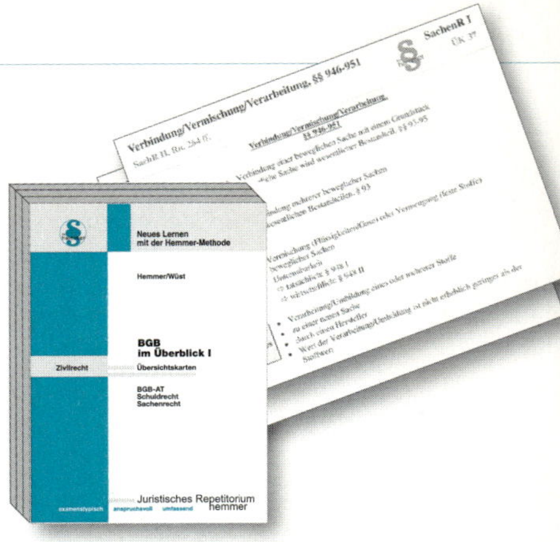

Öffentliches Recht im Überblick

Verschaffen Sie sich knapp einen Überblick über das Wesentliche der Gebiete Staatsrecht und Verwaltungsrecht. Die verwaltungs- und staatsrechtlichen Klagearten, Staatszielbestimmungen und die wichtigsten Vorschriften des Grundgesetzes werden mit den wichtigsten examenstypischen Problemfeldern verknüpft und vermindern in der gezielten Knappheit die Datenflut.

25.03 *16,80 €*

ÖRecht im Überblick / Bayern
ÖRecht im Überblick / NRW

Mit dem zweiten Satz der Übersichtskarteikarten im Öffentlichen Recht können Sie Ihr Wissen nun auch auf den Gebiete Polizei- und Sicherheitsrecht überprüfen und auffrischen. Die wichtigsten Probleme auf den Gebieten Baurecht und Kommunalrecht werden im klausurspezifischen Kontext dargestellt, z.B. die Besonderheiten von Kommunalverfassungsstreitigkeiten im Kommunalrecht oder Fortsetzungsfeststellungsklagen im Polizeirecht.

25.031 ÖRecht im Überb. / Bayern *16,80 €*

25.032 ÖRecht im Überb. / NRW *16,80 €*

Europarecht/Völkerrecht im Überblick

Die Übersichtskarten zum Europarecht dienen der schnellen Wiederholung. Gerade in diesem Rechtsgebiet ist es wichtig, einen schnellen Überblick über Institutionen, Klagearten usw. zu bekommen. Klassiker wie Grundfreiheiten und Verknüpfungen zum deutschen Recht werden ebenfalls dargestellt. Komplettiert wird der Satz durch eine Darstellung der Grundzüge des Völkerrechts.

25.04 *16,80 €*

Skripten Assessor-Basics

Trainieren Sie mit uns genau das, was Sie im 2. Staatsexamen erwartet. Die Themenbereiche der Assessor-Basics sind alle examensrelevant. So günstig erhalten Sie nie wieder eine kleine Bibliothek über das im 2. Staatsexamen relevante Wissen. Die Skripten dienen als Nachschlagewerk, sowie als Anleitung zum Lösen von Examensklausuren.

Theoriebände

Die Zivilrechtliche Anwaltsklausur/Teil 1:
410.0004 *18,60 €*

Das Zivilurteil
410.0007 *18,60 €*

Die Strafrechtsklausur im Assessorexamen
410.0008 *18,60 €*

Die Assessorklausur Öffentliches Recht
410.0009 *18,60 €*

Klausurentraining (Fallsammlung)

Zivilurteile
410.0001 *18,60 €*

Arbeitsrecht
410.0003 *18,60 €*

Strafprozess
410.0002 *18,60 €*

Zivilrechtliche Anwaltsklausuren/Teil 2:
410.0005 *18,60 €*

Öffentlichrechtl. u. strafrechtl. Anwaltsklausuren
410.0006 *18,60 €*

Karteikarten Assessor-Basics

Zivilprozessrecht im Überblick
41.10 *19,80 €*

Strafprozessrecht im Überblick
41.20 *19,80 €*

Öffentliches Recht im Überblick
41.30 *19,80 €*

Familien- und Erbrecht im Überblick
41.40 *19,80 €*

Skripten für BWL'er, WiWi und Steuerberater

Profitieren Sie von unserem know-how.
Seit 1976 besteht das in Würzburg gegründete Repetitorium hemmer und bildet mit Erfolg aus. Grundwissen im Recht ist auch im Wirtschaftsleben heute eine Selbstverständlichkeit. Die prüfungstypischen Standards, die so oder in ähnlicher Weise immer wiederkehren, üben wir anhand unserer Skripten mit Ihnen ein. Durch unsere jahrelange Erfahrung wissen wir, mit welchen Anforderungen zu rechnen sind und welche Aspekte der Ersteller einer juristischen Prüfungsklausur der Falllösung zu Grunde legt. Das prüfungs- und praxisrelevante Wissen wird umfassend und gleichzeitig in der bestmöglichen Kürze dargestellt. Der Zugang zur „Fremdsprache Recht" wird damit erleichtert. Unsere Erfahrung - Ihr Profit. Die richtige Investition in eine gute Ausbildung garantiert den Erfolg.

Privatrecht für BWL´er, WiWi & Steuerberater
18.01 *14,80 €*

Ö-Recht für BWL´er, WiWi & Steuerberater
18.02 *14,80 €*

Musterklausuren für´s Vordiplom/PrivatR
18.03 *14,80 €*

Musterklausuren für´s Vordiplom/ÖRecht
18.04 *14,80 €*

Die 74 wichtigsten Fälle:
BGB-AT, Schuldrecht AT/BT für BWL´er
118.01 *14,80 €*

Die 44 wichtigsten Fälle:
GesR, GoA, BerR für BWL´er
118.02 *14,80 €*

Coach dich!
Rationales Effektivitäts-Training zur Überwindung emotionaler Blockaden

70.05 *19,80 €*

Lebendiges Reden (inkl. CD)
Wie man Redeangst überwindet und die Geheimnisse der Redekunst erlernt.

70.06 *21,80 €*

NLP für Einsteiger
Sind Sie neugierig und wollen selbstbestimmt neue Wege entdecken und beschreiten?

Dieses Buch stellt Schlüsselfragen, enthält viele Beispiele aus der Praxis und hilft mit Übungen, die Beziehung zwischen Körper und Denken zu nutzen. So stehen Ihnen mehr Kraft und Fähigkeiten im erfolgreichen Umgang mit Menschen zur Verfügung.

71.01 *12,80 €*

Die praktische Lern-Karteikartenbox
- Maße der Lernbox mit Deckel: je 160 mm x 65 mm x 120 mm
- für alle Karteikarten, auch für die Überichtskarteikarten
- inklusive Lernreiter als Sortierhilfe: In 5 Schritten zum Langzeitgedächtnis

28.01 *1,99 €*

Der Referendar von Jörg Steinleitner
24 Monate zwischen Genie und Wahnsinn

Das gesamte nicht-examensrelevante Wissen über Trinkversuche, Referendarsstationen, Vorstellungsgespräch... Humorvoll und sprachlich spritzig!

250 Seiten im Taschenbuchformat

70.01 *8,90 €*

Der Rechtsanwalt von Jörg Steinleitner
Meine größten (Rein-) Fälle

Die im vorliegenden Band überarbeiteten und ergänzten Kolumnen erschienen in der Zeitschrift Life&LAW unter dem Titel: „Voll, der Jurist".

250 Seiten im Taschenbuchformat

70.02 *9,90 €*

Demnächst erhältlich:

Der Jurist
Ein Leerbuch für Leader von Jörg Steinleitner

Die Gesetzesbox
- stabile Box aus geprägtem Kunstleder mit Magnetverschluss
- für Ihre Gesetzestexte (Schönfelder und Sartorius)
- innen und außen gepolstert

28.05 *24,80 €*

Klausurenblock
DinA 4, 100 Blatt, Super praktisch
- Wie in der Prüfung wissenschaftlicher Korrekturrand, 1/3 von links
- glattes Papier zum schnellen Schreiben
- Klausur schreiben, rausreißen, fertig

KL 1 *1,79 €*

S 810 DinA 4, 100 Blatt, 10er Pack *15,00 €*

Intelligentes Lernen Wiederholungsmappe
Wiederholungsmappe inklusive Übungsbuch und Mindmapps

75.01 *9,90 €*

Jurapolis - das hemmer-Spiel
Mit Jurapolis lernen Sie Jura spielerisch.

Die mündliche Prüfungssituation wird spielerisch trainiert. Sie trainieren im Spiel Ihre für die mündliche Prüfung so wichtigen rhetorischen Fähigkeiten. Vergessen Sie nicht, auch im Mündlichen wird entscheidend gepunktet.

Inklusive Karteikartensatz (ohne Übersichtkarteikarten und Shorties) nach Wahl, bitte bei Bestellung angeben!

Lässt sich auch mit eigenen Karteikarten spielen!

40.01 *30,00 €*

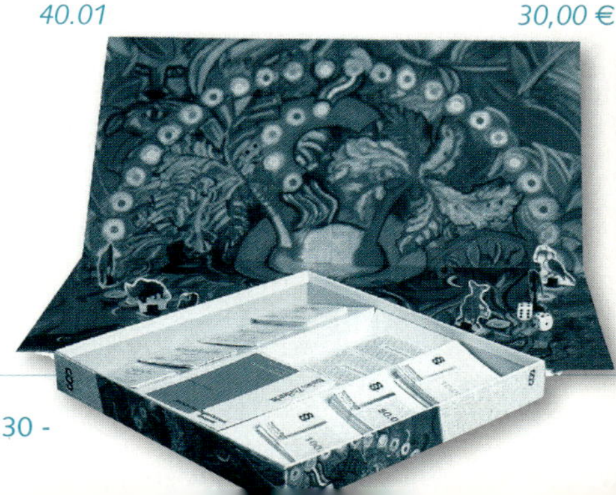

bitte abtrennen oder kopieren

Bestellschein

Intelligentes Lernen
mit der hemmer-Methode

Bestellen Sie:
per Fax: 09 31/79 78 240
per e-Shop: www.hemmer-shop.de
per Post: hemmer/wüst Verlagsgesellschaft
Mergentheimer Str. 44, 97082 Würzburg

D

Kundennummer (falls bekannt)

Absender:

Name: Vorname:

Straße: Hausnummer:

PLZ: Ort:

Telefon: E-Mail-Adresse:

Bestell-Nr.:	Titel:	Anzahl:	Einzelpreis:	Gesamtpreis:

+ Versandkostenanteil: 3,30 €
ab 30.- € versandkostenfrei!

Gesamtsumme

Prüfen Sie in Ruhe zuhause!
Alle Produkte dürfen innerhalb von 14 Tagen an den Verlag (Originalzustand) zurückgeschickt werden. Es wird ein uneingeschränktes gesetzliches Rückgaberecht gewährt. Hinweis: Der Besteller trägt bei einem Bestellwert bis 40 € die Kosten der Rücksendung. Über 40 € Bestellwert trägt er ebenfalls die Kosten, wenn zum Zeitpunkt der Rückgabe noch keine (An-) Zahlung geleistet wurde.
Ich weiß, dass meine Bestellung nur erledigt wird, wenn ich in Höhe meiner Bestellungs-Gesamtsumme zzgl. des Versandkostenanteils zum Einzug ermächtige. Bestellungen auf Rechnung können leider nicht erledigt werden. Bei fehlerhaften Angaben oder einer Rücklastschrift wird eine Unkostenpauschale in Höhe von 8 € fällig. Die Lieferung erfolgt unter Eigentumsvorbehalt.

Buchen Sie die Endsumme von meinem Konto ab:

Kontonummer:

BLZ:

Bank:

☐ **Schicken Sie mir bitte unverbindlich und kostenlos Informationsmaterial über hemmer-Hauptkurse in** ____________

Ort, Datum: **Unterschrift:**